旅游世界探源

PROBE INTO THE TOURISM WORLD

谢彦君 著

北京·旅游教育出版社

戴斌教授的来信

（代序）

彦君吾兄如晤：

接到为君学术文集作序的任务，正在一次会议的间隙，没有更多思考便贸然应允了。学习之后，方知此著为君二十余年关于旅游基础理论研究之代表作，并非我所擅长的领域和熟悉的文字，一时不知如何下笔为好。谨致此函，是否可用，请君定夺。

旅游理论研究是复杂的。科学研究和理论建构涉及到研究对象的界定，研究方法的选择，基本概念、公理、定理及其推论，理论的表述与传播，以及在此之上的学术共同体的对话逻辑。由于解释对象的开放性和解释者的多元化，旅游理论相对其他社会科学尤具复杂性。尽管托马斯·库克于1841年组织的火车禁酒之旅被公认为世界旅游业的开端，但还是会有人坚信马可·波罗、徐霞客的远行和一些帝王的巡游也是典型的旅游行为，甚至远古时的人类迁徙就已经包含了旅游的基本要素。虽然自1980年初期我国就设立了旅游本科专业，但是关于其学科定位、培养目标和教学研究方法也一直没有定论，结果无论是知识共同体还是学术共同体都迟迟得不到系统的构建。具体到学术实践中，由于研究人员学术背景的差异，有人从旅行社、饭店、景区、航空公司等特定的业态入手，有人从城市、乡村等目的地接待系统入手，也有人以地理学、历史学、人类学等成熟学科的原理加以梳理，还有人边实践边思考，得出一些有用的结论。旅游发展进入到大众化时代以后，开始进入百姓的日常生活，来自游客、企业员工、社区居民、政府机构、社会媒体和非政府组织的各种声音相互交织，加上以互联网和移动通信为代表的信息技术的推波助澜，旅游理论正在从教育研究机构的小圈子逐渐走向众声喧哗的公众话语体系。很多时候,我们已经分不清概念、观点、理论和科学之间的界限。事实上,旅游理论及其所阐释的现实是如此复杂,以至于国际旅游科学专家联合会和世界旅游组织分别给出了相对权威的学术性和技术性定义之后,关于旅游的内涵与外延仍然是学术界和业界反复讨论的热点话题之一。

在我看来,吾兄从事旅游基础理论研究则是简单的。虽然你也做一些应用性研究,还做过一段时间的五星级酒店老总呢。可是在大家的印象中,总觉得彦君教授不是在做旅游基础理论研究,就是在为基础理论研究做准备。无论是有意为之的基础理论探索,还是诸如英国旅华度假休闲市场的应用性研究;无论是反身性的思辨,还是现象学的视角;无论是公开的学术演讲,还是师友间的私人言论,在迄今为止的教学研究生涯中,“旅游是什么? 什么是旅游?”这一直指旅游理论核心的“终极之问”都是你全部旅游理论研究的出发点与落脚处。无论人们是否同意你的全部观点,我看彦君教授都是国际国内旅游基础理论绕不过去的标志性学者。正是由于你和东北财经大学旅游学术团队的持续努力,旅游学术共同体才发现了可以渐进的、收敛的理论内核——体验,并在此基础上为国际旅游学术界贡献了中国的源智慧:旅游是个人出自愉悦的目的并利用余暇所获得的异地性休闲体验。拜读文集的过程中,会不由自主地想:在这个纷繁复杂的世界上,简单是纯粹,是真实,是力量,也是一种学术之美。

以君为代表的这一代旅游学人也是传统的知识分子。你留过欧,访过美,然而在内心深处,却始终有源于中国数千年历史的家国意识和人文情怀,也因此,吾视君为圈中可语学术,也可语思想和人生者。做学术研究时愿意读君旅游基础理论的高头大章,闲暇时则更喜欢读《枯叶集》,特别是那篇《记忆中的母亲》,至亲至情也至痛的家常话,每每让自己展卷潸然,掩卷而奋力前行。记得2008年9月11日的午夜,我们在大连临海的餐馆把盏言欢、纵论天下,时年五岁的小女在一旁反反复复地吟唱“春眠不觉晓,处处闻啼鸟。夜来风雨声,花落知多少?”你说,这样的场景让你很惬意,很快乐;你问,不知道等她长大后,我们的情感的发展会有什么变化?

现在可以说出自己迟来的答案了：因为这个世界的复杂，我们肯定会变得更成熟，更理性，也更有担当；因为彼此认同的简单，做学问的态度和生活的本质却一定会保持相知的最初。

此时，腊月二十三的京城正是漫天大雪，春天的脚步正在远方响起，遥思灵水湖畔，愿君精进、保重！

戴斌
2013－2－4
于中国旅游研究院

目 录

CONTENTS

导言：目标、路径与方法

——谈谈我的旅游研究

从1987年进入旅游教学与科研领域，至今已经有25个年头，正好是四分之一个世纪。不管从个人的自然生命来说，还是从学术生涯的角度来看，这么长的时间，对一个人而言都已经是一个不短的历程。这二十五年也是个人生命的菁华之际，其意义往往都是令人感慨万端的。倘能够有机会回头审度一下，也不失一次检讨的尝试。正是出自这种心态，当有人撺掇我把过去曾发表的论文拾掇拾掇，出一本集子的时候，我也就不揣鄙陋，择其合而能言一事者，装订成册，以方便于阅读，更期冀能与同人就科学研究的方向、路径与方法做一点交流。

我的第一篇旅游研究的论文，写作于1990年，也是我的学术生涯中公开发表的第二篇论文。此前在1989年发表的《预测价值的评价》则是我的第一篇论文。自1982年留校任教，到1989年发表第一篇论文，期间经过了默默无闻的七年之痒，这在今天可能都是不正常的情况。但在那个时代，这也许并不特殊。各种综合的社会因素和个人追求方面的作用，使得在高校中的青年教师往往都发文很晚，这几乎是那个时代的常态。如今情况已经大不相同。硕士研究生一入学，就可能有一大堆发论文的任务，于是，大家也就在这条轨道上一路奔忙下去，同时承受着很大的压力。

发表于《旅游学刊》1990年第4期上的《论旅游的现代化与原始化》一文，无疑是我个人从事科学研究历史上的一次重要的事件。尽管这篇文章就其方法而言并不具备当今我们共同推崇、笃信的实证研究范式的品质，但在表达我的旅游世界观方面，我觉得它对我而言已经是某种极为重要的奠基性的作品。因为在这篇文章里，彰显了我对旅游的本质性的认识，形成了“旅游是个人内心世界与环境认知相互矛盾的产物”这样一种基本观点。这一观点一直延续至今，虽经过不同程度和不同角度的阐发，但根本的认识其实没有变化。该文所归纳的一个“心理状态与景观状态的关系”模型,后来也被我直接用到《基础旅游学》当中,作为一个常识性的模型加以利用。

沿着这篇文章所确定的基本方向,我开始了此后四分之一世纪的旅游教学与科研生涯。尽管我也曾在《旅游学刊》等刊物上发表了一些涉及饭店管理等方面的论文,但数量并不多。真正体现我对旅游的一致性认识的文章,尽管在内容上可能涉及旅游的多个侧面,在工具意义上可能涵容不同的方法和手段,在研究的视角和路径上有着诸多的变换,但终其一点,自觉不自觉地,我采用的是“目的导向”的策略,始终用研究的终极目的来引导我的科学研究方向。这一策略的直接后果,促成了我的科学研究得以形成阶段性的合流,完成了几部观点相对一致的理论著作。今天,反观《基础旅游学》(1999;2004;2010)、《旅游体验研究:一种现象学的视角》(2005)、《旅游体验研究:走向实证科学》(2010,合著)几部著作的完成,其源流莫不出自我的这些表面分散、实则统一的旅游研究过程。也许在这一点上,使得这部论文集的汇编成册具有某种阐释的意义。为此,我想从以下几个方面对这些论文的特殊性做一些梳理。

一、终极之问:旅游是什么?什么是旅游?

不管是一种阴差阳错的制度性安排,还是个性层面的好奇心使然,我在一进入旅游教学与科研领域,第一个遭遇到的困难就是试图回答“旅游是什么、什么是旅游”这样的根本性问题。这一初始动力后来演变成路径依赖,使自己似乎变得目光狭隘、角度刁钻、思路闭锁,在平时的各种学术交流机会中也都只有有限的话题与人共享,甚至当面对旅游研究在应用和对策层面的实用效率时尤其有某种自惭形秽的感觉。当世界旅游组织等官方机构坚持不懈地使用其宽泛视角的旅游定义的时候,国内外学术界对概念性定义和技术性定义的本质区别以及功能差异的完全漠视,更加剧了学术界对旅游本质规定性的认知差异。在这样的大背景下,斤斤计较于关于旅游的终极之问,倘不能跟着海德格尔等人走向哲学层面,几乎很难找到回应的声音。

然而,对我个人而言,这个问题虽然在最初被意识到为关键问题,但是直到今天,即使我已经在几部著作中近乎信誓旦旦地表达过,我依然深感话还远没有说清、理还没有讲透,尚有太多的问题没有解决。而关于旅游的终极问题之不能解决,其自然夹带出来的各种问题就纷至沓来,直接关涉到旅游产业发展、旅游业行政管理、旅游高等教育实践和旅游科学研究工作。在我看来,这些领域中表现出来的一切低效率甚至无效率、反效率,都可能或多或少与旅游的终极之问未能获得圆满回答有关。从方法论的角度看,这一探寻恐怕是科学理论的必经之路。按照波普尔证伪主义的观点,理论的最终价值就在于其能够也必将被证伪,理论的阶段性价值是理论的本质特性,因此,有关旅游的终极之问,就是不得不面对的一个问题。

正是在这一主观认识的背景支持之下,我展开了有关旅游本质的研究。就其方法而言,这当中不仅有反身性的思辨,也有现象学的直观,同时也尝试借助于其他途径谋求答案。与此同时,我也注意从现实问题中反向推动我的求解过程,通过对大量实践层面所遇到的操作性困难来质疑旅游既有理论可能存在的缺欠。这一过程持续的时间最长,相关的研究成果也比较多。比如最早的“论旅游的现代化与原始化”(1990),以及其后陆续发表的“论旅游的本质与特征”(1998)、“旅游概念存在的泛化倾向及其影响”(1999)、“旅游的本质及其认识方法”(2010)等文章,无不试图回答“旅游是什么、什么是旅游”的问题。

有关旅游的终极之问,我在2009年中国旅游科学年会上所做的题为“旅游的三副面孔”的主题发言中,比较集中地表达了我对旅游的本质和现象之间的关系的认识,并肯定了旅游行政管理部门的“大旅游”观(我譬喻为“宽脸”)和旅游产业部门的实用主义、功利主义(我譬喻为“窄脸”),同时批评了中国旅游学术界在看待旅游现象的时候所呈现的摇摆不定、丧失自我身份的机会主义倾向(我譬喻为“变脸”、“阴阳脸”)。这样一种思想,后来压缩成一篇简短文字,题为“旅游的三副面孔与精一本质”(2011),作为《旅游发展研究》的刊首语发表。这篇文章不仅反映了我对旅游本质的认识,也综合了我对认识旅游本质的方法、观点、态度等方面的思考。

不言而喻,在旅游基础理论研究的这个“求一”过程之中,作为方法论的选择策略,我们不仅需要在黑格尔所评价的“综合”与“分析”两种方法中谋求平衡,落实方法适当性的原则,而且在中国的古老学术思想中,也可以找到富有智慧的哲学启蒙。比如,在老子的哲学中,有“道生一一生二二生三三生万物”之论;在孔子那里,也尤其推崇“一以贯之”的思想;而当王阳明坐在井边跟其弟子说“与其为数顷无源之塘水,不若为数尺有源之井水,生意不穷”时,已经与朱子所说的“问渠哪得清如许?为有源头活水来”有异曲同工之妙了。这些哲人之哲思,无不关涉对一事物的终极之问,因此就具有方法论上的智慧,从而启发并催促我们观照旅游的本质问题。

二、硬核之求:构造旅游知识共同体

世界范围之内对旅游现象的研究成果已经在支撑着旅游高等教育并使旅游学术共同体面临着塑造旅游知识共同体(旅游学科)的使命。用学科来统御旅游知识体系,其根本原因在于,大学的旅游教育必须解决一个知识传播的效率和效果的问题。一切试图脱离学科依赖和学制限制而要完成大学的专业人才培养任务的企图,都会遭遇知识传播方面的挑战甚至障碍,最终使大学的专业教育目标无法达到,进而造成全社会的教育资源的浪费。因此,面对构造旅游知识共同体这一客观要求,旅游学术共同体的一个科学研究路径,恐怕就是首先要确定作为旅游知识共同体的硬核的概念范畴及其内涵规定。

在这方面,我的观点脱胎于 Eric Cohen 的体验理论,而放弃了 MacCannell 等人的本真性理论和其他一些观点,仅仅把这些理论和观点当作体验理论的某种延伸或展开。在此基础上,我陆续发表了一些研究成果,比如"旅游体验:旅游世界的硬核"(2005)、"旅游体验的情境模型:旅游场"(2005)、"现象世界的旅游体验:生活世界与旅游世界"(2006)、"旅游、旅游体验和符号"(2005)、"期望与感受:旅游体验质量的交互模型"(2000)、"旅游体验的两极情感模型:快乐—痛苦"(2006)。正是这些文章的完成,进一步催生了有关旅游体验研究的后期系列成果,尤其是《旅游体验研究:一种现象学的视角》(2005)和《旅游体验研究:走向实证科学》(2010)这两部著作的问世。

在所有这些研究成果当中,一个突出的观点是:体验是旅游的硬核。如果用一种定义的方式来表达这一观点的话,那么,在所有渐进的、收敛的定义过程中,可以形成如下的理论推演:旅游是体验;旅游是休闲体验;旅游是异地性的休闲体验;旅游是利用余暇所获得的异地性休闲体验;旅游是出自愉悦的目的并利用余暇所获得的异地性休闲体验;旅游是个人出自愉悦的目的并利用余暇所获得的异地性休闲体验。这最后一种表达,实际上构成了旅游的概念性定义。

从知识共同体的角度来看,说旅游是体验,不过是为旅游寻找到一个立身之本、安身之家,它就仿佛一棵大树的根,或者一个人的心。至于旅游知识共同体的整体,如果拿一棵大树来譬喻的话,它一定还有干、枝和叶。树根、树干、树枝和树叶,共同构成了旅游知识共同体的全体,而从事旅游问题研究的人员,则构成了旅游学术共同体的全体。这种逻辑上的协同性和自洽性,为旅游学科边界的划分,奠定了科学的标准和尺度。然而,不幸的是,在当今的旅游学术界,人们对旅游相关现象(那是大树叶子上附着的虫子)的研究,竟然往往能够肆无忌惮地登堂入室,甚至进而挤占了旅游研究的地位,而障蔽了人们对旅游本质的认识,也影响了人们对所有旅游问题以及旅游相关问题研究的深度,甚至得出不科学的结论。

三、理论之用:解释具体的旅游现象

理论的基本命题总是高度抽象的,旅游的理论也不例外。理论抽象的目的是寻求解释的效率和效果,而这种抽象的代价则是当其直接面对具体现实问题时在某些人看来所展现出来的疲软甚至无能。尤其是对于一些缺乏理论热情的应用或对策研究人员来说,尽管他们事实上无不借助某种理论说话,但当直面理论时,这些人又往往对理论敬而远之,甚至嗤之以鼻。他们以为"理论是灰色的",所以是无用的;"实践之树常青",所以可以埋头于实践而罔顾理论的价值。他们最典型的攻击手段是"理论脱离实际"。其实,理论一旦脱离实际,那就只能是坏理论,或不成其为理论。在通常的语境当中,人们所说的理论,无非是能对现实问题做某种解释的知识体系。

按照库恩的科学哲学观点,任何一种理论,都具有可以达到其具有不可通约性的逻辑起点。就像心理学领域的精神分析理论将其理论支点建立在"力比多"这一核心的基础之上一样,在旅游理论的探索过程中,人们也努力寻找这个理论支点。上述关于旅游是体验的命题,或多或少是在走这一条理论探索之路。一旦这个命题具有阶段性的理论解释功能,那么,利用这一理论对现实问题进行解释,就成了旅游研究的具体操作实践了。

在具体的旅游世界中观察旅游现象,我们会发现旅游现象之纷纭复杂的程度可以说超越了很多社会经济现象。这种认识并不需要考虑"旅游引起了什么"或"旅游涉及到什么",因为一旦放开这两个潘多拉盒子,旅游的边界将无穷无尽。相反,我们只要在"旅游是什么"和"旅游包含什么"这个层面上思考,就足可以看到,旅游已经是一种纷纭复杂的社会现象了。正如我常常喜欢使用的一个解释手段所阐明的那样:如果把人生比作一个连续的谱,那么,旅游并非人生的某个侧面,而是人生的一个时段或阶段。这样,人生所拥有的和包含的内容,旅游也会拥有和包含。在这一前提下,旅游的现实问题就极其复杂,想用高度抽象的理论予以直接和简单化的解释,自然会遭遇疲软甚至无力的局面。可以试想,一棵大树,尽管根脉、茎干是唯一的,但其交叉之枝、纷纭之叶,毕竟呈现的是千姿百态,如何可能用单一的根茎予以解释?但反过来,无叶之枝不成枝,无枝之茎不成茎,无茎之根不为根,这也是显而易见的道理。所以,在旅游学术共同体当中,从事于关于"叶子"的研究者,实际上是在成就着对"枝"的知识积累;从事于关于"枝子"的研究者,实际上是在成就着对"干"的知识积累;而从事于关于"树干"的研究者,实际上是在以集大成的姿态梳理旅游知识共同体长期积累的各类知识,并借此使旅游知识共同体这棵大树的"根"的存在有了理由。

本人在旅游研究实践中,也试图做一些关于"叶子"的研究工作。诸如"锦州市国内旅游的客源分布模式"(1993)、"旅游网站的符号及其功能分析"(2007)、"东北地区乡村旅游中典型元素的识别与分析"(2009)等文章,以及在1994—1995年期间针对英国赴华度假旅游市场问题在美国《旅游研究纪事》(*Annals of Tourism Research*)和中国的《旅游学刊》、《旅游调研》等刊物上所发表的系列文章,都属于这类应用性的文章。这些研究从某一个具体的问题入手,旨在通过描述和解释性研究,探索旅游世界微观层面的规律性。在此类研究当中,从所采用的研究方法来看,往往走的是实证主义路线,力求使研究过程符合科学规范,因此具有明显的定量研究特点。在某种程度上,这些研究成果是本人从事科学研究工作中相对比较具有"科学"成分的研究工作。

除了这些可以被挂上"科学"标签的研究之外,我对当下受到旅游学术界或旅游产业界共同关注的一些热点问题也有所介入,而这些介入往往建立在本人对旅游本质规定性的独特理解的基础上。在这些问题当中,有关旅游的可持续发展问题,发表于《旅游学刊》的"永续旅游:新观念、新课题、新挑战"(1994)一文,可能是国内旅游学术界在相关领域比较早的一篇文献,曾在旅游学界和业界引起过一些关注。而"关于中国旅游规划操作问题的几点思考"(2001)则针对旅游规划实践当中出现的问题提出了反思和批评。其他如"中国旅游城市竞争力评价理论与实践中的问题辨析"(2010)和"旅游文化及其相关范畴、命题的理论辨析"以及"中国旅游研究的多维视野:对国内和国外相关文献的评述”(2003),也是一种基于旅游本质认识而提出的思辨性观点。

若从旅游高等教育所面临的实际问题来看,有关旅游的终极之问的回答,尤其在旅游知识共同体构建方面显示了它的迫切性和重大性。对此,我也在一些文章中有所涉及,如“对旅游学学科问题的探讨”(1999)、“旅游与接待业研究:中国与国外的比较——兼论旅游学科的成熟度”(2003)、“在旅游普查实践中用学术的目光审视《国标》的问题”(2005)、“中国旅游高等教育中的教材建设问题”(2008)、“旅游理论研究与学科自觉”(2010)等。除了这些书面文章之外,近年来我也在一些会议场合极力地大唱“学科”之歌,其单调程度,恐怕难免让人厌烦。而自己不厌其烦地重弹学科老调,主要的理由还是建立在旅游高等教育过程中人才培养的效率和效果方面。

四、方法之思:旅游研究方法的适当性问题

所有科学研究过程和成果最终面临的一个终极检验标准是对实践的解释能力。而在达到这一目标的过程中,研究方法的选择取舍,构成了当今时代科学研究工作者必须面对的一个问题。受各种功利性的因素所左右,目前在很多情况下,研究中的方法被作为目的来加以追求,而不是当作工具加以利用,为方法而方法的倾向在学术界并非个案。

本人的研究也涉及这个问题。由于从 1982 年至 1997 年一直还兼任统计学的授课任务,因此,对定量方法的青睐和应用也就成了自然而然的选择。正是有了这个背景,在 1993—1994 年期间展开“英国赴华度假旅游市场研究”课题的时候,大量采用了定量方法对问题进行分析,并得出了诸多富有解释性的研究成果。其中发表于美国 Annals of Tourism Research(1995)上的“英国赴华度假旅游市场(The UK Market for Tourism in China)”一文也成了大陆作者在该刊发表的第一篇学术论文。相关系列成果还陆续发表在《旅游学刊》和《旅游调研》上,当时曾得到国家旅游局主管《旅游调研》刊物的领导的书面表扬。

不过,在探讨旅游现象的本质规定性以及审视旅游学术界已经形成的一些指导实践工作的理论成果时,笔者发现,定量的方法并不能完全解释相关问题。在试图回答“旅游是什么”这样的问题时,鉴于旅游作为心理体验的一种方式,事涉意识、行为等心理现象,因此,笔者采用了现象学的方法。至于这种方法的恰当与否,还有待大方之家的批评指正。

上篇：终极之问——旅游本质的探求

旅游的三副面孔和精一本质*

看样子，旅游岂止三副面孔？

察本质，旅游也仅一事而已！

为什么这样说呢？

凡物与事，其立身之本，总是一而非二。但事事物物，看上去都那么复杂，在形态上多样，在时间流中常变。观其末端，纷繁无序，常常令人目眩神迷，忘了何处是故乡，何处是家园，何处是根基。但从终极的意义上说，故乡、家园、根基固在，无一例外。所谓"本立而道生"，"道生一，一生二，二生三，三生万物"，此之谓也。

旅游也是如此。仅从类型上看，就有生态之旅、文化之旅、健康之旅、探险之旅、宗教之旅、教育之旅，等等，不一而足；再就游客所经历的过程以及其中所涉猎事事物物而言，又会遭遇吃、住、行、游、购、娱等不同的生理精神过程，并延而及于更广大的各类产业；若再兼顾一下目前学术界各路人马孜孜以求的学问路径，还会发现低碳、洗脚、更衣、足迹、锁具等社会事实都似乎非旅游莫属，更遑论遗产、都市、消费、符号、体验这些更切近的范畴。旅游如此复杂，怎会仅以三副面孔示人？

但我要说的三副面孔，是就目前，或者说一直以来，对旅游现象最具影响力的三方力量而言。哪三方力量？政府，业界，学界也。此三方，大要而言，都在左右着国家层面的旅游（业）发展方向，并影响着关于旅游而确立起来的求真之路的方向。所以，从这三个方面来说，倘有不正，会贻误后人。

我曾在2009年的旅游科学年会上发表了我的相关看法。概要地说，我认为，政府奔

---

* 本文原载于2011年第6期《旅游发展研究》，作为刊首语。

忙于旅游的“宽脸”和业界务实于旅游的“窄脸”，都是其理性选择，是对的。唯有夹缝中的学界看到的是旅游的“阴阳脸”、旅游的“变脸”，并从而随波逐流，这是失其本身、自误误人的事情。在我看来，学界恰恰应该求得旅游之本、识得旅游之核，然后于旅游与非旅游之间当断即断，形成一个独立的知识体系，才能使自身立足于众多的学科之林。

那么，旅游的“一”是什么呢？这是一个殊难回答的大问题。上升到哲学层面，有的人（后现代主义者）还会否认存在某个“一”的东西。但科学实证主义总还是离不开这个“一”。多少年来，国内外一些学者对这个“一”都孜孜以求，并各有所得。“求一”的过程丰富了我们对旅游的认识；“求一”的过程不仅使人们精察于旅游的万变之末，还使人们始终没有丢了提纲挈领的“头脑”。这不仅是科学求知的本质使然，而且是学问之道的智慧所在。如果总是苟且于万象之末端，恐怕终归进不了学术的通衢大道。

虽然直到目前人们也说不好旅游的这个“一”到底应该是什么，但，以我个人的理解，沿着艾瑞克·科恩等人的成果，我接受这个判断：旅游是体验。扩而充之，旅游是一种休闲体验，一种异地的休闲体验，一种以追求愉悦（那么多人把这个愉悦简单理解成日常生活中的“快乐”，真是遗憾）为目的的异地休闲体验。舍此，皆非旅游。

论旅游的本质与特征*

一、旅游本质的认识框架

旅游作为一种活动或现象，在历史上可能已经存在了成千上万年。然而把旅游现象作为一个研究领域，却还仅仅是最近几十年的事情，并且这种研究一直主要还是限于对旅游世界进行的某种直观的描述。旅游现象在今天已是深入人心并为普通大众触手可及的东西，因此，我们实有必要对旅游产品的消费者有更深层次的理解，对旅游现象的规律性运动有切实的把握。然而，我们不得不承认，直到今天，关于什么是旅游的问题我们还未能获得满意的答案。一些功利性的、泛化论的旅游观点仍弥漫在学术丛林之中，使我们难以拨云见日。①

旅游的本质表现在不同的层次上。从作为内核的审美与愉悦的规定，到它所展示的一般属性，直到其外部可见的特征，甚至由这些综合因素所决定的旅游行为特点，都在不同的层面上诠释着旅游的本质。因此，我们只能在一个高度整合的框架下才能认识旅游的全貌。图1是描述这一观点的示意图。在图中由上至下各层级之间具有规定或统辖关系，而由下至上则具有解释关系。

从图1所表示的关系来看，在旅游者的旅游目的与旅游者的实际行为之间，存在着层次众多、构成复杂的干涉因素。由于这些因素的复杂作用，使旅游行为最终会以极不相同的外部形式体现出来，或规范，或怪异，或约束，或放纵，或从一而终，或随遇而安，形形色色，不一而足。然而，在这些复杂的因素之中，却有主次之分，彼此存在着决定与被决定的关系。尽管从图中我们可以看出处于最末端的旅游行为特征与旅游本质之间有

---

* 本文原载于1998年第4期《旅游学刊》。

① 关于旅游的产生、旅游的概念存在的泛化现象，笔者另文论述。——作者（下同）

某种矛盾,但这种矛盾是在旅游本质与旅游特征的主导力量影响之下的必然产物,同时,旅游的本质与特征也会为旅游行为的倾向性的表现规范出一个适宜的阈值。

在图 1 中,旅游的本质从根本上说是由旅游的目的决定的,当然这种目的最终会反映到整个旅游过程中,这同时也使我们得以通过旅游的外部特征反观其本质的规定。旅游的特征是使旅游与其他具有相同目的的行为相区别的根本标准,它们使旅游成其为旅游。旅游者的行为特征是由旅游的特征决定的,或者说,旅游的特征在一定程度上是孕育旅游行为特征的温床。

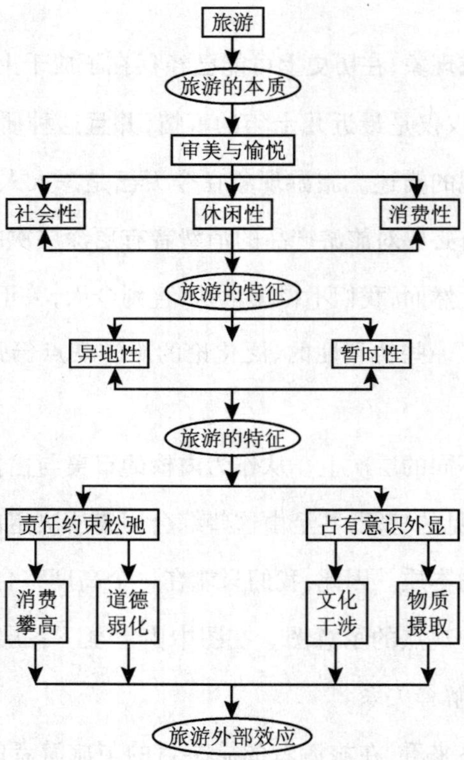

图 1　旅游本质的认识框架

二、旅游的本质规定

从图 1 我们看到,旅游在根本上是一种主要以获得心理快感为目的的审美过程和自娱过程,是人类社会发展到一定阶段时人类最基本的活动之一。

关于旅游所具有的审美属性，在学术界曾有过论述。一些文化论者和社会论者，一直强调旅游所具有的这种本质属性，从而形成了与经济论者几乎针锋相对的看法。

从渊源上看，主张旅游主要是一种经济活动的看法恐怕是与学术界把“旅游业”与“旅游”相互混淆的历史性错误有关。[①] 但更深刻的原因可能是人们起初出自对旅游业在国民经济发展中的重要意义的功利性认识。为了早日确立旅游业在国民经济中的产业地位，人们颇具倾向性地关注旅游所产生的经济贡献，并由这种贡献反推旅游的性质。今天已经没有人否认，旅游业不是一种事业而是一个产业。但旅游是什么的问题，反倒更加众口不一了。不过，近几年来从总的趋势上可以看出，人们已经注意到旅游现象的非经济性内核。叶朗在1988年1月20日的《中国旅游报》上曾撰文说：“旅游，从本质上说，就是一种审美活动。离开了审美，还谈什么旅游？”[②]虽语焉不详，但谈吐率直，令人警醒。而在沈祖祥看来，旅游“是一种文化现象，一个系统，是人类物质文化生活和精神的一个最基本的组成部分，是旅游者这一旅游主体借助旅游媒介等外部条件，通过对旅游客体的能动的活动，为实现自身某种需要而作的非定居的旅行的一个动态过程复合体”，“旅游属于文化范畴，是文化的一个内容”[③]。冯乃康先生则更加明确地认为：“旅游的基本出发点、整个过程和最终效应都是以获取精神享受为指向”，因此，“旅游不是一种经济活动而是一种精神活动，这种精神生活是通过美感享受而获得的。因此，旅游又是一种审美活动，一种综合性的审美活动”。[④] 王柯平也认为：“旅游是一项综合性的审美活动”，[⑤]而俞孔坚则指出，“观光旅游是景观信息的探索和景观知觉过程，是一种景观审美活动”。[⑥]

持上述观点的人并不限于所列的几位文化论学者。在1995年10月份由《旅游学刊》编辑部主持召开的“国外旅游研究进展及相关信息座谈会”上，南开大学的申葆嘉教授基于对国外旅游学研究状况的系统考察，曾提出，对旅游现象的研究，应从经济中进

① 在张践等人所翻译的曾对我国旅游学术界产生较大影响的伯卡特与梅特利克的著作《西方旅游业》（原名 *Tourism: Past, Present and Future*）中，就直把“旅游”译成了“旅游业”，见该书第36页。

② 转引自冯乃康：《中国旅游文学论稿》，旅游教育出版社，1995年版，第4页。

③ 沈祖祥：《观乎人文以化天下——旅游与中国文化论纲》，载于他所主编的《旅游与中国文化》，旅游教育出版社，1996年版。

④ 转引自冯乃康：《中国旅游文学论稿》，旅游教育出版社，1995年版，第2页。

⑤ 王柯平：《旅游审美活动论》，旅游教育出版社，1990年版，第5页。

⑥ 俞孔坚：《观光旅游资源美学评价信息方法探讨》，载《地理学与国土研究》，1989年第4期。

去,从文化上出来,并建议广泛地使用文化人类学和社会学的方法研究旅游。申先生的看法,实际上注意到了旅游的文化内核,这是一个经济学者难能可贵的自我扬弃。虽然申先生的见解当时未引起学界足够的注意,但笔者今天的立论,在很大程度上是滥觞于申先生的看法。

从旅游发生和运行过程上看,由于审美和自娱是旅游的内核,因此,旅游就表现为一种个人行为,并且是在个人的意愿、志趣支配下受个人支付能力及其他能力的影响而发生的行为,不管是以散客或组团的形式旅游,均是如此。这种目的性行为,是旅游主体在审美意识的支配下与客体之间建立的一种关系,并以审美活动的形式表现出来。旅游的主客体各自都不是旅游,但构成旅游发生的条件。当旅游主体高度社会化并成为集体现象,而旅游客体同时高度产业化时,旅游便被纳入到旅游业的总体框架之下而成为这个框架中最核心的部分,并仍始终保持着自身的这种审美特性。另外,在旅游审美过程中可以看到它与艺术审美的区别,在于二者终止于不同的水平上,并产生不同的社会意义。旅游审美终止于自我水平,其审美认识不以任何形式外化于他人,而艺术审美创作则以成果形式外化于他人。

三、旅游的基本属性

(一)旅游的消费属性

人生的活动包括两个领域:生产领域和消费领域。生产领域肩负着物质生活资料和精神生活资料的生产的使命,而消费活动是出于维持个体生存、保证劳动能力的再生产乃至实现个人社会发展等目的而对生产活动的成果的耗用。旅游在其全过程中不向社会也不为旅游者个人创造任何外在的可供消费的资料,相反,却消耗着旅游者以往的积蓄和他人的劳动成果。即使在比较极端的情况下,如仅限于个人的流连山水,陶醉于大自然(而非人化)的美的恩赐,他也是在消磨本可以用于创造财富的生产时间。所以,旅游无疑是消费行为,不是生产行为。

由于旅游是从人的生命波谱中截取的一个波段,因此旅游消费不会完全超脱于一般的日常消费。然而,从消费的导向和构成以及各部分的意义上看,旅游消费有大不同于日常消费之处,突出地表现在重视精神内容、追求审美体验,甚至在某些方面表现出对日常生活消费的畸变，而这些均决定于旅游的本质规定性以及旅游所具有的外部特征。

(二)旅游的休闲属性

旅游所具有的休闲属性是由以下几个方面决定的：

1. 旅游的目的表现为借助各种可以娱情悦性的活动达到审美体验，这显然区别于为谋生而进行的劳动，也不同于为维持生存而必须从事的活动，如睡眠、吃饭、操持家务等，而与出自社交目的所进行的应景往来也有区别。在旅游的全过程中，总是自然天赋的随意性和畅神自娱的目的性占居着主导地位，表现出与一切休闲行为的一致的品性。

2. 旅游是发生于自由时间的行为。虽然在自由时间中人可以从事任何乐于从事的事情，如劳动、睡大觉、沉迷于冥思苦想，但通常人们都利用自由时间从事一些积极的休闲活动，如文化学习、体育锻炼、文化娱乐、培养爱好、社会交往、旅游与消遣等。这些休闲行为从功能上看，显然与劳动有所不同，甚至在分享人生时间上还存在着矛盾。但二者在个人或集体生活中实际上具有同样性质的意义，发挥着互为前提的功能，是人类生活不可缺少的相互对应的两个方面。法国著名建筑师勒科尔西比埃说过："休闲这个词绝不仅反映一种不应提倡的惰性，而是一种付出劳动的巨大努力，一种发挥个人主动性、想象力和创造性的劳动；一种既不能出售也不能赢利的忘我的劳动。休闲是走出机器化这座地狱的大门，它能为每个家庭带来幸福，挣脱陋室的羁绊。"①

与其他休闲方式相比，旅游在使用自由时间时有一个明显的特点，即要求用于旅游的自由时间的相对完整性。

3. 从旅游的活动构成上看，旅游这种休闲行为实际上又是众多的休闲活动的再组合。换言之，旅游是生活的休闲阶段。旅游者在目的地停留期间，除了吃、喝、拉、撒、睡这些满足生理需要的活动之外，所有其他活动都几乎是休闲行为，包括观光、游览、与人交往、看电视、听广播和音乐、阅读书报、聊天、室内消遣、体育锻炼、观看节目演出、参加俱乐部活动等。

(三)旅游的社会属性

以往人们在分析旅游的性质时，主要强调它具有经济属性，或充其量认为旅游是一

---

① [瑞]若泽·塞依杜:《旅游接待的今天与明天》，旅游教育出版社，1990年版，第28页。

种“社会经济现象”。这种判断的依据是旅游全过程中所离不开的消费(支付)行为。这在表面上看似乎没有错,但实际上颇值得讨论。

判断一种现象所具有的性质,必先认识现象本质的规定。旅游在本质上是不是经济的东西,对此我们是持否定意见的。我们认为,经济对于旅游这种本质上属于审美与愉悦范畴的现象只是一种外部支持条件,却不是内在本质构成。也就是说,没有这种经济上的外部支持,仍可以有旅游,否则就无法解释古人靠两腿的推动而旅游,今人靠自制的或早先购入以备他用的交通工具外出旅游的情形。如果认定旅游本质上具有经济的属性,那么它就必须是旅游须臾不可或缺的东西。

旅游的社会属性的存在不仅因为审美意识作为旅游的前提条件而社会性地存在,而且,在不同的社会条件下,人们的旅游需求还表现为受时代的强烈社会影响所具有的特征。例如,“中国古代的旅游就好像是中国文化的一面折光镜,在这面镜子里,或隐或显地反映出时代文化的影子,或强或弱地袒露着中国文化的灵魂。先秦的朦胧,魏晋的颓废,隋唐的高昂,明清的恬静”,[①]以至于20世纪60年代在西方兴起的追逐3S和今天普遍倡导的生态旅游,无不反映了不同时代、不同社会在旅游价值观方面的变化。这种变化的根源当然不是经济的,而是社会的。

四、旅游的特征

旅游的两个突出特征是异地性和暂时性。

旅游的异地性特征是指旅游活动的发生要以行为主体的空间移动为前提。然而,在理论上表述“异地”的含义并不难,而在实践中却有大量难以认定的现象。其原因在于人们难以对所谓“常住地”的空间区划给予清楚的界定。城镇大小不一,社区也是一样,不管按什么标准,都难有统一的结果,这是实践中遇到的最棘手的问题。

旅游的暂时性特征是指旅游仅是发生在旅游者人生时间波谱中某一时段上的行为。旅游者按计划出游,也要按计划返回。所以,这段时间也往往被看作是对正常生活时间的一种逸出。与“异地性”一样,确定空间界限的难题在确定“暂时性”这种时间界限时

---

① 沈祖祥:《观乎人文以化天下——旅游与中国文化论纲》,见他所主编的《旅游与中国文化》,旅游教育出版社,1996年版,第9页。

也仍然存在。

旅游所具有的这两个特征，往往诱发旅游者行为表现出明显的异乎寻常的倾向性，这就是责任约束松弛和占有意识外显。具体表现在以下几方面：

1. 消费攀高。几乎所有的研究都证实，旅游者在旅游过程中的消费具有明显的挥霍倾向。哪怕是一生节俭的人，一旦身在旅途，就表现得一反常态的慷慨大方。这其中的原因，有的可能是群体旅游上相互谦让而最后哄抬了消费水平，有的可能是受其他旅游者消费行为示范作用的影响，还有可能是出于旅游目的的审美约束而不愿因消费这一环节的窘相而玷污了整个旅程。但不管哪种原因，都是个人对自身责任约束松弛在消费领域的表现。

2. 道德感弱化。这是旅游特征所引发的更为严重的社会问题。当一个人以旅游者身份"远在他乡为异客"时，他在倾向上往往想摆脱日常生活的清规戒律，道德的约束力量远不及他在日常生活圈子中那样强大。所以，人性中潜在的恶的东西总在自觉地或不自觉地流露，致使我们看到很多怪现象：衣冠楚楚的曾对三尺门里的卫生至为关注的人此时却毫无环境道德，所到之处一片狼藉；一派君子相的人在异域的灯红酒绿的幻影中也时常会动着偷吃禁果的念头。显然，在人类社会中，像这种责任约束松弛只能暂时地存在，"而且最好在熟人看不见的地方发生"。旅游所具有的外部特征与这种需要可谓一拍即合。

3. 文化干涉。旅游者以异乡（国）人的身份前往旅游目的地，他浑身上下散发着不同文化的气味会与当地文化形成反差。一般认为，在旅游地发展的不同生命周期阶段上，旅游者对这种文化反差会采取不同的态度，从顺应到漠视直到干涉①。旅游者对当地文化的干涉表现为两种情况，而且是两种相互矛盾的情况：一种是旅游者对当地文化的古老、陈旧甚至落后表示蔑视，并极力张扬自身的文化，通过各种活动在当地人中间（尤其是青少年群体中）施展示范效应；另一种是旅游者出于好奇的心理，以商业的态度对待当地文化中已经垂死的因素，如迷恋于表演性的土著居民的原始舞蹈和习俗。这两种情况，都是旅游者本能的占有意识在旅游文化上的体现。

---

① 谢彦君：《旅游地生命周期的控制与调整》，《旅游学刊》，1995 年第 3 期。

4. 物质摄取。旅游者客居异地，在旅游过程中除了眼看、耳闻、鼻嗅、口感之外，还忍不住有手拿的倾向。好古者可能偷偷掀下古庙的一片瓦当，恋花者不免要拈花惹草，奇石癖好者不惜重金买下珊瑚石，而宠物爱好者竟以求得一只考拉熊为乐。搬不动的就动手摸摸，用刀刻刻，像动物圈定范围一样，告诉他人"我曾到此一游"，或者文明一点，摄下影像回家后自得其乐。凡此种种，都暴露了旅游者固有的占有欲。

从旅游者的审美动机到旅游者旅游期间形形色色的外在表现，这之间决定因素各异，影响因素复杂。但可以看出，旅游过程中的主导思想以及基本行为层次，都是由旅游的本质所决定的。旅游者行为的畸变只不过是旅游特征与这种畸变的心理有某种契合，从而导致个别的、偶然的行为而已。

旅游的本质及其认识方法*

——从学科自觉的角度看

一、认识事物本质的重要性

从哲学的意义上来说,事物都有其本质的规定性。这种本质规定性,是决定一事物区别于他事物的根本点所在。就科学研究的意义而言,对本质的认识,又将决定着构建有关该事物的一整套知识体系的基本纲领。

在现实的科学研究过程中,对一事物的本质的探索,有时存在着难以逾越的困难。这一事实是由两个基本方面所决定的:一方面,任何一种事物在物质层面本身都可能具有构成上的多元性,在本体上存在着高度的复杂性,而在形态上又展示着多维特征,这往往使得事物的本质被掩盖在复杂的表象下面,一时难以甄别。另一方面,人类在研究客观事物时所采取的视角总是基于人类的某种功利性目的,并且受制于人类对相关事物所拥有的现存知识的局限,在这种情况下,一种事物在纯自然的客观角度看来可能具有的某种本质特性,在人类的观察视野中就可能完全呈现不同甚至截然相反的意义,并因此而获得完全不同的本质认知。当我们理解了一块石头所具有的物理和化学属性如何在敌对的人类之间竟然能转化为所谓的“武器”,也就能够体会出认识石头的本质所存在的巨大困难了。

但是,无论认识的过程如何复杂和艰难,认识的价值却是不容否认的。人类自身的发展史实际上证明了这种追求对事物本质规定性的理解的必要性和必然性,也证明了这种理解的可能性。正是受惠于这种追求,人类关于外在自然和自身社会的知识,才不断地

---

* 本文原载于2010年第1期《旅游学刊》。

获得积累,并一天天达到成熟,成为人类自身驾驭或顺应自然、协调或引领社会的基本手段。

上述事实同样适用于旅游研究,适用于人们对旅游这一现象的本质的理解和追求。与一块石头没有什么两样,对旅游本质的认识也会因为相关的人类对它所采取的立场而发生变化。但与一块石头不同的是,旅游这种"人造物",在本体上不会由什么物理属性或化学属性所决定,即便它在某个环节上并不能离开某种"物理的堆砌"。旅游在这两个基本点上所呈现的规定性,使得人们对旅游的研究,对旅游的本质的研究,要比对石头的研究困难得多。

如果我们怀疑对事物本质进行发掘、认识的必要性,那无疑等于说,我们要放弃对真理的追求(后现代主义者还真的放弃了这种追求,但在我们的语境当中,那自当别论了),放弃驾驭客观事物的努力,放弃对某种具有更高效率和更好效果的知识的求索。因为,科学研究的使命是探求真理,探索真理的目的是获得高效率的认识和管理客观事物的知识,而这种知识的整体化和自洽性无不建立在这种对事物本质的认识的基础和前提之上。对于旅游而言,当今知识界所提供的五花八门而又时而相互矛盾的观点和命题,之所以难以令人满意,恐怕在根本上都可以溯源于对旅游本质认识的混乱和错误。这种情况的泛滥,最终的结果,自然是知识共同体(在大学教育中便是所谓的学科)构建中的步履维艰和缺乏方向。

二、旅游现象的复杂性导致的认识旅游本质的困难

当我们接受了旅游是人生的一个片段这一事实的时候,就等于我们接受了旅游是一种高度复杂的现象这一命题,就等于接受了与旅游相关的知识可能存在着高度变异性的假定。旅游学研究的历史也确实证明了这个结论:介入旅游研究的学科,如今已经涉及方方面面,任何一种与人生、与人类、与人类活动的对象物有关的学科(这等于说,恐怕涉及所有的学科,差别仅在于关联的直接程度不同而已),都可能插足于旅游研究,为这个领域贡献独特的认识视角、研究方法和科学命题。

然而,如果我们满足于当前的这种各个学科随意插足、各取所需的局面,我们就永远不能形成一个属于"旅游"自身的一个独立的知识共同体。进一步而言,如果把有关一种事物的科学研究的知识积累过程划分成某种学科类型的话,当前的旅游研究恐怕还处于多学科研究的阶段,并没有达到跨学科状态。沿着史密斯对旅游的多元属性的描述[1],

我们可以用图1来说明旅游研究当前所呈现的多学科研究状况的性质及其影响。

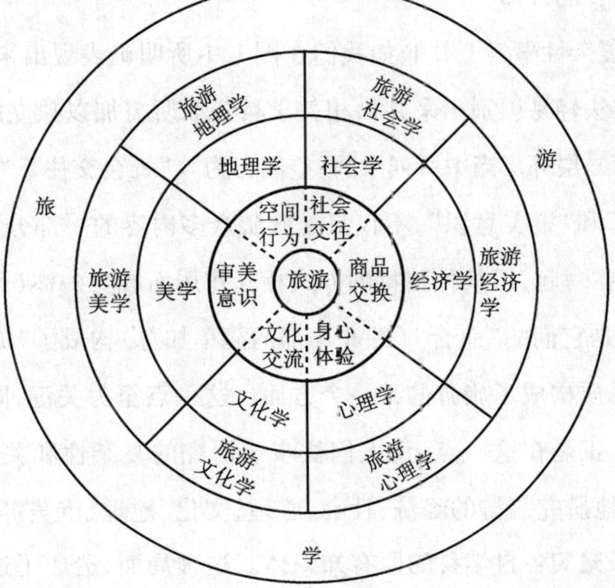

图1　旅游学与相关学科的关系(逆转前)

注:图中的虚线和实线表示现象内涵以及相关知识类型的割裂或联系程度,下同。

在图1当中,所能解读出来的思想或认识是值得我们深思的。首先,旅游现象的复杂性是多学科介入旅游研究的前提。旅游作为人类社会生活的一个阶段,这一性质决定了旅游在内容上的多样性和复杂性。可以说,旅游是这样一种事物,举凡人类日常生活的各种活动、条件、过程和内容,都会在一个新的时空框架中重新发生,差别仅在于它改换了面孔,更新了意义,还可能提升了品质或层级,由此而形成的一种新的短暂的生活方式,构成了旅游世界的全部内容[2]。

其次,当前多学科研究旅游的结果或贡献,在于为各个介入学科丰富自身的研究领域、拓展自身的研究视野、补充自身的研究内容提供了一种新的可能性。通过对旅游现象的研究,有关学科将自身的知识延伸到人类社会生活的全过程、全景观当中,不再留有明显的缺漏——在有旅游(指具备了相当规模的旅游,通常是近代意义上的旅游)而没有任何关于旅游的研究的历史时期,社会科学研究等于遗漏了对这种现象的关注和探讨,因此,有关人类社会生活的总体知识就其类型而言当然是不全面的。比如,当心理学研究完全忽略了人在旅途当中的心理规律和行为倾向,那么,它等于忽略了当今人类社会生活的一个极其重要的方面。

然而,旅游的复杂性事实上并非如我们在图 1 中所明确表现出来的那样:这种复杂性能够以分析的方法轻易识别出来并供相关学科各取所需加以独立的研究。不是这样的!在图 1 中的第二层环形当中所列举的“空间行为”、“社会交往”、“文化交流”、“身心体验”、“商品交换”和“审美意识”,不仅只是旅游众多内容的一部分,而且它们彼此之间,还永远是纠结在一起,以某种独特的方式相互作用而成为一体(因此笔者用虚线来隔离这些内容)。是它们的“总合”(并非局部的简单加总)构成了“旅游”,而不是它们以独立的面貌和品质构成了旅游的某一个方面。这一点至为关键,同时也制造了旅游研究的最大困难。正是在这一点上,人们怯步于研究的复杂性和关联性,从而退而求其次,满足于割裂地研究旅游的经济、社会、心理、文化、地理、审美等方面,满足于将相关的知识仅仅用来充实各自学科的原有知识体。这种局面,造成了这些学科当中涉及旅游的知识是彼此断裂的(在图 1 中用了如同墙壁的粗黑线来加以表示),甚至是对立的,也造成了本属于旅游学的各分支学科的架构和方法并不是由旅游学来加以规定、指导或限制,反倒是对各个介入学科的简单“戴帽”和“移植”。这种错位的影响是严重的。一方面,旅游各分支学科因丧失了“旅游”的统辖而变得分崩离析、互不说话,另一方面,也使得“旅游学”本身作为一个知识共同体而存在这一理性诉求变成了难以实现的梦想。各个分支学科在研究旅游这一现象时,其基点是多少有些自私的攫取,却毫无构建旅游知识共同体的自觉,因此也不能对旅游学知识给予令人满意的反哺。

在图 1 中,还反映了一个事实,那就是,在旅游研究的历史过程以及当前状态中,暴露了一种学科介入程度、顺序和地位上的颠倒。换言之,最先对旅游予以学术关注的,以及至今还处于显著状态的学科,是各种介入性的学科,以及在此基础上经过戴帽而形成的分支学科,而不是旅游学科自身。这虽然是历史的自然甚至必然,是知识成长的通常路径,但反观中国目前特殊庞大的旅游高等教育规模,就不能不让人感觉终止这种现象并引导其做科学的转向的必要性和迫切性。

笔者认为,在目前阶段,已经到了自觉地用“旅游学”的视角来审视旅游的本质和内容并构建旅游学科体系的时候了。这不仅因为旅游相关研究的成果已经积累到了可以让我们思考构建独立的知识共同体的程度，而且，就旅游这一现象本身的性质而言，只有这样，才能协调相关知识，摆脱当前旅游知识依附于各个介入学科的尴尬局面。如果这个想法有一定道理，那么，图1所反映的旅游学科与相关介入学科在旅游研究这一点上所形成的关系就需要逆转（见图2①）。这样，针对旅游现象的研究，最切近、最直接的学科，是旅游学，而不是传统上的介入学科（它们应处于最外围的层面）。而且，旅游学在研究复杂的旅游现象时，不会将这些现象断然分析为不同的方面。即使有时需要做必要的分析，也不会忘记这种分析的统一的基点以及它最终要实现的综合的目标。正是这"统一的基点"和"综合的目标"，才是指导所有旅游分支学科自身研究基点和理论体系的根本。由此所形成的各个分支学科，既能打破现有分支学科的壁垒和隔膜，共享旅游的某个统一的"内核"（或称"共核"），还能坚持各分支学科的独立的研究对象和研究策略，形成自身的研究特色和研究领域。如果能做到这一点，旅游学科的确立也许就指日可待了。不过，达到这一点绝非易事，我们不能抱有任何不切实际的希望，只能脚踏实地地做出不懈的努力，任何急功近利的学术投机都将使这一目标离我们渐行渐远。

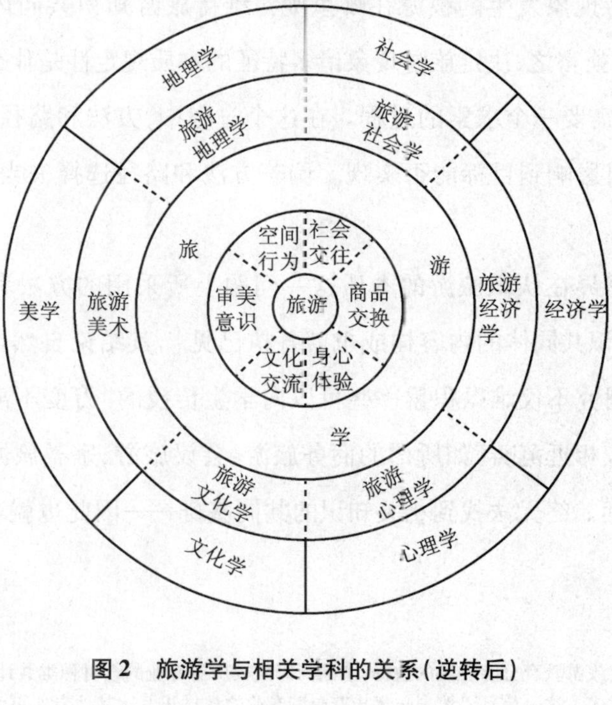

图2　旅游学与相关学科的关系（逆转后）

① 图1和图2包含着笔者对旅游学科各种关系的诸多理解，将二者加以对照，可以看出这种理解的特点。

三、认识旅游本质的现象学方法

努力寻求对旅游本质的理解,其目标是为旅游知识共同体的构建寻找一个可以依赖的“内核”、“共核”或“基点”。这一思想带有一元论的意味,按照笔者的理解,这可能是促成旅游研究走向科学实证的重要理念。建立在这一理念基础上的旅游研究,将旅游现象理解为有规律、可预测的因果关系,由此成为科学研究的对象。举个例子来说,在中国文化的源头之一老子哲学那里,就把世界看作“道”的统一,即所谓“道生一,一生二,二生三,三生万物”[3],于是,万物的终极都以“道”为依归,或者以“道”的特性为特性。这一哲学方法不仅在弗洛伊德的精神分析理论那里被翻版,认为人类行为都源自“力比多”的作用,而且在现代宇宙学的大爆炸理论中也得以变相地体现出来:宇宙产生于一个“奇点”。由此可以得出一个结论:自然与社会都是成体系的,而这个体系也是有根源的,存在着某种一致性,因此,对自然和社会现象的研究及其知识的组成也应该是成体系的、有根源的、一致的。这一点,对旅游研究、旅游学科来说,自然不会例外。

然而,促使旅游现象发生的根源在哪里呢?维持旅游知识共同体的根本一致性的“共核”是什么呢?换言之,决定旅游现象诸多特征的本质规定性是什么呢?

回答这些困惑需要一个求索的过程。在这个过程中,方法和路径的选择,不仅影响到求索的效率,而且影响到目标能否实现。倘若方法和路径选择失当,就可能出现南辕北辙的情况。

当前,旅游学术界在认识旅游的本质这一问题上所采用的方法和路径是多种多样的,因此,对旅游知识共同体的内容构成也就各执己见①,其结论自然也就五花八门。在这种情况下,旅游研究不仅难以积累一些可以向学生传授的“万变不离其宗”的道理,而且还因为各种相关、相近范畴(如所谓的商务旅游、会议旅游、宗教旅游以及探亲访友旅游等)的相互纠缠而始终无法找到相关知识的共同基础——因此也就难以形成一个知识共同体(学科)。

---

① 据中国旅游协会旅游教育分会提供的数据,全国高等院校所有专业的教材种类共计有15万种左右,而旅游专业的教材有1.2万种之多。这一信息恐怕未必意味着旅游专业的教材开发比其他专业更为繁荣,而是比其他专业混乱。一个有趣的现象是,在旅游专业当中流行的不同版本的教材当中的不同表述,可以被宽容地认定为“观点不同”,这与一些成熟学科的学术认知大相径庭。

针对如何认识旅游本质这一问题,笔者曾做过这样的实验:请5个刚入校的大学生描述他们的一次旅游经历。下面是被实验者的描述实录:

学生A的描述:初中时,与全班同学一起离开沈阳,坐火车到大连,在火车上一路很开心,到大连后,看到很多很美丽的景观。

学生B的描述:高考之后,我就和几个高中同学去了丽江。这是我第一次出远门。丽江的夜晚实在太迷人了。我们还去了玉龙雪山。在广州没有看过雪,在那里看到了,很激动。

学生C的描述:来大连之后,去过旅顺,看过一些很有文化的景观、博物馆,印象特别深刻的是木乃伊。

学生D的描述:小时候有一次跟着父母,从成都去了苏州、杭州、上海,一直在逛街,走路,看电视,觉得很好玩。

学生E的描述:假期跟父母从大连去了呼伦贝尔。草原是我第一次见到的,太辽阔了。还喝了酒,我第一次喝白酒。

尽管从科学研究的角度来说,这个实验的样本在此,“样本”的含义绝非定量研究所指的“样本”,似乎很小,而且,就我们所涉及的研究问题(旅游的本质)来说,样本的结构也很单纯(都是学生),但一个事实已经从这个实验中浮现出来:在所有的人的描述中,都直接或间接地涉及一些旅游所共有的事实。这些事实如果用关键词加以概括,足以凸显出旅游的共性的东西:体验(美好的印象和愉悦的感受),异地(总是到离开常住地的地方),余暇(不占用工作或学习的时间,是一种暂时的行为)①。

所以,通过这个实验,不难得出这样的结论:旅游是人们利用余暇在异地获得的一次休闲体验②。换言之,旅游的本质就是一种体验,而余暇和异地将这种体验与其他体验分

---

① 笔者相信,即使把实验范围扩大,包含更多种类的人员,也会得出类似的结论——但一个要点必须明确:不要包含学过当前的旅游专业知识的学生或学者!——这是现象学的精髓。

② 这是笔者对以往自己所给出的旅游定义(见参考文献[4])的一个改进,同时也意味着笔者在认识相关问题方面的些微变化。

离出来,赋予其独有的特征。旅游的本质规定性由此形成,旅游知识共同体(从旅游学到其下属的各个分支学科)的基点也应该建立在这一本质的基础上。

上述探寻旅游本质的方法,属于现象学[5]的方法。这种方法在探讨意识、心理、体验、行为以及行为相关项的本质时,被认为是最恰当的方法。这种方法的两个主要特征是:

首先,它主张"面向事实本身",要"直观本质",要从"经验事实的一般性向本质一般性还原"。在认识旅游的本质的过程中,只有旅游者的内在体验才能概括旅游现象的本质,而不是由旅游现象的外部影响或建立在任何预设前提基础上的逻辑推论(当前某些流行的观点还可能违背逻辑)来决定旅游的本质。

其次,它强调方法上的"悬搁",试图"普遍地质疑",将任何先在的即使是科学的观念加以暂时的搁置(胡塞尔称为"加括号"),只有这样,才能做到本质直观。

在我们的实验中,那些没有受过"旅游专业教育"的学生,都毫无困难地通过他们自己的描述向我们呈现了一个个符合通常意义的"旅游"的情景。但是,虽然笔者没有做这样一个实验,但凭自己多年接触的旅游学者的经验,就发现了一个有趣的现象:当一些旅游学者在界定旅游的含义以及进行旅游研究时,往往会将纯商务旅行、纯宗教旅行、纯探亲访友旅行等纳入旅游的范畴。这种做法从研究一个地区的旅行接待设施(如酒店、餐馆)的供给量的角度(这通常是政府部门和产业部门的角度)看无可厚非,但若从旅游知识共同体的构建的角度看,就有明显的不适当的地方了。如果从方法论的角度寻找原因的话,显然,在对待旅游的本质这个问题上,他们没有做必要的知识悬搁——没有放弃权威人士或权威组织对旅游的界定,因此也就不能完全回到旅游现象的事实本身。

四、旅游与相关范畴的区别与联系

学界对旅游现象本质的认识所存在的漠然、混乱甚至错误的情形,造成了我们对各个旅游相关范畴在理解上的偏颇或错谬。这句话也许可以反过来说,由于很多时候很多人受到与旅游相关或相类似的现象的蒙蔽,先入为主地用自己对相关现象的理解,来进而据以判断旅游的本质,从而陷入了本末倒置的逻辑陷阱。对后边这句话,笔者可以用这样的例子来说明:由于全社会甚至全世界(借助于一些类似于 WTO 或 WTTC 这样的权威组织的推行与传播)都流行着商务旅游、宗教旅游、探亲访友旅游、会议旅游等一些说法,于是,学界的人把这种流行说法当作预设前提,用它们来反向衡量旅游的性质,进而放弃了对旅游本质的质询。要知道,不管是 WTTC 还是 WTO,还是中国国家旅游局,他们都是站在政府的角度,站在旅游(含旅行)产业的角度,出于如何规划、管理大的旅游接待业的目的,来审视旅游(实际上包含着各种性质的旅行)现象的。这一出发点理所当然地毋庸置疑。然而,对于学术界而言,对于旨在构建并以组织形式(比如大学)传播旅游的系统知识的旅游高等教育界而言,笔者认为,其使命以及完成这一使命的途径,是探索并构建以旅游为核心(因此不包含除了旅游这种旅行之外的其他性质的旅行)的知识共同体,而这一知识共同体的主体内容,自然是旅游以及旅游的旅行,但也会牵连其他的旅行。只有这样来理解、对待旅游和旅游相关现象,才能期待旅游知识共同体(学科)的确立并走向成熟,否则,旅游高等教育将没有方向感,甚至还会在传播知识方面出很多笑话①。

其实,人们无法识别旅游与各种相关范畴(现象)之间的本质差异,原因恰恰在于,旅游与这些范畴有千丝万缕的联系,有很多相似相像的地方。现实世界的复杂性和魅力也恰恰体现在这一点上。然而,科学研究的起点,是首先从纯粹的现象出发,或者说从现象的纯粹性出发,进而去探寻现象的复杂性。也只有这样,才能认识现象的复杂性。因此,在思想上先入为主地被关系或联系所牵绊、挟制,是真理探究过程中的本末倒置。但是,在方法上,我们又需要在关系和联系中去识别一种事物的本质规定或基本属性。下面的方法,实际上就是在关系中识别旅游的本质的方法,而在思想前提上,我们是在努力探索一些相关的纯粹范畴,探索这些纯粹范畴之间的现实关系或联系。

在旅游学术研究的语境当中,目前人们最为混淆的几个范畴或概念是:旅游,商务旅游(旅行),会议旅游(旅行),探亲访友旅游(旅行),宗教旅游(旅行),休学旅游(旅行),健康旅游(旅行),等等。也正是这些范畴的恣意作乱,培育了学界在大造概念方面的胆量,也衍生出类似于“旅游医学”、“交通旅游学”、“旅游保险学”、“旅游英语”、“旅游房地

① 在现行的旅游教科书当中,人们信誓旦旦地说些似是而非的命题的情况其实不少。比如,竟有学者称:“旅游文化可以溯源于800万年之前”,这观点着实古怪,因为人类的历史才有300万年。另有“先秦时期结婚旅游已经蔚然成风”的说法,论据是女娲与她哥哥在昆仑山上结婚的神话,也似乎不妥。

产"这样的怪胎课程,并限制着旅游知识共同体的建立。

旅游与这些范畴在本质上之不同,可以用下面的模型来说明(见图3)。这一模型的基本思路,就是将困扰我们的两种现象放置在标示两个极端的连续谱上,从最纯粹的意义上叩问不同现象的本质。孔子曾说:"吾有知乎哉?无知也。有鄙夫问于我。空空如也。我叩其两端而竭之。"[6]老夫子的这段话,或许可以作为我们在研究旅游本质这一问题时所采用的思考方法的最经典依据了。

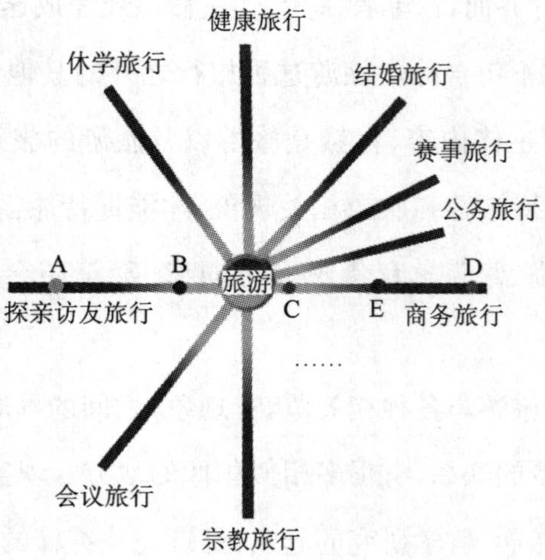

图3　旅游与各个相关范畴之间的区别与联系

从图3一下子就能看出,之所以人们经常会把旅游与其他相关范畴相混淆,是因为它们有共同之处,都具备一个类似的特性:跨越空间的旅行。但是,与这些范畴根本不同的是,如上面的定义所示,旅游,实际上是一种休闲行为,是一种个人体验。这种根本的区别,促成了对旅游进行独立研究的必要性,也是旅游具有独特意义的根本所在。图3中处于中心的"旅游"与处于各个渐变的线条端点的各个范畴,都是我们此时讨论的语境中完全纯粹的现象。从纯粹的角度理解这些现象,是科学研究的起点,这一点上面我们已经说过了。

人们之所以会混淆这些不同的现象,是因为,在现实生活中,很难找到纯粹的现象,而经常看到的往往是混合的现象。恰好在这一点上,让我们迷失了方向,丧失了判断力。比如,我们经常会碰到位于A点或B点上的人(其余如C、D和E点的情况可以类推),前者是那种以探亲访友为主捎带安排一点旅游的人,后者是以旅游为主捎带拜访了亲友的人。这一目的上的主次差异,本来完全可以帮助我们判断这个人的身份(尤其根据存在主义哲学的原则或标准),但在技术或操作层面上却十分难以甄别。正是由于这种技术困难,使得人们放弃了对出行者旅行目的的关注,尤其是放弃了旅游者独特出行目的的关注,而代之以一些在技术上可以操作、容易操作的标准——比如出行时间或出行距离,并以此作为旅游和旅行的技术性定义。长期应用技术性定义的结果,使学界的一些人不知不觉地变果为因,本末倒置,最终反过来用旅行或旅游的技术性定义来对抗旅行或旅游的概念性定义,造成了长久以来的理论混乱。殊不知,世界旅游组织等官方机构采取技术性定义的前提,除了上面提到的行业管理的目的之外,还有技术操作上的可能性与可行性的原因。但必须清楚,技术性定义本是无奈之举,是旅游或旅行的概念性定义的一种让步,一种权宜之计。对于旨在探索现象真相的科学研究而言,通过研究纯粹的现象或探索现象中符合研究目的的本质的纯粹性,并最终通过恰当的概念性定义予以界定,是构建科学研究的起点和根本。相反,如果用技术性定义来反向审读事物甚至代替应有的概念性定义,则犯了削足适履的错误。

由此可以看出,实际工作中采用的关于旅游的技术性定义,是为了判别图 3 中的 A、B、C、D 和 E 点等人具体是否是旅游者的问题。可惜的是,这种权宜之计的现实操作已经走得太远,它不仅用技术性定义主导旅游学术界在界定旅游的一些基本范畴方面的话语权,而且在选择技术操作的标准方面,竟然也舍弃了作为根本的目的性原则(人们出行的目的),而是把空间或时间元素作为标尺(比如,欧洲用出行时间,北美用出行距离),并放松了对旅行目的的限制(只要"非赚钱"就行,而且这"非赚钱"还仅仅指通过"求职赚钱")。

学术界对旅游本质的认识的方法——从而决定了对旅游本质的认识,导致当今旅游学术界旅游知识共同体建设方面的困难。人们已经习惯于沿着"有旅即游"的思路来进行行业管理(这还说得过去),来发展概念、展开大学专业教育(这就出问题了),来从事科学研究、得出研究命题、试图构建科学理论(这就难了),实际上也已经到了必须转变的时候了。

[参考文献]

[1]Stephen S. *Tourism Analysis*:*A Handbook* [M]. Beijing:China Tourism Press,1991. 3-17. [斯蒂芬·史密斯著,南开大学旅游系译. 旅游决策与分析方法[M]. 北京:中国旅游出版社,1991. 3-17.]

[2] Xie Yanjun. *Study on Tourist Experience*: *A Perspective of Phenom-enology* [M]. Tianjin:Nankan University Press,2005. 36-41.[谢彦君. 旅游体验研究:一种现象学的视角[M]. 天津:南开大学出版社,2005. 36-41.]

[3]Lao Tse. *Tao Te Ching*[M]. Changchun:Literature and History Press,2004. 217. [老子. 老子[M]. 长春:吉林文史出版社,2004. 217.]

[4]Xie Yanjun. *Fundam ental of Tourism Study*[M]. Beijing:China Tourism Press, 2004. 73.[谢彦君. 基础旅游学[M]. 北京:中国旅游出版社,2004. 73.]

[5]Edmund Husserl; selectively translated by Li Guangrong. *Phenom-enology* [M]. Chongqing:Chongqing Pubilsher,2006. 12-14.[埃德蒙·胡塞尔著;李光荣编译. 现象学[M]. 重庆:重庆出版集团,重庆出版社,2006. 12-14.]

[6]Confucius. *Confucian Analects*[M]. Changchun:Literature and History Press,2004. 169.[孔子. 论语·子罕[M]. 长春:吉林文史出版社,2004. 1069.]

旅游概念存在的泛化倾向及其影响*

旅游的学科建设问题目前已经是制约旅游学术发展的一个重要因素，而在基本概念上存在的混乱又是旅游学科建设中亟待解决的问题。本文仅就旅游这一核心概念目前存在的泛化倾向进行一番探讨，以期引起人们对这一问题的重视。

一、关于旅游的概念及其泛化

（一）旅游一词的由来与含义

“旅游”一词在我国最早出现在南朝梁诗人沈约的《悲哉行》一诗，在当时就已含有外出游览之意。而在这之前，汉语中表现旅游活动和旅游现象的词主要是用独立的“旅”和“游”。按照唐孔颖达《周易正义》释“旅”字云：“旅者，客寄之名，羁旅之称；失其本居，而寄他方，谓之为旅。”而“中国古代的‘游’，就是指由旅游审美而达到的那种自由自在、逍遥无为的精神境界和由此而来的对待世界的审美态度。”①然而，从古至今对旅游的这种理解，却在“旅游”一词以学术的面目自海外泊来中国时而被泛化了。

在《韦伯斯特大字典》中，旅游（tour）一词被解释成“是一个人回到其出发地所经历的旅程；是一次出自商务、娱乐或教育的目的所作的旅行，旅行期间通常按计划的线路访问不同的地方”。正如伯卡特与梅特利克所指出的，这个在19世纪才出现于英语中的旅游一词，与远航、漫游或圈游的意思很相近，这和个人暂时离家外出寻求娱乐的含义显然有所不同，而寻求娱乐恰是今天旅游者所具有的重要特征。显然，就连西方学者也承认，西语“旅游”一词存在着内涵不清和外延泛化的倾向。

（二）被经济化了的旅游定义

从学术的角度对旅游进行系统的观察和思考，最早恐怕是经济学家所为，而且这还

---

* 本文原载于1999年第1期《桂林旅游高等专科学校学报》。

是当旅游成为较普遍的现象甚至成为人类的一种颇有发展潜力的生活方式的时候。在经济学家看来,"旅游的功能是从国外向国内输入资金,其意义在于旅游支出对该经济体中的各部门尤其是饭店经营者所产生的影响"[2]。显然,在这里经济学家把旅游活动视为与社会领域以及产业和贸易相互联系的一种综合现象。正是基于这种认识才产生了种种泛泛而论的经济化了的旅游定义。其中比较典型的是奥地利经济学家 Herman Von Schu llard 所阐述的观点,在他看来,"旅游是外国或外地人口进入非定居地并在其中逗留和移动所引起的经济活动的总和"。此后所有以经济眼光审视旅游现象的学者在表白其观点时都未能出其右。

在旅游概念上出现的这种轻率地把旅游与旅游所牵动的相关现象混淆起来并试图用单一的词汇负载产业和不同类型的旅游这样复杂的含义的事实,是导致我们直到今天也无法发现旅游本质的重要原因之一。出于进行经济分析的需要或其他功利性目的而把旅游说成是一种经济活动甚至是一个产业、一个经济部门,显然在逻辑上是混乱的,在学术上也是不严肃的[3]。

(三)文化论者的旅游定义

随着旅游学术研究的深入以及学术队伍构成的多元化,一些人越来越注意到旅游的文化内核,甚至力主旅游是一种社会文化行为,是众多休闲行为中的一种。这些学者的研究在一定程度上揭开了罩在旅游之上的经济外套,深入到了旅游的本质,为旅游的研究提供了一个更有说服力的切入点。

法国学者让·梅特森认为,"旅游是一种休闲的活动,它包括旅行或在离开定居地点较远的地方逗留。其目的在于消遣、休息或为了丰富他的经历和文化教育"。这个定义虽然偏重于描述,但还是触及到了旅游的实质,注意到了旅游的文化内涵其及休闲特征。

在英语国家中,也有越来越多的学者阐释了类似的观点。N.雷坡尔指出,"所有的休闲都带有某种逃逸的意思",但"旅游却因其包含有空间的逃逸而不同于一般的休闲行为。旅游者向一个或几个休闲目的地的旅行过程就是这种逃逸的表现"。这里所指的逃逸(excape),是指对日常工作及生活环境的躲避。道格拉斯·皮尔斯也认为,"从一个更为技术性的意义上来说,可以把旅游看作人们出自休闲和娱乐的目的而旅行以及暂时居留而引起的关系与现象"[4]。

事实上,就是为人们所普遍接受的由瑞士学者汉泽克尔与克拉普夫在1942年他们合著的《普通旅游学纲要》一书中提出的旅游定义。该定义指出,"旅游是非定居者的旅行和暂时居留所引起的现象和关系的总和。这些人不会导致永久定居,并且不从事任何赚钱的活动"⑤。显然,这一定义引入了旅游的社会属性,但是,它在强调旅游目的的非经济性的同时,也把旅游看作一种由旅游者的活动以及旅游者与目的地居民的关系所引起和构成的综合现象,正是这种"关系论"和"综合论"思想,使此后的旅游定义总是受其束缚。从某种意义上说,这个较早且又较权威的旅游定义,也是后来衍生出的种种泛化的旅游定义的渊薮之一。

对于旅游的非经济性特征,一些中国学者也有所觉悟。范能船先生在其为章必功所著《中国旅游史》写的序言中,对旅游作了如下界定:"(1)旅游是一种广义的审美(人类求取与外部世界的和谐)形式,是人类最基本的活动之一;(2)旅游是一项广义的文化活动,它既是文化的创造过程,又是文化的消费过程;(3)旅游具有跨越空间的特点,往往超越地区、国家和洲的界限,并正在向太空发展;(4)旅游的历史与人类的历史相始终。"⑥严格说来这种表述还缺乏定义的严谨性,并且其中个别论点还值得商榷[如第(4)点],但他对旅游的文化内涵的注意却是十分明确的。与此相比,一向从事旅游文学研究的冯乃康先生却直截了当地声称:旅游"是以去异地寻求审美享受为主要内容的一种短期生活方式"⑦。把旅游概括为个人的、从而就离不开吃喝拉撒睡的一种生活方式,并且在冠以审美的目的以后又使一些常规生活内容不同于往常,再结合观光与娱乐活动,就使旅游真的不同于一般的生活方式了。因此,这一定义有诸多可取之处。这个定义使我们对平常所说的旅游活动中的"吃、住、行、游、购、娱"都有了更为合理的解释。

(四)官方或半官方的定义

从官方或半官方的角度对旅游予以概念性地界定,至今还不多见。官方机构往往关注旅游业的发展,关注对构成旅游业主导要素的旅游者的统计性研究,因此,今天所见的与旅游有关的官方定义往往是出于很功利性的目的针对旅游者而给出的,较少有针对旅游的定义。但这里也有例外,我们仅举两例。

1979年,英国旅游协会(BTS)给出了一个旅游定义:旅游是指与人们离开其日常生活和工作地点向目的地作暂时的移动以及在这些目的地作短期逗留有关的任何活动。

从这个定义可以看出，旅游不仅包含出自任何原因而向目的地的移动和在目的地的活动，而且该定义也没有坚持区别过夜与否以及是否超越国境，因此可以说这是一个宽泛到了极点的定义。还有一个颇为著名的旅游定义来自1981年“旅游专家国际联合会(International Association of Scientific Experts in Tourism)”的意见。专家们认为，旅游是“由人们向既非永久定居地亦非工作地旅行并在该处逗留所引起的相互关系和现象的总和”。这便是人们常说的AIEST定义。它实际上并没有超出汉泽克尔与克拉普夫的定义，只是缺少了对旅游目的的严格限制，而这正是其重要的缺陷。在探讨与人的行为有关的任何现象时，放弃对人的行为的目的、表现与结果这本属三位一体的任何一部分的注意，都不会真正把握行为的本质。从这一点看上述诸多定义或多或少地都存在着这种认识论上的不足之处。

上述有关旅游的定义，大都存在着概念泛化的倾向，尤其是占统治地位的被经济化了的定义。这种泛化表现在三个方面：一是对旅游者的外延界定泛化了，从而使不宜划归到旅游者之列的旅行人员也成了旅游者，如商务与会议旅行人员以及探亲访友的旅行者(在今天，商务人员在其商旅生涯中走马灯一样往返于几个点之间，已经是稀松平常之事。而且，只要做一点点实证分析就可以发现，商务人员在出差旅行过程中进行旅游的频率和时间，与出差频率是严格的负相关)；二是对旅游活动的外延界定泛化了，这与上一点互为因果。试想，一个探亲访友的人如果一到目的地就沉湎于与亲友团聚的乐趣之中，直到他归回故里之前一直足不出户，我们若不把他深居简出的所有似是而非的活动冠以“旅游”的名头，他还从何谈起算是一个旅游者？显然，这在逻辑上是荒谬的，但在实践中我们却天天重复着这种荒谬；三是对旅游实际持续时间的界定也泛化了。这个问题在实践中是一个难题，但在理论上加以澄清并不难，而且很必要。由于旅游概念的泛化，使我们把一些旅游只占其停留期间极小一个时段(甚至没有旅游)的旅行者的旅游时间大大地夸张了。例如，商务、会议、探亲访友的旅行者也有在逗留期间主动或被动地外出一游的可能(而且往往如此，正是这个原因，人们才把他们列入旅游者之列)，但是，这种旅游不仅在最初的出行目的中往往未被列入计划或属于远在其次的目的，而且相对于其在目的地逗留的总时间来看也是微末的。从逻辑上来说，这些旅行者若欲跻身旅游者之列，只能从其真正从事旅游的时间算起。当然，谁都知道这样的界定在实践中有难以处理的一面，但在学术问题上我们不能犯削足适履的错误。

二、旅游概念泛化的影响

旅游概念的泛化在旅游学科建设以及旅游发展实践中都产生了深刻但未必积极的影响。这些影响至少包括以下几点：

（一）概念泛化是导致实践中概念混乱的直接原因。从实用的、表象的、仅重视因果关系而忽略对其内在规定性予以审视的角度去认识旅游，自然会使人们首先看到旅游充满活力的经济的一面。由于对规模庞大、效益可观的商务与会议旅游者的依恋，人们始终不能肃清旅游者的成分。其结果是，在概念性的旅游定义中强调的休闲、娱乐的旅游主导目的，却在技术性的旅游者定义中几乎荡然无存。另外，在英语中对旅游、旅行和旅游者等范畴的用语也极其混乱（从 tour、trip、tourism、travel 到 visitor、tourist、dayvisitor、excursionist、traveler），而这些词语在翻译到国内时就更加混乱，找不到适当的稳定的对应关系（从观光、旅游、旅行到观光客、游客、旅游者、当日往返旅游者、不过夜旅游者、短途旅游者甚至郊游者），更不能清楚地给出各个词的准确含义，尤其是彼此间的关系。这些恐怕都要委罪于旅游概念的泛化。

（二）在旅游学中处于核心地位的旅游一词所存在的概念泛化问题，直接误导了旅游的学科建设的方向，使旅游学的学科体系不能及时地建立起来。以前在我国学科分类中，属于研究旅游现象的学科仅有"旅游经济"，这种学科分类，明显地把旅游视作一种经济现象，而本应用为旅游学科体系中最基础学科的"旅游学"却始终未能确立其地位，现有的著作即使勉强冠以"旅游学"之名，实际上也因为对旅游概念的泛化理解而使之成了一个大杂烩式的"概论"性的东西。

（三）旅游概念的泛化也导致人们在从事旅游研究时过分倾向于综合的方法而忽视分析的方法。分析与综合是科学研究的两种基本方法。不借助于适当的分析，就无法认识现象最本质的东西（笔者在研究旅游的"本质"时所用的就是分析的方法，参见注释11）。但毫无限制地深入下去的分析，又会割裂作为一种现象的完整性质。正如黑格尔所说的那样："用分析方法来研究对象就好像剥葱一样，将葱皮一层又一层地剥掉，但原葱已不存在了。"[⑧]所以，分析方法的运用有一个客观的尺度的问题。同样，综合也并非可以毫无限度地滥用。综合的方法对我们系统地全面地认识现象的完整品质是不可缺少的，但无限制地向上综合，将一些似是而非的东西作为研究对象的本质构成，其危害也是不言而喻的。笔者认为，目前旅游学术界存在的普遍倾向，就是受旅游概念泛化影响而产生的"关系论"、"总和论"，它在一定程度上使学术界沾染上一种侈尚空谈、不务实际的学术风气，影响着旅游学科的建设和发展。只有准确地把握旅游的内核与本质，才能使旅游学的研究有效地揭示"旅游活动的基础、发生原因、运营机理、性质、形态结构和特征以及对社会的影响等问题"。⑨

（四）旅游概念泛化所产生的影响在旅游业发展实践中也有所反映。把商务、会议旅行者视为旅游者，使人们对其需求动机和决策过程缺乏特殊的认识，没有注意到这些人在选择目的地、确定活动日程方面的被动地位，只看到他们鼓胀的钱袋和近于挥霍的消费行为，并以此推断真正的旅游者的需求倾向和支付能力，结果在发展旅游供给时一味攀高求洋，完全忽略了作为真正的旅游者与商务和会议旅行者相比在进行真正的旅游决策时的那种独特的心态。这极不利于旅游学研究真正深入到旅游现象的本质层面上进行剖析，并提出有指导意义的理论来。

基于以上认识，笔者认为，在建立旅游学的概念体系时，有三条原则应该考虑：

首先，要严格区分迁徙、旅行和旅游三个概念系统。从外部特征上看，这三个概念（以及由它们所衍生的次级概念）都与人的空间移动有关，但它们彼此却存在着多方面的差异，因此必须加以区别。

其次，关于旅游范畴的定义，可以区别为概念性定义和技术性定义两个层次。

概念性定义旨在提供一种观念性的理论框架，用以认识旅游的本质特征，而技术性定义主要解决实践中的统计问题，满足法律上以及行业管理上的要求⑩。但有一点必须明确，这种层次上的划分必须统一在旅游的本质属性上，不能出现矛盾的情况。

最后，对旅游的定义应能在本质、属性和特征三个层次给出旅游的规定性。旅游的本质是审美和愉悦，这是古今中外的旅游莫不如此的，是所有旅游都必须具备的内核，否则就不成为旅游。当然，从相反的方向进行推论是错误的，就是说，并不是所有的审美和愉悦行为都是旅游。旅游所具有的社会属性、休闲属性和消费属性，把审美一般进一步专门化，而当以"暂时"和"异地"这两个外部特征来进一步规范或衡量审美一般时，中矩者便是旅游了[11]。至于旅游的丰富多彩的外在形式,并不足以作为定义旅游的依据。

【注释】

①沈祖祥:《观乎人文以化天下——旅游与中国文化论纲》,见他所主编的《旅游与中国文化》,旅游教育出版社,1996,p4. ②W ahab:“An Introduction to Tourism Theory”,Travel Research Journal,No. 1,1977. ③美国著名旅游专家托马斯·戴维逊的《旅游真是产业吗?》一文,认为“旅游是一种社会现象,而不是一种生产活动;所有旅游者支出的总和并不是这一组相似企业的收入所得;旅游是一种经历或过程,不是一种产品——这种经历又是相差悬殊的”。见《旅游学刊》1996.1. ④D. Pearce:“Tourism Today”,p1 and p22. ⑤⑩参见张践等译:《西方旅游业》,同济大学出版社,第36页,个别文字参照原文有改动. ⑥章必功:《中国旅游史》,云南人民出版社,1992年版,序一. ⑦冯乃康:《中国旅游文学论稿》,旅游教育出版社,1995年版,第4页. ⑧黑格尔:《小逻辑》,商务印书馆,1980年版,第41页. ⑨申葆嘉:《论旅游学科建设与高等旅游教育》,《旅游学刊-旅游教育增刊》,1993年. ⑪谢彦君:《论旅游的本质与特征》,《旅游学刊》,1998.3.

论旅游的现代化与原始化*

一、旅游现代化与原始化的内容

旅游作为在一定的社会经济条件下发生发展的一种社会经济活动,受许多社会因素的影响和制约。其中诱发旅游行为的最根本因素,便是个人心理状态与其所处的自然及社会环境之间存在的差异。因此,旅游实质上是一种矛盾现象,是人类矛盾需求心理的突出产物。从古代的吟游诗人到现代的旅游者,不管是流连于山川秀色,还是沉迷于古老文化,都是在寻求与其个人当时处境相悖的某种补偿。这种心理经过长期的历史沉积以及环境变化对它的强化,便出现了现代旅游的两种明显倾向;旅游的现代化与原始化。

旅游的现代化是指旅游的两个客观要素(旅游客体和旅游媒介)为适应旅游主体的需求心理而发生的能够充分体现现代科学技术水平和文化特征的变化趋向。

在这里,应该注意,旅游的现代化绝不是按一般人所理解的那样仅仅是指旅游媒介的现代化。现代旅游业对经营方式、管理方式,服务技术和服务手段等媒介要素固然都提出了很高的要求,达到了很高的水平,但是,一些以现代科学技术为基础而建立起来的游乐场所,甚至科学技术的最新成果本身,也同样构成了旅游的客体,而人们对能够突出地展示现代文明的城市风貌的向往之情,也同样说明了具有现代特征的旅游对象的吸引力。

旅游的原始化则是指旅游的客体与媒介这两个客观要素为适应旅游主体的需求心理而发生的能够充分展示其历史原貌和原始状态的变化倾向。这种倾向来自于人们的积极努力——对原始状态的保持与恢复,它标志着现代旅游业对资源的原始状态的依赖关系。

---

* 本文原载于1990年第4期《旅游学刊》。

从定义中可以看到,旅游的原始化是针对旅游的两个客观因素而言的,即旅游客体和旅游媒介。对于旅游客体原始化的含义和具体表现形式我们不难理解,而对于旅游媒介的原始化就可能产生异议了。作为旅游媒介(包括宣传手段、运输工具和旅游服务等),随着时代的发展,在不断地进行着自我更新,确实已经形成了高度的现代化。但是,旅游这种人类矛盾需求心理的产物也创造了一些看似奇怪的现象:有时旅游媒介的功能竟发生异化而成为一种旅游客体,并表现出原始化的倾向。西方人到中国来,喜欢乘上毛驴车观光游览,就是这种旅游媒介的功能发生异化的例证。

旅游自身的这种倾向性发展是由它本身的内在规律决定的(见第二部分)。一个国家所具有的特定的文化氛围、地理环境、资源条件以及它与客源国之间的相互关系,决定了这个规律的具体表现形式。认识到这个规律,我们就不会在开发新资源的同时毁掉了我们本来最珍贵、最有旅游吸引力的东西。

二、旅游现代化与原始化的客观基础

从上面的定义中我们已经看到,旅游行为本身就是一种矛盾现象,而旅游现代化与原始化正是这种矛盾心理的折射反映,表现出个人对其心理状态与实际状况之间所存在的差异的一种积极调谐。也就是说,作为旅游者,促使其旅游行为发生的关键因素是旅游者的心态(很大程度上是在知识的基础上逐渐形成的一种欲望)与其现实经验之间的差异。这种差异越大,调谐的欲望就越强烈,旅游行为就越容易发生。

我们用一个坐标图来说明这种关系。

用纵轴表示心理状态,它指的是人类的一般心理状态从原始至现代的渐变过程,纵轴上不同的点表示其程度上的差异。显然,不应该把我们的研究对象理解为不同历史时期的旅游者,而应该理解为同一时点上不同空间区域内由于文化上的开化程度的不同而形成的具有不同心理状态的潜在旅游者。并且我们还假定,这种心理受经验所局限,而由它产生的欲望则来自于知识的影响(个人有通过学习获得有关外界情况的机会)。这样,与旅游者心理状态相对应的便是欲望的具体表现——景观状态,我们用横轴来表示,并也将它概括为从原始至现代的不同发展程度。这样就可以得到一个说明心理状态与景观状态之间对应关系的图示(见下图)。

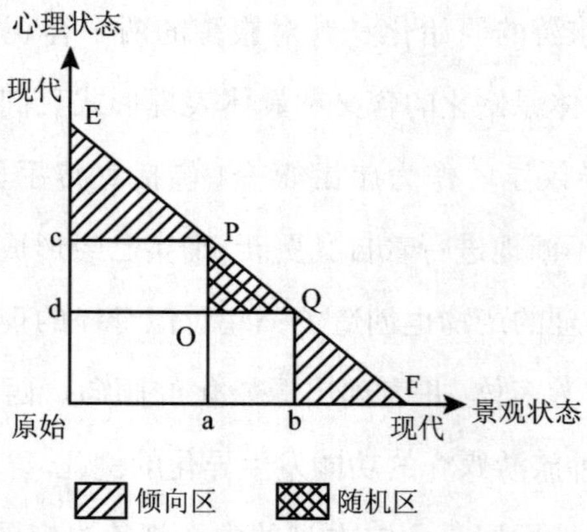

心理状态与景观状态之间的关系

从图中可以看到,心理状态与景观状态之间存在着相逆的关系,这便是图中 EPQF 线下形成的两个处于相对位置上的倾向区 EcP 和 QbF,它们表示,在心理状态的两端都有明显的需求倾向,即心理尚处于原始状态的旅游者,倾向于观览具有现代风格的旅游景观,相反,心理达到现代状态的旅游者,往往倾向于寻访具有蛮荒气息的旅游景观。这种倾向越往 EPQF 线的中间发展而越不明显,甚至完全消失。从而形成 OPQ 这样一个意向不明显的随机区。就是说,心理状态处于 cd 线段上的潜在旅游者对景观的需求没有明显的倾向,他的旅游行为的发生主要受其他随机因素的影响,在多数情况下会表现出对景观的两个极端状态感兴趣,而这正符合旅游行为对心理状态与实际状况之间的差异进行调谐的规律。这种规律具体表现在以下几方面:

1. 现代文明与古代文明之间的差异导致现代人对访古溯宗的偏好。

2. 自然景观与人为环境之间的对应关系随历史发展而变化,从而带动人的心理出现逆反现象。回归自然的愿望随着工业污染的加剧以及乡村城市化的进程而越来越强烈,所以人们对于其有原始风貌的自然景观就越来越偏爱。

3. 人类聚居群体在空间上的差异分布造成了文化、经济以及社会诸方面的地理局部封闭性,并由此而产生了区域间的相对神秘性。这种神秘性恰恰就是区域间旅游行为产生的巨大动力。

上述种种差异说明,旅游业本身的发展必须体现旅游客体和媒介因素向极端化方向发展,即向现代化和原始化两个方向发展的要求,这样才能使旅游客体和旅游媒介有强大的吸引力。

三、旅游现代化与原始化的发展道路

走旅游现代化与旅游原始化同时发展的道路，是我国发展旅游业的必然途径。在充分认识我国目前旅游业发展水平的基础上，在科学地分析我国的客源状况并确定合适的目标市场的前提下，我们对国内旅游资源的管理策略就应该是“保持、发掘”。

1. 保持即保护。它有两方面的含义，一是保持自然景观和文物古迹的原始状态，二是保持以地方习俗为主要旅游对象的聚居群落的相对封闭性。

2. 发掘。是指对具有潜在的旅游吸引功能的各种资源进行合理的开发和利用，对受到破坏的旅游资源进行恢复，对处于衰退阶段上的旅游资源进行有效的更新，使之焕发出新的活力。

发掘是丰富我国现有旅游资源的唯一途径。在我国，旅游资源的发掘应在充分分析市场需求（旅游者消费心理上的现代化与原始化倾向）的基础上来进行，既要开发具有我国民族特色的现代化旅游项目，同时也要积极开发能充分体现中华民族文化源流、文化特征、社会风俗的传统旅游项目，还要注意在旅游媒介的开发中充分发挥其功能异化所产生的积极效应。在发掘的同时，应充分估计到发掘所能产生的多重效应，绝对避免在积极开发过程中带来各种无法弥补的消极后果。对于西方游客来说，他们对中国古老文化的向往，多数怀有一种探秘心理，对于归国侨胞和港澳台同胞来说，他们多数意在寻根访旧，重温故梦，因此，家园沧桑从感情上来说总不能是一种慰藉，只能徒增怅惘。因此，开发中国的旅游资源，面对这些怀有特殊意向的旅游者，就应以突出民族的传统文化为特征。当然，这种思想也不能绝对化。因为，我们还必须看到，多层次的旅游需求毕竟是现代旅游的一种普遍倾向，更何况我国的旅游客源市场还大有扩及到西方发达国家范围之外的潜力。因此，在旅游开发规划中要做到既考虑眼前，又顾全长远；既体现现代文明，又展示历史风采，这样，才能保证我国旅游业得以健康发展。

旅游体验——旅游世界的硬核*

旅游世界是一个有别于日常生活世界的特殊时空框架。①旅游者在这个世界中的作为，主要是一种身心的体验，其目的是为了获得某种愉悦（谢彦君，2004）。旅游世界作为一个宏大的现象世界，拥有着复杂的结构和内容，但是，这个世界的核心，在笔者看来，就是旅游体验！

为了确立这个十分重要的命题②，我们无须去阐述旅游现象的复杂性，因为那是人人皆知的。我们需要讨论的，是如何把旅游体验从旅游现象中发掘出来，再妥善地放置回去——充分地认识其重要性，并给予这个重要性以一个适当的学术地位。

说到体验，首先需要把这个词与经验加以区别。经验属于表层的、日常消息性的、可以为普通心理学把握的感官印象，而体验则是深层的、高强度的或难以言说的瞬间性生命直觉。可以把经验看作行为的叠加以及由此获得的知识的积累，而体验一定是融汇到过程当中并且与外物达到契合的内心世界的直接感受和顿悟。从这一点来看（这一点也至为关键），我们不能轻易将日常经验过程与体验混为一谈。

体验这个概念，在历史上可以溯源到西方的古希腊哲学。除了神话中的“回忆”论以及关于“酒神”的说法之外，西方最早的有关体验或类似概念的阐述，可能就是柏拉图的“迷狂”论了。这位先哲对原始诸神世界的消隐、雅典社会理性的沦丧以及道德的颓败深感忧虑，因而把解救的希望寄托在对迷狂的体验上，渴望通过体验使人超越尘世的束缚而复归于理性的天国：雅典人失掉了神（理性），只有体验才能把它召唤回来。之后，经过中世纪的漫漫长夜，体验这个美学范畴在德国古典美学那里又进入了复苏期。这时，被长久禁锢的希腊人性精神苏醒了。继卢梭之后，席勒再次看到了现代社会的科学技术、工业文明对人的本性的摧残，痛感人的“完整体”正在被“分裂”为“断片”，对此，席勒提

---

* 本文原载于2005年第6期《桂林旅游高等专科学校学报》。

出了一个意义深远的思想:通过体验(游戏)这一绝对中介使人的被分裂的感性本能与理性本能重新融合为完整体。可以说,席勒远远超过柏拉图、超过他的同时代人,他把体验高扬到空前高度,试图用它来解决最根本的人生问题和社会问题。

19世纪中叶以后,在叔本华、尼采、狄尔泰、柏格森等人那里,西方美学和哲学有关体验的论述可以说进入了高峰期。当历史进展到这一时期,西方世界的生存危机、虚无感、荒诞感不仅没有缓解,反而愈益尖锐了。叔本华首创的感性生命本体论正是当时人们普遍感到生命面临严重危机的社会现实的哲学反映。对此,叔本华为生命的亢奋与不可遏止而"痛苦"万分,他用"静观"这个概念表达一种体验,借以突出寂灭生命之意,遏制永不满足的生命意志;尼采则由于生命的匮乏与颓废而焦灼不安,因而用酒神状态呈现了一个可以体验的目标,用"沉醉"去享受生命力的充盈和丰满。——正是基于对生命的本体地位的反思,叔本华和尼采都把解救的希望交给体验;狄尔泰感叹生命是神秘之"谜",他直接就用"体验"这个术语,主张艺术的本体是个人的亲身"体验";海德格尔以及马塞尔则复活了希腊神话,把艺术视为"回忆";弗洛伊德首创"升华"概念来表明它是原欲的"移置";马尔库塞用的是另一种表述:"审美升华";人本心理学家马斯洛则把它归结为"高峰体验"。

然而,这些直接或间接对体验有所阐述的哲学家和美学家,对体验的界定有着很大的不同,这使我们难以不加说明地利用"体验"在各位先哲那里的意义。通常,每当谈及体验,人们很自然地会把这个范畴与心理学联系起来。其实,这是不错的。不管在什么语境下面,体验都会使我们联想到心理过程和这个过程所引起的心理超乎寻常的变化。不管是从个体心理还是群体心理的角度,不管是站在社会的立场还是个人的立场,我们都能理解体验的重要性。因为,体验是伴随着整个人生而从不停歇的过程。在生命降临之际,个体会体验到生命诞生的快乐和痛苦;在生命成长的阶段,个体会经受植物性的煎熬和社会化的洗礼;在濒死的时光,个体也会感受生命枯竭时的挑战和死亡降临之际产生的恐惧或快乐。总之,不管什么时候,只要生命存在,只要这个生命面临着些许的变化、新奇、危险或者挑战,他都会在心灵上留下刻痕,并从而影响到他的今后的社会行为方式。这就是体验对个体和对社会的重要意义之所在。

前苏联的著名心理学家、《体验心理学》一书的作者瓦西留克专门选择人借以克服有威胁性的生活情境的过程作为自己的研究对象,这个生活情境的历险过程就是“体验”。他所要回答的问题,几乎是这样的:当人到了无可奈何的时候,当他落到已没有可能实现自己的需求、定式和价值观的情境时,他将做些什么?为了回答这个问题,作者在心理学的活动理论的概念体系中又引入了一个新的范畴——体验。所以,在瓦西留克那里,体验不是作为人的这样或那样的状态在主观意识中的反映,也不是作为人消极观察的特殊形式,而是一种旨在恢复精神的平衡过程,恢复已丧失的对存在的理解力。总之,是“产生理智”的一种活动的特殊形式。瓦西留克还认为,一方面,体验是个人的经验过程及其结果,“永远是自己也只能是自己才能体验所发生的事情以及产生危机的那些生活环境和变化”,别人无法代替;而另一方面,“体验的过程是可以在一定程度上驾驭的——推动它,组织它,引导它,创造良好的条件,努力使这一过程按我们的理想达到使个性成长与完善的目标,至少是不要转向病态的或社会所不容许的道路”。“体验——这是克服某些生存的‘裂痕’,这是某种修复工作,就像是实现生命的轴线。体验过程与生命的实现相对,也就是与活动相对,这并不意味着他是某种神秘的超生命的过程:按照自身的心理生理成分——这正是那些生命和活动过程,但按照自己心理意义和使命——这是指向生命本身的过程,只想保证实现生命的心理可能性的过程。”[③]

从上面的回顾中我们不难看到,历史上的大多数先哲,都强调体验这种心理现象在终极价值上是对平庸的超越,是对生命的礼赞,是对人性的回归。这样一种思想,在我们研究旅游体验的时候,是完全可以借鉴的。

旅游学者麦肯奈尔在研究旅游体验的时候,也曾试图对体验做一些基本的考察和界定,虽然特色不多,甚至还多少有些肤浅,但作为一种过渡,我们不妨介绍一下。按照麦肯奈尔(Mac Cannell,1976:23)的说法,一个挺有意思的事实是,“体验”(experience)或多或少与科学有些渊源,因为在英语的词根上这个词是与实验(experiment)同源的,但是,却很少有人能给这个词赋予一个科学的定义。从日常生活的角度去理解体验这个词,显然这个词暗含着一个特定的时空关系。也就是说,体验具有一个时间边界和空间边界[④]。如果从外部形态上来看,体验作为一个过程,就是发生在这个时间边界之内的行为的总和。当然,理解体验的本质,不能仅从外部形态的角度。实际上,体验是一个心理过程甚至思想过程,是一个对生活、生命和生存意义的建构和解构过程。在体验过程中,饱含着

"一种由原初的疑惑感或空虚感而转换成的某种信念或超越,这种转换借助的是一个对直接的、第一手的资料的领悟过程"。[⑤]从这个意义上说,麦肯奈尔认为,体验这个词,除了本身所具有的苍白的科学和职业含义之外,还具有某种时髦的、逐臭的,甚至可能关联到性的内涵。就是从这个关节点上,麦肯奈尔这位一向有点"忧郁"的老一辈旅游学者,将体验拉到了旅游体验上来。在国外旅游学术界,研究旅游体验的渊源并非起自麦肯奈尔。早在20世纪60年代,布斯汀(Boostin,1964)[⑥]就将旅游体验定义为一种流行的消费行为,是大众旅游那种做作的、刻板的体验。他甚至哀叹,那些旧式的旅游者已经没有了,在他看来,恰恰是这些人的旅游才是出自追寻某种真实的体验。布斯汀看不起那些"浅薄的"现代大众旅游者,认为这些人只知道对一些虚假事件(pseudo-events)趋之若鹜。特纳和艾什(Turner and Ash,1975)也都认为,旅游在本质上就是偏离常态的行为(aberration),甚或一种时代的病症(malaise)。相反,麦肯奈尔(MacCannell,1973)[⑦]则认为,旅游体验是人们对现代生活困窘的一种积极回应,旅游者为了克服这些困窘而追求的是一种对"本真"(authentic)的体验。虽然有这种明显的观点上的差异,但布斯汀和麦肯奈尔等人在定义旅游体验的时候,都体现了这样的思想:旅游体验对社会个体和整个社会都具有重要的意义。由此,他们的定义也成为引发人们对现代休闲旅游的积极效应和消极效应的争论。在这种争论当中,有些学者认为,如果旅游者的需要是一样的或接近的,那么,不管构成旅游者这种需要的社会文化背景有多大差异,所有的旅游者都将获得某种类似的体验。

与此不同,科恩(Cohen,1979)认为,不同的人需要不同的体验,不同的体验对不同的旅游者和不同的社会具有不同的意义。为此,科恩将旅游体验定义为个人与各种"中心"(centres,我们也可以把这个词用类似"家园"这样的术语来间接地予以解释)之间的关系,认为体验的意义来自个人的世界观(worldview),取决于个人是否依附于某个"中心"。这里,所谓"中心"并不一定是个人生活世界的地理中心。它是每个个体的精神家园,它象征着某种终极意义。因此,科恩相信,这种体验反映着各种动机的某些稳定的模式,既有别于旅游者的各种行为方式,又是对这些行为方式的特征化。这些模式与"私下"构筑的旅游世界相联系,代表着满足个人各种需要——从追求愉悦到寻求意义——的不同方式[⑧]。此后,海米尔顿-史密斯(Hamilton-Smith,1987)[⑨]、纳什(Nash,1996)[⑩]、佩兹(Page,1997)[11]、皮尔士(Pearce,1982)[12]、冉恩(Ryan,1993,1997)[13]、尤瑞(Urry,1990)[14]和晏纳吉斯和吉布森(Yiannakis and Gibson,1992)[15]等在他们的研究中都提到了科恩的旅游体验范式。从这些研究中,可以得出有关旅游体验的一些共性的东西,那就是,对个体而言,旅游体验是一种多功能的休闲活动,既包含着娱乐成分,也有求知的成分。

科恩的发表于1979年的《旅游体验的现象学》一文,是笔者所见的唯一的也是最早地明确从现象学角度审视旅游体验的学术论文,可能也是比较早的专门讨论旅游体验问题的文章之一,在此之前,恐怕探讨旅游体验的最重要的相关文献就是麦肯奈尔的《旅游者:有闲阶级新论》(1976)一书和他的《舞台化了的本真性:旅游情境的社会空间配置》(1973)一文。科恩在其卓越的旅游研究生涯当中,一直都体现了对旅游体验及其社会效应的关注,同时,在观察旅游体验的过程中,也一直体现着现象学的视角。这一点,在他所发表的等身的著作中都有清晰的体现。而追溯其思想渊源,恐怕要归功于他的这篇早期文献的基本思想。科恩的这篇文章,集中地讨论了旅游体验方式(the modes of tourist experience)的问题,他把这视为一种现象学的分类方法,因为对每一个旅游者来说,他们所感兴趣的各种新异的文化景观、社会生活以及自然环境都具有不同的意义,现象学分类的基点就建立在对这种意义的分析的基础上。旅游者的一次旅游体验在多大程度上代表着"对中心的追求"(quest for the centre),以及这个中心的性质,构成了科恩做这种分析的核心。基于这种思想,科恩认为,这种分类的结果对应于每个旅游者"私下"构建的、作为一个连续体而存在的"旅游世界"当中的不同的点,而这个连续体的一端是现代旅游的空间特征,另一端则是旅游的朝圣性质。为此,科恩将旅游体验方式划分为5种类型:休闲的方式(The Recreational Mode)、消遣的方式(The Diversionary Mode)、经验的方式(The Experiential Mode)、实验的方式(The Experimental Mode)和存在的方式(The Existen tial Mode)。下面我们对科恩有关这5种体验方式的论述略作介绍。

(1)休闲的方式。出自休闲目的的旅游体验在性质上类似于其他类型的娱乐体验,比如观赏戏剧、观看电影和电视等。旅游者从旅游中获得快乐,因为这种旅游使他身心得以重获力量感,也使旅游者产生一种充盈感。正如休闲一词[16]本身所表明的那样,甚至连这种旅游体验方式最终都会与宗教朝圣的旅程有某种比附的关系,因为它给人以某种重获新生的回报。但归根结底,旅游者在这种予人以娱乐的中心所经历的体验,主要的还是一种休闲,即使有那么一点宗教朝圣的意味,但也被世俗化了,已经失去了它固有的那种深刻的、精神境界的内涵。这些休闲旅游者对布斯汀所谓的虚假事件(pseudo-events)情有独钟,他们在体验过程中不必为所谓的自我实现或自我拓展而负重太多。如果从某种"高雅文化"的角度看,休闲旅游体验就像其他形式的大众娱乐活动一样,似乎是由一些显得浅薄、轻浮、无足轻重甚至愚昧的活动构成的。但这种来自高高在上的知识分子以及那些"严肃的"旅游者的观点实际上是偏颇的,通过休闲旅游体验,这些旅游者得到了他们想要的东西:愉悦。对这种旅游者也大谈所谓的本真性问题,其实是不切题的。因此,科恩主张,对于休闲体验的旅游者,要把他们看作参与一场表演的人,或者参与某种游戏的人。他们像是一场戏剧的观众,完全有理由沉浸在剧情当中并为自己谋求快乐,即使是面对一些近乎怪异的表演,也没有理由非难他们。在这些表演场合,娱乐性是与旅游者内心对某种诱惑情愿接受相一致的。对于他们来说,在体验过程中所见到的人与风景并非他们"真实世界"的一部分,它们是从真实世界分离出来的"有限的意义域"(finite province of meaning)。旅游者在这个意义域中是能够获得休闲活动的价值的。

(2)消遣的方式。现代人往往与他们所处的社会或文化的中心存在着隔阂。其中有些人可能找不到其他可以替代的中心,他们的生活严格说来是"没有意义的",但他们并不追寻意义,不管在他们自己所处的社会还是在其他地方,都是如此。对于这样的人,旅游就不会具有休闲的意义:它完全变成了一种消遣方式——仅仅为了逃避日常生活的枯燥乏味和无意义,于是便投身于一种忘却性的假日当中,借以疗治身体,抚慰灵魂,但却不能从中获得新生——也就是说,这种体验不可能重建与有意义的中心之间的依附关系。因此,消遣式的旅游体验是对那些没有思想的人的一种安慰剂。不过,从很多方面看,消遣式的旅游体验与休闲式的旅游体验非常相像.所不同的就在于,消遣式的旅游体验是远离"意义"的,是那种没有中心的人所追求的没有意义的愉悦。

(3)经验的方式。这种体验方式的特点主要是由麦肯奈尔的观点构建起来的。这种观点所关注的问题是,假设休闲旅游者依附于所在社会的中心或文化,而消遣旅游者是在社会中心之外徘徊的话,那么,一旦这些游离于社会中心外围的人逐渐意识到他们日常生活中的这种疏离、无意义和平庸,会发生什么事呢?麦肯奈尔说,他们可能采取的获得意义的一种方式,就是通过革命来实现社会转型。倘若不采取这一招,那么,比较温和的一种就是旅游。这种重新被唤起的、在自己所在的社会之外追求真实意义的过程,是从对经验的获得开始的。这样的体验方式,可以叫作经验的方式。如果说布斯汀是休闲体验方式和消遣体验方式的最直露、最激烈的批评者,他甚至将自己的观点涵盖所有现代旅游,那么,麦肯奈尔就属于另外一种的人:通过声明旅游在本质上是一种以追求本真性体验为目标的现代宗教形式,他试图赋予旅游以一种新的尊严。麦肯奈尔将旅游与宗教进行对比,提出了二者之间的相似性:宗教的动机与旅游的动机非常相近,它们都是为了获得本真性的体验。

科恩对麦肯奈尔的观点的评价是:尽管他的观点有别于那些"知识阶层"的观点,但还是明显地可以看出这些观点是以现代人的眼光为视角的。科恩认为,简单地将旅游与宗教进行类比,会掩盖旅游与宗教之间很多本质上的区别。为此,科恩提出了旅游与宗教的两点根本不同。首先,宗教信徒的朝圣旅游总是向着它所信奉的那种宗教的精神中心的,即使有时这个中心可能远在他生活空间的边界之外。虽然旅游者也可能到所在社会或文化当中存在的一些艺术、宗教或民族的中心去旅行,并对这些地方示以"仪式性的尊敬",但现代旅游的一个突出特征显然是对环境的极大兴趣,以及旅游者对自己文化之外的世界所怀有的强烈的体验欲望。说到底,吸引旅游者的东西,实际上是另类风景、另类生活方式以及另类文化所具有的那种纯粹的陌生和新奇。[17]

其次,科恩还特别注意到,与那些宗教信徒不同,那些以获得经验为导向的旅游者,即使他们观察到了他人的本真的生活,但他们依然很清楚他人的那种另类人身份,这种感觉甚至在完成旅游过程之后依然存在。这也就是说,旅游体验过程并没有使这个旅游者的生活皈依于他人的生活,他也未必接受他人的那种本真的生活方式。宗教信徒能够感受到来自宗教圣地(中心)的那种精神同一性,即使这个中心处于遥远的地方;与此相反,经验旅游者即使他与所观察到的代表着本真的生活方式的人们一起生活,他也照样是一个外来人,他需要做的就是如何学会从审美的意义上去欣赏这一切。宗教信徒的经验过程是有关存在的:他与教友一道参与、共享并融入了由该中心的神圣性所创造的世界当中,坚信该中心所主张的价值观和信念。而对于麦肯奈尔的"旅游者"来说,他仅仅在体验他人生活的本真性时产生那么一点痛感或共鸣,自己却并不想效仿。因此,即使他的需要具有某种宗教意义，但他的实际体验却主要是审美的，而这要归因于这种体验在性质上能引起共感。通过对另类文化的本真性的直接接触而引起的美感对旅游者的情感熏陶具有很大的意义，但是对他的生活并没有什么新的意义和指导。这一点，只要看看那些寻求经验的旅游者在一个宗教圣地如何观察那些宗教信徒就一目了然了：宗教信徒体验的是该中心的神圣性，而旅游者体验到的可能是由宗教信徒的宗教体验而呈现的本真性的美感。因此，经验式的旅游体验尽管要比休闲式和消遣式的旅游体验显得更意义深刻，但并不产生"真实的"宗教体验。[18]

(4)实验的方式。这种体验方式的特点是，体验者已经不再依附于所在社会的任何精神中心，而是从许多不同的方向寻求一种替代的选择，极端一点甚至包括走向神秘主义甚至亲近毒品等。对于后现代社会当中那些有思想的旅游者来说，这种体验方式更合口味，因为这些人富有一种异调的个性倾向。这些人如果要通过旅游得到对失去的精神中心的替代，那么，旅游就会呈现一种新的更高的意义。与经验式的旅游相比，如果说经验式旅游能够从另类文化中生活的人所展示的本真性当中获得观赏性的愉悦的话，实验式的旅游就会一反这种旁观者的身份，直接投身到这种生活的本真性当中，但却不会使自己完全融入其中。这种旅游者会品味和比较各种不同的备择方案，期望最终会发现一种最适合于他的特殊需要和欲望的方案。在一定意义上，这种旅游者探寻的是某种自我，在一个不断试错的过程中，他借以发现那种能引发自我共鸣的生命形式。科恩举了一些这类旅游者的例子，比如美国的城里人，欧洲或澳大利亚那些被熏陶了农场庄园气息的青年人，遥远的太平洋村庄，嬉皮士组织等。

(5)存在的方式。如果前几种旅游体验方式的特点都是为了探寻的话，那么，以存在的方式进行的体验作为一种极端形式，其特征就在于旅游者完全投身于一个被他选中的精神中心——一个外在于他所处的主流社会文化的中心。从现象的角度看，接受这样一个中心几乎与宗教皈依非常相像。但就旅游的意义而言，以存在的方式所进行的体验，主要指旅游者对目的地文化的完全接纳并主动寻求自我与这种文化的同化。这种情况在世界各地都不乏见。科恩对旅游体验方式的详细描述，勾勒出了旅游者在旅游过程中的行为取向和行为内容的诸多可能性。通常，这些不同的体验方式，对于不同的旅游者而言，或者对于不同的旅游目的而言，并不一定全部包含。在多数情况下，旅游者都是选择其中的一个或少数几个作为旅游体验的目标。但即使这样,旅游者的体验也构成了旅游现象最基本的结构性要素。我们这样说是因为,在整个旅游世界,虽然旅游主体(旅游者)、旅游客体(旅游资源和旅游产品)以及旅游媒体(旅游业[19])是这个世界的共同内容或要素,但串联着这 3 种要素的核心主线乃是旅游体验。如果在旅游世界当中抽掉了旅游体验,就等于抽掉了旅游现象的基本矛盾,抽掉了旅游现象的内核。没有旅游体验这种根本的需要,旅游产品就没有必要被生产出来,旅游资源将依然以其自在的状态存在着,不存在专门的旅游企业生产旅游产品,狭义旅游业也就自然不存在,而它的缺位,将使广义旅游业成为没有旅游内涵的空壳,它们的存在意义仅具有非旅游的意义。正是基于这样的认识,我们发现,旅游世界当中,不能没有旅游体验。承认了旅游体验这个范畴的客观性以及它在旅游世界当中的主体性地位,就需要具备对这种现象有基本的认识,因此,学术界对这样一个问题的研究缺位,也自然是不能接受的。

注释:

①关于旅游世界与生活世界的关系,笔者将另文阐述(《现象世界的旅游体验:旅游世界与生活世界》,待发)。

②笔者甚至认为,这样一个命题有可能直接关系到旅游的学科建设、旅游在研究方法论上的哲学选择等一系列重大问题。

③瓦西留克:《体验心理学》,中国人民大学出版社,1989 年版,第 22 页。

④在前面提到的笔者代发表的文章中,笔者把这个时空边界定义为旅游世界。

⑤MacCannell, Dean: The Tourist: A New Theory of the Leisure Class, Schocken Books, 1976.

⑥D. J. Boostin: The Image: A Guide to Pseudo – Event in America, New York: Harper & Row, 1964.

⑦Dean MacCannell: Staged Authenticity: Arrangements of Social Space in Tourist Settings, American Journal of Socio logy, Vo l. 79 (3): 589 – 603, 1973.

⑧E. Cohen: A Phenomeno logy of Tourist Experiences. The Journal of the British Socio logical Association, 1979: 179 – 201.

⑨E. Hem ilton – Smith: Four Kinds of Tourism, Annals of Tourism Reesearch, Vo l. 14: 332 – 334, 1987.

⑩D. N ash: Anthropo logy of Tourism. Oxford: Pergamon, 1996.

⑪S. Page: Urban Tourism, Analysing and Evaluating the Tourist Experience. In The Tourist Experience: A New Introduction. Cassell: Wellington House, 1997.

⑫P. L. Pearce: The Social Psycho logy of Tourist Behavior. New York: Perga-mon, 1982.

⑬Ryan, Chris: The Tourist Experience: A New Introduction. Cassell: Wellington House, 1997; Ryan, Chris: Recreation Tourism: A Social Science Perspective, Routledge, 1991.

⑭John Urry: The Tourist Gaze: Leisure and Travel in Contemporary Societies, SA GE Publications, 2000.

⑮A. Yiannak is and H. Gibson: Roles Tourists Play. Annals of Tourism Re-search, Vo l. 19 (2): 287 - 303, 1992.

⑯英语休闲(recreation)一词从字面上看,带有"再创造"的含义。

⑰E. Cohen: Towards a Sociology of International Tourism, Social Research, 39 (1), 1972.

⑱E. Cohen: Authenticity and Commoditization in Tourism, Annals of Tourism Research, Vol. 15, pp. 371 - 386, 1988.

⑲这里所指的旅游业,包括狭义旅游业和广义旅游业。前者是生产核心旅游产品的企业构成的集合,后者是生产组合旅游产品的企业构成的集合。参见拙著《基础旅游学》,中国旅游出版社,2004 年第二版,第 129 - 139 页。

现象世界的旅游体验：旅游世界与生活世界*

对于旅游，根据常识，我们都已经建立了一些最基本的概念性的认知，其中包括：尽管旅游者出行的具体目的可能不同（但笔者总是认为，在最概要或最基本的层次上，我们将要谈论的所有旅游者的目的都是为了寻求愉悦①），但有一点是相同的，旅游者总是到异地去，并且之后还会回来；旅游者花掉的不仅有金钱，更重要的，他还要花掉一个整块儿的时间，而这个时间与他平时的工作时间不一样，我们通常称它作余暇。由于这几个非常明显的特征，就可能会使旅游者在旅游过程中所表现的行为及其意义大异于日常生活环境。而恰恰是这种可能性，成了我们今天要深入探讨旅游体验的学术动力所在。

为了使这种探讨建立在牢靠的逻辑框架的基础上，首先我们就需要面对这样一个问题：将旅游现象与日常生活现象作某种区隔，以便凸显旅游的特征，使我们得以揭露旅游、旅游体验的规律。笔者以为，目前我们可以做的一件事情，就是先建立几个基本概念：生活世界、旅游世界、旅游情境和旅游体验（关于后两个范畴，笔者将另文阐述）。

一、模型的构建：旅游世界与生活世界

我们把生活世界理解为潜在旅游者日常所居的世界。它包含了构成潜在旅游者日常生活的所有事件的总和，但唯独不包含（或充其量仅仅局部地包含或重叠于）旅游世界的事件。因为在这里，我们不得不先行假定，旅游是不同于日常生活的一种经验过程。尽管我们知道，在一个人的生活世界当中，在个体所经验的各种事件当中，比旅游更具有

---

* 本文原载于2006年第4期《旅游学刊》，作者谢彦君、谢中田（男，辽宁罗黑山县人，1958年生，渤海大学旅游学院副教授，主要研究方向为旅游管理）。

① 在这里，作者所采用的观点，是在拙著《基础旅游学》（中国旅游出版社，2004年第二版）中所坚持的观点。参见该书有关章节。

异常性质的事件可能(或肯定)还有,但由于它们已经不是我们所关注的对象,因此,我们有理由把它们统合到其他更为主流的日常事件当中,并且可以忽略其独特的、但并不相关的意义。这样一种处理,使我们得到一个常规性的生活世界的概念,它由日常的工作、学习、生活和一些偶然事件所构成,这些事件的集合可能形成的对人的情感的影响,比如无聊、厌恶、羞愧、挫折和悲哀等,在很大程度上可能构成了旅游的动力。

由此,我们可以推知,旅游世界将是不同于日常生活世界的一个崭新世界。从表面上看,它在两个维度上展示了一种与日常生活世界存在某种张力关系的对立。首先,在空间上,旅游世界总是生活世界的一种暂时的隔离,先是离开它,然后再回归它;在这个背离和回归的过程中,旅游者发生了变化。其次,在时间上,旅游者在异地所度过的时间,相对于(日常)生活世界所拥有的完整(甚至圆满)的时间而言,将是永久性的逸出或漏损。如果人的全部生存意义由(日常)生活世界所给定的话,这就更是一种完全意义上的逸出或漏损。幸好,现实不是这样。人们不把旅游看作纯粹的消磨时间(killing time),而是借助旅游发现意义。这样,漏出于生活世界的这段时间,就具有了本体的和发现的意义。

这种本体的证明和发现的实现,借助的是旅游体验的过程。旅游体验既是一个心理过程,也是一个物理过程;既是一个时间现象,也是一个空间现象;既是一个个体行为,也是一种社会行为。旅游体验发生在旅游世界当中,因此,它以旅游世界的边界为边界。而就其自身而言,它在经过一个物理的时间和空间变换之后,为体验主体带来的是心理上的变化。这种变化在某种程度上和某些方面,是预先期望的;但在某种程度上和某些方面,又可能是意外的获得。但不管怎样,在旅游体验过程中,旅游者个体都是一直在整体地把握着这个体验过程,其途径主要是通过努力实现事先建立起来的期望,或者通过积极调整体验过程而迎合原有期望最基本层面的要求,抑或是通过积极地营造并串联各个典型旅游行为发生的情境,最终实现旅游的目的。因此,在这个过程中,旅游者的主观能动性表现得十分突出,他也绝不会以物理的目光将旅游体验的客体肢解成破碎的断片,因为那不是旅游的目的所在,也不是旅游的意义所在(可参考笔者在《旅游学刊》2005年第4期上的笔谈)。

在这个基本点上,旅游体验过程就是一个有一定自组织能力的连续系统。它将由一个个富有特色和专门意义的情境串联组合而成,旅游者的行为取向,在极大程度上受这些情境的影响,因此,要预测旅游者的行为,也就必然要先了解旅游者所处的具体情境。

根据这样一个思路,我们将生活世界、旅游世界、旅游体验、旅游情境这些基本范畴统一起来,构建一个可以解释旅游世界内部过程和结构的相互关联的话语体系。它们彼此之间的关系,可以用图形加以表示(见图1)。

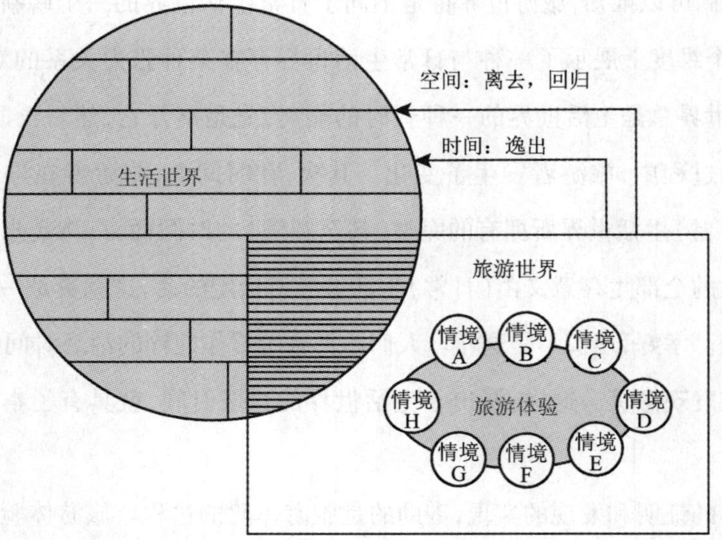

图1　生活世界与旅游世界及其关系

接下来需要我们做的,是在更深的层次上去认识这两个世界的构成和特征。

二、生活世界中的自然态度与主体间性

从我们行事的方向和规则来看,我们的日常生活是依从于一个社会网络关系的种种制度性的约束而展开的,即使个别人的个别行动可能有与这种约束相歧异之处,但最终也挣脱不了文明所塑造的基本樊篱。我们每天的有目的的生活,构造了一个我们并不了解其目的的生活世界。在这个生活世界当中,人类自身经受着由文明的外界和自然的外界所施与的影响,也体验着作为主体的自我所遭遇的磨难和焦虑。人被包裹在一个情绪场当中,经受着快乐的洗礼和焦虑的煎熬。

提出生活世界这样的概念,或者说,将生活世界直接作为研究对象,就其意义而言,

来自现象学的世界观。胡塞尔断言,生活世界将会产生出一种研究行动中的意向性的特别明显的线索。为了发现生活世界及其结构,某种特殊的初步的还原,对于科学的悬搁,是不可缺少的①。这种还原一定会把我们从生活世界的结构带回到隐蔽的意向性功能,然后,这些功能的发现就是我们能够去追寻生活世界所特有的特征和以它们为基础的其他客观性的构成。

胡塞尔在界定生活世界(lebenswelt)的时候,把生活世界等同于生动的经验世界,认为生活世界不同于日常生活。生活世界是一个无目的的结构,而日常生活却离不开目的的驱使。我们任何的实践世界都不同于生活世界,它们一方面以无目的性的生活世界为前提和基础,另一方面又参与构成了这个生活世界。由此,胡塞尔得出了生活世界具有超验性的结论。在图1中,我们用圆形和砖块图案,分别表达了生活世界的无目的性和结构性。

显然,这个生活世界不是客观科学或宇宙论意义上的世界,这是作为生活着的主体从其特殊的观点(不管怎样被歪曲)所体验到的世界,因此,显然是主观的和相对的世界。对于研究者来说,很重要的一点,是要把这种生活世界看作一种定向的世界,它的中心是有人称代词标志的体验着的自我。世界是围绕着自我这个"极"并按照诸如近的和远的、家乡和异国这样一些特殊的形式构成的。它的空间的参照框架被体验为固定不变的,而这与哥白尼宇宙的科学构想是相反的[1]。

胡塞尔的这个生活世界的构想鼓舞了很多后来者在这个基础上对生活现象进行观察和研究。现象学社会学的代表人物舒茨在使用胡塞尔的"生活世界"时,仍然认为生活世界作为一个文化世界,是日常人们所作所为的基础,但他放弃了生活世界的超验性这一观念。因此,舒茨认为生活世界是"包含人所牵连的种种日常事务的总和"[2]。在舒茨对生活世界的分析中,生活世界是与自然态度和主体间性两个概念紧密联系在一起的。他认为,处于生活世界中的人,其基本特点就是自然态度。自然态度的存在,使人们认为生活世界是不言自明的现实,所以,抱有自然态度的普通人会想当然地接受生活世界。

① 还原和悬搁都是胡塞尔现象学中的重要概念。悬搁是还原的否定性含义。胡塞尔在《逻辑研究》中首次提到了还原这个概念,从否定的意义上说,它是对一切与超越物(即不是内在所予之物)有关的判断的悬搁。参阅泰奥多·德布尔著,李河译:《胡塞尔思想的发展》,上海:读书·生活·新知三联书店,1995年版,第301页。

对于普通人来说,生活世界是毋庸置疑的,至少许多时候是不可置疑的,它从未成为一个问题,引起普通人的注意;相反,普通人的任何社会行动,对世俗问题的任何考虑,却都是以这个不言自明的生活世界为前提的。正是在这个意义上,舒茨指出,人们的自然态度使生活世界这个"我们的世界"变成了"我们的世界"。生活世界经过我们的行动有所构成之后,逐步外化成为相对于我们而存在的一个世界,普通人的行动再转而以这种生活世界为基础。

普通人的社会行动之所以会以生活世界为基础,是因为社会行动就意味着和他人打交道,而生活世界正是我与他人的任何社会交往的前提。在日常生活中,尽管每个人在空间和时间上都占据了独一无二的位置,从而具有时间上和空间上的独特视角,但生活世界却使我们相信,不同的视角是可以互换的。我可以设身处地地站在你的立场上考虑问题,因为在生活世界中,根本的公理就是他人和我一样:我们每个人都在这同一个世界中出生,都在父母和其他成人的教导下由儿童成长为正式社会成员,都学习一种语言,都与同伴进行各种交往。正因为如此,我们关于这个世界的日常知识也就具有了"主体间性",即社会成员对这个世界有着同样的认识,我们常常可以推己及人地去思考问题。由于社会成员的行为都建立在这种自然态度和主体间性的基础上,生活世界当中的行动者就能够彼此理解行动的意义,从而也就可以比较轻松地应付日常生活当中的事务。因此,在舒茨看来,这个生活世界区别于一般人(尤其是自然科学家)所认为的那种外部世界,原因恰恰就在于,生活世界当中的一切都充满了社会成员所赋予的意义。这种意义对于社会成员自身的重要性不言自明。不能正确理解它,就难以适当地对它做出反应。而人们只有在某些特殊的场合下,通常只有在通览过日常生活的各种成分和各种存在形式之后,才会对这个世界的本质特征或真实含义做出严肃的解释。舒茨进一步提出,如果说把握行动者的主观意义对于理解不以交往为目的的行动来说已经是至关重要的话,那么,对于理解以交往为目的的行动(交往是人类社会化过程的必要途径)来说,把握行动者的主观意义则就是必不可少的了[3]。

由此,我们可以得出一个清晰的结论:如果我们构造一个日常生活世界模型,那么,在这个世界中,意义的存在无不基于行动者(agent)的主观意图,行动者的行为受制于其自身的主观特性和环境变量的综合影响。要想真正理解一个人行动的意义,一定要首先理解行动者的动机或主观意图。由于共同存在于生活世界中的个体成员抱有某种自然态度,以及他们之间存在的主体间性,就使这种理解成为可能。通过这种理解,或者说,只有通过这种理解,我们才可以在整体上把握行动的意义,而这一点,恰是现象学的精髓。

那么,日常生活世界与旅游世界是怎样联系起来的呢?或者从相反的角度来说,二者又是怎样不同的呢?

三、逸出并独立于生活世界的旅游世界

根据前面的讨论我们已经知道,在胡塞尔和舒茨那里,他们都是将生活世界定义为与人相联系的一切活动现象的总和。或者说,生活世界是"一个人在其自己所居住的世界的各种直接参与活动的总和"[4]。这个生活世界的主体同时也包含着空间体验、地点体验、现象体验和审美体验(自然的和文化的)。这个基本含义主要表现在理解生活世界的现象学方法:一种对意义的整体把握。为此,我们对胡塞尔的生活世界做了小小的、仅仅表现在外延上的修正,那就是,我们所指的生活世界,是专指相对于旅游世界的日常生活世界。也可以这样来理解:如果我们依然要保留胡塞尔等人的生活世界的概念内涵和外延的话,那么,为了我们的目的,我们可以把这个世界分割成两个:日常生活世界和旅游世界。这样,如果从旅游的角度来看待生活世界,那么,可以将生活世界理解成由日常生活世界和旅游世界共同组成的一个时空连续体①。但为了方便起见,我们不妨就用生活世界这个词汇来代替日常生活世界。因此,在我们的探讨过程中,日常生活世界(以后简称为生活世界)是且仅仅是旅游世界的相对。

从旅游的角度来重新审视日常生活世界,它将是什么样子的呢?克瑞潘道夫(Krippendorf,1986)曾用这样的词语来概括日常生活的内容:垃圾、噪声、工作、忙乱、学校、勤奋、污染,所有这些词汇,都是日常生活当中司空见惯的。这些词汇所传达的情感色彩,也往往是灰暗的、沉闷的、忧郁的和枯燥乏味的[5]。我们之所以能够禁受得住漫长的日

① 其实,在人生当中,不仅仅旅游是对日常生活世界的一种逸出或违反。但在我们以探讨旅游体验为主的问题当中,其他各种与日常生活世界的特征不同的行为在此都可以略而不论。这等于我们假定,在生活世界中,主要就是由两部分构成的:日常生活世界和旅游世界。

常生活中的这一切,原因在于我们梦想中还怀有一个假期,还怀有一个到远方旅行的承诺。旅游的作用,就仿佛一个美丽的点缀,是灰暗的日常生活中的亮点。它意味着康复,意味着新生。只有经过这样的旅行,我们的存在才能得到证明。我们为了这个假期而工作,而假期才使我们能够工作。当我们对日常生活世界怀有如此的认识时,旅游世界就翩然而至了。

不难想象,旅游的过程是一个时空交错的有意义的过程。对于任何一个人来说,如果他的目的清晰地呈现为就是要在这样一个时空当中度过这样一个过程,那么,这个过程就具有一个非常完备的结构。旅游作为一个表面上具有开放性和结构张力的行为,实际上它却在构筑一个相对封闭的世界:展开来,就是人们生活世界的延伸;掩闭上,就是一个与日常生活迥异的世界。我们现在已经可以把这个相对封闭并具有自己特色的现象空间称之为旅游世界了,它是一个完整的系统,有着独特的结构。这是一个特殊的世界,在这个世界当中发生的旅游现象,是一种不同于日常生活的现象。作为旅游者,他是在一个许多方面都与生活世界不相符合的特殊世界中生活着、思考着、感觉着、运动着和行动着。因此,在生活世界当中所形成的生活经验以及由这些经验所提出的问题,在旅游者所经历或处在的这个特殊世界当中,或者不存在,或者改变了性质或形式,或者改变了强度和方向,因为旅游者的根本动机和表象系统使他们对这些问题产生了新的价值判断标准。

尤瑞(Urry,2000)在分析吸引旅游者目光的各种要素时,曾对旅游的特征进行了归纳。概括起来有如下几点[6]:

(1)旅游是一种休闲行为,它的存在以那种与之相对的、被迫的、有组织的工作为前提。借助于它,我们可以发现,工作与休闲在“现代”社会是如何被组织成两种分离的、不同的社会实践领域。

(2)在旅游过程中,人们向各种目的地的移动,以及在其中的逗留,引发了各种旅游关系。这自然要包括空间的变换和时间的流转,前者就是旅行过程,而后者则是在一个新地方或各地逗留所经历的时间。

(3)旅行的目的地是旅游者日常居住和工作的环境之外的地方。在这种地方的逗留,性质上总是短期的和暂时的,用不了多长时间,旅游者“回家”的心情就非常明显了。

(4)为旅游者目光所及的这些地点,并非直接出自工作的目的,相反,它们提供的是与工作(有报酬的或无报酬的)截然不同的东西。

(5)在现代社会,很大一部分人都投身于这种旅游活动,所以,就出现了一些新型的社会供给条件,以便迎合旅游者那种具有大众特性的目光(与以往那种个别的"旅行家"的目光有所不同)。

(6)各种被选定以迎合旅游者目光的地方,都是一些能极大地满足人们愉悦期望的地方,这种满足可能要借助于某种"白日梦"或"狂想"的途径来实现。而这种愉悦期望的构建和维持,一般要借助于各种非旅游的活动,比如电影、电视、文学、杂志、录音带和录影带等,恰恰是这些媒介,建构并强化了旅游者的目光。

(7)旅游者的目光一般是指向那些使城乡风景不同于日常体验的特征上去。旅游者关注这些方面,是因为这些方面被从日常意义当中提炼出来了。观赏这样的旅游景观,通常包含着不同形式的社会类型化过程。人们流连于这些景观,而接下来这些景观通常会以照片、明信片、电影和模型的形式被记录或体现出来。这些纪念品形式又会使得旅游者的目光被反复地唤起和体验。

(8)旅游者的目光是借助符号建构起来的,而旅游充斥着符号的采集过程。当旅游者在巴黎看到两个人当街接吻的时候,他们的目光所捕获的可能是无时不浪漫的巴黎;当他们看到英格兰的一个小村庄的时候,他们的目光体会到的是真实的老英格兰。

(9)有一大批旅游专业技术人员开始涌现,他们试图创造一些全新的、能愉悦旅游者目光的观赏对象,而每一个这样的观赏物通常都被安置在一个复杂而多变的景观层次框架当中。

尤瑞的描述,几乎给我们提供了一个有关旅游世界构成要素的完整菜单。从时间和空间的角度来说,这个世界有一个明确的起点,也有一个可期望的终点或回归点。它的起点是旅游者动身旅行的时间和地点,而它的回归点则是在时间上延迟了的同一个空间位置。由这个起点和终点所包裹的完整的时空连续体,构成了旅游世界的外壳,它为旅游世界的丰富性、独特性、独立性和新奇性提供了存在的凭借。正是这个相对的外壳的存在,旅游世界才不同于生活世界,具有了令人向往的品质。如果对各种旅游现象进行更一般的分析,我们可以很清晰地得出,旅游世界其实是由以下几个基本要素和内容构成的：

(1)作为外壳的旅游时空关系。旅游是在一定的时空条件下进行的,这既是一种约束,也是一个条件。在通常情况下,这种时空框架的特点展示为暂时和异地这两个基本特性。对于旅游者而言,他的旅游过程的发生、持续和终结,不可能脱离这个时空框架;对于旅游目的地而言,它所承受的任何影响、遭受的任何牵连,以及它主动和被动地接受的任何来自旅游力量的推动,都和这个时空框架保有关系,有些就直接发生在这个时空框架当中。

(2)作为旅游发生的外部动因而存在的旅游吸引物系统。旅游是一种有清晰目的和明确意义的活动。这种目的和意义是由旅游者(严格说来,是潜在旅游者)的需要和动机所决定的,而这种目的和意义的实现,离不开作为旅游发生的外部动因的旅游吸引物系统的存在。在这个系统中,各种要素外在地服务于旅游者,有的是没有被旅游产业开发利用的旅游对象物,如旅游资源;有的是经由旅游产业所开发的旅游对象物,如旅游产品。这些因素外在于旅游者而存在,构成了旅游世界当中包裹于旅游时空关系之下的基本旅游元素。

(3)作为旅游发生的主导因素的旅游者。旅游只对于或首先对于旅游者有意义,或者说,是旅游者赋予旅游以意义①。旅游的发生,一定是潜在旅游者主动追求的结果,因此,旅游者就成了旅游活动的主导者、设计者、履行者和实现者。在整个旅游世界当中,旅游者的需要以及这种需要的满足,构成了制约旅游世界内部要素的相互关系以及旅游活动发展方向和模式的基本动力,也是引发和解除各种旅游矛盾的主导方面。没有旅游者,就无所谓旅游,无所谓旅游世界,无所谓旅游体验,也无所谓旅游情境。从这一点看,旅游者是旅游世界的主角。旅游世界的根本意义或价值,在于满足个体旅游者的需要,而这种需要的满足程度,又带有很大的主观性。

(4)作为关系存在的旅游者与他人的互动。在旅游世界当中,旅游者与他人的互动,构成了旅游世界最主要的人文现象。这些互动有的表现为旅游目的的既定依托,有的表现为旅游过程的偶然嵌入,有的则属于契约性的交易关系。所有这些互动,构成了复杂

① 关于这一点,很多人都忽略了,由此所造成的所谓旅游资源可以移动的命题,使得很多人陷入了不可教化的境地。如果这些人的视界当中有那么一点点现象学的影子,这个纠缠不清的问题早已经迎刃而解了。

的旅游交往关系,包括旅游者与东道主的互动关系,旅游者之间的互动关系,旅游者与旅游经营商之间的互动关系。这些关系仿佛是一张网,既罗织了旅游的社会网络,也孕育了旅游行动的情境,因此,这种关系也就成了制约旅游体验质量的基本参照甚或表现框架。在这种交往过程中,旅游世界呈现的面貌是令人惊异而复杂的。要想理解这种关系的实质,需要深入到旅游情境当中,并且洞悉旅游者的旅游动机或意图。

(5)作为支持旅游发生的媒介性因素。在旅游过程中,存在着一些媒介性的因素。由于这些因素的存在,旅游过程才会得以顺利展开并形成意义、提高品质,它们是构成旅游工具性实现途径、是使旅游过程更为方便的各种基础性或接待性的设施和机构。在现代社会的旅游实践当中,这些媒介性因素主要表现为旅游产业和部门以及延伸的其他相关部门,包括交通通信业、餐馆饭店业、购物品经营业和旅行社业等。旅游者在旅游目的地的一系列活动,都在利用作为媒介的旅游产业来促成和提升自己的旅游体验。

(6)作为形成和传达旅游意义的符号性因素。在旅游体验过程中,对于旅游主体(旅游者)来说,意义的获得或形成,要借助于旅游体验过程中存在的一些基本的象征性工具来实现。这些基本工具带有符号的性质,它们仿佛是旅游世界的质素,与旅游主体、旅游客体以及旅游媒体一道附丽于这三种要素之上,不断地推出一个个具体的旅游情境,从而建构着旅游世界,也展示和形成了旅游的意义。通常,这些符号性因素都具有某种象征意义,充当着能指的角色,它们在建构旅游世界的过程中就像是在具体时空条件下搭建旅游体验的舞台,展现旅游体验的道具,控制旅游体验的节奏,使旅游者既能冷眼旁观也能移情表演。这样组织起来的一个个旅游情境,在很大程度上具有舞台或剧场的性质。正是这些符号性因素,成了旅游世界当中最丰富的内容,构成了旅游体验的基本成分。积极主动地面对这些符号性因素并正确地解读它们,是达成旅游体验之意义的关键。

经过这样一个拆解和剖析过程,我们看到,旅游世界是一个有着复杂结构的世界。在这个世界当中生活着的主角,往往是社会的宠儿。尽管在旅游世界当中同样存在着自然态度和主体间性,但是,由于这个世界同生活世界有着种种功能上的不同,因此,这个世界实际上是生活世界的一种逸出,同时,它也具有相对独立的意义。

从这个模型可以看出,当前旅游基础理论研究的领域和方法,实际上有着巨大的拓展空间。旅游世界的丰富性,不仅仅对旅游者,而且对于旅游的研究者,都有着巨大的魅力!

[参考文献]

[1]赫伯特·施皮格伯格;王炳文,张金言译. 现象学运动[M]. 北京:商务印书馆,1995:216-217.

[2]那坦森. 现象学宗师:胡塞尔[M]. 台北:台北允晨出版公司,1982:159.

[3]Schutz. The Phenomenology of Social World [M]. Northwestern University Press, 1967:125-245.

[4]Lowenthal D. Geography, Experience, and Imagination: Towards a Geographical Epistemology[M]. Annals of the Association of American Geographers, 1961:241-260.

[5]Jost Krippendorf. The new tourist: turning point for leisure and travel [J]. Tourism Management, 1986, (June).

[6]John Urry. The Tourist Gaze: Leisure and Travel in Contemporary Societies[M]. SAGE Publications, 2000:2-3.

旅游体验的情境模型:旅游场*

旅游行为发生之前,客观地存在着影响这种行为的特征和取向的某种环境或情境因素(settings)。在这个环境当中,一切与旅游行为相关的事实都或多或少地占据着显著的位置。这些事实即使是单独存在的,它们所呈现的面貌和意义也是整体的。以现象学为方法论基础的格式塔心理学将这种环境看作制约行为特征的关键因素,并明确地指出:构成这种环境的各个质素的形式和特征,并不能构成环境的整体特征。换言之,整体大于局部的物理叠加之和。所谓格式塔性或完形性,就是指存在于整体中但又游离于构成整体的任何部分的特性。

可以说,这样一种观点或视角,对于理解旅游体验的意义、制定旅游产业供给战略,都是十分重要的。根据这种观点,一切自觉或不自觉地将旅游者在旅游世界中生成的经历加以肢解的努力都是错误的①。从现象学和格式塔心理学的角度来看,这个旅游世界是一个由主观世界所主宰、由客观世界所构筑的连续综合体,是由行动者所体会的主观意义加以统驭的一个独特的、整体的世界。旅游者的体验行为是环境和个人特征互动的产物,不是一个简单的刺激—反应行为,更不是可以用无机世界和无目的的生命现象简单类比的东西。

为了深入说明这个问题,我们需要在格式荅心理学的基础上为旅游体验的情境构建一些基本的范畴。

德语中的"格式塔"(Gestalt)一词有两种意义:一是指形状或形式,亦即物体的形质;二是指一个具体的实体和它具有一种特殊形状或形式的特征。格式塔心理学综合这两

---

* 本文原载于2005年第12期《财经问题研究》。

① 2003年5月,国家旅游局颁布了《旅游资源分类、调查和评价标准》(国家标准GB /T 13972—2003),这个标准在实践中处处碰壁,缺乏可操作性。究其根源,就是在研究方法上未能适当使用所谓的"科学的实证分析"所造成的结果。参见笔者的笔谈文章,《旅游学刊》,2005年第4期。

种含义,用格式塔表示物体及其形式和特征,以及这种特征中表现出来的“完形”倾向。所以,在我国,格式塔心理学又被译为完形心理学。

格式塔心理学诞生于1912年,以威特海默发表的一篇名为《似动的实验研究》的论文为标志,这篇论文成了格式塔心理学派创立的宣言,也成了对构造主义心理学和行为主义心理学发起挑战的檄文。而在此之前,由冯特所领导的构造主义心理学和以华生为代表的行为主义心理学大行其道。冯特提出了被格式塔心理学家称为“束捆假设”(bundle hypothesis)的元素说,认为复杂的知觉是简单感觉的束捆,意识经验是各种简单元素的群集。1912年,就在行为主义对构造主义这样一种基本的理论假定发动猛烈进攻的时候,格式塔心理学从侧翼加入了这场批判和讨伐。格式塔心理学家将冯特的构造主义心理学叫作“砖泥心理学”(砖指感觉元素,泥指接近联想),说它是用联想过程的泥把感觉元素的砖黏合在一起。格式塔心理学认为:用无意义联想将一些被剥去意义的感觉元素胶合在一起,是对人类有意义的经验的一种歪曲反映。他们指出:一个往窗外观望的人直接看到的是树和天空,而不是看到了组成这些树和天空的感觉元素(如亮度、色调、线条和面积等)。在视野中呈现的是树和天空的意义,而不是元素的意义。而在冯特看来,正是这些感觉元素构成了人对天空和树木的知觉。格式塔心理学家坚决主张,当感觉元素聚合在一起时,就形成了某种新的事物。“整体比构成的各部分总和多”,这就是格式塔心理学的精髓。能够使这个基本假定为人们所接受的理由很明显:人类的各种行动都出自某种目的性,或者客观上总能生成某种意义。如果你承认你在往窗外观望的时候看到的不是元素而是某种整体,那么,构造主义的大厦就自然会坍塌。

由此可以看出,在格式塔心理学看来,知觉本身具有一种整体性、一种形式、一种格式塔,如果武断地对它进行分析,这种整体性就会被毁坏。从元素着手进行分析,这在根本点上就是错误的,因为这些元素是反省和抽象的产物,是从直接经验辗转推导出来的,它们还需要加以解释。格式塔心理学力图回到朴素的知觉,回到“未受学习伤害的”直接经验。并坚持认为,它不是元素的集合,不是感觉的群集,而是树、云和天空。而且这种知觉,不管是谁,只要在他的一般日常生活中张开他的眼睛,注视他的周围世界,它就能被证明。

格式塔心理学对行为主义的主要指责是行为主义所遵奉的刺激—反应(S-R)公

式。实际上,刺激与反应是一种在很多心理学家那里都是被认可的心理现象,但是,行为主义者所界定的刺激(S),是指一定的时间内作用于感官的刺激总和,而反应(R)是指运动性反应。刺激和反应之间的一字线或箭头,似乎意味着感受的刺激和运动性反应之间有一种直接的联结,而不存在任何起中介作用的过程。对此,格式塔的创始人之一苛勒做了这样的批评:“刺激—反应公式,乍然听来,颇有诱惑力,而实际是引人走向迷途的。它之所以似有可接受性,只是由于行为主义者如此宽松地使用‘刺激’这一名词……按严格意思理解,它一般不是指引起‘一反应’的‘一刺激’……一人的行动通常是和一种‘结构完整的’场相关联的,更多的是和特殊事件相关联的。所以正确的心理学公式是:刺激样式—组织过程—对组织过程产物的反应……刺激—反应公式忽视刺激和反应之间所发生的组织过程,特别忽视部分在整体中获得新特性的形成过程。”[1]显然,苛勒的这种主张将行动的意义置放到具体背景当中加以理解的思想,一方面强调了行为动机的意义,一方面也强调了背景的作用。这种思想不是仅仅将行动看作是简单的刺激—反应模式的结果,而是注重行为主体的主观能动性,但同时又没有忽略行动现场的制约和激发作用。这实际上是现象学心理学的一贯思想。

在苛勒的批评当中,他还明确地提出了“场”(field)的概念。这个概念被研究群体动力学的著名心理学家勒温深入地予以阐发,并相继被格式塔心理学的另一位代表人物考夫卡在格式塔心理学中借用并全面地推演出一系列相关范畴。

勒温认为[2],在个体行为的表象背后,存在着决定行为的内在动力,而这种决定力量可以界定为心理场或称为生活空间(life space),即行为主体所处的整个主观环境,也就是个体的心理经验的总和。勒温认为,个人的生活空间,或其在特定时间内所体验的整个世界(心理场),乃是“在该时刻内决定个体行为(B)的全部事实的总和。生活空间(L)表示各种可能事件的全体,它包括人(P)和环境(E)两大部分”。[3]根据这种思想,人的行为就成为生活空间的函数,用公式表示就是:

$$B = f(P, E)$$

在勒温的公式当中,人这一项包括人的遗传性、能力、个性和健康状况等,而环境则指人所处的社会状况。勒温的场论在心理学史上的理论贡献在于从心理分析学派注重对个体的人的解剖转向对行为及其情境的总体强调。根据这种观点,个体在特定时间所体验到的世界,就是他的生活空间。这个空间包括人和他的心理情境,即他当时感知的环境。生活空间总是人和环境相互作用的产物,而行为则是这个生活空间的一种功能,所以,上述行为公式也可以表示为:

$$B=f(s)$$

其中 s 为心理情境。

在勒温看来,生活空间就是制约行为所引起的心理场,心理场制约行为与个体的关系就是场的认知结构。

勒温的理论深受现象学的影响,具有浓厚的现象学色彩,因为勒温所描述的生活世界不是客观的物理世界,而是个体所体验到的心理环境。外部存在的事实,只有成为主体心理的实在,才能影响主体的行为;而外部不存在的事实,如果已成为主体心理的实在,也能影响主体的行为。这样,正像胡塞尔将哲学的思索对象从客观的外部世界转向了人的主观经验一样,勒温也将心理学的研究对象限定于心理事实,即个体对外部客观环境的主观感知、理解和解释。因此,尽管勒温采用了许多具有物理学色彩的概念,如紧张、力、流动性等,但他的理论取向却始终是心理的。这种重视主体的主观感知和理解,强调主体的理性和能动的特征,关注心理事实和心理过程的方法论原则,在根本上就是现象学的方法论原则。这使得勒温的心理学在很大程度上不同于行为主义的心理学。

沿着勒温的场论,考夫卡在《格式塔心理学》中采纳并坚持了两个重要概念:心物场(psycho - physical field)和同型论(isomorphism)。根据考夫卡的观点,世界是心物的,是由经验世界和物理世界共同构成的一个整体的场,在这个"心物场"当中,经验世界与物理世界是不同的。他把观察者知觉现实的观念称为心理场(psychological field),而把被知觉到的现实称作物理场(physical field)。在考夫卡的心物场的概念当中,包含着自我(ego)和环境(environment)两个组成部分,这和前文引入的勒温的场论几乎是一样的。考夫卡认为自我和环境构成了心物场的两极,而它们的每一部分各有它自己的组织。这种组织说明,自我不是欲望、态度、志向、需要等的简单的、物理性的束捆,环境也不是各种单纯感觉的镶嵌。自我和环境之间的联系所组织出的现实是一种具有新的特征的现象,是心物合一的。考夫卡把发生在环境中的行为称为克分子行为(类似于学生出席听课、教师讲授、飞行员的领航、足球比赛中观众的兴奋状态、巴比特先生的调情、伽利略使科学发生激剧变革的研究工作、猎犬追踪猎物以及野兔的奔跑等),把发生在有机体内部的行为称为分子行为(比如行为开始前感觉器官的兴奋、兴奋的神经传导、肌肉的收缩或腺体的分泌等)。他进而认为,如果心理学以分子行为开始并以分子行为结束的话,就无法赋予行为以意义,无法真正理解行为。只有用克分子行为作为心理学的研究对象,才能解释行为的意义。而且,在以克分子行为开始和结束的体系当中,还可以为分子行为找到位置。为此,他认为行为主义的心理学由于用分子行为取代克分子行为而将现实归因于部分,从而否认它属于由这些部分构成的新的整体。他警告说,这样做的结果是,心理学将会永远受到道德科学的批判。[4]

考夫卡进而将行为环境解释成行为的近因,将地理环境解释成行为的远因,甚至企图通过表象行为和现象行为来理解实际的行为。但考夫卡很清楚,这些努力还没有最终解决他的一个关键问题:这些概念当中,哪一个是格式塔心理学中最基本的概念呢?都不是。为了寻找这个能够统辖所有格式塔心理学概念并表达格式塔心理学思想的最基本概念,考夫卡于是求助于物理学中的力和场。为此,考夫卡提出的结论是:一个物体的行为是和具有力的特性的场相互关联的,场决定着物体的行为,因此这种行为也就可以用作场的特性的指标。物体的行为不仅意指与场有关的物体运动,它还同样涉及物体将经历的一些变化,比如,一块铁在磁场中被磁化就是这种情况。于是,考夫卡用场的概念来意指它是决定实际行为的应变和应力的系统。[4]

有关场的特征,我们不妨就直接借用考夫卡用以表达他的思想的例子,因为这个例子本身几乎就是一个旅游。考夫卡写道:“想象一下你在山间草地上或在海滩上晒日光浴,神经完全放松,而且与世无争,你什么事情也不干,你的周围环境如同一块柔软的斗篷,将你罩住,从而使你得到休息和庇护。现在,你突然听到尖叫声‘救命啊!救命!’这时你的感觉变得多么的不同,你的环境变得多么的不同。让我们用场的术语来描述这两种情境。起先,你的场对于一切意向和目的来说是同质的(homogeneous),你与场处于一种平衡状态。既没有任何行动,也没有任何紧张。实际上,在这样一种条件下,甚至自我(ego)及其环境的分化也变得模糊不清;我是风景的一部分,风景也是我的一部分。因此,当尖叫声和意味深长的声音划破平静时,一切都变了。在此之前一切方向处于动力平衡中,现在只有一个方向变得突出起来,这便是你正在被吸引的方向。这个方向充满着力,环境看来在收缩,好像平面上形成了一条沟,你正在被拉向这条沟。与此同时,在你的自我和那种尖叫声之间发生了明显的分化,整个场产生了高度的张力。”[4]就在这样一个生动的描述当中,考夫卡建立起了场的概念。在这个例子中,我们看到,有关场的描述,前半部分主要描述的是同质的场(homogeneous field),后半部分描述的是异质的场(inhomogeneous field),而主要篇幅还是着墨于异质的场。这一点也与实际生活中经常发生的各种场景是一致的,因为这种异质的场存在更大的张力。换言之,正是活动才预示了异质的场,它是一系列力的场,是具有变化潜力的场。这个场在某一个方向上具有一种极性结构(a polar structure),是一个矢量,它决定了整个场,没有任何其他特征可以完全摆脱它。这样一种特征赋予了场力的能量。如果再补充一句的话,这种力的来源在于存在不平衡,而不平衡则造成张力,不平衡则引发运动(流动或移动),运动则构造一种场环境或场现象,包括物理场(比如压力的差异)、经济场(比如供求的失衡)乃至行为场(比如生理或心理的失衡),它们都有其力的系统。尤其是行为场,它的力的来源就是生理或心理失衡所形成的内驱力。

格式塔心理学对于心理场和物理场以及心物场的描述,向我们展现了一个可以用来勾画旅游情境的概念丛。旅游体验作为一种主要由个体赋予其意义的主观心理过程,对物理环境和心理环境都有着极大的依赖。旅游者从出行那一刻开始,就不断经历着“场”的变化:随着物理场的迁移和变更,旅游者的心理场也在变化。而每一个使旅游者的心理场与外在的物理场相交融的时空框架,都构成了旅游场的物理寄托,而旅游场的灵魂,是此时此地的心理场,它统辖着旅游者旅游体验的地理环境和行为环境,赋予其以整体的色彩,指引以一定的方向,并因此使自己的行为与这个旅游场的特性保持协调。

在这里,构成旅游场刺激的因素非常复杂,其中首先是来自外界的地理环境刺激因素,而这些因素会作用于旅游者心理,先是引起旅游者心理与这种地理环境之间的相互浸染——也许通过知觉或移情,从而逐步使地理环境的心理意义得以呈现,旅游场便在这个基础上形成了。所以,旅游场是旅游者的心物的统一,是作为远因而存在的地理环境和作为近因而存在的行为环境相互作用的产物。这种心一物结合而生的旅游场,表达了旅游需要和旅游景观之间的互为因果、互为存在的特性,它也说明,当旅游者的行为环境在受到地理环境调节时,以自我为中心的心理场也在活动着,由此形成的是一个由自我一行为环境一地理环境等进行动力交互作用的心物场。

为什么我们要用类似“旅游场”这样的范畴来描述旅游发生的情境与环境条件?答案是:在我们的研究中,旅游场概念的构建,无疑是能够体现我们所采用的现象学方法的又一个关键的范畴。根据以上我们所阐述的格式塔心理学的基本原理,我们已经知道,现象的质存在于整体当中,而组成整体的单个部分无质可言。因此,作为整体的现象,大于构成现象的部分之和。这个关键的思想,现在就体现在我们所构建的范畴“旅游场”当中,它的确立,使我们在把握直观现象的时候,把目光放在旅游场这个现象层次。换言之,在千变万化的旅游者行为尤其是旅游体验行为当中,要想理解体验旅游的本质,既不能像行为主义那样将这些旅游体验事实看作是简单的刺激—反应模式或简单的因果关系,也不能用构造主义那把分析的刀子去到旅游体验的内部解剖要素性的事实并指望得到有关整体的认识。

所以,从这一点看,我们的旅游场的概念,是一个对旅游情境的综合描述概念。对它的内容进行刻画,对它的类别进行划分,努力实现从旅游情境概念到旅游场概念的顺利过渡,是我们要做的初步工作。因此,在这里,我们首先要从对情境的含义的界定开始。

对情境的最为完整和具体的描述,当是像陀思妥耶夫斯基那样的作家所给予我们的描述。这些描述具备统计描述最明显缺少的东西,即它们用确切的词句来描述在个体的环境中,不同事实怎样相互联系,又怎样与个体本身联系。整个情境和它的特定结构一起得以描述。这意味着,不是把情境的单个因素描述为能够以“总结”方式而武断联合的特性。如果心理学要预测行为,那么它必须通过概念的方法来努力完成上述这个任务。换句话说,我们的概念必须描述条件的相互关系。在旅游体验过程中,构成旅游情境的条件既有物理环境(地理环境),也有行为环境,对此所做的完整描述是构建旅游场描述的确切意义的前提。

从旅游体验的角度来看,旅游情境的功能在于对旅游者心理构成“周围型刺激”。在旅游者旅途过程中,这种刺激呈现不同的强烈程度,因此具有不同的描述价值。

这里我们把旅游情境划分为两种类型:旅游氛围情境(tourist situations of atmosphere)和旅游行为情境(tourist situations of behavior)。旅游氛围情境是一种概念性情境,它对行为者的心理影响主要以弥漫性的渗透为主,像是空气里的味道、海水里的盐分一样,包裹着行为者的外部心理感知世界，为这个世界涂抹上主观性的色彩。这里不妨用格雷伯恩(Graburn)的几句话来说明旅游氛围情境的作用。如果一个人"到著名的地方去长途的旅游或参观拜访那些奇异的民族，在一种迷人的环境中，即使是一种最基本的活动，如在花园里进行野餐，也包含有某种旅游的魅力，尽管所吃的食物和饮料也许与平时在家吃的一样。但旅游的魅力却在于这种活动的本身，它与平时活动不一样，具有某种特殊的环境"。[5]这种环境其实就是旅游氛围情境。旅游行为情境是一种具体的操作性的情境，由于在这种情境中潜藏着乃至呈现着某种矢量因素，因此，它常常有一些动力成分，它对行为的影响也就更具有方向感和力度感。旅游者在旅游体验过程中的行为表现的直接情境因素，是旅游行为情境。

旅游氛围情境与旅游行为情境存在着关系。应该说，旅游行为情境中注定要浮泛着旅游氛围情境的色彩和味道，旅游氛围情境对旅游体验行为的影响是借助于旅游行为情境发挥作用的。另一方面，旅游行为情境的统合特征常常有助于旅游氛围情境的形成，同时，旅游行为情境的歧异性变化，也会使旅游氛围情境受到很大的改变，甚至出现旅游氛围情境与旅游行为情境大相径庭的情况。比如，一个对旅游目的地充满期待、在内心世界对旅游目的地的旅游氛围早有投射的旅游者，等他处身在旅游目的地的时候，如果他始终不断地要以恶劣的心情应付各种不期然的、令人反感的旅游行为情境，那么，它的旅游氛围情境的质量就被彻底葬送了。有时，只要有一个这样的旅游行为情境，就足以产生这样的效果。

显而易见，在这里所界定的旅游行为情境，在外延和内涵上接近于上面通过格式塔心理学所推演出的旅游场概念；而旅游氛围情境的形成，在概念上可以归因于我们业已建立起来的旅游世界这个特殊的结构。① 所以，下面我们结合旅游世界和旅游场两个概念，再对这两种不同类型、同时也是两个不同层次的旅游情境做一番进一步的讨论，以期得出更具操作性的解释。

(1)旅游氛围情境——旅游世界。整个旅游世界是一个基本情境层次。旅游世界构成一个最基本的、最大的、最模糊的主观情境，这种主观情境主要是由旅游者的旅游需

① 有关"旅游世界"和"生活世界"的论述，笔者将另文阐述。

要、旅游动机、旅游期望这些先在情感心理因素的作用引起的,是一种心理映照或投射,或者是一种移情。在旅游过程中所发生的旅游行为都笼罩在这个情境中,其特征在很大程度上会影响旅游体验的方式、方向和力度。当然,比较旅游行为情境对旅游体验的影响,旅游氛围情境属于远因。所以,我们也可以把这个层次的旅游情境称为远因旅游情境。

从情境的意义上来理解旅游世界的时候,旅游氛围情境主要是建构了旅游世界的总体风格和意义。在这种氛围的笼罩之下,旅游世界仿佛是一个有色而透明的屏障。倘若你以日常的、世俗的眼光,去审视(或自省)旅游行为,结果就会发现,旅游世界赋予旅游期间的一切行为以特殊的色彩和意义,旅游世界中所发生的基本行为类型(即使他们与生活世界当中的基本行为类型没有本质差异,如吃饭、睡眠等)以及所使用的道具(哪怕它们是来自生活世界的),都由于这个屏障的存在而可以获得不同的诠释。旅游者那种积极的、欣赏的目光,使得他成了一个积极吸吮美和善的汁液、能宽容、快乐之人。这种情况从旅游者筹划旅游到动身旅行再到回归家中,通常都有十分明显的表现。

旅游世界作为一个情境层次,它的格调主要是由旅游需要所形成的一种心理赋彩功能所厘定的。换言之,它主要是以一种文化建构的动力形式存在于旅游者的头脑当中,那就是旅游需要,是一种心理诉求。这不同于更低层次的旅游情境。因为旅游情境的层次越低,越具体,就越具有现场特性,就越受到旅游吸引物(包括观念形态和物质形态)所在文化的烘托和渲染。旅游世界的情境特征主要以一种主题性的统领作用对较低层次的旅游情境进行引领、赋彩(如同淡淡的平涂或施加滤色镜一样)和约束。不管较低层次的旅游情境如何丰富、如何变幻,它们都既建构旅游世界的色彩和意义,也依从旅游世界的色彩和意义。从这个意义上说,与沉闷的生活世界相比,旅游世界给人的感受是鲜活而丰富的。旅游者一旦成行,他的世界就呈现一种与生活世界相比近乎另类的色彩。在旅游世界,即使那些在生活世界当中天天发生的常规性的行为,其意义也发生了一定程度的改变。

(2)旅游行为情境——旅游场。串联在旅游过程中的各级、各类节点,以对具体旅游行为的规定和引导作用而构成了旅游行为情境,这就是我们前面说的旅游场。旅游行为情境的特征,取决于旅游线路上各旅游目的地及其景观的自然、文化特征,这些特征虽然要依靠旅游者进行主观的识别和意识的融入,但基本上取决于客观的存在,而不是像旅游氛围情境那样主要是旅游者需要的主观映照或反射。

旅游场作为约束和规定旅游行为发生的具体情境,与上一个层次(旅游世界)相比,更加缺乏总体的计划性,或者说,具有更加明显的不可预期性。旅游者的行为更多地需要做出应激反应。这个层次是旅游氛围情境的基础,而旅游氛围情境的特征存在于旅游行为情境的特质当中,而有的时候,又有着明显的异变。

由此可见,我们所构造的这样一个旅游行为情境或者叫旅游场的模型,反映着旅游者在旅游期间所经验的各种不同类型的行为过程与当时的环境之间的互动关系。由于旅游者行为的多样性(有时甚至也包括发生在旅游世界当中的日常行为),旅游行为情境也是极其丰富多彩的——当然这个结论也可以反过来说,因为行为和行为情境实际上是互动的。从功能上看,这些情境有的与满足基本生理需要有关,如饮食、睡眠,有的与空间移动有关,如旅行、歇息,有的与游览活动有关,如观赏、娱乐,有的与商业活动有关,如购物、服务,有的与社会交往有关,如访问、拜谒,等等。在功能不同的情境当中,旅游者的行为预期会有很大不同,旅游者的行为表现也会有很大不同。尤其是,旅游者行为与日常生活行为的歧离程度也会大不一样。一般情况下,越是那些具有"旅游"特性的行为情境,越容易激发旅游者歧离日常生活行为的旅游行为,而那些属于生活世界中的日常行为情境,往往只是被笼罩上了一层旅游的色彩,表现出"旅游世界"的倾向而已。

参考文献

[1]吴伟士.西方现代心理学派别[M].北京:人民教育出版社,1963.

[2]章士荣.心理学哲学[M].北京:社会科学文献出版社,1997:171.

[3]周晓虹.现代社会心理学史[M].北京:中国人民大学出版社,1993:203.

[4]卡尔·考夫卡.格式塔心理学原理[M].杭州:浙江教育出版社,1997:31-33.53.54.

[5]格雷伯恩.旅游:神圣的旅程[M].史密斯主编.(东道主与游客:旅游人类学研究)昆明:云南大学出版社,2002:25.

旅游体验的两极情感模型:快乐—痛苦*

从最根本的意义上说,旅游体验的目标是对快乐的追求。快乐是情绪或情感范畴的一个测量性的指标,与它对应的另一个指标是痛苦。尽管某种特殊意义的痛苦可能伴随着旅游者的整个或部分行程,但那绝不是以目的的形式存在的。旅游者所遭遇的痛苦,有时是作为手段而存在的,有时是外力强加的结果。因此,我们几乎可以很确定地认为,旅游体验的终极目的,是为了寻求快乐或愉悦。

在快乐原则的支配之下,旅游体验所追求的愉悦,可以称之为旅游愉悦。我们可以将旅游愉悦(tourist pleasure)理解成一个比较宽泛的范畴,它与一般愉悦的区别,不是体现在它的本质规定性上,而在于实现愉悦的过程、手段或情境都可能与日常愉悦不同。从这种愉悦的获得方式上看,旅游愉悦可以来自旅游者各种目的或手段,它既可以是那种我们非常熟悉的、直接的快乐,也可以是我们常常意识不到的那种间接的快乐(比如因痛感甚至恶意而产生的快乐);既可以是生理的快乐,也可以是心理的快乐;既可以是情感释放的快乐,也可以是精神顿悟的快乐;既可以是审美的快乐,也可以是世俗的快乐,甚至是那种仿佛远离尘世、接近天国的快乐。但是,不管哪一种快乐,其基本表现层面都是在情感范畴当中,其发生的情境都是在旅游世界当中。因此在总体上,我们需要构筑一个比较复杂的、可以描述旅游世界的愉悦体验的情感模型来对这种快乐机制进行分析。

情感是人们对于周围事物、对于自身以及对于自己活动的态度的体验。它是意识的一种外部表现,是感知主体对外部刺激做出的肯定或否定的心理反应。说情感是一种体验,这意味着强调情感是基于内在心理结构而发生的心理活动,它可能包含着三个方面:体验于内的是感情,如爱、恨、亲、疏;表露在外的是表情,如喜、怒、哀、乐;诉诸行动的是

---

* 本文原载于2006年第5期《财经问题研究》。

情绪,如兴奋、颓丧、激动、平静、愤怒、羞愧、恐惧、蔑视和接受等。而情感就是这三种心理表现综合形成的相对稳定和持久的心理倾向。

从历史上看,早在公元前4世纪,柏拉图和亚里士多德就研究过情感。到了17世纪,著名学者笛卡尔认为情感是控制人类行动的活力因素,他提出人的六种最基本的情感:羡慕、爱、恨、欲望、愉快、悲哀。1872年,达尔文在其著作《人与动物的表情》一书中,对情绪及其外部表现作了重要的论述,指出了人与动物的情感之间的关系,分别介绍了快乐、痛苦、忧虑、悲哀、沮丧、失望、憎恨、兴奋、羞惭、吃惊、恐惧、轻蔑、厌恶、负罪感、骄傲等多种情感的特征。

著名心理学家冯特曾力图充实关于情感的本质特征的认识,因此提出了"情感三度说"的理论。他认为情感的差异不只表现在愉快—不愉快的特性上,而且也表现在具有兴奋—镇静、紧张—松弛的特性上。冯特认为,任何情感都是基本情感的复合体,每一种具体的情感都可以在这三个维度上加以描述。但是,冯特的这个理论曾引起争议,尤其遭到他的学生铁钦纳的反对。铁钦纳主张,情感只有一个维度,即愉快—不愉快,至于冯特所说的其他两个维度,不能像愉快—不愉快那样构成心理上截然相反的过程。但是,冯特的观点对于帮助人们认识情感的两极性还是有贡献的。

前苏联的心理学家雅科布松在其著作《情感心理学》当中,认为情感是指人具有的稳定的情绪态度、固定的心理状态,它是对现实中一定范围的现象表现出的一种独特的"眷恋"或"疏远",它是对一定的现象产生的稳定的"指向性",是对现象产生的一定"兴趣"。由此,他认为许多心理状态、体验和动机,都可以划归到情感的范畴,比如愉快、焦躁、忠诚、崇敬、痛苦、狂欢和惊叹等。[1]

近年来,西方情感心理学家也倾向于把情感分为基本情感和复合情感。有的心理学家把快乐、愤怒、悲哀、恐惧列为情感的基本形式,还有的则认为人类具有8种基本情感,分别是兴趣、惊奇、痛苦、厌恶、愉快、愤怒、恐惧和悲伤。复合情感则是由这些基本情感混合而成,如愤怒加厌恶就是敌意,恐惧加内疚就是焦虑。

1944年,我国著名心理学家林传鼎从《说文解字》一书中找出了354个描述人的情感表现的词汇,并按照词义把它们分为18类,即安静、喜悦、恨怒、哀怜、悲痛、忧愁、愤急、烦闷、恐惧、惊骇、恭敬、抚爱、憎恶、贪欲、嫉妒、傲慢、惭愧、耻辱。他认为,人类丰富多变的表情和情绪主要就是由这18类基本情感组合而成的,一个人在某一时刻可能体会到其中的一种情感,也可能同时产生多种情感。

在通常情况下,人们对一种事物,由于各种因素的影响,往往产生彼此对立的不同情感,从而使情感都呈现出两极性的表现。情感的这两极,处在一种对立统一的基础之上,是一种互为前提的矛盾运动过程。这表现在:情感的两极是相互比较而存在的,是相互联系而转化的,并在相互斗争中获得发展。所以,当人们主动地追求情感体验的时候,尽管他可能会直接追求一些所谓积极性的情感(如爱慕、兴奋、幸福、欣快等),但这些情感目标的到达,一定要以一些消极性的情感(如憎恨、郁闷、苦恼、疲倦等)作为铺垫或参照。一个人只有经历了与现实相对立的情感体验,才能进一步加深对现实的情感理解。谁也不会否认,倘若没有一些所谓消极性的情感体验,就难以彰显那些所谓积极性的情感价值;而没有那些令人癫狂的兴奋感受,就不会对某些失落产生刻骨铭心的情怀。很多人都有这样的感觉,我们在追求快乐的感受时,这种快乐的程度与我们内心原有所积累的不快乐的成分有关。情感所能带给人的快乐的多少,要看这种快乐的期望曾被压抑了多久和多深。就像被埋藏在地下的岩浆,一旦喷发,会振聋发聩,那是因为被压抑得太久、太深的缘故。

所以,我们很容易推论出,人们追求情感体验,一定是源自内心情感的某种匮缺。这种匮缺的缘由,或许是太平静了,或许是太紧张了,或许始终处于亢奋之中,或许一直摆脱不掉哀痛的折磨……这些都是日常生活和工作环境能够给予或强加给我们的常规性情感体验。为了变换自己的心境,人们很自然的一个选择就是外出旅游。

下面我们从情感所具有的两极性的特点,来具体分析旅游者寻求情感补偿体验的基本类型和特征。在这里,笔者提出一个旅游情感体验的"一元两极多因素影响"模型,借以刻画旅游情感补偿体验的全貌。需要明确的是,用来表达这个模型含义的图示由于本身作为一种平面图所具有的不可避免的缺陷,并没有把我们所要表达的思想完全准确地展示出来。这其中包括如下几个方面:第一,这个图还有与现在的图形完全相对的另一面,换言之,我们要表达的生活世界和旅游世界都是立体的,生活世界也存在着快乐以及引起快乐的因素,旅游世界也存在痛苦和引起痛苦的因素,而现在这种平面图的表达,仅仅是抓住了从旅游的角度看两个世界的主要特征;第二,在生活世界或旅游世界内部所做的分割,并不意味着将四种引发情感反应的因素一分为二地分配给了两种不同的情境,而应该依然将这个分割线理解成一种在立体世界中所做的分割,是将每一种因素分割成两半,而不是将四种因素分割成分别属于两个世界的两种因素(这个道理与前面一点的道理是相同的);第三,所列举的引发情感变化的因素,并非是全部因素,因为在这方面,人们的见解差异很大,难以形成一致的看法,这里仅仅分别采用了四种笔者认为最主要的因素。

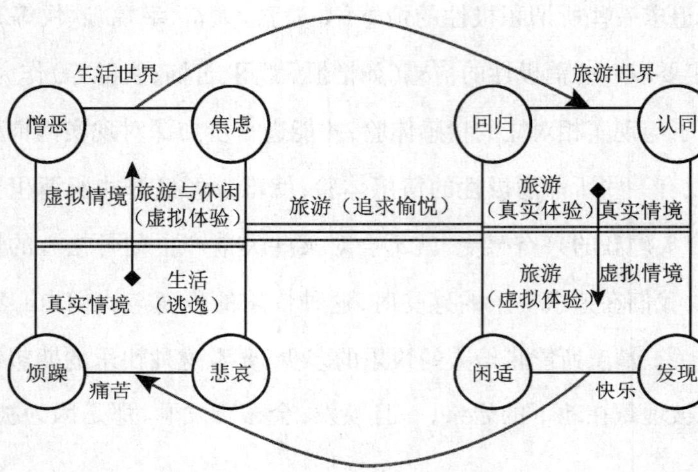

图1　旅游体验的情感模型

这个模型包含着这样一些基本假定和结论:

(1)旅游是一种奢侈品,所以,导致旅游者产生情感补偿体验需要的情感,是一种在较长时期内形成的比较稳定的情感缺失状况,不同于即时性发作的情绪波动。旅游者不会因为一时的恨怒、哀怜、悲痛、忧愁、愤急、烦闷、恐惧、惊骇、憎恶、贪欲、嫉妒、傲慢、惭愧和耻辱而外出旅游(果真这样外出的话,就可以称为"离家出走"了)。只有当这些消极情感积压到一定的程度时,才能构成旅游的动力。

(2)情感只有一个维度,即愉悦度。仿照冯特和铁钦纳的表达形式就是:痛苦—快乐。而这个维度及表达形式同时也显示了情感的两极特性。这种用单一维度测量旅游者情感的观点,符合近年来心理学最新研究成果所反映的事实。因为近年来的电生理学研究表明,情感的引起和定向在很大程度上与上丘脑、下丘脑、边缘系统的功能相联系着。科学家用埋藏电极的方法在动物身上进行“自我刺激”的试验,结果发现,在下丘脑、边缘系统及其邻近部位存在着“快乐”中枢和“痛苦”中枢。前者分散在大脑的不同部位,相互比较独立;后者在区域上比较集中。所以,从这种实验研究的结果可以看出,情感是存在着两极性的,并且完全可以用愉悦度这单一的维度加以描述和测量。相反,如果按照冯特的情感三度说,甚至其他人那种明显的多元化情感解释倾向,就很难抓住情感的实质,同时还很难把情感与情绪、表情这些相对即时性的情感表现形式(或方式)区别开来,从而造成混淆和混乱。所以,概括为一点,那就是,当我们说到情感的时候,只要想到“痛苦—快乐”就可以了,或者说,情感的表达和表现,都依赖于这单一的维度来完成。情感只和愉悦程度直接相关联。

(3)但是,情感在“痛苦—快乐”这个连续的谱状结构上的最终定位,却受许多因素的影响。在理解这些影响因素的时候,重要的一点是要分清因果关系,不能因果倒置。比如,有些是情感最外部的、最直接的可观察到的形式,那就是人们的表情,因此它们是情感的结果或外显;那些直接以行动和行为表现出来的情感形式,即情绪,也是情感活动的结果或目标;甚至那些并不表露出来的内心世界的情感体验,也是情感活动的结果或就是情感本身。所有这些,都不能归结为造成情感变化或稳定于某一种状态——在“痛苦—快乐”谱上的定位——的原因。真正可以称得上影响情感定位的因素,在痛苦的一端,可以归纳为“焦虑、烦躁、憎恶、悲哀”,而在快乐的一端,可以归纳为“闲适、回归、认同、发现”。如果能逃避痛苦,获得快乐,人生就是幸福的。

(4)造成“痛苦”的“焦虑、烦躁、憎恶、悲哀”和引发“快乐”的“闲适、回归、认同、发现”,又分别是由若干更深层的因素导致的。对此我们可以做进一步的分析。

在生活世界当中,痛苦的根源来自“焦虑、烦躁、憎恶、悲哀”等生活经验。这些通常为人类所却拒的情感体验,具有十分复杂的生理和心理表现,我们无法在此一一探讨。我们主要就焦虑和悲哀两种引发痛苦的生活经验进行一番分析。

引起焦虑的根源,按照维雷娜·卡斯特的分析[2],主要来自于对威胁与危险的意识。在日常生活中,任何人都可能有过焦虑的感受:学生可能为即将来临的考试夜不能寐,食不甘味;幼儿可能为去幼儿园而大哭大闹,烦躁不安;雇员可能为自己与顶头上司的紧张关系而惶惶不可终日。凡此种种,皆由焦虑而起。对于形式并不复杂、在日常生活中偶尔发生的焦虑,属于正常焦虑,它虽然会产生压力反应,但并不可怕。现代人随着生活节奏的加快或多或少会有这种经历,但这些压力来得快,去得也快。只要采用一些基本的缓解压力的策略,就可解除它的困扰。真正麻烦的恐怕算是长期而又极端的焦虑,它会造成恶性循环,如果长期得不到解决,最终会导致焦虑性失常。当我们担心被社会或群体所抛弃,担心机会的丧失或失败的可能,忧虑控制能力的丧失,怀有对伤害或死亡的恐惧,或无助地处在一种完全陌生的环境中,这些都可能给人造成焦虑性失常。新精神分析学派的代表人物之一荷妮指出,在现代西方社会中,人与人之间普遍存在着冷漠、对立、疏离和怀疑之感,这往往会使人体验到一种孤立无助的失意与惶惑。而生活在这样一个潜伏着敌意的世界里的人,难免从儿童时代起就会形成一种基本焦虑,并由此埋下了日后引发神经病的隐患。[3]一旦这种焦虑成为现实,它就会搅扰得使人处于一种情感和精神的病态状况之下。因此,真实的焦虑无疑会引起"痛苦"的情感。

悲哀的产生,主要会给人一种失落的情感体验。人生在世,艰难乖蹇之时颇多,因此难免会品尝由于丧失、误解、失望、无助等带来的令人悲伤的情感,于是,悲哀就成了人类经常要体验的心路历程。悲哀的主要功能是帮助调适严重的失落感,诸如最亲近的人逝去或重大失败等。悲哀减退了生命的活力与热情,对消遣娱乐已全无兴致,继续下去几成抑郁,机体的新陈代谢也因之减慢。但这种回撤提供了一个反省的机会:悲悼所失,细嚼生命希望之所在;重聚能量,重整旗鼓,从头再来。像这样的能量暂时衰退,就早期人类而言,通常会选择留在家里,因为此时处于悲哀体验中的人较脆弱,易遭受伤害。从这个角度说,悲哀也就成了一种安全保护机制。但在现代社会,当人们在生活世界当中遭遇到了令人悲哀的事件并因而陷入悲哀的时候,痛苦的感觉会迫使有些人力求寻找到能消除悲哀影响的渠道和方式,其中有些人就可能会选择旅游作为暂时的逃离令人伤感的情境的方式。

从另一方面看,在旅游世界当中,引发"快乐"的源泉是"闲适、回归、认同、发现"。闲适既是一种存在状态,也是一种个人实现的目标,它作为与劳动相对的范畴,赋予劳动以意义;回归是朝向本性的运动,是人类通过反思自我的本质而最终通过各种运动性的表达而追求的一种实现;寻求认同是人类作为社会动物的一个基本倾向,是归属感的反映,旅游者通过旅游体验,最终可以寻找到文化意义的历史源流,从而获得生命意义的充盈感;发现则是人类本性当中保有的对新世界的好奇、对远方的崇拜、对未知的探寻等心态的反映,而旅游在为人们提供发现的机会方面,自古至今都被认为是最好的方式之一。所有这些,在它们被实现的过程中,都能够给主体带来满足感、愉悦感。这是对旅游在本质上既是一种补偿也是一种追求的典型解释。

(5)在生活世界和旅游世界当中,都存在两种情感体验的情境状态:真实情境和虚拟情境;也存在两种情感:快乐和痛苦;因此也同样存在着引发两种情感的因素:“焦虑、烦躁、憎恶、悲哀”和“闲适、回归、认同、发现”。这两两相对的情感诸范畴,并不是孤立的存在,而是在两个世界之间、在一个世界内部的不同情境之间相互转化,互相依存。比如,在生活世界或旅游世界内部的两种情境之间,仿佛存在一个过滤网,将真实状态和虚拟状态既分隔开来,又联系在一起。当旅游者处于生活世界当中的真实的痛苦情境当中的时候,他就会产生逃逸的欲望,这是旅游的动力;而在生活世界中,如果人们所体验到的是虚拟情境中的痛苦情感,那么,这种体验就可能是个人的主动追求,通常情况下,这种虚拟体验会将这种痛苦情境破解为快乐情境,换言之,体验者本人明确地知道这种痛苦体验是暂时的、虚拟的,他只是借助这种体验改变生活的情调和张力,丰富人生的内容。所以,这种痛苦是无害的痛苦,通过各种休闲活动或旅游活动,都可以寻找到这种无害的痛苦。生活中经常会追求的各种极端体验,也是这种无害的痛苦体验的一种。再比如,在旅游世界和生活世界之间,快乐和痛苦也是相互转化并互相依存、彼此彰显的。生活世界的真实的痛苦会诱发旅游的动机,生活世界当中虚拟的痛苦体验的方式的不足也诱发旅游的动机;与此相对,旅游世界的虚拟的(或虚假的)快乐,也可能使旅游者难以体会到快乐的价值和分量,因此会转而听命于生活世界的快乐甚至痛苦(往往是虚拟的)体验。

在旅游体验过程中,旅游者所追求的愉悦,在类型上可以划分为两大类:一种是通过超越性的旅游体验而获得的愉悦,可以统称之为旅游审美愉悦;另一种是通过回归性的旅游体验而获得的愉悦,可以统称之为旅游世俗愉悦。这里的超越性和回归性,都包含着丰富的含义,需要做出专门的界定。

通常,对于审美体验,学术界一般都强调要以一种“非功利的态度”来进行。非功利的态度是一种摆脱了占有欲的态度,因此,审美体验首先是一种与实际占有审美对象无关的一个心理过程。然而,单纯的"非功利的态度",还不能完全解释旅游体验中快乐(愉悦)的形成机制。在一定程度上,不占有仅仅是对审美过程中的主客关系所做的一种基本的描述,还没有触及到很多审美过程的真谛。在笔者看来,审美愉悦的产生,最根本的原因在于审美主体对审美客体及其所意味的事实的全面的超越。没有这种超越,主体就不可能摆脱占有欲的控制,不能建立真正的非功利的态度,不能忘却利害关系的威胁。试想,如果我们在欣赏一头雄狮的表演时不能排除雄狮对我们的生命威胁,我们是无法产生审美愉悦的。

在现实的旅游体验过程中,对旅游者而言,具有超越意义的体验形式是多种多样的。各种对美的形态予以观照的过程,都能形成审美愉悦。这其中,有几种特殊的审美过程值得单独地解释一下。首先,如果从时间过程与情感过程之间的关系看,有时超越的性质体现在由痛苦向快乐的转化过程中,于是这种超越便造就了一种特殊的审美类型:悲剧。换言之,悲剧的审美特征,可能来自痛感,来自恶意,来自怜悯和恐惧,来自那种几乎有些高雅的忧郁。[4]除了悲剧这种典型的带有超越性质的审美类型之外,那些直面日常生活的平庸并勇敢地向这种平庸进行挑战的体验形式,也具有超越的意义,换言之,那种在挑战常规、背离常规的旅游体验中所获得的愉悦,在很大程度上也具有审美愉悦的性质。所以,这种更多地保持在精神层面的另类体验,不同于那些旨在补偿缺失、获得认同以及增长见闻的世俗体验,因为后者往往是,也仅仅是为了使旅游者返回到常人状态所做出的努力,这种努力的结果,虽然带给体验者的也是莫大的愉悦,但这种愉悦已经不同于审美愉悦,而是一种植根于世俗人生的愉悦。当然,任何人都不会否认,在旅游体验的过程中,要想把审美愉悦和世俗愉悦截然地区分开,在很多情况下是根本做不到的。从总体上看,由于旅游体验总是镶嵌在旅游目的地的宏观背景之下——正是这种宏观背景,决定了任何目的的旅游体验在文化和自然的意义上都被涂抹上了审美的色彩,因此,审美愉悦和世俗愉悦总是杂糅在一起的。比如,在各种补偿性的和认知性、认同性的旅游体验中,旅游体验主体除了能获得世俗的愉悦之外,也会得到审美的快乐;同样,在各种超越性的审美体验和另类体验当中,我们也很容易捕捉到旅游者那种沉溺于世俗人间的欲望和心态,因为他们从这种欲望的满足中获得了世俗的愉悦。

[参考文献]

[1]П. М·雅科布松. 情感心理学[M]. 哈尔滨:黑龙江人民出版社,1988:16-18.

[2]维雷娜·卡斯特. 克服焦虑[M]. 上海:读书·生活·新知三联书店,2003.7.

[3]荷妮. 自我的挣扎[M]. 李明滨译,北京:中国民间文艺出版社,1986.

[4]朱光潜. 悲剧心理学[M]. 张隆溪译,北京:人民文学出版社,1983.

期望与感受：旅游体验质量的交互模型*

不管是对旅游者还是对向旅游者提供服务和产品的旅游企业经营管理人员而言，旅游体验的质量都可以说是他们从事旅游及相关活动的生命线。高质量的旅游体验给旅游者以预期甚至超过预期的旅游满足，从而奠定了旅游企业获得经济效益的长久基础。相反，低劣的旅游体验使旅游者美好的愿望破灭，也注定要使旅游企业进一步谋利的梦想破灭。

一个旅游者会不会满怀愉悦回到家中，这不单纯取决于旅游者本人努力，也不完全靠旅游企业接待人员极度小心谨慎、热情周到的服务，这里有许多错综复杂的因素，在不同的时间和场合以及在不同的人身上会以完全不同的方式发生着作用。这使我们很难预测旅游者旅游体验的性质和方向。但是，这样说并不意味旅游体验是不可认识的。不少人在这方面做了一些有益的尝试，可以给我们很大启发。

Chris Ryan 在其著作《休闲旅游：社会科学的透视》中，将影响旅游体验的因素划分为先在因素、干涉变量、行为和结果几个因素，并且认为旅游体验的质量是这些因素相互作用的结果。在他的这个分析模型中，先在因素由个性、社会等级、生活方式、家庭生命周期阶段、目的地的营销和形象定位、过去的知识和经验、期望以及动机所构成，并且动机受其他因素的影响而对各个干涉变量施加影响。这些干涉变量包括旅游体验中的延误、舒适、便利和目的地的可进入性，目的地的性质，住宿的质量，景点的数目和活动内容的多少，以及目的地的种族特性。在旅游行为过程中，旅游者感知到的期望与实在的偏差的大小、他们与目的地居民以及同行的旅游者之间相互作用的性质，要受到诸如旅游者本身辨别事件的真实性和虚幻性的能力，建立可以使自己获得归属感的人际关系的能力以及旅游者的活动方式等因素的综合影响，并最终决定着旅游体验的满意程度。Chris

* 本文原载于《旅游科学》，2000 年第 2 期，作者：谢彦君、吴凯（东北财经大学酒店管理学院 97 级）。

Ryan曾用一个模型图来说明他的观点。在这一模型中,除了我们比较熟知的因素之外,旅游期望在这里扮演着十分重要且微妙的角色,深刻地影响着旅游体验的质量。所以,我们在此特别对旅游期望做进一步的探讨。

说得极端一点的话,旅游者旅游体验的质量恐怕在他还没有走出家门时就可能已经差不多有了结果。仔细考虑一下,这个命题是有道理的。

现代的旅游,尤其是出国旅游,一般都是一个家庭或个人的一项重要的经济决策。人们通过旅游所要获得的满足,往往是一个经过长期酝酿、精心预算的目标体系。当这些目标被列入行动计划之中时,就会进一步成为人们的心理预期,这便是旅游期望。它的产生过程通常是旅游主体对有关旅游客体和部分旅游媒介的知识获取过程,是由于潜在的旅游者因其心理状态与实际所处的环境之间的矛盾而萌生的调谐的欲望。

由于旅游期望在形成过程中受信息的丰度、准确度以及传播质量的影响,致使旅游期望明显地具有以下特点:

(1)总体上的片面性和模糊性

潜在旅游者的旅游期望是通过以不同形式的载体(如印刷图片、电视画面、语言等)传播的信息的影响而建立起来的。由于这些信息通常属于重塑形式,就必然包含着提供者的思想观念、功利意识和思维局限,从而带有极大的倾向性甚至片面性。当这些信息再传播到旅游者大脑中时,注入的不仅仅是这种倾向性,还由于信息的概念化或图式化而使信息接受者(潜在旅游者)只能在大脑中维持抽象的、模糊的有关旅游目的地状况的认识与期望。这种不是依靠身临其境而是依靠各种间接信息影响而建立起来的旅游期望,自然难免片面和模糊。如果考虑信息在时间上的滞后性,这一点会更为突出。这势必要先在地构成与旅游体验发生矛盾的基础,因为旅游体验总是现实而具体的过程,它与期望相契合只能是偶然的。

(2)指向上的可转移性或可替代性

旅游期望是对旅游的综合供给条件的预期,它会与实际状况存在或大或小的差异,导致期望与现实之间的对接困难,这一点已如上述。由于旅游体验的开始意味着部分费用支出业已发生(旅游者需要克服空间和时间的障碍先期到达旅游目的地),这就为旅游者适时调整旅游期望提出了内在的要求。因为很显然,一个已经到达旅游目的地的旅游者,不会因为目的地的供给条件与既有期望大相径庭就干脆放弃旅游。他必须调整旅游期望以谋求满意的旅游效果,必须以积极的态度和行动去捕捉本不属于他已建立的旅游期望范围之内、但却可以为他提供旅游乐趣的种种其他机会。这就是说,当旅游者固有的旅游期望不能获得满足时,就可能产生期望转移或被替代的情况。这一特征说明了作为旅游产品的提供者的各种旅游企业在争取满足顾客旅游期望方面的主动性和回旋余地有多么大。如果这一判断成立的话,我们就有理由怀疑人们喜欢把旅游企业极为个别的、偶然的失误夸大到影响整个企业长久声誉甚至经营生命的做法(所谓“100 - 1≠99”定律)的科学依据。我们本不必神经过敏,只要在出现问题时能及时、妥善地予以纠正和补救,就可能换得旅游者的体谅,就可能不破坏旅游者的期望。

旅游期望的转移也不仅仅发生在旅游的对象物令旅游者失望的情况下。既然旅游期望的建立是抽象的、模糊的,它就同样有可能是有缺陷的,它未必能预料到对象物全部的美的实在和效用。因此,旅游者在旅游目的地获得意外的惊喜这种情况也是有的,甚至是经常的。虽然我们对此一时刻旅游者如何调整其旅游期望尚无很透彻的理解,但我们相信,此时旅游者固有的期望是不会静止不变的。

(3)在旅游体验过程中逐步外化并成为度量旅游体验质量的标尺

旅游期望在建立过程中只是抽象化的概念,但在实现的过程中要面临与具象相对接的考验。由于旅游的过程是与物质世界相接触而求得畅神怡性的审美感受和快感愉悦,因此,旅游期望即使不以其独立的具体内容,也要以作为其表征的客观世界的物质形式,间接地被明朗化、清晰化、具体化。这个过程可以是协调的,这是在期望的结构与水平同外部世界相契合时;这个过程也可能是矛盾的,这是在期望的结构和水平与外部世界相参差时。前一种情况使旅游者获得满足,而后一种情况却可能转化为激发各种实际矛盾的促导因子。在这一过程中,旅游期望实际上是履行一个可借以评价旅游价值的标尺的职能。旅游期望的这一特点,事实上也向旅游企业的宣传促销工作提出了挑战,因为旅游企业可能常处在强调旅游产品魅力以吸引更多的顾客的同时会过分使旅游期望膨胀从而引发种种矛盾的两难境地。

由此可见,虽然旅游期望是在旅游行为发生之前产生的,但可以想象它对旅游行为及其效果产生相当积极的影响。一些西方学者在观察客人对饭店产品质量的感知的同时,也注意到客人期望的现实性和可操作性对体验的满意程度是至关重要的,离开了这种现实性和可操作性,就会在服务质量上表现出明显的差距。就是说,旅游期望会在最初的层面上以主观的力量影响旅游体验的质量。

按照美国心理学家弗罗姆所提出的期望理论,期望值是激发人采取行动的主观动力。这种动力决定于两个因素,一个是对目标价值的认识,即对所谓效价的估量,二是目标实现的概率。由于目标实现的概率不得不先期估算,实际上也就成了期望概率。这个关系可以用下式表示:

行为激发力量 = 目标价值 × 期望概率

当旅游者在计划出游时,他会通过各种渠道弄清旅游可获得的价值,并能形成对这些价值的判断。旅游产品的提供者所做的促销努力,亲朋好友的口碑荐介,从其他途径获得的有关知识,以及对自身需求的认识等,都将成为旅游者形成判断的依据。一般而言,旅游在西方国家已成为一种基本的生活需要,因此,对旅游所做出的估价在一般的西方旅游者那里会显得更为重要。当然,一次具体的旅游会涉及不同的旅游者个体,因此,不同的旅游经历对他而言自然也就有不同的意义。另一方面,目标价值实现的可能性,或者说目标的可操作性则构成行为激发力量的另一个因素。一个再好的目标,倘若不具有实现的可能性,也不会成为激发行为的动力。

前面提到,旅游期望形成之后,不会一成不变,这里客观上存在着旅游者积极调整其期望以求得适应的可能性与必要性。当旅游者开始其旅游体验时,他的期望可能会马上遭遇到意想不到的挫折:刚步入候机大厅就可能被告知航班延误;一路风尘住进旅馆,恰遇停水停电;期盼已久的山光水色因游人如织而暗淡无光。这些都会发生,也经常发生。相对于旅游期望的先验性、片面性、概括性、模糊性和虚拟性而言,旅游体验所具有的延迟性、具体性和真实性注定要形成二者间的反差。这种反差也将成为旅游失望感的源泉。如果旅游者在旅游体验过程中以消极的态度对待这种反差,甚至任由懊恼的情绪左右其行为,其结果自然要萌生挫败感、失望感。这显然不是一个理智的旅游者愿意采取的态度。事实上,当我们能够认识我们的需求所具有的巨大的弹性这一特点时,就会有信心去调整原来的期望。最初的调整可能发生在对目的地选择上的有意或无意的变更，后继的调整则发生在旅游体验过程中。这些调整要通过一系列的行为表现出来，而行为则受到对满足的追求的导引。显然，存在于旅游者个体方面的个性特点、行为特征、旅游者对目的地的认识状况以及进行判断的内在过程方面的差异，将极大地影响旅游者怀有的期望的性质及其调整期望的能力。

关于旅游期望与旅游体验的这种差异及其影响，我们在此给出一个一般性的模型。在这个模型中，包含着若干特征值和特征域（见图1）。图中的OR线（45度）可以称之为"一般满足线"，它来自于期望与感受的均衡、旅游者所面临的挑战水平与自身所拥有的技能水平的均衡。

由于这种均衡在理论上的意义比较严格，在实践上又是动态的、个体差异的和偶然的，所以，用一条45度直线来表示是极为恰当的。与此相对的典型的两个扇形区域和两个矩形区域，即分别由OPR与OQR构成的两个扇区和由Oprq与OPRQ－Oprq构成的两个矩形域。这个模式的重要价值在于，它可以同时用这大小不同（同时位置也不同）的两个矩形域和相对位置不同的两个扇形域来对旅游者的满足程度和实现机制进行刻画。两个矩形被用来描述因挑战水平和技能水平的均衡差异而形成的满足水平差异。换言之，矩形Oprq所代表的满足从社会角度看是一种低水平的满足，而OPRQ－Oprq所代表的满足从社会角度看却是一种高水平的满足，但对于旅游者自己而言，只要处在"一般满足线"的状态上，就是一种高水平的满足，不管线上的点是在哪个矩形域内。但是，对于不同的旅游者来说，"满足"能否获得或如何获得，还决定于挑战水平与技能水平的相互关系。在OPR扇形域之内，挑战水平高于技能水平，在这种情况下，旅游者在形成期望的过程中，畏怯、不安、恐惧的心理在发挥作用，因此往往影响其期望值定位有趋低的倾向，而恰恰在这种情况下，旅游者会有较多的获得意外惊喜的机会，满足度由此而大大提高。这种提高的程度与技能水平和挑战水平的差异程度有关。反映在模型中，就是在整个OPR区域中的OPA小扇区所潜藏的意外满足的机会多于OAR区域，当然能获得这种满足的可能性在两个区域中恰好相反。在OQR扇区之内，技能水平高于挑战水平，这时旅游者的反应往往是乏味、没有激情、没有行为动力。这种情况的严重程度反映在模型中，就是在整个ORQ扇区内，OBQ要比ORB更具有这种性质。

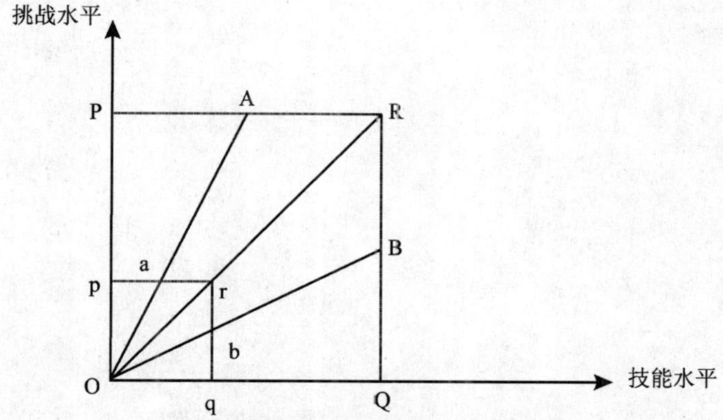

图 1　旅游体验的“挑战—技能模型”(改进)

这里有一个对旅游业经营实践很有启发的思想:当旅游企业通过促销等手段过度地渲染了某种旅游体验的挑战水平时,旅游体验的结果就可能是因真实的挑战水平偏低而使旅游者失望。所以,因失望而造成的不满足感既可能因旅游者自身期望过高而产生,也可能归咎于旅游企业的不恰当宣传。而另一方面,旅游企业在提供服务的过程中,如果能创造性地针对每一个旅游者的特殊要求,提供一些其意想不到的服务,则会改变旅游者的满足程度。也就是说,在上述模型的两个扇区(OPR 与 OQR)中,都有改变旅游者满足度的机会和潜力,但旅游者从中所获得的满足在形成机制上是不同的,甚至是相悖的。

下篇：体用之间——旅游现象的解释

永续旅游:新观念、新课题、新挑战*

一、永续旅游:概念的提出及其宏观意义

第二次世界大战以后,世界旅游业经过几十年的迅速发展,现在已进入其空前繁荣的阶段,1992 年更跃升为世界最大的产业。然而,伴随着这种繁荣,各种因过度开发而导致的消极效应也开始出现并显示出其潜在的威胁,而这种状况在发展中国家表现得尤为突出。人们越来越强烈地意识到,在发展中国家,由于经济的驱动力而把旅游业列为优先发展项目所产生的直接后果往往是:对旅游资源的过度开发甚至掠夺性开发;对旅游区点的粗放式管理;旅游设施建设的病态膨胀;迅速损害旅游业赖以存在的环境质量,威胁旅游业的持续发展。这种关注促成了宏观旅游管理领域中的一种新观念的产生:永续旅游(Sustainable tourism),这一思潮在世界范围内的广泛兴起①,显示了人们对旅游开发领域中人们对永续发展(Sustainable development)这一主题的积极响应和深刻理解。如果对永续发展这一思想作一简单回顾,就会发现,永续旅游实际上是永续发展思潮孕育出来的,是 70 年代初期人们对经济发展与其环境效应的关系进行思索的产物。

"永续发展"一词将有关协调和管理人类活动的两种基本思路——追求发展和控制人类活动对环境造成的有害影响——结合在一起。尽管对发展和环境这两个主题的关注可追溯到 70 年代,然而世界环境与发展委员会(WCED:又称 Brud tland 委员会)在 1987 年发表的研究报告《我们共同的未来》却使这种关注更明朗化,也进一步推动了"永续发展"一词的广泛应用。这一报告具有世界性影响,它标志着人们在理解环境承载力和优先发展之间的关系方面已经发生了观念上的有益

* 本文原载于 1994 年第 1 期《旅游学刊》。

转变。

在永续发展概念的演变中,有四条基本原则贯穿始终。一是总体规划和决策思想;二是强调保护生态过程的重要性;三是强调保护人类遗产和生物多样性的必要性;第四点,也是永续发展的核心和立足点,是发展的同时要保证目前的生产率能持续到将来很长一段时间,几代或几十代。

从这四条基本原则中,我们不难发现,旅游业是最需要贯彻也最能体现这些原则的领域之一。旅游业的发展对人类和自然遗产的依赖,对生态系统的稳定性和持续性的影响,旅游需求对现代人类尤其是对未来人类基本需求的重要性,旅游开发过程本身所涉及的界面之广泛和复杂,以及目前世界旅游业迅速膨胀的事实以至业已形成的生态效应,所有这些都说明旅游业是应该倡导永续发展的产业。"永续旅游"的概念就产生在这个大背景下,在某种意义上也是脱胎于"永续发展"一词。

尽管目前对永续旅游的概念还没有统一的表述,但 1990 年在加拿大召开的 Globe'90 国际大会对永续旅游的目标所给的表述却能较全面地反映永续旅游的内容:[②]

1. 增进人们对旅游所产生的环境效应与经济效应的理解,强化其生态意识;

2. 促进旅游的公平发展;

3. 改善旅游接待地区的生活质量;

4. 向旅游者提供高质量的旅游经历;

5. 保护未来旅游开发赖以存在的环境质量。

从这些目标可以看出,永续旅游的含义是多层面的,但最核心的一点,是要保证在从事旅游开发的同时不损害后代为满足其旅游需求而进行旅游开发的可能性。这个战略性主题的提出,在建立人类与地球的新型关系以及确立当前人类对子孙后代的生态责任观方面,无疑具有十分重要的意义。概括起来,永续旅游的提出具有以下几方面的宏观意义:

首先,作为一种新观念,永续旅游的提出有助于改变人们长期以来对旅游资源可再生性的片面理解,重构旅游开发的理论和政策导向。

其次,永续旅游的提出对于发展中国家加强旅游开发的宏观管理从而保护全球旅游生态系统的完整性和永续性尤其有深远意义。这是因为,一方面发展中国家是目前世界上大多数自然文化遗产的拥有国,比较西方发达国家在旅游开发方面已接近过度开发这一总体事实,发展中国家的旅游资源因其更接近原始或自然状态而对全球旅游资源的保护更具有重要性。另一方面,正如前文所述,发展中国家迫于经济压力而将旅游业作为优先发展项目这一事实,也暗示着对全球旅游资源的潜在威胁。

还有一点值得指出的是,永续旅游的提出,无疑要在技术领域、组织结构方面以及人们的观念上引发一场变革。尽管目前我们还无法预见或勾勒这种变革的具体模式,但不管人们目前(甚至将来)在技术领域做出何种努力以改善生活质量,都不可避免要面临着永续性的挑战。因此,在整个旅游业乃至世界各行各业,变革将是不可避免的,《超越极限》的作者们就预言,在人类发展史上,继农业革命和工业革命两大浪潮之后,下一次革命的焦点将集中在"永续性"上。

从上面的分析可以看到,永续旅游在当今世界旅游发展中具有重要意义。然而我们还要强调的两点是:永续旅游绝不意味着某种旅游资源、某个旅游项目或某种旅游形式具有永远的生命力,这里,永续不意味着"永久",而更意味着"长久",因此在理解永续旅游的概念时应持有动态的观点;永续旅游是一种发展目标或发展哲学,它的实现要依赖于某些具体的方法、途径和措施,而这些,不管在世界其他国家,还是在中国,都应该说仍是一个新的课题。

二、永续旅游实现的途径:EIA

EIA,即环境效应评估(Environmental Impact Assessment),是进行环境预防管理的一种方法,它体现了人们在环境管理方面广为奉行的"防胜于治"的原则。P. 沃顿在他的著作中给 EIA 下的定义是:EIA 是对由于实施某些项目而对地球的生物物理环境和人类的健康及福利产生的各种可能后果进行辨识并在能够实际影响决策的阶段向负责批准该项目的有关人员或机构传递其分析结果的一个过程[5]。从这个广为接受的定义中可以看出 EIA 所关注的焦点在于开发项目对自然环境的生物和物理要素产生的影响。然而,在

EIA方面的最近发展却显示了人们对项目开发所产生的社会经济效应的同等关注,这无疑使EIA具有更广泛的意义:将环境理解为由生物、物理、社会和经济诸要素共同组成的一个复杂的有机系统。不过,本文不拟做这种扩展,仅将论题限于狭义的EIA,侧重于讨论环境的生物和物理方面。

尽管EIA在西方国家的应用已有几十年的历史(美国作为EIA发源地,在60年代初期就把环境效应评估作为成本效益分析过程的一个组成部分),但在我国却处在起步阶段。1979年颁布的《环境保护法》第六条和第七条提供了进行环境效应评估的法律依据,此后在工业项目、采矿、水利工程、港口建设等方面,不同程度地对这种方法有所应用,并逐步形成了一套适应我国国情的项目评估体系(EIAS)。然而,在旅游项目开发过程中,对EIA的运用却没有达到相应水平。究其原因,主要有两个,一是政府决策部门(尤其是地方政府)对旅游开发的环境效应评估的认识不足;二是长期以来我们对旅游与环境之间的关系的性质没有科学的理解。事实上,高质量的环境常常是旅游资源的核心,旅游项目对环境质量的依赖关系比任何一种项目都更为直接、更为紧密。如果能有效地运用EIA于旅游开发,就会避免没有发展潜力甚至有消极环境效应的旅游项目的实施;同时,由于EIA还提供达到目标的备择方案,因此能够减少投资损失,降低项目的运营成本,避免对环境造成无法预见的重大损害,最终达到永续旅游的目标。从这个意义上说,EIA是实现永续旅游的一个必要途径。

在实施旅游开发的环境效应评估时,第一个技术性的问题便是对旅游开发项目的潜在环境效应要形成清晰的概念,或者说,要对这些效应有一个基本的分类。下面所引用的格林等人所提出的分类可以给我们一个系统全面的概念(见表1)[④]。表中所列的各项内容,在实际进行环境效应评估时,要判断其正负趋向,程度和性质,形成具体结论,最后以EIA报告的形式呈交有关决策部门。但此表所列项目仍是概括性的,对于不同的旅游开发项目,要针对其所涉及的地理、地质环境做进一步的分解,以保证评估的实际指导意义。

EIA的实施通常是一个连贯过程。在不同的国家和地区,由于参与EIA的角色组合各有差异,因此这个过程也略有不同。我们在这里引用沃顿所概括的EIA的实施程序,希望能有助于对EIA的理解[⑤](见图1)。

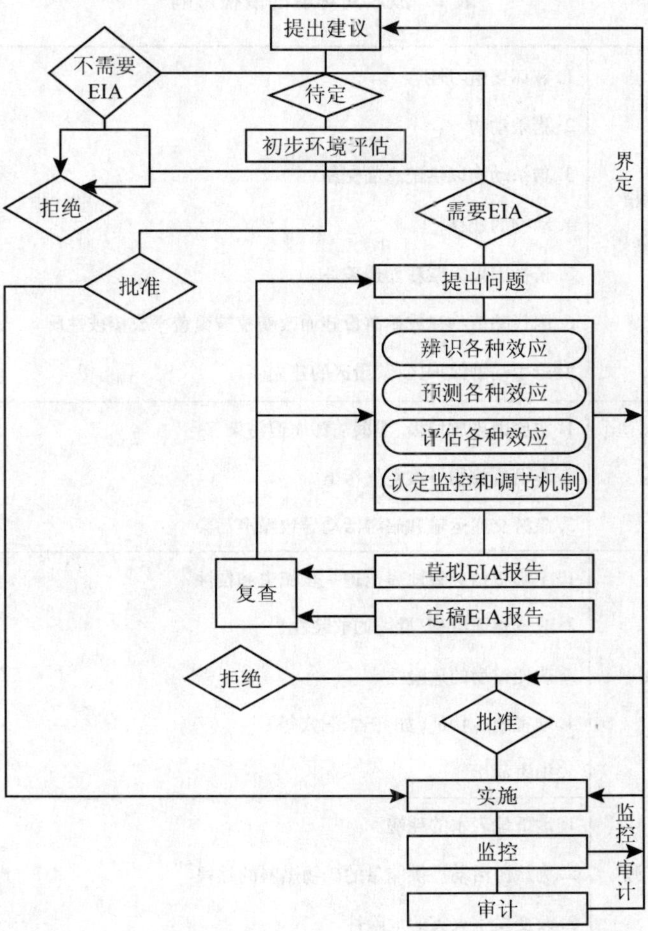

图 1　EIA 的实施程序(来源:沃顿)

三、永续旅游:中国旅游开发面临的新挑战

我国在旅游开发方面的短暂历史和它所取得的巨大成就,从两个不同的角度说明了它的典型的发展中国家旅游开发模式。尽管目前还未在旅游开发的环境效应方面积累足够多的研究成果以推演出某种悲观的结论,但多年来作为指导我国旅游开发实践的一些理论与政策,正经受着旅游开发实际效应的检验,面临着永续旅游观念的挑战。下面仅择其要者略作剖析。

表1　旅游对环境的潜在影响

自然环境	改变动植物种群结构	1. 破坏繁殖习性 2. 猎杀动物 3. 猎杀动物以供纪念品交易 4. 动物的迁移 5. 植被因采集柴薪而遭破坏 6. 因伐除植物建成旅游设施而改变植被覆盖率或植被性质 7. 野生动物保护区/禁猎区的建立
	污染	1. 水质因排放垃圾、泄漏油污而遭污染 2. 车辆排放物导致空气污染 3. 旅游交通运输和旅游活动导致噪声污染
	侵蚀	1. 土壤板结导致地表土进一步流失和侵蚀 2. 改变地面滑移/滑坡的危险性 3. 改变雪崩的危险性 4. 损害地质特征(如突岩、洞穴等) 5. 损害河岸
	自然资源	1. 地下地表水的耗竭 2. 为旅游活动提供能量的矿物燃料的枯竭 3. 改变发生火灾的危险性
	视觉效果	1. 各种设施(如建筑物、索道滑车、停车场) 2. 垃圾
人造环境	城市环境	1. 土地不再用于最初的生产用途 2. 水文特征发生变化
	视觉效果	1. 建筑物密集区的扩张 2. 新的建筑风格 3. 人及其附属物
	基础设施	1. 基础设施超负荷运行(道路、铁路、停车场、电网、通信系统、废物处理设施、供水设施) 2. 新的基础设施的建设 3. 为适应旅游需要而进行的环境管理(如海坝、垦荒)

续表

人造环境	城市特征	1. 居住、商业和工业用地方面的变化 2. 城市化的道路系统(如车行道、人行道) 3. 出现分别为旅游者和当地居民开发的不同城区
	古迹修复	1. 废弃建筑物的重新使用 2. 古代建筑和遗址的修缮与保护 3. 修复废弃建筑物供作别墅
	竞争	1. 某些旅游区点可能因其他区点的开放或旅游者兴趣变化而贬值

资料来源:格林(Green)等:"The Environmental Impact Assessment of Tourism Development",载于 Peter Johnson and Barry Thomas 主编的"Perspectiyes On Tourism Policy"1992,Mansell.

1. 在我国旅游理论界和政府某些决策人中一直流行着"旅游业就是无烟产业,不像其他产业那样能对环境造成污染"的观念,并且至今在一定程度上仍主导着由全国性旅游开发热潮所波及的一些地区级潜在旅游开发区领导阶层的意识形态,而另一方面,有关旅游污染的学术呼吁却微弱得几乎不能形成什么实际影响。其实,只要我们将由热情所启动的思维用理性加以冷却,采取科学求实的态度和方法去认识旅游开发的环境效应,我们就会发现,旅游业作为一种产业,它也生产各种废物,只不过其形式不同于传统工业的废物而已。它们不像传统工业废物(如含毒素的化学废物)那样在影响人的健康方面令人恐惧,但它们对一个旅游景点的生命周期的影响却是不容忽视的。旅游者对旅游景点环境质量的心理预期,旅游景点(尤其是以自然旅游资源为主体的景点)的特殊地理条件和设施状况甚至废物形式本身,这些都向已往那种乐观的"无烟工业"的思想提出了挑战:旅游业不仅排放废物污染环境,而且这些废物的处理技术在难度上并不亚于对传统工业废物的处理。

2. "旅游业是低投入、高产出的劳动密集型产业"这一提法,在我国旅游理论界和政府决策部门也曾十分盛行,是促成我国旅游业的基本供给(尤其是旅游饭店[⑥])迅速增长的一个重要因素。之所以人们会把旅游业看成低投入、高产出的产业,重要的一条是我们一直没有把旅游资源尤其是环境资源的消耗纳入到旅游产品成本之中,从而歪曲了旅游产品的成本构成,低估了旅游产品的成本水平,虚增了产品的新创造价值部分(在这方面马克思的地租理论对我们一直有很深远的影响。近几年虽然在旅游产品定价实践上有一定突破——考虑到了旅游资源的稀缺性和供需关系问题，但在价格理论方面尚有许多学术问题有待澄清，旅游资源的有价性即是其中的重要课题之一）。如果把环境资源消耗纳入旅游产品成本之中，我们就不难接受目前西方多数学者把旅游业看成是资源密集型或环境密集型产业的观点。这种观点反映了人们对旅游与环境之间关系的清醒认识，因此，无疑是对我们的传统观念的又一个挑战。

3."旅游资源主要是由可再生性资源组成的，而旅游消费又基本上是'感觉消费'（或'精神消费'）的过程，因此，旅游资源不存在耗竭的问题"。这又是一种在我国理论界和实践领域有一定影响的观念。这种观念的产生来自于人们对旅游资源的可再生性的肤浅理解，或者说，在理解旅游资源的特性时，套用一般资源可再生性的衡量标准，没有考虑到当一些普通资源一旦作为旅游资源时，其原始性或自然状态才是其根本属性这一事实。生物的变种，重建的古迹，人为开发的旧俗民风，虽然也能构成旅游资源，但已经不是响应原来旅游需求的那种资源，因此其价值必然大打折扣。就是说，从纯粹的旅游价值观来考虑的话，旅游资源主要是不可再生性资源。这是一种应重新确立起来的观念，旅游需求固有的"原始化和现代化"倾向[7]，也能从另一个角度证明确立这种观念的必要性。另外，认为旅游活动"动眼不动手"，不对旅游地资源造成大的影响的说法也很片面。作为一种产业，旅游实际上不仅消费资源，而且有过度消费的能力。在旅游区发生的交通流量持续增长、交通堵塞频繁发生（尤其在发达国家）、地皮价格上涨、城市化倾向甚至社会结构的巨大变化，都是旅游消费的连带效应。

4."旅游是单一性产业"虽然不是一种普遍提法，但十几年来我国旅游开发实践的历史却在一定程度上证明了至少在旅游决策层中，人们是在下意识地按这种思路来确定旅游发展的宏观决策的。某些旅游供给的倾向性发展和"超前发展旅游业"这种政策导向，都多少反映了这种认识。在这里，一定要清晰界定"旅游业"的概念。"小旅游"（从构成上而不是从时空特征上讲的）是不可能也不应该超前发展的，而"大旅游"的超前发展绝非易事，尤其对我们这样一个发展中国家就更是如此。我国近几年一方面饭店供给过度膨胀，而另一方面交通"瓶颈"问题未得到缓解等便反映了这一事实。旅游业作为一种复合型产业，如果不在宏观决策与控制方面谋求中央与地方的协调配合，其任何一个组成部分都可能获得不合理的倾向性发展,最终导致旅游业的整体不经济,影响其持续发展。因此,对旅游业这样一个复杂产业的宏观控制也是我国实施永续旅游面临的一个挑战。

永续旅游作为一种发展哲学,是不可能一下子就走向成熟的。没有对旅游开发效应的系统研究成果的长期积累,永续旅游的提法就只能停留在观念阶段。但本文要呼吁的是,当我们还把握着选择旅游发展方向的机会时,越早地用永续旅游的观念武装自己,越会使我们的旅游业在未来世界中具有竞争力。我们没有理由等到当旅游开发的消极效应已积重难返时才去推行永续旅游战略。所以,在目前阶段,我们就应该审视我们的旅游开发实践:是不是"掠夺式、粗放式、病态膨胀的"?是否破坏了旅游赖以存在的环境质量?这些问题,便是本文关注的焦点。

注释与参考资料:

①1993 年,一本名为"Journal of Sustainable Tourism"的刊物在英国诞生,标志着这一思潮已在学术界形成规模。

②引自 Turgut Var,"Sustainable Tourism Development",Annals of Tourism Research, Vol. 18,No. 2,1991.

③Wathern,P. 1988,"An Introductory Guide to EIA"载于 Wathern,P 主编的"Environmental Impact Assessment:Theory and Practice",Unwin Hyman.

④Green. D. H. ,Hunter,C. J. and Moore,B. 1990,"Application of the Delphi Technique in Tourism",Annals of Tourism Research,Vol. 17,270—279,1990.

⑤关于 EIA 的实施程序,还可参阅 Thomas C. Meredith 的"Environmental Impact Assessment,Cultural Diversity,and Sustainable Rural Development",发表在 Environmental Impact Assessment Review,1992,12:125 - 138. 另外,曲格平的"The Role of Environmental Impact Assessment in Economic Development"一文则对 EIA 在中国的实施程序有所概括。此文载于"Environmental Impact Assessment for Developing Countries",Tycooly International.

⑥参见 Zhao Jian,1989,"Overprovision in Chinese Hotels",Tourism Management, March,1989,及国内有关报刊的最近论述。

⑦谢彦君,1990,《论旅游的现代化与原始化》,旅游学刊,第 5 卷 4 期.

旅游交往问题初探*

交往对于人类来说如同布帛菽粟，不可或缺，甚至对于个体的人而言也是如此。离开了交往，人就没有机会参与社会化过程，这对于新生儿的智力发展将形成致命的障碍，而对于成人来说，也会导致智力退化和心理变态。所以，人类在其发展过程中总是自觉或不自觉地寻找着交往的机会，发展着交往的能力。在现代社会中，旅游就成了一种十分重要的交往方式。

一、旅游交往的形式与特点

从形式上看，旅游交往是一种暂时性的个人间的非正式平行交往。也就是说，旅游交往在时间上起始于旅游过程的开始，终止于旅游过程的结束，一般不会向这两极之外延伸，即使延伸，那时也不属于旅游交往，只能看作是旅游的准备或旅游交往的效应。在旅游交往期间，由于对象一般是脱离了原社会系统职能约束的平等的旅伴、交易者或东道国居民，所以彼此的沟通多为平行的方式，并以感情上的沟通或物品交易为主要内容，当然也就没有组织规范的严格约束。这些形式上的特点是我们理解旅游交往的钥匙，同时也构成了我们预测旅游者行为的重要依据。

交往是有层次差异的，旅游交往也一样。交往的层次反映着旅游者与他人相互作用的强弱程度，一般可分为 6 个等级，即隔离、潜交、示意、互动、互助和竞争。

隔离属于否定性的交往，是交往处于零水平的状态。处于严格隔离状态下的人不仅人身活动自由受到制约，而且也可能失去与他人进行交流、联络的权利，甚至个人的成员归属资格也被剥夺。由于旅游活动是以旅游者个人人身自由为前提条件，因此在旅游者身上一般不会发生隔离性的交往（旅游者在旅游过程中发生的非自愿性隔离不在此列）。

* 本文原载于 1999 年第 4 期《旅游学刊》。

但是我们也确实能够发现个别的旅游者在旅游过程中极力避开与人接触,独来独往。这种情况可以说仅是部分内容上的隔离,因为他总要与他人发生交换及信息沟通,在现代社会他要想不食人间烟火而周游天下是不可能的。

潜交就是一种潜在性的交往。这种交往虽然没有发生现实的接触,但已经是一种存在。旅游者在未动身之前,凭借旅游企业的小册子或耳闻目睹的其他物质媒介,便已经在揣摩旅游企业的经营者的服务特征和旅游目的地居民的接待态度了。只要一个人有朝一日心血来潮想外出到某地旅游,他与该旅游目的地的居民、旅游企业的经营者便已经产生一种潜在的交往关系了。潜交是形成旅游期望时的一个重要因素。在潜交阶段,旅游者要充分了解交往对象的文化特点,了解其社会经济方面的背景,这样才能使潜交成为协调旅游期望与旅游偏差的积极先导因子。

示意以向交往伙伴作出某种姿态而不介入对方的活动为特征。旅游者的示意比较集中地表现在两个方面。一方面,对于意欲结伴出游的人而言,示意意味着向可能同行的人进行的启发、鼓吹或探讨行为。这种示意的特点是向交往对象传达先行经验,但不介入对方的活动。另一方面,示意也发生在旅游者向旅游经营商提出的各种旅游信息咨询上,这种咨询尽管还不是旅游决策,但极有可能转化为旅游决策,因此,聪明的旅游经营商不会对这种示意淡然处之。由于旅游本身的异地性特点,在未出行阶段,还不会发生旅游者与目的地居民的示意性交往,但在旅游过程中却会有大量的这种交往发生。

示意与隔离和潜交相比,其特点是已经有了现实的交往对象。但是,示意只能是现实的交往——互动的前奏,示意对象的被动性质决定了示意还不构成真正意义上的交往。

互动是人与人之间的直接的社会交往活动,主要体现为人的心理交感和行为交往过程。典型的互动方式就是我们平时所说的交际,它在旅游者的旅游过程中占据着重要的地位,具有不可忽视的意义。在世界旅游组织每年提出的旅游主题中可以看出,从交往的角度理解旅游和发展旅游是十分重要的,曾被多次提出。例如,1980 年的主题是“旅游为保存文化遗产、为和平及相互了解做贡献”,1984 年为“旅游为国际谅解、和平与合作服务”,1986 年是“旅游——世界和平的促进力量”,等等。这说明通过旅游交往,可以沟通不同地区、不同国家、不同民族、不同文化背景下的人们的思想感情,增进相互理解,促进世界和平。对旅游者个人而言,愉快有效地交往也是获得期望的旅游体验的前提。

互助是集体当中的一种常见现象。旅游过程是需要互助的,尤其是现代社会的旅游。这种互助不仅体现在旅游者的很多活动要依赖于他人提供的以物质设施或设备的形式存在的产品,而且体现在旅游过程中很多直接的旅游者与旅游者之间、旅游者与目的地居民之间、旅游者与旅游服务企业员工之间的相互理解、支持和帮助。在同行的旅游者之间,他们是共同目标的追逐者,因此常常需要同舟共济;旅游者与旅游企业的经营者之间由于经济利益而拴到了一起,没有互助,旅游过程可以在任何环节中断;旅游者与目的地居民对目的地的资源越来越负有相同的责任,因此相互的理解与支持是不可少的。

竞争是最高水平的交往。与互助一样,它也广泛见诸各种生物个体或种群之间,它是生物进化的普遍规律。就人类社会而言,人为了生存、繁衍和发展,不仅要与其他生物竞争,还要与同类竞争。这看似残酷的事实在现代社会里得到了淋漓尽致的发挥。在旅游过程中,竞争现象大量地存在着。旅游者之间对于某种旅游产品的竞争会最终影响到该产品的可得性及为之付出的代价,也会影响到旅游体验的质量;旅游群体内部对于利益或权利的竞争可能导致群体结构的变化;旅游者与旅游目的地居民之间的竞争最终有可能引发暴力事件;而旅游者与旅游企业经营者之间的竞争可能断送彼此进一步交往的基础。所以,竞争在旅游过程当中是一种伴生现象,甚至也许可以说是一种必然现象。对不同形式和性质的旅游竞争的深入研究,有可能是今后旅游学研究的重要课题。

二、旅游交往发生的情境模型与终止水平

上面对旅游交往的基本形式和特点做了粗略的探讨。为了进一步把握旅游交往的性质,我们需要对上面提到的旅游互动这种现实性的交往做进一步的分析。首先让我们来建立一个试图概括旅游交往发生过程及其特点的情境模型(见图1)。

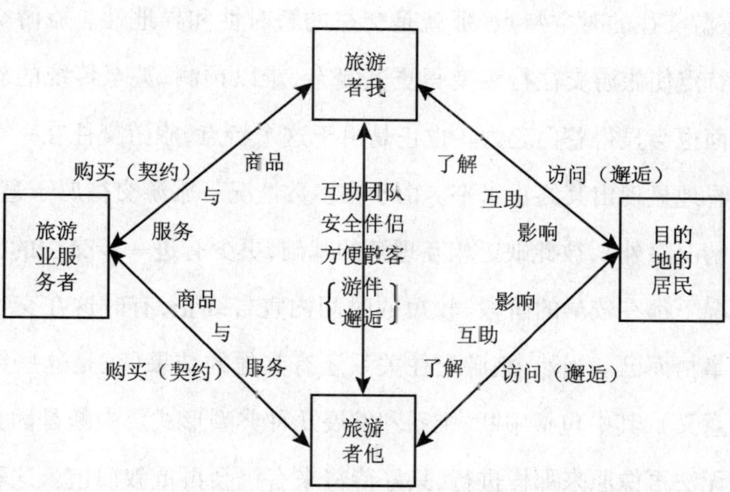

图 1　旅游交往发生的情境模型

在这个模型中概括的内容和关系可以描述如下：

在这个模型包含了旅游交往的目的(在图中沿各个箭头内侧斜排的文字)、旅游交往的途径(箭头外侧用黑体字表示)、旅游交往关系的性质(黑体字后面的括号内文字)以及交往的参与者等内容。在旅游过程中参与交往的人主要有三类。一类是旅游者,一类是目的地居民,还有一类是旅游服务者。旅游者从旅游方式上看有散客与结伴(包括团体和家庭)两种,不管哪一种都可能与他人发生交往行为。一种交往对象就是旅游企业的服务者(包括目的地的旅游企业和出发地的旅游企业),旅游者与这些人的交往在性质上是一种契约关系,一般通过金钱、商品、服务的交换得以建立,因此这种交往在目的上总是体现为一方想卖出而另一方想买进商品和服务。旅游者与目的地居民的交往是通过旅游者对旅游目的地的访问而实现的,其性质多数属于邂逅相遇,目的在于相互之间增进了解、相互寻求对彼此文化的理解,有时也会有想要影响对方的生活方式或情愿接受影响的情况。还有一种交往发生在旅游者之间。如果交往是在同行的团队或伙伴之间进行的,那么这种交往关系就属于"游伴"的性质,如果交往发生在两个素昧平生的散客旅游者之间或在目的地遇到的任何其他旅游者,那么这种交往也自然属于"邂逅"的性质。

在现实的旅游过程中,旅游交往发生的情境模型并不如此单纯。但是,不管实际情况如何复杂,旅游交往都是在一个统一的框架之下发生的,这个框架就是旅游的时空特点,它决定了旅游交往的时空特点:那就是交往的暂时性和异地性。旅游交往在时空性质上的这两个特点使旅游交往行为变得更其复杂、难以预测,甚至传统的旅游者心理研究成果在这方面也会显得苍白乏力。也正是由于这个特点,旅游交往在一个人的全部交往生活中会较早地显现出其终止水平。由于在多数情况下旅游交往属于邂逅式交往(亲友结伴同行的情况除外),彼此缺乏相互理解的基础,更少有进一步交往的机会,所以,旅游交往多数情况下都在较早的阶段、较短的时间内宣告终止,有时这在交往双方只不过是心照不宣的事情而已。当然,旅游交往关系还有其他的结果(正是这些结果才使旅游交往变得更有意义),其中包括中断、维系和发展几种典型形式。中断是因为客观环境的限制而使交往无法再像原来那样进行,只好待将来有机会再重叙旧谊。这种情况可谓不乏其人,甚至整个人类社会中有一半的故事讲的就是这种情况!交往关系的维系和发展是旅游交往的成果,由于这种关系的建立使每一个交往的参与者都扩展了世界的范围,丰富了生活的内容,增进了对外部世界的理解,因此,它也常常成为现代旅游者出行时确立的一个旅游收获目标。

Chris Ryan 曾从旅游者与目的地居民的交往关系的角度分析过旅游交往的终止水平①。他提出了一个"旅游者—朋友模型(The Tourist-friend Continuum)",用以说明旅游者与目的地居民关系发展的过程。他认为这个过程是一个谱状结构,经历了从"旅游者"到"宾客"再到"朋友"的过程(见图2)。在这里,他所指的"旅游者"不是别的,是一群与长途客车结伴的人,是住在饭店里的人。这些旅游者起初试图通过与那些在他们饭桌边服务的侍者建立某种关系来证明其身份,但殊不知侍者在整个夏天的每一周里都目睹这样的企图。这样,旅游者的身份通常就只好由度假群体的其他成员来加以证明,而获得满足的渠道就只能是通过与一起度假的人进行沟通,却不能从目的地社区成员那里获得满足。从那些为旅游者提供服务的人的观点来看,旅游者只不过是一个没有个性特征的无序群体。但是,当旅游者真的着手证明其身份时,这种情况会有所好转。在旅游者变成一位常客的过程当中,尽管仍是以相当正式的方式,但毕竟旅游者的个性得到了一定程度的感知。在这种情况下,饭店的侍者能够认识他所服务的客人,迎宾员能认出饭店

① Chris Ryan:《Recreational Tourism: A Social Science Perspective》,ROMEDGE Press,1991,pp. 36 - 37。——作者

的客人并叫出他们的名字。那些在当地商店中做店员的人也能认出他们的客人。与此同时，当旅游者外出购物、使用当地的交通工具、去剧院或电影院、到餐馆就餐时，他们实际上从事着几乎与当地人相同的活动。这样，那些提供有关服务的企业雇员要想区别对待旅游者与当地居民已经很困难了，因为旅游者与当地居民已经难以区分，他们在共享同一空间和设施。

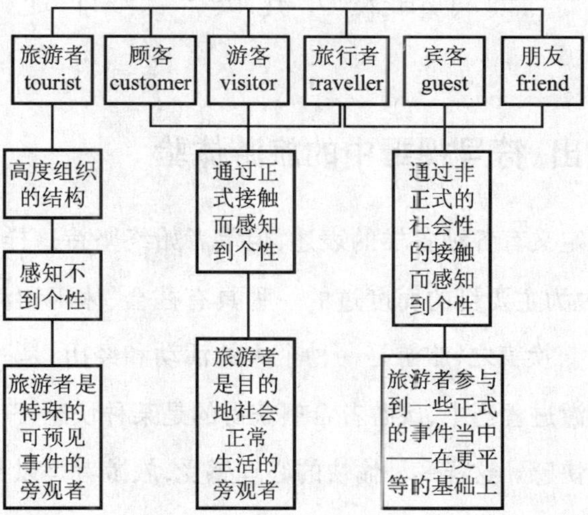

图 2　旅游者—朋友模型

对于许多旅游者来说，他们不断地返回某个既定的旅游目的地的原因是他们已经与当地居民建立起一种关系，发展起一种友谊。他们日益成为当地社区的组成部分，哪怕为时很短。也许可以说，他们尽管不是来自目的地社区，但他们却构成了社区的一部分。对于许多旅游者来说，最为惬意的事情就是与“当地人”谈天说地。在这种情况下，不难想象旅游者已经成为当地居民的朋友，这意味着他们可以在更为平等的基础上正式地参与到社区的某些事件中去。这就是 Chris Ryan 的“旅游者—朋友模型”的最高境界。

旅游、旅游体验和符号*

——对相关研究的一个评述

一、问题的提出：符号视野中的旅游体验

尽管有关旅游的定义有各种各样的表述，但笔者始终坚持这样的观点：旅游是个人前往异地，以寻求愉悦为主要目的而度过的一种具有社会、休闲和消费属性的短暂经历（谢彦君，1999，2004）。换言之，旅游是一种个人的活动和经历，是一种自觉的并且是自决的行为。在这种旅游过程当中，旅游者希望获得的是某种快感——甚至是因生理或心理痛感而生发的心理快感。这样一种愉快的心理感受，旅游者是以身体之、以心验之，因此，旅游活动在根本上是旅游体验（tourist experience），旅游体验是旅游的内核。

从旅游体验的内容和手段来看，整个旅游体验过程其实是一个符号的解读过程。当我们将旅游理解成文明社会的个体与自然和社会相互沟通的互动过程时，这种体验就带有鲜明的文化特征和符号意义。解读这种文化乃至符号体系，也同时意味着在重构这个体系，因此，对这个体系的关注就带有非常重要的社会建构意义。然而，将符号的解读和建构问题纳入到旅游体验当中并在文化的视野之下进行系统考察，在国内外的研究中还很少见到。尤其在国内旅游学术界，连符号在旅游研究中的重要性都还没有得到充分的认识。本文的目的是想通过一个简要的评述来唤起国内旅游学术界对这个研究领域的关注，并拓展旅游基础理论研究的空间和视野。

总体上说，国外学术界对旅游体验的关注开始于20世纪60年代（Boorstin，1964），至今已经取得了一些初步成果；国内学术界将旅游体验纳入研究视野是在20世纪末（谢彦

---

* 本文有原载于2005年第4期《旅游科学》，作者：谢彦君、彭丹（女，1980年生，东北财经大学酒店管理学院2003级硕士生）。

君,1999)。进入21世纪以后,旅游体验已经成了一个洋溢着时尚气息的词汇,旅游者、旅游业界对此都颇为关注,旅游学术界也不乏跃跃欲试者,但中国大部分旅游研究者的视线还没有投向这个极为重要的领域,因为产业对旅游理论研究的直接而迫切的呼唤显然比学者自觉意识当中的基础理论研究来得更加具有诱惑力(谢彦君,2003)。在本文两位作者所从事的研究当中[①],我们发现,旅游中丰富的符号体系所呈现的是一个丰富多彩而且蕴意厚重的研究领域。我们可以很肯定地指出一点:旅游体验是在充斥着符号的世界中进行并且获得意义的。研究旅游体验中的符号解读无疑会给国内外旅游体验研究和旅游学研究揭示一个全新的视角,正如谢彦君(2005)在其博士论文中所言:"旅游体验就其本质而言,也可以说成是一种符号互动现象。在旅游体验的各种情境当中,很多意义是通过各种符号传达出来的。人与人之间的互动过程是这样,人对物的象征意义的解读过程也是这样。所以,符号研究注定是旅游体验研究或者旅游学研究的重要领域。"

为此,我们有必要简单梳理一下有关旅游体验研究、旅游符号研究的学术历程。

二、国外旅游体验和旅游符号学的研究进展

旅游体验的研究始于20世纪60年代中期的西方学术界。Boorstin (1964)将旅游体验(tourism experience)定义为一种流行的消费行为。他坚持把旅游者(tourist)和旅行者(traveler)区别对待。在他看来,大众旅游者(mass tourists)是不懂得如何体验旅游的真谛的乌合之众。1976年,旅游人类学家兼社会学家Dean Mac Cannell出版了他那本广被引用的同时也遭致不少批评的力作——《旅游者:休闲阶层新论》,书中论述了旅游体验(touristic experience)的现代性,并着重分析了文化体验。该书的影响甚大,乃至于构建了一种所谓"本真性"(authenticity)的旅游研究范式,尽管在20年后这种范式招致比较普遍的批评。在这些批评当中,观点最为深刻而系统的学者,应属以色列著名旅游人类学家Cohen(1988),而他的《旅游体验现象学》一文(该文发表于1979年,后收录进1996年出版的论文集《旅游和社会学:理论和实证研究》中——见参考文献4)是最早从现象学角度考察旅游体验的文献,至今给人的启发还相当大。文中他使用了"旅游体验"(tourist experience)一词,并提出:不同的人需要不同的旅游体验,这对不同的旅游者而言具有不同的意义[②]。80年代,Hamilton-Smith(1987)和Pearce (1982)等人也纷纷投身于旅游体

验的研究,其中 Pearce (1982)依据马斯洛的理论提出了旅游需要阶梯模型,他将旅游者的需要由低到高分为五个层次,动机的层次越高,旅游者得到满足后产生的满意度也将越高。这个模型给旅游体验研究注入了实证分析的色彩,因此,也开始了旅游体验研究的定量化测量的前奏。

进入 90 年代后,国外学者对旅游体验的研究兴趣日渐浓厚。1996 年,Prentice 和 Witt 综合多家观点归纳出了研究旅游体验的五种模式:(1)体验的等级模式。将体验分为享受自然、摆脱紧张、学习、价值共享和创造;(2)体验的标准模式——"畅爽(flow)"。它是由心理学家克珍特米哈依(Crikszentimihalyi,1975)提出的最佳体验标准,这种状态"具有适当的挑战性而能让一个人深深沉浸其中,以至于忘记了时间的流逝,意识不到自己的存在";(3)有目的的行为模式。即从行为理念、标准化理念和控制理念中预测目标导向的行为;(4)多类型模式。基于旅游者有多种类型,他们所寻求的旅游体验也因此不同,为此他们也提到了 Cohen 对体验模式的划分;(5)局内人和局外人模式。该模式认为,在早期目的地居民是局内人,而旅游者作为局外人是无法理解或意识到代表当地文化的象征符号的;后来随着社会关系的淡化,旅游者和当地居民的距离缩短,旅游者可以事先了解旅游目的地的历史和其他信息(邹统钎,2004)。

1997 年 Ryan 编辑了《旅游体验:新导论》一书,其中收录了 90 年代旅游体验研究中一些比较有代表性的文章。Ryan (1997)在其中的《从动机到评价》一文中指出,旅游体验、个人因素、个人交往、目的地的特点、行为模式等将影响到人们对旅途、地区和人的评价,因此他着重研究了旅游期望与旅游满意度之间的关系,而旅游满意度就反映了旅游体验质量的高低。Page (1997)在该书的另一篇文章中指出,评价旅游者的体验质量是一个复杂的过程,需要考虑旅游动机、旅游者行动模式和旅游者的期望与实际感受。总的说来,《旅游体验》一书比较关注旅游体验的质量/ 效果问题,同时也构建了旅游体验研究的某些基础性框架,提出了一些基本的范畴和命题,因此,该书可以作为旅游体验研究的一个阶段性的总结性作品。

1999 年,中国学者王宁(Wang Ning)在《旅游研究纪事》上发表了《对旅游体验真实性的再思考》一文,文中总结了国外对真实性体验研究的几种观点。王宁在 2000 年出版了英文代表作《旅游与现代性:社会学分析》,从需求的角度出发,系统全面地分析了旅游活动、旅游体验、旅游影响与现代性之间的关系。此后,他在《旅游管理》和其他国外刊物上发表的相关主题的文献,涉猎和深化了相关领域的研究,他的作品同时也是中国学者在旅游体验研究领域与世界对话的一个重要标志。

从前述中可见,最近10多年当中,在国外的旅游学术文献里涌现了不少旅游体验研究方面的成果,这显然预示着旅游体验研究的广阔研究空间。不过,到今天为止,国外文献所呈现的对旅游体验的研究,主要是从旅游心理学、旅游人类学和旅游社会学等方面切入的,大致集中在旅游体验的本真性问题、旅游者动机、旅游者体验质量这三类问题上。如何理解符号系统在旅游体验中的意义,这似乎在国外旅游学术界也是一个比较新颖的话题,至少是一个没有得到深入发掘的话题。这一点,从下文的评述当中可以明显地感觉出来。

西方学术界把符号学思想和结构主义的思想引入旅游研究领域发轫于20世纪70年代。1976年,Dean MacCannell率先提出旅游的符号意义,他在《旅游者:休闲阶层新论》一书中,从全新的角度系统地提出了旅游吸引物的结构差异、社会功能、舞台化的本真性(staged authenticity)、文化标志以及旅游吸引物系统中的象征符号等观点。在该书的思想内容和理论框架中,作者把"旅游者"描述成附属于无处不在、无时不有的旅游吸引物系统之下,对旅游吸引物系统的符号意义进行"解码"、并追求早已失去的真实意义的现代圣徒。他说:"全世界的旅游者都在阅读着城市和风景文化,把它们看作符号系统。"MacCannell花了大量的笔墨在旅游吸引物的符号意义研究上,然而最受瞩目的还是书中提到的舞台化的本真性问题,在他之后很多学者对旅游中的本真性问题展开了热烈的讨论,当然他提出的旅游吸引物符号系统的观点也被后继者屡次引用。

继MacCannell之后,Culler (1981)发表了《旅游符号学》一文,他沿用了MacCannell的观点,把旅游者比喻为"符号军队",认为旅游者在体验过程中既制造标志和景观之间的联系(一种建构意义的行为),也在找寻标志和景观之间的联系(一种对意义的解读行为);旅游者寻找着真实的符号,可是他们找不到真实,却从大量的复制品中找到了快乐。Culler和"严厉"的Boorstin一样也批评大众旅游者,认为旅游者趣味很低(the lowest of the low)。他们鄙视大众旅游方式和旅游者的观点在Cohen (1988)那里受到了深刻而有力的批判。

人类学家 Graburn 是旅游符号学研究范式的代表人物之一。Graburn（1983）的旅游人类学研究以象征符号与意义以及语义学的方法为中心，采取跨学科的角度，例如认知结构与动机（心理学）、消费模式（经济学）、社会层次与社会地位（社会学）、空间差异的语义内涵（人文地理）、口头及书面言语的表现（语言学）以及视觉符号的表现（艺术学）等。他认为旅游现象是社会语义的一部分，它塑造并影响着人类生活的其他方面；在对文化表现形式的分析方面，他倡导用符号学以及符号人类学的方法，对符号、标志、象征、民间传说、神话、规则、诗词文记、图示石像、广告宣传、私人摄影和明信片、商业化旅游纪念品、游记与历史记录等“文化文本”进行“解构分析”，以期揭示意义结构、文化结构及其变化的过程和规律（肖洪根，2001）。Graburn 把旅游看作一种文化事物，认为它与人类其他文化事物一样，是人们用来点缀和丰富自己生活的事物，同时也被人们赋予了一定的文化内涵。因而，Graburn 认为，研究旅游就是要分析它的符号内涵、文化意义。落实到具体研究中，就是要分析人们为什么要旅游、为什么存在不同形式的旅游、旅游体验给游客造成什么样的影响等问题（宗晓莲，2001）。可见 Graburn 在旅游符号学的研究方面达到了一个很高的高度，高屋建瓴地构建了旅游符号学的研究框架，因此他的观点对后人的影响是很深远的。

在旅游的符号问题研究当中，不同学者的关注点有很大的差异。有的学者探讨了旅游行为的符号意义（Urry，1990；Brown，1992；Wang Ning，2000）；有的学者研究了旅游地的表述（representation）问题（Palmer，1999；Herbert，2001；Ateljevic，2002）；有的学者采用符号学方法分析了旅游者对期望的表述和对体验的诠释，特别是采用了结构主义和解构主义的“神话（myth）”理论（Becker，1978；Norton，1996；Selwyn，1996；Johns &Clarke，2001）；还有很多学者对于采用符号学方法来研究旅游宣传册、照片、明信片、旅游纪念品等“文本”大感兴趣，如 Uzzel（1984）、Cohen（1989）、Selwyn（1993，1996）、Dann（1993，1996）、Cooper（1994）（前列 7 篇文献转引自 Echtner，1999）和 Harkin（1995）、Bednar（1999）、Markwick（2001）等。比如，Becker（1978）很早就尝试采用实证方法分析了旅游者对照片文本的描述，通过访谈法来记录旅游者的“期望”。1990 年，Urry 出版的《旅游者的目光：现代社会的休闲和旅游》大受欢迎，该书再版了 10 次，主要讨论了后旅游者（post-tourist）的特征。书中写道：“旅游者看到的事物都由符号组成。它们都表示着其他事物。

在旅游者的目光的凝视之下，一切景观都被赋予了符号的意义，一切景观都变成了文化景观。”Palmer (1999)对遗产旅游地的表述问题进行了研究，得出的结论是遗产地象征着一个国家和民族，国家的某种形象特征正是通过遗产旅游的语言来体现的。无独有偶，Herbert (2001)在 Johnson 提出的文化模型圈的基础上建构了遗产旅游地关“表述”和旅游者的“阅读”的循环模型。Ateljevic (2002)研究了新西兰旅游业的形象与意识的表述，尤其是宣传中的表述问题，指出了政策对宣传意识的重要影响。在旅游中的“文本”分析方面，Uzzel(1984)采用了符号学/结构主义方法分析了 6 份“阳光假期”公司制作的宣传册上的照片，挖掘了照片中的显性内容(姿势、摄影效果)和具有象征意义的幻想和神话。据他所言，在照片中，一瓶葡萄酒象征着对“美好生活”的幻想和受到压抑的缺憾，其他的物和人则象征着真实、权力和唯美主义。他最后总结道：“照片是一组创造和建构幻想、意义和身份的工具”，旅游广告中“充满着信息和神话”(转引自 Echtner，1999)。Cohen (1989)、Selwyn(1993)、Dann(1993，1996)、Cooper(1994)等也对旅游宣传册做了分析(转引自 Echtner，1999)。Harkin(1995)和 Bednar(1999)分别对旅游纪念品和旅游摄影的象征含义做了一番探讨。此外还有 Markwick(2001)对马耳他邮资明信片的研究。所有这些，都充分展示了人们对旅游符号问题的多样化关注。

在这个理论探讨过程中，还有不少国外学者的研究重点主要是围绕旅游营销研究而展开的。这种更加功利性的视角，将旅游体验的符号化特征拉向了现实生活当中，给那些迷茫的经理人点亮了一盏作业的明灯。比如，1992 年，Brown 从营销的角度思考了旅游目的地体验的符号性和旅游消费的符号性，并指出，旅游业促销的目标就是要用恰当的符号系统来展现象征身份和社会地位的体验。Norton(1996)在自己的研究中则进一步指出了旅游营销文本的解读和旅游者对体验的描述之间存在相关性，为此，他引用了 Johnson 的文化圈模型，并依据这个模型把旅游体验描述的再生产划分成了期望、体验、感想 3 个阶段，以此解释旅游者解读符号的过程性特征。在 Selwyn(1996)所编写的《旅游者意象：旅游中的神话和神话制造》这部著作中，也体现了一种营销的视角。作者通过分析旅游者、目的地居民和观察者这三类人，在研究旅游者时着重研究了旅游者的动机和旅游者对目的地的感知与理解，并且沿用结构主义学家列维·斯特劳斯的观点，认为神话是难以言传的东西。这是对旅游神话研究的阶段性成果。Johns & Clarke(2001)的研究思想与Norton完全一致,他们研究了旅游者表述中的神话,并对旅游者的预期、旅游体验过程的描述和旅游者行程结束之后的感受进行了实证研究,揭示了神话的形式、内容和动机。

从以上评述可以看出,早在20世纪70年代西方就已经把符号学的理论、观点和方法引入了旅游学的研究当中,旅游符号学的研究已经取得了初步成果,为今后的研究奠定了理论基础。

三、国内旅游体验和旅游符号问题的研究现状

与国外的情况相比,国内旅游学和旅游体验的研究起步都很晚,关于旅游符号问题的研究则更属于空白领域。1999年笔者之一在《基础旅游学》中比较早地阐述了旅游体验的意义、内容和实现方式,强调"旅游体验的研究是旅游研究的核心内容",当时的判断基本上基于一种科学直觉,只是到了今天,我们才开始意识到,在旅游学基础理论研究当中对旅游体验这个范畴的引入,其意义是不可低估的。在笔者看来,在旅游现象这个大厦当中,如果抽掉了旅游体验,整个大厦(它由旅游者、旅游产业、旅游教育与科研构成)就会自然崩塌,构成这个大厦的所有物质要素将失去其旅游意义。

经过了5年的沉寂之后,旅游体验研究在中国旅游学术界开始呈现出一种新的苗头,一些研究者开始把目光再次投向这个领域,而其中的社会背景应该是"体验经济时代"这个颇具诱惑力的社会广告的感召、托夫勒的预言以及派恩等人的《体验经济》中国版的流行。因此,从总体上看,中国旅游学术界理解旅游体验问题,还主要是经济的视角、管理的视角和营销的视角,总之,是功利性的视角。而从研究方法的角度看,有关旅游体验的研究则主要地是一种实证分析的方法。比如苏勤(2004)对游客在周庄的体验过程进行了实证分析,结果发现不同类型的旅游者的体验质量存在明显差异,其中,主要受内推力驱使的旅游者的旅游体验质量较高。由中山大学汪纯孝(1999,2001)牵头所做的一些关于顾客满意度的研究,也往往是这种分析方法指导下的实证研究。

应该说,目前我国旅游学术界对旅游体验研究的尝试,主要集中在导师指导下的硕士研究生论文这个层面上,因此成果的号召力明显不足。比如,窦清(2003)论述了旅游

体验的内涵、特征、类型和在营销中的应用价值,作者把旅游体验分成了9类:情感体验、文化体验、生存体验、民族风情体验、学习体验、生活体验、自然体验、梦想实现体验和娱乐体验。李怀兰(2004)采用了问卷调查法分析了个性心理特点、个人知识能力、付出成本、企业服务人员、旅游地居民、旅游同伴、体验产品特性、整体环境氛围、旅行途中这些因素对旅游体验效用的影响。李淼(2004)研究了群体规模对旅游者体验质量的影响,总结了小群体旅游者的旅游体验规律,并探讨了不同景观类型与旅游者群体规模之间的关系。旅游体验研究的这种集中在研究生层面而没有吸引足够的学者参与其中的事实,似乎只能给我们这样一个信号:这是一个意义比较明显的研究领域,而对这个领域的研究所需要的知识体系可能是一个全新的体系。当然,也有个别学者在这方面作了一些初步的探讨,比如,邹统钎(2004)在其著作《旅游景区开发与管理》中也涉及到了旅游体验的内容,提出旅游消费在本质上是追求一种经历或体验;旅游景区的产品设计与服务配置从根本上说都是为游客塑造独特的旅游体验;景区项目的设计过程中应遵循差异性、参与性、真实性和挑战性的原则。就旅游研究中的符号问题而言,在国内的旅游学者当中,更是鲜有涉猎者。提出这个话题的,往往是其他相关领域的学者,包括人类学和社会学领域的学者。比如,王宁(2001)在其著作《消费社会学》中曾一般性地分析了消费的符号性和消费的文化意义,并提到旅游纪念品的符号功能和古代帝王建筑的符号象征性。何兰萍(2002)基于法国社会学家让·波德里亚的消费符号性理论,初步探讨了旅游的符号性,指出旅游作为一种文化消费,是对历史事物的符号再现。但文中的观点基本上都来源于波德里亚的《消费社会》一书,没有理论上的升华。彭兆荣(2004)在《旅游人类学》一书中,以专章讨论了旅游景观的符号价值、旅游标识物符号系统、酒店的符号价值、艺术品符号、旅游景点的空间结构等问题。尽管书中很多观点都来自于西方学术界的研究成果,但作者是国内首位系统地阐述旅游中的符号问题的学者,可以说是对国内旅游学的符号问题研究开了先河。随后,马晓京(2005)指出旅游商品是一种符号,分析了旅游纪念品的符号价值。该文的分析比较深入,但对旅游符号的范围界定偏于狭窄。周常春(2005)介绍了国外将符号学方法与内容分析法应用于旅游手册分析的研究成果。

四、结语

总的看来,国内旅游体验研究取得了一些初步成果,但是很多中国学者都没有意识到旅游体验研究的重要性,就目前来看,旅游体验研究仍处于蛰伏期。在旅游符号学研究方面,虽然有了零星的研究成果,但和国外相比差距很大。在笔者看来,国内这两个领域的研究现状还十分薄弱,这与该领域所具有的重要的理论意义很不相称,因此,迫切需要国内外更多学者的热忱参与。我们相信,随着研究的逐步深入,这两个领域的巨大研究空间也将逐步显现出来。

注释:

①指谢彦君的旅游体验研究,见其博士论文《旅游体验研究:一种现象学的视角》,南开大学出版社,2005;彭丹的旅游符号问题研究,见其硕士论文《论旅游体验中的符号及其解读》,2005。

②从这里可以看出,关于旅游体验的英文表达方式有:Tourism Experience,Tourist Experience,Touristic Experience三种,本文倾向于采纳 Cohen 的旅游体验(tourist experience)这种表述,这也是《旅游研究纪事》(Annals of Tourism Research)所推荐的(该刊物曾强烈建议不再使用 touristic 一词)。

[参考文献]

1. Ateljevic,Irena. *Representing New Zealand:Tourism Imagery and Ideology*[J]. Annals of Tourism Research,2002,29 (3):648 - 667.

2. Becker,S. H. *Do Photographs Tell the Truth*? [J]. After Image (February),1978:9 - 13.

3. Bednar,Bob. Snapshot Semiotics. http:/ / www. southwestern. edu/ ~bednarb/ snapshotsemiotics/ overview. htm,1999.

4. Boorstin,Daniel. The Image:A Guide to Pseudo-Events in America[M]. New York:Harper &Row,1964:77 - 117.

5. Brown,G. *Tourism and Symbolic Consumption*[A]. In Johnson P. &Thomas B. (eds.). Choice and Demand in Tourism[C],London:Mansel Publishing,1992:102 - 107.

6. Cohen,Eric. *A Phenomenology of Tourist Experiences*[A]. In Yorghos Appstolopoulos

(eds.). The Sociology of Tourism: Theoretical and Empirical Investigations [C], London: Routledge Advances in Tourism, 1996: 90 – 114.

7. Cohen, E. *Authenticity and Commoditization in Tourism* [J]. Annals of Tourism Research, 1988, 15: 371 – 386.

8. Culler, Jonathan. *Semiotics of Tourism* [J]. The American Journal of Semiotics, 1981, 1 (2): 127 – 140.

9. Echtner, Charlotte. *The Semiotic Paradigm: Implications for Tourism Research* [J]. Tourism Management, 1999, 20: 47 – 57.

10. Graburn, N. *The Anthropology of Tourism* [J]. Annals of Tourism Research, 1983, 10: 9 – 33.

11. Hamilton Smith, E. *Four Kinds of Tourism* [J]. Annals of Tourism Research, 1987, 14: 332 – 344.

12. Harkin, Michael. *Modernist Anthropology and Tourism of the Authentic* [J]. Annals of Tourism Research, 1995, 22 (3): 650 – 670.

13. Herbert, David. *Literary Places, Tourism and the Heritage Experience* [J]. Annals of Tourism Research, 2001, 28 (2): 312 – 333.

14. Johns, Nick & Clarke, Valerina. *Mythological Analysis of Boating Tourism* [J]. Annals of Tourism Research, 2001, 28 (2): 334 – 359.

15. MacCannell, Dean. The Tourist: A New Theory of the Leisure Class [M]. New York: Schocken Books, 1976: 17 – 138.

16. Markwick, M. *Postcards from Malta Image, Consumption, Context* [J]. Annals of Tourism Research, 2001, 28 (2): 417 – 438.

17. Norton, Andrew. *Experiencing Nature: the Reproduction of Environmental Discourse through Safari Tourism in East Africa* [J]. Geoforum, 1996, 27 (3): 355 – 373.

18. Page, Stephen. *Urban Tourism: Analysing and Evaluating the Tourist Experience* [A]. In Ryan, C. (ed.). The Tourist Experience: A New Introduction [C]. London: Cassell, Wellington House, 1997: 112 – 135.

19. Palmer, Catherine. *Tourism and the Symbols of Identity* [J]. Tourism Management, 1999, 20: 313 - 321.

20. Pearce, P. L. The Social Psychology of Tourist Behavior [M]. New York: Pergamon, 1982: 27 - 47.

21. Ryan, Chris. *From Motivation to Assessment* [A]. In Ryan, Chris (ed.). The Tourist Experience: A New Introduction [C]. London: Cassell, Wellington House, 1997: 48 - 73, 112 - 136.

22. Selwyn, Tom (ed.). The Tourist Image: Myths and Myth Making in Tourism [M]. New York: John Wiley&Sons, 1996: 3 - 14.

23. Urry, John. The Tourist Gaze: Leisure and Travel in Contemporary Societies [M]. London: Sage, 1990: 129.

24. Wang, Ning. *Rethinking Authenticity in Tourism Experience* [J]. Annals of Tourism Research, 1999, 26 (2): 349 - 370.

25. Wang Ning. Tourism and Modernity: A Sociological Analysis [M]. New York: Pergamon, 2000.

26. 窦清. 论旅游体验[D]. 广西大学硕士学位论文, 2003.

27. 何兰萍. 大众旅游的社会学批判[J]. 社会, 2002 (10): 10 - 12.

28. 李怀兰. 旅游体验效用因素分析[D]. 广西大学硕士学位论文, 2004.

29. 李淼. 旅游群体规模与旅游体验质量: 针对旅游群体成员间互动过程的实证分析[D]. 东北财经大学硕士学位论文, 2004.

30. 马晓京. 旅游象征消费对云南石林旅游商品开发的启示[A]. 张晓萍主编. 民族旅游的人类学透视[C], 昆明: 云南大学出版社, 2005: 192 - 207.

31. 彭兆荣. 旅游人类学[M]. 北京: 民族出版社, 2004: 181 - 224.

32. 苏勤. 旅游者类型及其体验质量研究——以周庄为例[J]. 地理科学, 2004 (4): 506 - 511.

33. 王宁. 消费社会学: 一个分析的视角[M]. 北京: 社会科学文献出版社, 2001: 127 - 145.

34. 汪纯孝等. 服务性企业整体质量管理(第一版)[M]. 广州:中山大学出版社,1999.

35. 汪纯孝等. 服务性企业整体质量管理(第二版)[M]. 广州:中山大学出版社,2001.

36. 肖洪根. 对旅游社会学理论体系研究的认识——兼评国外旅游社会学研究动态(上)[J]. 旅游学刊,2001 (6):16 -26.

37. 谢彦君. 基础旅游学(第一版)[M]. 北京:中国旅游出版社,1999:61 -63.

38. 谢彦君. 旅游与接待业研究:中国与国外的比较——兼论中国旅游学科的成熟度[J]. 旅游学刊, 2003 (5):20 -25.

39. 谢彦君. 基础旅游学(第二版)[M]. 北京:中国旅游出版社, 2004:73,204.

40. 谢彦君. 旅游体验研究:一种现象学的视角[M]. 天津:南开大学出版社, 2005:31 -32,37 -41.

41. 周常春,唐雪琼. 符号学方法和内容分析法在旅游手册研究中的应用[J]. 生态经济, 2005 (6):24 -27.

42. 宗晓莲. 西方旅游人类学两大研究流派浅析[J]. 思想战线, 2001 (6):47 -54.

43. 邹统钎. 旅游景区开发与管理[M]. 北京:清华大学出版社, 2004:49 -50,116,134 -137.

观光旅游产品的价值构成及其补偿问题初探*

观光旅游产品是以自然风景、人文景观和社会风情为依托而形成的一种独特旅游产品形式。这种产品本身的价值构成的具体内容、价值量(社会必要劳动时间含量)以及市场供求规律,倘若与一般商品和劳务相比,是有其明显特征的。然而,在这一方面,理论界似乎讳莫如深,很少论及。一些旅游价格学著作也基本上把这一部分旅游产品的定价理论摒于探讨范围之外。由于缺乏明确的理论指导,致使观光旅游产品的定价实践一直处于原则上的无序状态,极不利于观光旅游业的发展。本文试对此略抒己见,以期引起有识之士的宏文高论。

观光旅游产品的资源特点应针对其具体构成进行分析,不能一概而论。总的来看,能构成观光旅游资源的自然、人文和社会因素,必须在一定历史阶段对一定的旅游者具有特定的吸引力。这种吸引力可能表现为一种鉴赏的凭借,一种参与的机会或环境,或一种智慧的启蒙媒介。以山水、气候和动植物为主要构成要素的自然观光旅游资源,其主要的旅游价值在于人类可以从中领略大自然的神奇造物功能。在一个较长时期内,这部分旅游资源只要保护得当,开发合理,就可以依其自身的运动规律而成为可再生性的观光旅游资源。但倘若利用和保护不当,这部分旅游资源也会面临灭顶之灾。广阔的湖区会退化甚至干涸,绿色植物会枯死或被伐光,动物会因食物缺乏和人类的频繁干扰而迁移或灭绝,一些与地理因素有复杂关系的气象景观(如海市蜃楼、佛光等)会不再出现等。这一切变化,对于观光旅游资源来说,都是致命的。因此说自然观光旅游资源是一种可再生、能加以永续利用的资源,那是有种种限制条件的。确切地说,自然观光旅游资

---

* 本文原载于1995年第2期《辽宁商专学报》,后被1995年第4期《旅游经济》转载。

源实际上是一种稀缺的、难以再生的资源。如果联系我们这样一个泱泱大国所形成的巨大需求潮来考察这一问题，结论就更为明显。巨大的需求对旅游商品经营可能是一种难以抗拒的诱惑，但同时对旅游资源也可能是一股无法估量的潜在破坏力。我国很多堪称世界奇绝的自然风光旅游胜地，很少不是面临着严峻的挑战的。当人类的足迹踏入构成自然旅游资源的任何原始地域时，破坏就不可避免地要发生。人类为保护这部分资源所能做的，就是要追加一定的劳动投入，以维护自然旅游资源的正常生态过程。这便涉及到自然旅游资源的价值补偿问题。

长期以来，人们错误地认为，自然资源未经人的劳动过滤，不包含有人类劳动，是无价值之物，因此无须进行价值补偿。自然旅游资源作为自然资源的一部分，当然其价值也无须进行补偿。这种靠片面引经据典推演出的结论，给我国的资源管理造成了很深、很不利的影响。社会一方面对来自经营者靠野蛮、粗放的方式掠夺资源形成的虚假效益进行虚假分配，另一方面却由于大量的资源赤字、价值补偿不足，导致生态环境的急剧恶化，造成总体上的经济、社会和生态效益的惊人损失。这种忽视从整个社会的角度考察研究资源价值补偿问题的做法，势必造成商品价值构成不完整，国民经济运行等再生产价值运动不健全，商品等货币市场上各种价值符号扭曲，经济运行机制畸形。在整个旅游产品的价值构成中，作为补偿消耗部分的 C 和新创造价值的 V + M 之间缺乏合理的比例关系和清晰的数量界限，结果，使旅游产品的社会再生产和价值运动就像一个偏心轮一样作不规则运转。在这种情况下，由于作为生产要素之一的资源的耗费被人为地排斥在价值构成要素之外，不参与生产价值的运动，致使市场上价格信号扭曲，并从而使市场上的总供给和总需求很难做精确的计算和比较。这种理论上的偏误反映在自然观光旅游产品的定价上，就是只考虑补偿在进行旅游资源开发过程中的追加劳动投入，比如，道路的修筑、通信设施、食宿设施的建设，以及产品的宣传促销等方面的物化劳动和活劳动的消耗。其实，这部分劳动耗费只是产品中价值构成的一部分，因此只应该决定该旅游产品的一部分价格，而另一部分价格应由该产品在资源上的稀缺性（由此而需求必须对资源耗费进行补偿）和在市场上的供求关系的影响而形成。

在观光旅游资源中，还有一部分是以人文景观为依托而形成的。这部分资源全部是历史过程的产物，是人类劳动的直接成果，凝结着前人的智慧和汗水，因此毫无疑问是有价值之物。但这部分资源均属于不可再生资源(从纯粹的意义上而言),一旦毁损便将永不再有。另一方面,人文景观的原始价值与现存价值之间通常存在着巨大的差异,现存价值越来越不局限于经济方面(事实上许多古代文物本身并不具有真正意义上的经济价值,其现存经济价值仅是其他多种价值的表现而已),而是表现为时间变量的函数,两者间存在着明显的正相关关系。随着时间的推移,特定的人文景观的价值会因其替代景观的泯灭和其自身濒临生命的末日而日渐珍贵,因此,该人文景观在人们心目中的地位也便与日俱增。在这里,我们再一次看到了由于稀缺性和市场供求关系的影响而对人文景观价格形成的影响。人文景观旅游产品的价值构成,虽然在原始意义上是人类劳动的凝结,但其现存价值却远远地摆脱了这种约束,因此,其价值补偿的原则就应该是建立在对其当前稀缺性的充分考虑的基础之上。

社会风情是观光旅游产品中极为特殊的一部分,对它的价值构成人们还难以给予定性的结论,这方面的探讨还近乎空白。因为,人们甚至有理由首先问"社会风情是不是商品"这样的问题。这里既有哲学和经济学上的认识论问题,也有伦理学上的价值观问题。但是,既然"社会风情"已经频繁地被纳入旅游产品销售者的产品组合之中,再固执地坚持社会风情不是商品,恐怕也不好自圆其说。然而,商品是以出卖为目的而生产的产品。我们又如何肯定哪一种社会风情是为"出卖"而生产出来的呢?反过来说,那些真正为出卖而"生产"、"包装"、"组合"出来的社会风情,对购买者(旅游者)来说,又往往是没有多大价值的产品。这样看来,社会风情在整个观光旅游产品中,确实是一个难以明确界定的范畴。它是一种更为综合的社会现象,具有时间上的长期性和文化内容上的遗传性,更具有空间上的流动性与相对封闭性。我们无法把构成一地独特社会风情的综合因素简单地加以分解,因为一方面这些因素有时根本无法分解,另一方面,有时一经分解就可能成为仅可构成某种自然和人文旅游资源的单纯内容(比如那些构成社会风情的物质要素),或者成为毫无旅游价值的一般社会现象(比如构成社会风情的非物质要素)。傣族的泼水节如果没有西双版纳美丽的热带风光的烘托,没有傣家的吊脚楼的点缀,很难想象会具有什么特殊的魅力。也就是,倘把这些内容加以分解,就会使之黯然失色。因此,作为观光旅游资源的社会风情,是一种包含着较为丰富的内容的综合现象,是一种特殊的时空组合。

社会风情的综合性以及“生产”目的的非商品性，使我们在分析其构成旅游产品（经常以组合旅游产品的一部分的形式出现）的价值来源时会遇到困难。一方面，社会风情的综合性使我们不可能分解出作为产品乃至商品以后的内在价值依托或价值构成。另一方面，社会风情的产生常不出自交换的目的，“生产”出来的社会风情也从来不被其生产者当作商品去出卖，更不用说有时连“生产者”是谁也搞不清楚。因此，社会风情很难说成是一种需要通过市场进行社会核算的商品，实际上，它也缺乏做这种社会核算所依赖的劳动量基础，因此，自然也就不具有经济意义上的价值成分。然而，当观光旅游产品的生产者（确切地说是产品的组合者）出自经济的目的把一时一地的社会风情纳入其向观光客提供的组合旅游产品的一部分时，他已经将社会风情商品化了。尽管无法从社会风情的劳动凝结上确定“商品”的价格，但是，另一种考虑却使对社会风情加以定价、进行补偿成为必要。这种考虑就是，社会风情作为一种旅游资源并进而能被组合到旅游产品中去，通常是和相对封闭、独立的地方文化分不开的。而旅游活动作为这种地方文化系统的外部流量在不断注入该系统时会不可避免地要冲击破坏原有的文化结构和特征，甚至使固有文化彻底崩溃。我们已经意识到，文化的多样性和物种的多样性一样，都是维持我们生活的这个星球的丰富多彩的必不可少的前提条件。因此，对于一个拥有特殊文化的独立社会群体来说，因旅游而导致的对当地文化的侵蚀（即使与之相伴的是经济上的一定程度的繁荣），不管从旅游产品的寿命周期上看，还是从全人类文化遗产保护的重要性上看，都无疑是一种总体上的价值损失，应该有某种渠道进行补偿或保护。然而，从经济上进行的补偿有时并不能达到这一目的。更何况，通过旅游产品组合设计者以价格形式对此谋求补偿实际上可能不合理地改变了社会利益的分配。然而，在目前，我们似乎可以在此基础上做一些探索。

通过以上分析，可以看出观光旅游产品的价值构成不仅仅是为开发、经营该旅游产品所支付的物化劳动和活劳动，还应包括由资源的稀缺性和市场供求关系所决定的应予补偿的部分。这一点非常重要，它是实现旅游的永续开发的基本途径之一。

旅游者度假选择行为分析*

21世纪前夕，度假以其对消费者的愉悦功能，对服务业的消费功能，对相关产业的先导功能适应了当今消费领域精神主体化、行为个性化、需求高层次化的趋向，形成了势头迅猛、大有从原有第三产业中分化成独立产业的持续发展态势。旅游消费主体日益扩张的需求冲动和需求的高弹性决定了对度假选择的行为研究直接影响着产业收益，是以需求为导向的市场发展战略的必然要求。

20世纪60年代以来，伴随着旅游度假活动的爆发或增长，对旅游活动的分析研究也随之增加。时至今日，有关消费者选择过程的国内外研究成果有动机理论、消费模式论等，对认识旅游需求的形成机制、影响因素和制定旅游发展对策均有很大帮助。本文拟从影响度假选择的因素、个体决策过程、共同度假决策过程的角度进行一番探讨，以揭示旅游者度假选择的一般规律性。

一、影响旅游者度假选择的因素

度假决定涉及许多方面，包括目的地、住宿类型、交通方式和活动内容等的决策，决策的成败直接影响着具有不同消费能力的度假者的收益和成本。不同的度假者虽然寻求不同的度假目标，但通过两个普遍适用的作用力——由行为主体的决策能力和合理的经历反馈构成的“推动力”；以目的地为基础的研究而表明的，旅游客体属性的“牵引力”，构建了表现为动机、偏好和目标，形象等的因素分析框架，却可以透视旅游决策行为的一般过程。

（一）动机因素

动机是行为的能量赋予因素，在很大程度上是以自我为中心的。克罗姆顿揭示了推

---

* 本文原载于1998年第3期《桂林旅游高等专科学校学报》，作者：谢彦君、谷明（东北财经大学酒店管理学院95级学生）。

动人们超越于平常、习惯性的生活需要，产生更高层次社会心理需要的因素。日常的生活需要在连续的生活中通常处于平衡，但周而复始的生活在经过较长的时间后让人觉得乏味，打破常规的生理需要使生活不再平衡。例如家庭的不和谐，社会深层矛盾的暴露等经常是出于这种不平衡。这种心理不稳定状态要通过改变常规来纠正，度假由此而产生。

戴恩认为度假是一种摆脱方式——人们超常规幻想的表达，是加强自我设计与自我欣赏的活动。正是这种动机刺激了度假目标的制定，动机是决策的最初冲动力，制定目标是满足需要的行为定位。

（二）偏好和目标因素

偏好是最令人满意的需要。个人规划的偏好存在于现有的选择中，是更准确的行为选择过滤器。它可能是固有的，反映一个人的个性和生活方式；还可能是经验的积累，是早期度假经历后令人满意的感受反馈。动机与偏好的交叉产生了目标的层次，反映了需求程度的不同，体现着偏好有差别的人们在多层次的目标中进行选择时，择取顺序的不同。

度假需要、偏好和目标是复合多样的，也可能是冲突的，偏好结构和目标层次需要可在假期的各个方面反映出来。例如基础资源（气候、风光）；基础便利条件（进入方式、容纳力）；标志性景观（山脉、主题公园）或抽象的资源（文化、服务）。

（三）形象：度假产品的态度反映

劳森与班德·布威把产品形象定义为“个人或团队对特定目标、地点的客观认知、感受、情感体会的表达”。有关度假者对产品的形象认知，是情感和审美性质的综合。

度假者收集的信息经过过滤因素处理，可以勾画出度假目标的初步形象。这种形象被用来与评估形象——心理物理学派提出的，人类普遍、平均的审美观来评价的形象进行比较，并在同类产品中进行区别。

初步的形象符合或超越了评估的形象时形成了对假期的期望。期望提供了度假活动实现的可能，这是选择行为的感情指标、行为力量。

（四）其他因素

度假选择理论上涉及四个方面的因素：

第一,能量赋予因素,主要为动机等。

第二,过滤因素,有效供给与可支付能力、来自社会、工作、时间的压力或其他心理因素。

第三,影响因素,收集的信息、风险预期等。

第四,度假的作用。

后三方面对界定有效需求的作用也不可低估。

二、个体旅游者度假选择过程

度假选择是个持续系统的过程,下面两种模型体现了这个过程。

(一)行为模型

从这一复杂的行为模型可提炼出一条系统的线索,即度假者的信息识别、查找、评估与决定。度假行为的多样不只在于主体的经历、可选择机会、积累的相关知识的多样,关键还在于他们对选择行为的系统化程度因人而异。

度假需要识别的问题,包括两方面,行为主体的动机、偏好;行为客体即特定目标的属性及能满足需求的特点。

信息的查找与整理是针对特定目标而进行的信息搜集与整理工作,是接受外界刺激、进行机会选择的阶段。

对选择的评估与结论,是信息的评估与决定阶段。在这一阶段要筛选出最满意的方案,这时选择过程结束,旅游者度假过程开始。

(二)机会组合模型

度假者的所有选择机会都位于全体机会组合内,这又分为两部分:可感觉到的机会组合与可获得的机会组合。并不是所有可感觉到的机会组合都可实现,只有它与可获得的机会组合二者相互交叉的部分才是可实现的。在这些可实现的机会里,旅游者往往筛选出一部分进行选择,在这些可选择的组合内,旅游者将最终成功选择出有效决策。这些可实现的,可选择的、决策组合又都必须位于包含于可感觉到的机会组合内的机会组合里。

度假选择分析不局限为以上两种,国外学者研究出来的还有由行为和机会模型结合

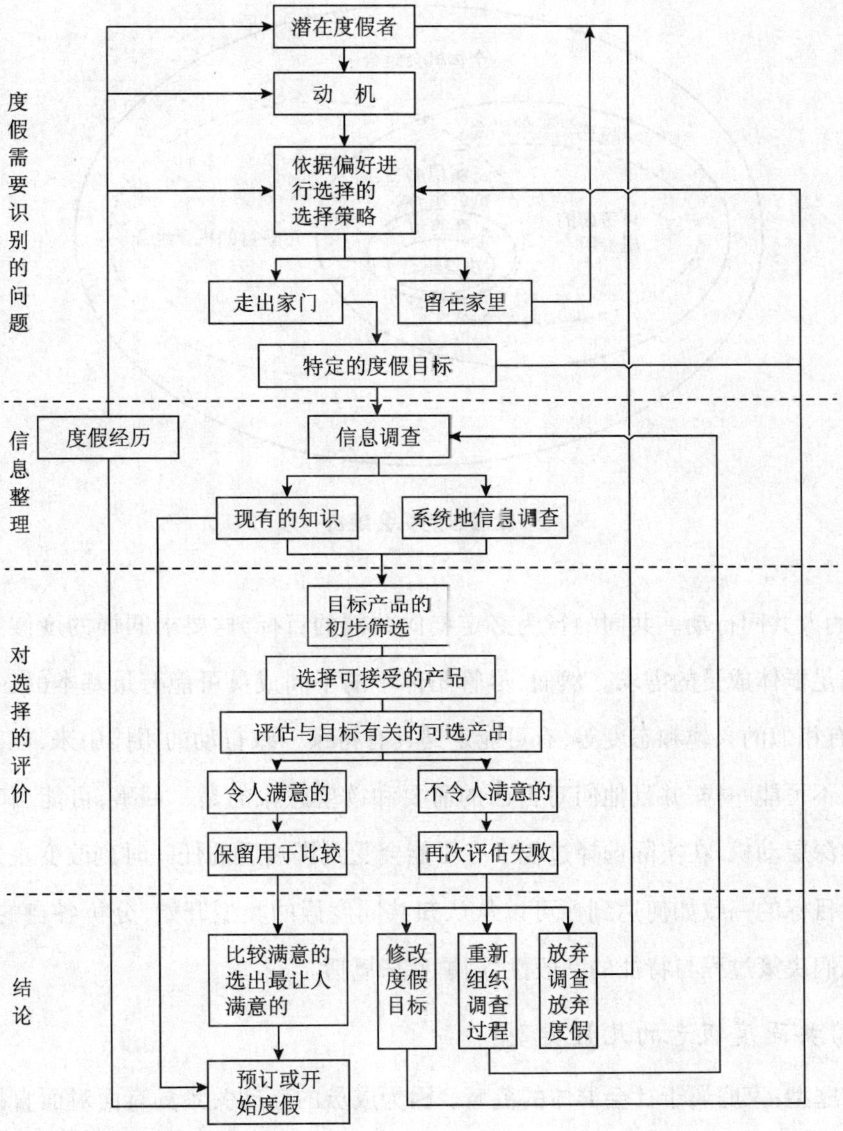

度假选择过程

构造的新模型，根据分级的目标制定连续的决策模型等。

三、共同度假者度假选择的决策过程

虽然个人度假决策揭示了购买度假活动的本质过程，但是个人单独出游的形式在人性越来越社会化的现实中已远远不是唯一的形式。人们更倾向于与家人、朋友或同一组

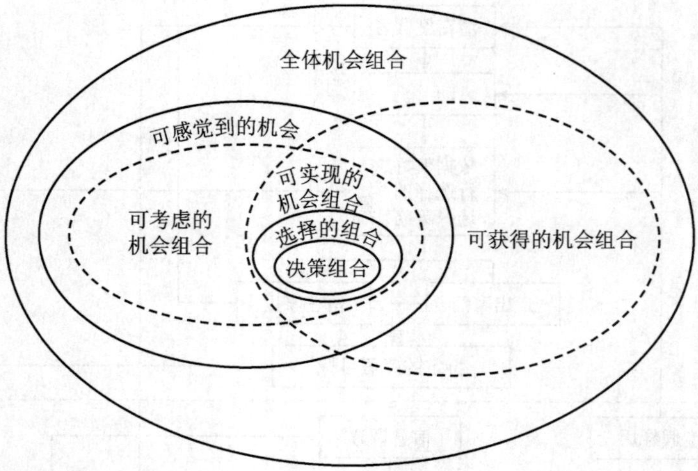

度假者的机会组合

织、阶层的人共同行动。共同的行为必定朝向共同的目标,这要求同样的度假产品必须最大化满足群体成员的需求。然而,尽管团体中的不同成员可能有最基本的、一致的内在需求,有相似的兴趣和态度等,有可能走到具有持续一致行动的团体中来,但其个体的度假偏好不可能一样,并且他们对自己的需要和欲望想象的是一回事,可能当时没有触及自己的深层动机,在实际选择过程中有可能会受到影响后的任一时刻改变主意。那么这个最终目标的一致如何达到?可以从认知共同度假的类型开始,分析各自的特点,再总结出他们决策过程与特征的一般性,用模型来概括。

(一)共同度假者的几种类型

1. 家庭型:家庭属于社会群体的范畴。因为成员的互动关系具有面对面直接交往与合作的特点而被称为初级群体的典型,是建立在婚姻和血缘关系基础之上的先赋群体。以往的研究表明,这种最重要的消费单位按成员在决策过程中起的作用不同又可分为:丈夫支配型;妻子支配型;共同影响、各自做主型;共同影响、共同决策型。在具体决策项目上类型又有不同。在中国的社会环境下,妻子大多有独立的工作,与丈夫有平等的决策地位,况且度假属于贵重商品和服务的购买,决策应更慎重,因此大多为共同支配型,更具有经验的成员更有影响力。孩子在中国家庭中的地位上升,这决定了其意见不可忽略。

2. 社会组织型:社会组织在社会学中被称为次级群体。是执行一定社会职能,完成特定社会目的、构成一个独立单位的社会群体。规模大,有相当的一部分人不认识,互动关系是间接的。组织中的成员走到一起共同度假是群体凝聚力的反映,是“群体压力论”的体现,即群体的普遍意识对个人观念施加压力。

在个人活动中,人们习惯了把自己的行为与组织的统一行动进行对照,促使人们的行为趋于某种“一致”,凝聚力越强,其沟通过程越有效,个人也就越靠近它。

3. 社会阶层型:社会阶层是社会中按文化水平、职业、收入等分级排列的具有相对同质性和持久性的群体。每一阶层都有类似的价值观、态度和自我意识。

相同阶层里的个人在同阶层的生活圈内,在交往过程中有可能由其相似的兴趣、性格、经济状况而导致共同的度假取向,易于自动组织起来。

以上是按团体成员的关系划分的类型,若按团队的组织形式则可划分为:

1. 自组织的临时团体型:指团体内的成员是自发组织起来的,可能原来就存在一定关系,例如家庭型、社会组织型、社会阶段层,都可能自发组织起来,由原来较松散的相互关系发展为度假过程中临时的、联系紧密的互动关系。

2. 他组织的临时团体型:指团体内的成员是由外界组织,例如旅行社,组织起来的,很多成员原来很可能不认识,处于不同的社会组织、社会阶层。这种组织形式下的成员其选择过程类似于个体度假决策过程。

(二)决策过程与特征

共同度假者选择假期的过程可以看作是在内外因素作用下,个体需要、共同动机的确定,信息收集、方案的共同评估,决策制定等几个步骤的连续、统一的过程。表现出了与个人度假决策不同的特征。

1. 决策过程及模型

第一步,个体需要的萌发。

行为的产生开始于动机,需要则是动机的基础。当度假消费者对自己的现状有不满足感,意识到内心的期望时,需要就从此产生。每个个体都有产生度假需要的可能。

第二步,共同动机的确认。

众多个体对度假的需要在群体与阶层中易产生一致的认同。加之外界的刺激,例如适宜的时令、便利的交通、度假宣传等,"去度假"的可能性进一步被认同,共同动机确认。

第三步,信息的收集。

信息收集是在文化、社会、个人因素的影响下,由个体分别进行的工作。来源有:个人来源,亲朋、邻居的意见等;商业来源,推销、广告等;经验来源,度假经历的信息反馈等。

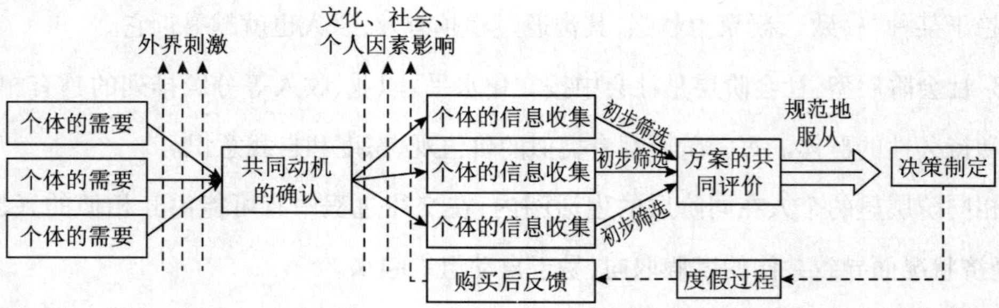

群体旅游者度假决策模型

第四步,方案的共同评价。

个体在收集信息的同时可能已不自觉地对信息进行了初步筛选,在共同需求者汇总意见时,将提出自己较满意的方案。众多的方案被共同评估,希望能最大化满足成员需要。

第五步,决策的制定。

被大多数成员接受的方案可能被定为最终选择。虽然不能满足有些成员的个性要求,但群体的凝聚力会让这些成员接受它,决策最终被制定。

此外,度假过程结束后,此次购买活动的经验会被反馈,作为个人因素影响以后的度假。

2. 决策的行为特征

共同度假的决策行为,区别于个人行为表现出如下特征:

第一,影响因素的多样性。

个性与自我观念独立的群体成员受不同的心理因素影响,个人因素又不同,例如年龄、生活方式、社会角色与地位等。这些个体处于不同的文化群、亚文化群当中,受多样的参考群体影响。在同时接受外界刺激时,多样的因素会共同发生作用。起影响因素的多样源自成员的多样。

第二,行为过程的互动性。

群体是人们通过一定的社会互动关系结合起来的共同行动的集体。有共同动机的度假者从表现出共同需求开始,就不断沟通,对外界刺激与信息的评价活动贯穿在整个决策过程中,在交流中趋向一致的目标,其互动性是个人决策行为所没有的。

第三,决策制定的安全与稳定性。

个体向往群体生活,就是要寻求一种归属感,共同的决策制定是在经过了前面复杂的选择过程后,集中了全体成员的意见,因此其决策结果安全、稳定,不易改变。

旅游地生命周期的控制与调整*

旅游地生命周期概念是从事旅游地的规划、开发和经营管理人员必须熟悉的概念之一。本文通过引入这一概念，试图从需求、效应和环境三个因素入手分析对生命周期施加控制和调整的途径。

一、旅游地的生命周期模型

旅游休假地和其他产品一样，也有其兴衰的模式，即休假地的生命周期。然而，系统地把市场学中的生命周期概念引入到旅游休假地管理的研究中，还是 1980 年加拿大旅游学家 R. W. Butler 的贡献①。他对旅游地生命周期模型的描述是，旅游地的生命周期始于一小部分具有冒险精神、不喜欢商业化旅游地的旅游者的"早期探险"(exploration)。在"参与"(involvement)阶段，由于当地人们积极参与向消费者提供休闲设施以及随后的广告宣传，使旅游者数量进一步增加。在"发展"(development)阶段，旅游者数量增加更快，而且对旅游经营实施控制的权力也大部分从当地人手中转到外来公司的手中。在"巩固"(consolidation)阶段，尽管旅游者总人数仍在增长，但增长的速度已经放慢。至于"停滞"(stagnation)阶段，旅游者人数已经达到高峰，旅游地本身也不再让旅游者感到是一个特别时髦的去处了。而到了"衰退"(decline)阶段，因旅游者被新的度假地所吸引，致使这一行将衰亡的旅游地只有依赖短距离的一日旅游者和周末旅游者的造访来维持其生计(见图 1)。

---

* 本文原载于 1995 年第 2 期《旅游学刊》。

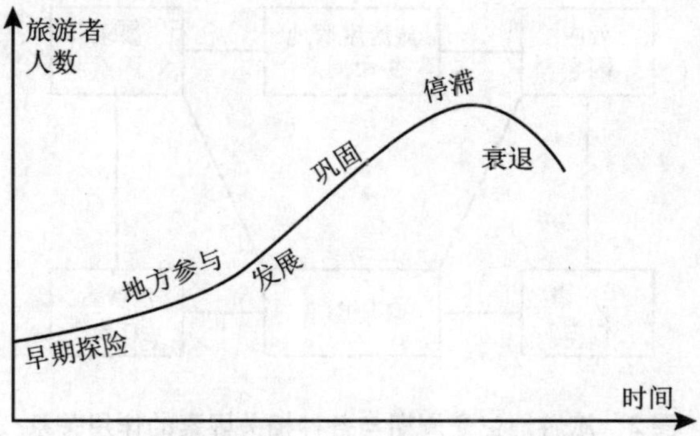

图1　旅游地的生命周期模型

来源:Butler(1980)

对于旅游地生命周期的这一理论模型,西方学者一直在做实证性的探索。尽管他们不同程度上都发现了实际情况与这个理论模型之间存在的差异,但他们的研究成果都支持这一理论的一般观点。实际上,旅游地生命周期曲线的具体形状虽然因旅游地自身的发展速度、可进入性、政府政策以及竞争状况等因素的差异而各有变异,但每个旅游地都难免要经过"早期探险"、"地方参与"、"发展"、"巩固"、"停滞"和"衰退"这样几个阶段。能够满足一切时代的旅游者的口味的度假地实际上是不存在的。然而,从经营的角度而言,没有一个旅游度假地的经营者不期望他所开发经营的度假地能在为他提供利润的前提下尽可能长久地生存下去。我们虽然相信"永生"是不可能的,但也相信,在弄清了影响旅游度假地寿命长短的因素并进而做出明智决策之后,"长寿"的目标是不难达到的。

二、影响旅游地生命周期的因素

如果对影响旅游地生命周期的因素进行归纳,我们至少可以看到三方面的因素在很大程度上决定着旅游度假地的生命周期的具体模型。下面的图 2 概括了这三种因素的相互作用关系。

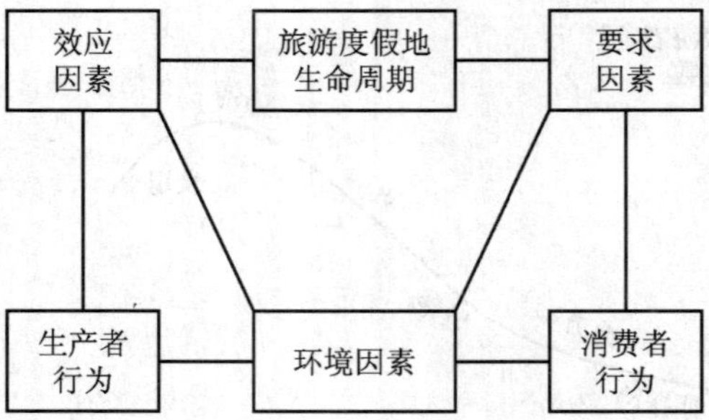

图2　旅游地生命周期与各种相关因素的作用关系

从图2可以看出,直接影响旅游度假地生命周期的因素是需求因素、效应因素和环境因素。这些因素以不同的方式、作用强度和作用时间,对旅游地生命周期施加影响。

需求因素,作为消费者或潜在消费者的行为(或期望)结果,是决定旅游地产生、发展和消亡的最重要的客观因素之一,尤其在开发论证阶段,需求论证是决定开发可行性的直接的决定性因素。然而,由于需求本身的复杂性和难以测量性,常常使需求研究难以取得准确而全面的结论,这种情况在我国旅游开发实践中是有经验教训的。一方面在主观上忽视对需求特征的细致深入的研究,另一方面客观上又缺乏从事市场研究的专家,致使许多地方旅游地开发项目缺乏应有的需求基础,最终导致经营上步履维艰,甚至关门谢客了事。

从逻辑上看,一个旅游地的产生总是由需求刺激而产生的,然而,不仅实际情况不尽然(例如,对需求做出错误的判断),而且即便是确由实际需求引发的旅游项目,也不一定会在开发的后续阶段上始终能满足顾客的需要。在生命周期的各个阶段上,需求的变化对旅游地的影响是不同的。在开发的最初阶段,不管是实际需求或潜在需求,都表现出其巨大的诱惑力,否则开发本身就不会实现。在我国,作为旅游地重要供给条件之一的饭店建设,就明显具有这种特征。然而,当旅游地被作为产品开发出来之后,相应的需求反应在开发经营者看来,却可能是出乎意料的。这也许是由于最初对需求的性质和潜量的理解和评估本来就不正确或不准确,也许旅游地的实际建设者并没有完全理解规划者的意图,从而导致"产品形态"与预期模式错位,也许在旅游地开发的同时已有强有力的竞争对手出现,等等,这种变故都可导致预想的需求水平无法实现:需求很快出现萎缩或转移。如果这种情况出现于旅游地开发后的短暂时间内,那么,旅游地的经营就将面临着重重困难。在旅游地还未充分地经历一个稳定的发展、巩固和停滞之前就出现需求萎缩或转移，这是难以让人接受的。而这种状况一旦发生，就必然预示着旅游地要迅速走向衰亡。从我国的实际情况来看，几年来由旅游开发热潮带动起来的一大批“宫”、“庙”、“微缩景区”中，很多盲目上马的项目都已面临着需求不足的挑战。几乎带有普遍性的“闭宫”潮，正在向人们发出警示：在旅游开发过程中要特别重视对需求这一关键因素的分析与评估。一个旅游项目面临需求不足的窘境，就仿佛患有先天性营养不良症，是很难治愈的。

效应因素相对于需求因素而言，是一种继发性影响因素。它对旅游度假地生命周期的影响，主要表现在三个方面：由旅游度假地的运行所引发的经济、社会和环境效应。自从中国旅游业步入快速发展的80年代以来，我国学术理论界便开始了对旅游效应的研究。但这种研究一方面以经济效应为主，另一方面也未能系统地从对旅游生命周期的影响的角度加以分析考察。

经济效应对旅游生命周期的影响，可以集中反映在两个方面。一方面，持续的积极的经济效应，包括对旅游地的开发经营者和对社区乃至社会的效应，不仅可以加速旅游地步入发展、巩固和成熟的阶段，增强其维持繁荣期的能力。同时会诱发旅游地的深度开发。相反，任何消极的经济效应，都将最直接地构成经营者自身的经营阻力并引发外部社会的负面反应，而这种状况只能加速一个旅游地衰退期的到来。

社会效应是目前学术界研究中的一个弱区。由于我国尚处于总体上的初始开发阶段，人们对旅游地开发的社会效应还不够关注。然而，从西方旅游发达国家所走过的历程来看，旅游社会效应在某些情况下确实足以影响着旅游地的生命周期。

一般而言，在旅游地的早期探险和随后的规模开发阶段，由于旅游者多数由一些具有冒险精神、不因循守旧的人构成，因此他们对旅游地的风俗习惯、社会规范都能积极适应，加之他们的出现给旅游地创造了又一个了解外部社会的渠道，因此，他们对旅游地生命周期的影响主要是正面的积极影响。而在旅游地达到饱和或停滞期时，由于旅游的大众化，因此对地方文化的冲击就趋于深刻，对地方社会的各种习俗和规范的适应性就差，由此而引发的种种社会摩擦，就可能潜在地或现实地加速旅游地衰退期的到来。

旅游地的环境效应是一个日益引起人们关注的领域。以往人们倾向于认为旅游是一种不引发环境负效应的活动。可是,越来越多的事实表明,旅游对环境的影响是非常严重的。这主要因为:(1)旅游对环境的依赖实在太紧密了,或者说被开发的旅游地往往是为满足旅游者追求原始、自然或新奇的环境而建设在自然环境和生态系统保存得最完好的地区。正是由于旅游者的介入,才引发了一系列环境和生态问题。(2)旅游本身因交通、对资源的需求、废物排放、土地利用、旅游者活动等行为而直接对环境造成不同形式和程度的影响。单从这两个方面而言,就足以十分肯定地说,一个本来为满足旅游者消费需求而开发出来的旅游地,如果因管理不善而带来严重的环境问题,就意味着旅游者前往该地的初衷事实上已无法得到实现,加之环境问题所引起的社区各种利益集团的负面反应,就必然要加速旅游地衰退期的到来。

在图2所概括的因素中,除了需求和效应因素外,还有环境因素对旅游地生命周期产生的直接或间接的影响。然而,所不同的是,环境因素(由旅游地内部组织环境、外部经营环境和外部大环境组成)对旅游地生命周期的作用力,除了来自环境系统本身外,还来自效应和需求因素的某种注入。从而,旅游地在运作过程中对外部大环境的积极适应能力,与外部经营环境中的协作关系的性质,以及自身在组织结构、企业文化和资源获得方面的组合情况,就共同构成多元环境因子而不断渗入旅游地这个机体之中,成为能决定旅游地生命周期的重要因素。

三、控制与调整旅游地生命周期的措施

对旅游地生命周期的控制和调整,实际上就是对相关的影响因素的作用力和作用方向进行控制和引导,以期最大限度地发挥这些因素对扩展旅游地的生命周期所能产生的积极影响。

首先,要从宏观上树立旅游资源的战略性管理的观念,通过全面实施永续旅游战略,来延长旅游地的生命周期,推迟旅游地衰退期的到来。

永续旅游(sustainable tourism)是进入八九十年代以来逐渐成为主流的新的全球性旅游发展哲学[②]。它以强调对旅游开发的综合效应评估为出发点,以谋求旅游的长期价值为目标,并且对旅游的生态效益至为关注。这种开发哲学目前在西方已成为主流,最直接的表现就是在西方旅游学界近年来广泛流行的一些以永续旅游为出发点的新的旅游

形式，诸如“绿色(green)旅游”、“软(soft)旅游”、“探险(adventure)旅游”、“生态(ecology)旅游”、“责任旅游(responsible)”和“替代(alternative)旅游”等观念。虽然要把这些观念完全落到实处还不太容易，但观念的产生和存在就是一种极有影响力的资源。因为，对一切现象的理解和处理，最终都可以归结为一个观念的问题，只要观念变了，就会积极为新观念的推行找理由、做注解。如果我们能在战略上形成永续旅游观念，就等于具备了积极的动态发展意识和长远的发展观点，就等于使旅游开发一开始就有了高起点，就等于在战略上保障了旅游地的长久的生存期限。

其次，要建立起完善的旅游地吸引物系统，并通过有效的、及时的产品再开发向这个系统提供应有的产品补充，以此谋求供给与需求的动态平衡。

吸引物是旅游地赖以生存的基础。一般人往往以为，吸引物通常是指一种风景或其他类似的景观和附属设施及其组合。其实，这种认识恐怕不够全面。作为旅游地吸引物系统基本要素的，除了这种一般所指外，应该加上同样具有吸引功能或示范功能的旅游者以及各种能传达旅游地相关信息的标识物[③]。尽管旅游者的存在客观上必须以另两个要素的存在为前提条件，因此所谓建立完善的吸引物系统实际上要受制于这两个客观因素，从而在时间上也就是有保留的。然而，旅游地通过各种营销努力以扩大或维持旅游流，事实上就是在谋求建立起完整的旅游吸引物系统。这一点以前人们没有给予充分的注意。或者说未曾积极地意识到旅游者的吸引或示范的功能，更何况把“人”列入“物”之中，在接受上总会有些障碍的。

由于旅游吸引物系统实际上是一个包含时间维的动态过程，因此，这就涉及到在整个旅游地生命周期内吸引物系统的再开发问题。从需求的角度合理确定再开发的节奏、指向、序位和水平，是对旅游地生命周期进行有效调整的最为关键的问题之一。

最后，有效地运用市场营销观念和手段，是从环境因素的角度控制旅游地生命周期的又一个切入点。市场营销观念强调建立良好的内部组织环境，与外部经营环境建立积极有效的合作关系，并能积极通过自我调整适应外部大环境。在这方面，学术界和实践部门已经积累了较丰富的成果，本文不再赘述。

参考文献

1. Butler RW. the Concept of the Tourist Area Cycle of Evolution: Implications for Managenent of Resources. Canadian Geographer, 1980, 124(1).

2. 谢彦君. 永续旅游:新观念、新课题、新挑战. 旅游学刊, 1994, 9(1).

3. Leipir N. Tourist Attraction Systems. Annals of Tourism Research, 1990, 17(3).

对旅游产品及相关问题的探讨*

一、旅游产品的概念与构成

林南枝、陶汉军在其合著的《旅游经济学》一书中，从不同的角度对旅游产品予以界定。“从旅游目的地的角度出发，旅游产品是指旅游经营者凭借旅游吸引物、交通和旅游设施，向旅游者提供的以满足其旅游活动需求的全部服务”，而“从旅游者的角度出发，旅游产品就是指旅游者花费了一定的时间、费用和精力所换取的一项经历”。① 以这种方式定义旅游产品，显然比较宽泛，甚至可以看出这是一种多视角的定义。这个一般被认可的定义同时也意味着，旅游产品是一个行业的产物，而不是一个企业的产物。也就是说，在现实生活中是无法辨别出“旅游产品”是由哪“一个”具体“企业”生产出来的。在分工日趋细化的现代社会中，个别企业的产出物竟然算不得一种产品（充其量只能算是单项产品），似乎总有点儿说不过去。试想，汽车工业是一个综合产业，但有谁声称橡胶产品不是产品、发动机产品不是产品呢？我们倒是很少听说橡胶厂家直呼其产品为汽车产品。因为他们很清楚，他们的产品将来不一定用于何种产业。而我们却不这样想，搞饭店的自报家门时是做旅游的，搞交通的亦然。我们恰好忘了我们接待的客人很可能就不是旅游者！笔者此前已明确指出，把旅游产品的外延扩及本属于旅游活动支持层次的诸范畴，在理论上是站不住脚的。

基于以上认识，笔者对旅游产品的定义是：旅游产品是指为满足旅游者审美和愉悦的需要而在一定地域上被生产或开发出来以供销售的物象与劳务的总和。这一定义包括以下内涵：(1)旅游产品是专门为出卖给旅游者而生产或开发出来的，是商品。所以，

---

* 本文原载于1999年第3期《东北财经大学学报》。

① 林南枝、陶汉军：《旅游经济学》，南开大学出版社1998年版，第35－36页。

旅游产品与旅游商品同义;(2)旅游产品的生产有两种方式,一种是依赖于旅游资源所做的开发,从而生产出一种资源依托型旅游产品;另一种是凭借拥有的人、财、物力资源而仿造或创造的旅游产品,从而生产出一种所谓资源脱离型旅游产品;(3)旅游产品主要供旅游者购买,功能上具有可观赏性,空间上具有地域性;(4)旅游产品可以有物质实体,也可以仅仅是某种现象;(5)旅游产品都或多或少地含有人类的劳动投入,但绝不能没有人类的劳动投入;(6)各种媒介要素不是旅游产品,但它们可以构成旅游产品利益的追加组成部分;(7)旅游产品不包括旅游购物品。

按照这一定义,最典型、最核心的旅游产品形式就是旅游地,它是指出于交换的目的而开发出来的能够向旅游者提供审美和愉悦的客观凭借的空间单元。从最本质的意义上看,上述旅游产品的定义与一般商品的定义有共通的地方。也就是说,旅游产品也是由企业所生产的,直接出售旅游产品(如旅游地)的企业就是旅游地的开发者和经营者,而一些中间商仅仅以旅游批发商或旅游零售商的身份转销旅游产品生产者的产品,旅行社的经营业务就属于这种性质。尽管旅游产品的生产者在出售其旅游产品时也可以(实际上也往往如此)提供旅游产品核心价值(审美和愉悦)以外的利益,但更为多样的利益追加却来自中间商的努力。比如,一个旅游地的经营者也可以同时向前来观光的旅游者提供餐饮和住宿服务,甚至包括其他相关服务,但只有规模较大、实力雄厚、实行多种经营的旅游生产商才能做到这一点。相反,作为旅游批发商或旅游零售商,他们在销售旅游产品时却可以通过将其他服务品围绕旅游产品进行适当组合而大幅度地增加旅游产品的利益成分,甚至使旅游产品扩展为对应于旅游者旅游全过程的一种整体产品。由旅行社根据旅游地的区位、特点而综合设计的旅游线路,就是这样一种被大大扩展了价值成分的旅游产品。这一点与商业企业通过运输、储存、分捡、包装等发生在流通领域的生产行为来改变工业产品的价值是同样的道理,也具有相同的性质。

由此看来,旅游产品的价值并非单纯到仅仅拥有审美和愉悦的成分。利益的复合性不仅是产品价值构成的属性使然,也是现代社会激烈的商业竞争的必然结果。所以,将旅游产品作为一种整体产品来看待,就得到如下的利益构成模型(见图1):

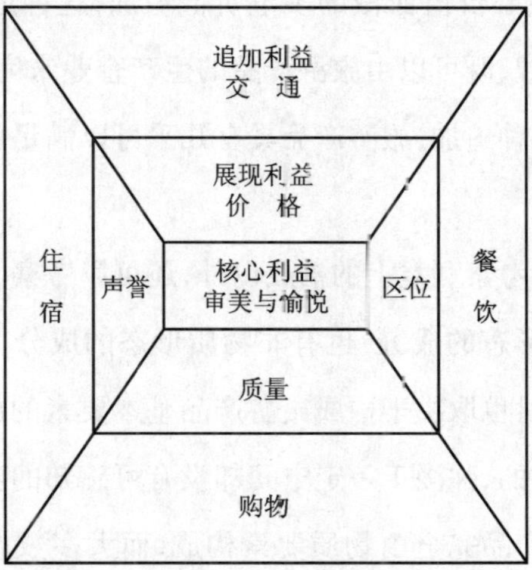

图1　旅游产品的利益构成

图1所表达的概念是一种整体产品概念。它所反映的事实是,旅游产品能向消费者提供的利益,不局限于核心成分。作为一种竞争品,体现在追加利益与展现利益上的差异,是导致旅游者最终选择某一旅游产品的根本原因。这也提出了一个问题,当旅游产品的多种利益(主要是追加利益)分别由不同的企业所提供时,尤其当旅游产品本身就是以这种多家联合的整体形象诉诸于消费者时,如何确保企业间的协调以及产品质量上的协调,就成为十分重要并且也相当难以处理的问题。作为中间商的旅行社在经营过程中所遇到的问题主要就是这种问题。

以这种方式和视角来定义旅游产品,显然与传统的定义方法大不相同。按照前文引述的林南枝和陶汉军的定义,旅游产品就被分解为单项旅游产品和整体旅游产品两种。按照他们的解释,整体似乎有两种含义,一种是指一条旅游线路,一种是指一次旅游经历。而单项旅游产品可以是一张床、一个航班上的机位,甚至一次讲解活动。这种两头堵的定义方法注定要产生无法调和的理论矛盾,也难以统一地揭示旅游产品的本质特征。

从上面的分析不难得出这样的结论:旅游产品从利益构成上看可以分为两种,一种是核心旅游产品,另一种是组合旅游产品。前者是旅游产品的原初形态,具有能满足旅游者审美愉悦需要的效用和价值;而后者是旅游产品的终极形态,是旅游企业或旅游相关企业围绕旅游产品的核心价值而做的多重价值追加,这种追加既可以发生在生产领域,也可以发生在流通领域,既可以由旅游产品的生产企业来完成,也可以由旅游产品的销售企业来完成。通过这种追加,旅游产品具有几乎可以满足旅游者旅游期间一切需要的效用与价值。

对旅游产品除了可以考察利益上的构成以外,还可以考察其物质上的构成。从这一点看,旅游产品既有物质形态的成分,也有非物质形态的成分。这主要决定于构成旅游产品的资源体的属性,同时也取决于构成旅游产品基本要素的旅游服务的属性。有不少旅游产品是由各种非物质的、弥漫于一定空间却没有可感知的实物形态的人文或社会要素构成的,还有一些旅游产品完全由物质要素构成,而大多数旅游产品则是由物质的和非物质的要素共同构成的。旅游产品这种物质构成上的复杂性以及它所具有的其他特征,给旅游产品的生产和经营都带来了极大的挑战。

另外,对旅游产品还应该从它与旅游资源之间的关系上加以分类,这种分类的结果便是资源依托型旅游产品和资源脱离型旅游产品。也就是说,在现实当中所有的旅游产品不外乎两大类,一类是从旅游资源开发而产生的,另一类是借助于对可获得的人力、物力和财力资源的重新组合并经过加工过程而生产创造出来的。像黄山、泰山、曲阜孔庙、故宫、长城、秦陵兵马俑等,属于前者,而深圳锦绣中华、民俗村、大连圣亚海洋世界、北京世界之窗、美国迪士尼乐园等,则属于后者。这种分类有着十分重要的理论意义和现实意义。从理论上说,这种分类解决了人们长期以来面临的旅游资源与旅游产品混淆不清的困扰。而在实践上,区别资源依托型旅游产品与资源脱离型旅游产品在性质和特征上的差别,有助于对它们采取不同的宏观政策和经营对策。从性质上来看,资源依托型旅游产品更多地保留了旅游资源的性质和特征。比如,对应于旅游资源的自在性特点,资源依托型旅游产品一般是不可更新的,是不能加以创造的,它仅仅是开发的产物。相反,资源脱离型旅游产品由于其生成与旅游资源无关,是人类巧思与财力、物力结合的产物,因此是可以更新、仿建的(需要特别指出的是,这里的仿建不是移动,尤其不是旅游产品向旅游者的移动,仿建的结果依然不改旅游产品不可移动性的特点)。国家的有关政策(如关于资源、依托型旅游产品的产权、经营权政策,可否允许经营这类产品的股份公司上市,等等)均可以根据旅游产品的这种不同性质进行区别对待。

二、旅游产品价值量的确定

按照上面建立的旅游产品的概念,旅游产品可以分为两大类:资源依托型旅游产品和资源脱离型旅游产品。毫无疑问,资源脱离型旅游产品的价值完全取决于产品生产过程中的全部劳动投入,包括物化劳动和活劳动。类似于深圳的“锦绣中华”、泛滥于全国各地的神话宫、方兴未艾的“海洋世界”等,这些完全为旅游者而创制且与旅游资源没有依赖关系的人工产品,其劳动投入是可以清晰地加以核算的,其内含的价值量也不难确定。相反,资源依托型旅游产品是由既有的旅游资源开发而形成的,构成这种旅游产品主体成分的不是追加的劳动,而是自然或社会的既有赋存。这样,对于依赖自然旅游资源而开发出的旅游产品来说,如果按照开发时的实际劳动投入来计算旅游产品的价值量,并依照这种认识进行产品经营,势必要导致掠夺性的旅游开发。社会一方面对来自经营者靠野蛮、粗放的方式掠夺资源形成的虚假效益进行虚假分配,另一方面却由于大量的资源赤字、价值补偿不足,导致生态环境急剧恶化,造成总体上的经济、社会和生态效益的惊人损失。这种忽视从整个社会的角度考察研究旅游资源价值补偿问题的做法,势必造成旅游产品价值构成不完整,使作为补偿消耗部分的价值 C 和新创造的价值 V + M 之间缺乏合理的比例关系和清晰的数量界限,结果,使旅游产品在社会再生产和价值运动中就像一个偏心轮一样做不规则运转。在这种情况下,由于作为生产要素之一的旅游资源的耗费被人为地排斥在旅游产品价值构成要素之外,不参与生产价值的运动,致使旅游产品市场上价格信号扭曲,从而很难对市场上的总需求与总供给做出精确的计算和比较。

以人文旅游资源为基础开发出来的旅游产品,也同样存在着价值量的确定问题。一般来说,人文旅游资源或者是人类劳动的产物,如各种工程建筑,或者是社会历史过程的结果,如社会风情和习俗。对于前者,无疑它们都凝结着人类的智慧和汗水,是有价值之物。但是,这种人文景观的原始价值与现在价值相比,不管在量上还是在指向上都存在着巨大的差异,现存价值越来越不局限于经济方面(事实上许多古代文物本身并不具有真正意义上的经济价值,其现在价值仅仅是其他多种价值的表现而已),而是表现为时间变量的函数,两者间存在着明显的正相关关系。随着时间的推移,特定的人文景观的价值会因其替代景观的泯灭和其自身濒临生命的末日而日渐珍贵。因此,该人文景观在人们心目中的地位便与日俱增。在这里,我们再一次看到了由于稀缺性和市场供求关系的影响而对人文景观价格形成的影响。也就是说,人文景观旅游产品的价值构成,虽然在原始意义上是人类劳动的凝结,但其现在价值却远远地摆脱了这种约束。

而就社会风情来说,它是旅游对象物中极为特殊的一部分,对它的理解也显得十分困难。实际上,当我们把社会风情这种旅游资源置于旅游资源和旅游产品的整体概念框架中加以理解时,这种困惑是可以解除的。旅游产品与旅游资源虽然都是旅游的对象物,但二者是可以分离的。有些旅游资源虽然也为旅游者所利用,但依然停留在资源状态,比如旅游者在完全以社会风情为旅游目的物时,一般旅游者并不需要为旅游(仅指观赏社会风情的过程)付费,那么,这时的社会风情就不是旅游产品。在生活中,真实的社会风情既不是为出卖而生产出来的,也不能指定其生产者和所有者,甚至国家也不会充当收费人,因为社会风情这种资源不像自然资源那样为国家所有,从而也就不太可能成为旅游产品。旅行社若把这种资源纳入到其产品组合之中并作为唯一的旅游目的物,那么,它卖出的也仅是服务品,不是旅游产品。当然,我们也看到人们在“生产”着“社会风情”:某些民俗文化村就干着这种营生!这时,别具一格的社会风情就真的成为旅游产品了。这种资源脱离型旅游产品的价值量的构成,便是开发和“演示”这种旅游产品的全部物化劳动和活劳动的投入量。

通过上面的分析,可以得出这样的结论:旅游产品的价值量的构成取决于旅游产品的类型。凡是资源脱离型旅游产品,其价值量决定于全部劳动投入量,不涉及到旅游资源价值的计量问题;而凡是资源依托型旅游产品,都应该充分考虑资源的价值。自然旅游资源是有限的、稀缺的,人文旅游资源是历史的,因此也同样是稀缺的。在确定由这些旅游资源开发出的旅游产品的价值量时,只有充分考虑这一点,才能合理地补偿资源的价值。如果考虑到社会风情这种旅游资源也会随着旅游的发展而泯灭或崩溃,那么,即使社会风情不是旅游产品,是否也应考虑补偿呢?因为,文化多样性的意义今天已经不亚于生物多样性了。当然,这主要是一种伦理的、社会的或政策的问题,超出了本学科当前讨论的范围。

上面的探讨都是就核心旅游产品而言的。如果把问题扩展到组合旅游产品,其价值量的确定又有所不同。这时,除了构成核心旅游产品的那一部分价值量以外,各种提供旅游追加价值的企业的劳动投入也自然都要构成旅游产品价值的一部分。

三、旅游产品与旅游资源以及旅游吸引物的关系

笔者认为,旅游吸引物与旅游产品、旅游资源本属不同的概念。旅游产品是一个经济学上的概念,用于交换是它存在的前提。旅游资源不同于旅游产品,它的本体的存在不以个别人的意志为转移,人的意志只能决定这种资源何时可作为或视为旅游资源。旅游资源在经济上的价值总是潜在的。而旅游吸引物是一个更宽泛的概念,缺乏经济学上的规定性。所以,不应该把旅游吸引物毫无区别地与旅游产品或旅游资源混为一谈。

在现实中我们在各种场合经常提到的"旅游资源"这个范畴,实际上大多数指的是旅游产品,有时还包括其他旅游吸引物。这势必造成混乱。我们认为,以下几点在实践中应该予以明确:所有已经被开发出来并用来作为商业性旅游观赏地的旅游资源,它们已经成为旅游产品,成为资源依托型旅游产品(值得注意的是,由于这种产品离开了资源本体就一文不值,所以,资源的保护本应是经营主体的内在的要求,但由于构成这类产品主体部分的资源在产权上往往不够明确,其保护就必须纳入国家特殊政策之下);所有由人类商业化地制造出来的旅游观赏地或观赏设施也已经成为旅游产品,成为资源脱离型旅游产品(这类产品由于产权明晰,其保护完全建立在市场机制之上);旅游资源与旅游产品这两个概念不能换用,它们虽然有交叉,但本质上是不同的,外延的覆盖范围也不一样;旅游吸引物是一个更大的概念,它由作为核心的旅游产品(资源依托型和资源脱离型)、组合旅游产品(对核心旅游产品进行价值追加的产品层次,包括各种媒介产品如饭店、旅行社、交通通信等)和处于支持层次的旅游者及旅游标识物构成,是一个大的旅游系统。

以旅游城市作为客源市场的乡村旅游开发*

一、问题的提出

城市化进程是最近两个世纪以来人类社会走向富裕不可抗拒的步伐。不管是发达国家还是发展中国家,伴随着人们收入水平提高、生活条件改善的另一个事实就是人类也在疏远自然、疏远历史、疏远思想,甚至疏远人类自己。纷乱、繁华的城市给居住在这里的人们或多或少以茫然,城市急促的脚步不允许人们停下来思考一下类似于身在何处、从何而来、向何处去的问题。但是,在人类的潜意识里,自然的、远古的呼唤从未停止过,城市的鸽笼越是精巧、精密、封闭,人们回归自然、扑向历史的愿望也就越是强烈。所以,当人们可以有机会以一个旁观者的身份亲临那种贴近自然同时也贴近历史的乡村风景之中时,往往能找到心灵的情感共鸣。从世界各个国家广泛兴起的旅游浪潮这一事实上看,也已经在宏观上肯定了人类心理上存在的这种回归自然的情感需要。

旅游城市一般知名度都比较高。在我国经济发展尚处于起步阶段的情况下,由于缺乏可以分流人口的渠道,旅游城市往往成为流动人口会聚的中心,这样,各种环境与社会问题就常常成为制约城市旅游健康发展的一个障碍。在这些旅游城市的一些旅游景点中,每至旺季,常常人满为患,致使外地游客的旅游感受质量大受影响,也使本地居民望而却步,正常的休闲需要得不到满足。因此,有效地分流城市流动人口就已经成为今天旅游城市面临的一个现实的问题。这也是旅游城市实现可持发展目标的一个必然选择。

在有些旅游城市,其主体旅游资源往往是城市现代化的产物,例如像上海和大连这

* 本文原载于1999年10期《财经问题研究》。

样发达的商业城市，主要的吸引对象是来自国内较不发达地区的城市观光客和来自国外发达国家的商贸旅行者，因此，这些城市对西方发达国家的旅游者或旅行者来说，相对地是比较缺乏中国传统文化的旅游地，其旅游魅力远不如一些文化古都甚至乡村社会。从这个角度来说，这类旅游城市若能在毗邻的农村做一点乡村旅游项目开发的文章，可能会有效地改善其文化形象，冲淡城市固有的商业味道，提高其旅游的文化品位，增加旅游城市的综合魅力。

城市一般都是一国经济比较发达的地区，而旅游城市更是富裕的典型，这在世界各国和地区概莫能外。标志国民富裕程度的两种财富在旅游城市都较大量地聚集着，那就是个人收入和自由时间。这就使旅游城市居民本身的旅游发生能力也远远超出其他地区的居民。当城市内的旅游景点由于外地游客人满为患或者为城市居民所司空见惯而不再是可用的休闲资源时，向外的流动也就成了一种自然的有力的倾向。在这种情况下，有效地开发可进入的乡村旅游项目，对满足城市居民的旅游需求就成为应时之举。

由此可见，旅游城市不仅有巨大的旅游吸纳能力，而且也是向外输出客源的渊薮。能看到这一点，就能捕捉由城市辐射出的种种机会，伺机而动，从而促进本地经济小环境的改善。毗连旅游城市的农村地区有针对性地开发乡村旅游项目，就是一种自然的选择。这对于农村摆脱传统的单一农业、走向多种经营、增强农村经济的抗风险能力，无疑是一条十分可行的道路。

二、乡村旅游开发的目标市场定位

面向旅游城市开发乡村旅游产品，这本身就体现着一种正确的旅游开发导向观念：市场导向观念。面对这一市场进行的开发，必须体现文化性、特殊性、民俗性、生态性、参与性这几条基本的原则。

1．文化性

文化是一种人文的差别。随着人类社会的进步，随着地球村的诞生，也随着旅游业的发展，文化在悄悄地灭绝。中国大地上最后一朵为人类学家所珍爱的玫瑰“摩梭人”的生活图景就是在旅游潮流的冲击下快速凋谢的。所以，文化的价值越来越珍贵，而对文化的观赏和体味也就越来越令人着迷。在台湾当人们喊着“我们的文化的乡下”时的那种心情,恐怕既有对城市商业化的无奈,也有对传统文化的真诚留恋。当我们主动地去开发乡村旅游产品以迎合城里人的文化追求时,就必须自觉地体现我们对这种需求的理解和珍视。

2. 特殊性

当乡村旅游项目被当作旅游产品开发出来时,特殊性是其生命力所在。只有不同寻常才有垄断性,才能有吸引旅游者的潜力。由于地域上的原因,一般的原始乡村旅游项目都有各自的特点。然而,非常令人不解的是,许多乡村旅游开发项目却偏偏舍却地方特色,模仿、杜撰一些品位不高、格调不雅、牵强附会的东西,舍本逐末,其效果自然也不会好,尤其是没有长久的生命力。

3. 民俗性

民俗是文化的一种形式,而且可能是很重要的一种形式,也因此我们特别地把它单独列出来。对于乡村旅游来说,民俗是旅游过程中最重要的一项内容。在城市中日渐消退或西化的民俗,只有在乡下才能得窥其全貌,这也正是乡村旅游的魅力所在。在乡村旅游开发中如何将民俗自然地而不是做作地融汇到产品中去,就成为富有挑战性的实践。

4. 生态性

农村是较少受到现代化影响的地区,尤其在我国,传统农业仍是大部分农村的主要产业,农村的生态环境也比城市保护得好。居住在城市里的人之所以选择农村作为旅游目的地,往往也是因为这一点。因此,在开发乡村旅游项目时,包括各种设施建设在内的开发活动都不能破坏原来的生态环境。

5. 参与性

在人类的历史上只有两大民族,游牧民族和农业民族。从骨子里说,现代的每个人都可能有亲农的倾向。即使你不知道韭菜和小麦的区别,但你确想知道!这一点虽未经心理学家证实,但城里人在屋檐下竭力保留的方寸土地,似乎能说明什么。所以,在乡村旅游开发中,也要注意开发一些能向旅游者提供农事实践机会的旅游项目,使旅游更有深度,更有意趣。

依照上述原则,以旅游城市为客源市场的乡村旅游开发就可以考虑将目标市场确定在以下几个细分市场上:

1．回城知青乡村旅游市场

30 年前那场轰轰烈烈的知识青年上山下乡运动，改变了当时大多数城市青年的生活道路和模式。风华正茂的城市青年将青春献给了他们十分陌生的乡村，使他们对这不短的经历刻骨铭心。那些有幸回城的知青们在今天已步入中年，并进入事业的辉煌阶段，常见他们中的许多人还不时地咀嚼着那苦味犹在但却隽永难舍的生活。正是适应这些人的特殊需求心态，前几年在城市里开始流行起“老插餐厅”，此风甚至波及全国。实际上，成熟的回城知青今天已不仅仅限于咀嚼往昔的甘苦，有更多的人也在关注着农村的发展，也有人深切地感到，农村是教育下一代的一个课堂。所以，瞄准这一市场，推出适当的产品，是乡村旅游开发应该切实考虑的一个问题。

2．离退休职工乡村旅游市场

在我国，由于城市发展的历史一般都比较短，而城市中的老年人有很多是来自农村的，他们对农村有感情，对农村的发展也比较关心。这些人以及那些出生并一直工作在城市里的离退休职工，在离开工作岗位后的相当长一段时间内，都能保持良好的身心状态，加上有时间、有经济能力，又有喜好宁静整洁的环境这样的需求，因此这些人是乡村旅游开发的很好的潜在市场客源。

3．周末工薪阶层乡村旅游市场

自从开始实行每周 5 天工作制以来，人们的自由时间明显增加，给近距离旅游创造了很好的条件。随着交通状况的不断改善，城市上班族在周末走出城市、投身乡下恐怕是一种必然的潮流。为适合这一潮流所做的乡村旅游开发，势必有很大的市场发展潜力。

4. 城市学生乡村旅游市场

将乡村当作一个教育学生的大课堂、一部百科全书，使学生从中认识自然、认识人类进步的历史、认识城乡关系，树立学生正确的价值观和人生观，是现代学校教育的一个任务。如何有针对性地开发一些适合城市学生这种修学需要的旅游项目，寓教育于审美、寓教育于娱乐，也是乡村旅游开发值得探讨的问题。

5．自旅游城市输送出来的外国游客乡村旅游市场

大众旅游发展到今天，人们的旅游兴趣正在分化，这是旅游走向成熟的标志。发达国家的旅游者对传统的那种“三 S”旅游以及对城市观光的兴趣，开始被更为差异化的旅

游需求所代替。因此,面对来自旅游城市的外国游客所进行的乡村旅游开发,是改变现代城市文化单一浅薄、增强城市的综合旅游吸引力、丰富旅游者旅游经历、提高旅游创汇能力的重要举措。虽然在这一领域已有不少较成功的事例,但使这种开发变成一种自觉的行为仍还是有许多工作要做。

三、乡村旅游开发项目的基本类型

乡村旅游项目开发一方面要面对市场,另一方面要立足资源特点。考虑到以旅游城市作为客源市场这一特殊发展战略,乡村旅游项目可以集中在几个领域:

1. 农业旅游

我国农业旅游开发在80年代中期就已开始,但一直以来人们把农业旅游与乡村旅游、农业旅游经济等概念混淆使用,因此,也影响了旅游农业开发的形象定位。

在今天搞农业旅游开发,可以有两个特色指向:刀耕火种的传统农业和现代的生态农业。但是很显然,农业旅游开发的目的应该与地区经济发展的总体目标相协调,因此,现代的生态旅游农业才是一种既能体现现代农业可持续发展的需要,又能满足农业旅游需求的一种乡村旅游项目。

乡村生态农业旅游可以分成以下两种基本类型:

(1)区域型生态农业旅游项目

由不同的农业建设区域构成的不同生态农业景观,可以向旅游者提供较大尺度上的较统一的旅游对象,如以种植水稻、莲藕、席草等水生作物为主的水田生态旅游农业、以生产乔木、竹类、灌木为主的山地生态旅游农业、以生产蔬果为主的各种园地生态旅游农业以及水域生态旅游农业等,都可以向旅游者提供较有观赏价值和教育意义的旅游农业项目。

(2)结构型生态农业旅游项目

根据农业系统内部的依存关系,在农业结构上进行有效的组合,形成平面结构生态旅游农业、立体结构生态旅游农业、时序结构生态旅游农业和链式结构生态旅游农业景观,使旅游者在观赏生态农业景观的同时,了解农业系统内部结构的依存关系。例如,按照农作物生产季节的不同,对各种作物进行嵌合式或轮作式开发,即可以达到种无虚日、收无虚月、一岁所资、绵绵相继的农业效益,同时也可以使农业景观有不同的季相,形成所谓景色四时不同的审美效果。

2. 乡村民俗旅游

民俗是一个国家和民族经过较长期的历史过程而形成的文化生活的独特现象。尽管民俗具有很强的继承性，但随着历史的发展，受各种内外因素的影响，民俗也表现出其变动性。在一个文化渊源比较深厚的社会中，民俗的变异常常意味着对传统的反动，因此也往往发生在文化容易被激活的小社会中，此后异变了的民俗再凭借其固有的扩散倾向影响整个文化的变化趋势。城市于此即常常扮演着摆脱传统文化束缚的积极角色，而相对比较封闭的乡村在民俗的演变中则明显具有更大的惰性。由此，能够作为一个国家或民族传统文化的典型表现形式的民俗也常常孑遗于乡村，乡村就成了洞察一个民族风俗文化的最好的窗口。所以，乡村旅游开发的富有潜力的形式是民俗旅游开发。将乡村居民在生活和生产的节律、秩序、器皿工具、房屋建筑、屋内陈设、礼仪、假日、饮食、服饰、物资储存、图案、色彩、婚恋庆典以及舞蹈和语言等方面的传统特色以更为突出的形式呈现于旅游者面前，甚至糅合到旅游者的旅游活动中去，会极大地丰富旅游的内容，增加旅游者在目的地的逗留时间，为当地旅游业的发展带来可观的经济效益。

3. 农事旅游

我国农业目前又主要以传统农业为主，即使不是刀耕火种，也离不开使用了几千年的犁耙锄镐，因此，农业的原始性既构成了远离现代都市的一种生活景观，也为发展参与性强的农事旅游提供了易于进入的机会。另外，农业生产固有的较长周期以及生产季节与旅游季节天然的契合性，也使农事旅游为旅游者创造了在一年四季都能参与到农业实践中去的机会。

农事旅游具有教育意义。它不仅可以使旅游者从中体会到农事的艰辛，也能树立人们的土地意识、环境意识、生态意识，使人们切身体验人类生存对土地、对环境、对生态的紧密的依赖关系，培养城市居民关爱土地、善待环境的现代发展观念。

参与性很强的农事旅游对一些特殊市场也具有缅怀过去、健身娱情的作用。出生并成长于农村而后来移居城市的人，曾经下乡而后来又返城的知识青年，以及那些孱弱的城里人，都可能把参与农事作为一种缅怀或休息的方式。农事旅游所能提供的诸如采摘、捕捞、耕耘以及栽种等农业劳作，都是比较适合于旅游者从事的活动项目。

旅游网站的符号及其功能分析*

一、符号、旅游和旅游网站

"用文字的和非文字的记号系统来表情达意,正是人类文明的基本现象,所以符号式思想在人类历史上是无处不在的。"(李幼蒸,2003)符号功能的这种普遍性,在旅游现象当中也同样随处可见。早在20世纪70年代,MacCannell在他的著作中,就已经明确地阐明了这一点(MacCannell,1976)。

时至今日,旅游过程的实现,已经有了极为多样化的媒介。从实现旅游者流动的交通媒介,到成全旅游交易行为的金融便利,乃至沟通旅游信息的各种传播通道,都成了旅游现象发生的助推器。这当中,旅游信息传播过程中由于涉及到意义的解读问题,因此成了符号充斥的领域,值得特殊的关注。

20世纪末期,国际互联网成了改变现代人生活的一种重要的通信革命。借助于这个通道,人们可以实现经济、快捷的信息沟通,因此,通过互联网构建宣传平台,也成了旅游业界的一种普遍的努力。互联网作为一种中性的技术平台,一方面,它为旅游者提供了便捷的信息查询和预订方式,增加了潜在旅游者向现实转化的可能性,成了旅游企业开拓市场的重要通道;另一方面,借助互联网,更多组织进入旅游市场,增加了竞争的激烈程度,同时由于信息对称性的不断提高,旅游者运用非传统渠道的购买手段越来越多,对传统旅游企业的生存发展空间的抑制作用也就越来越明显。这种状况不仅使旅游网站成为旅游企业和旅游者之间的一个交易便利平台,同时所引发的一些文化现象也值得特别关注。

最近10年来,国内外旅游网站的发展速度是有目共睹的,从旅游网站上发布的信息

* 本文原载于2007年第5期《旅游科学》,作者:谢彦君、鲍燕敏(女,1984年生,东北财经大学旅游与酒店管理学院2007级硕士生)。

量也是惊人的。据查询,目前旅游网站的类型主要有4个大类:专业的旅行网站、门户网站的旅游频道、旅行社网站和旅游景区网站。这4类网站经营范围的不同,表现在其规模大小、信息类型、系统设置和与整个经营活动的兼容性也千差万别。专业的旅游网站应用网络营销的思想和方法,以网络预订业务为主要经营项目,辅以旅游信息发布和旅游线路设计帮助。门户网站的旅游频道和专业旅游网站的业务范围差别很小,其区别主要体现在地位上:后者依靠门户网站的声誉,分享门户网站的用户流量,以一种非独立的姿态涉足旅游领域。旅行社网站则是传统旅游服务中介的网络形态,将传统的旅行社业务通过网络这个平台来拓宽营销渠道,拓展市场,增加业务量和赢利。旅游景区网站则基本不涉及直接的网络销售,更多的是介绍自己所拥有的旅游吸引物和旅游产品,扩大知名度,间接地实现销售产品的目的。

二、旅游网站的符号传播模式

旅游实质上是一种符号化的过程,这也使得所有的旅游网站成为一个符号交流平台。互联网技术实现了用户地位的改变:不再处于单纯接受信息的被动地位,同时还拥有了信息接收和生成扩散的双重身份。于是,旅游符号的传播模式就由传统的单向传播模式变更为双向交互模式。旅游网站的符号来源也因此可分为网站官方发布的和旅游者受众制造的,于是网络的符号交流过程升级成了一个不断循环往复的过程。鉴于互联网中符号交流模式是双向交互的,所以这里借鉴营销理论中的复合阶段理论,得到下面这个模型来描述旅游网站及其受众的符号交互沟通(见图1)。

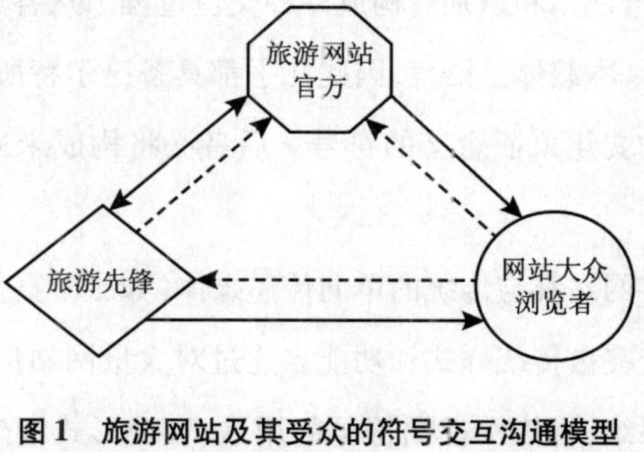

图1　旅游网站及其受众的符号交互沟通模型

注:图中的实线箭头表示“通过符号发布信息”,虚线箭头表示“追踪符号、寻求信息”。

与复合阶段理论相似,在旅游网站及其受众的符号交互沟通模型中,主体变成了旅游网站官方、旅游先锋和网站大众浏览者。这里的旅游先锋是特指那些在旅游网站中通过游记频道、博客圈以及播客制造并发布符号、对其他浏览者的态度和行为施加影响的那部分浏览者。而网站大众浏览者是那些只阅读符号、获取信息,不制造和发布符号的浏览者的代名词。从模型中可以清晰地看到:网站官方即旅游生产商和旅游媒体,将意欲传达的各类信息编码成符号并发布,且同时影响到旅游先锋和网站大众浏览者,并接收旅游先锋的反馈,解构反馈的符号还原信息并做出反应。而旅游先锋主动向旅游网站官方寻求信息——接收网站中发布的符号,解码其所指和意义,读取信息;同时又将自身拥有的信息和对网站官方发布的符号的反馈信息编码成符号回复在网站上,与网站官方建立持续的信息互动;还成为网站大众浏览者的一个非正式的信息来源。网站大众浏览者同时接受来自媒体以正式方式传递的和旅游先锋以非正式方式传达过来的符号,采取不同的解构方式来还原所指,获得信息,形成态度,指导行为。旅游网站就是这一切发生的平台。

三、旅游网站符号系统

由网络所生成和传播的信息量是惊人的。从旅游以及旅游体验的角度来看,这些信息基本上都是以符号的形式存在的。按照罗兰·巴尔特在《符号学原理》(1999)中对符号的界定,旅游网站中存在着海量的具有巴尔特所规定的3种基本性质的符号(巴尔特,1999):物理形式(声音的/视像的)构成其物质的能指;能指自身之外的某物构成思维中的所指;被人们作为符号使用和识别后构成一种交流过程。从各旅游网站所积累的信息来看,由于这些信息的基本载体是语言,因此几乎都具备巴尔特所界定的符号品质,有些则更上升为具有复杂的文化象征意义的符号。后者必将构成未来符号学视野中的旅游文化研究的重大课题。

尽管上述4类旅游网站都与传统的单向传递媒体(如旅游宣传手册)不同,但所汇集的符号形式并没有完全突破传统样式和功能。通过对大量网站信息的梳理,笔者按符号来源将其分为两个子系统,再依次根据符号的用途、表现形式细分成两个层次的子目录(见图2)。

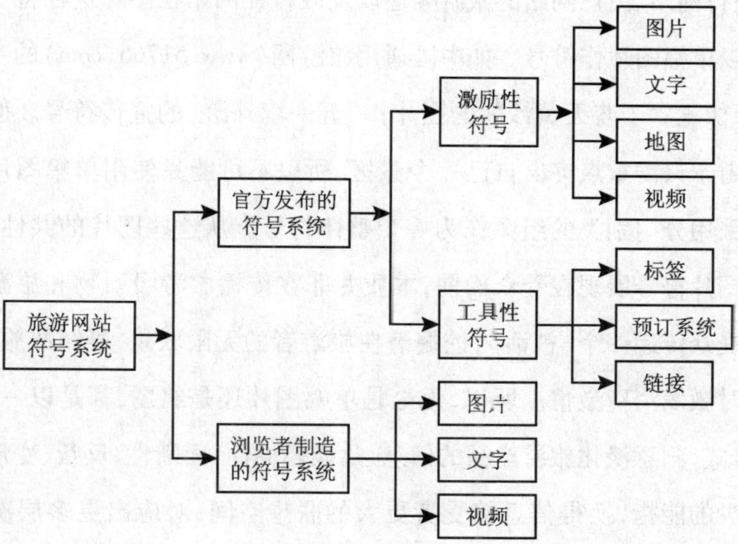

图2 旅游网站符号系统

下面将根据此体系对旅游网站出现的符号进行分析:先将网站中的符号界定出来,然后分别就不同来源的符号,根据其功能分类,再就能指的表现形式的不同,详细解析各类符号能指与所指,以及其在网站和受众间的交流传递,即其被编码和解码的过程。同时比较同类型的符号在4类不同的旅游网站的不同应用。

(一)旅游网站官方发布的符号体系

旅游网站官方发布的符号功能主要体现在两方面:激发旅游行为和方便用户使用。

1.激励性符号

无论哪个类型的旅游网站其主要任务都是激发浏览者的旅游需要,促成旅游行为的发生,将潜在旅游者转变为现实。作为传统旅游媒体表现的重点,旅游吸引物和旅游产品在网站中仍是被编码的重点,因技术和呈现平台的原因,旅游网站有了比传统媒体更多的符号类别:图片、文字、地图、视频。

(1)图片

关于旅游吸引物和旅游产品的图片是所有旅游网站绝不缺席的符号。在信息爆炸的时代,视觉影像边缘化了文字符号的作用,图片符号在一定程度上比文字符号的传达更有力(熊蕾,2005)。

专业的旅行网站、门户网站的旅游频道以及旅行社网站在图片这种符号上的使用差别不大,多是以单幅图片作符号。如中国通用旅游网(www.51766.com)的主页就是以埃及的狮身人面像屹立于蓝天黄沙间的图片作“五一境外游”的宣传符号。但景区网站则有明显不同,由于只需重点突出自己一个景区,所以不可能只使用单幅图片这样简单的符号,而是多采用分门别类的组图作为一个整体符号。从这些图片的共性上看,网站作为编码方,将图片符号展现在受众面前,本质并非在传播旅游吸引物和旅游产品的全面信息,而在向受众传递一个“神话”,挖掘潜在旅游者的无限联想,凝结成旅游期望,启迪旅游动机,同时激发消费激情。所以,无论是单幅图片还是组图,都是以一种断裂感、零散化的构建方式,刻意淡化旅游产品的信息,凸显模糊性、间断性、反叛、变形等不确定因素,试图以更少的能指,换得信息接受者更大的联想空间,对应出更多层次和内涵的所指。这实际上证实了符号学后结构主义的理论:符号传播的是不完整的产品信息,乃是为了竭力在消解一切体现秩序和构成(凯尔纳等,2001)。

(2)文字

网站官方文字符号和传统的旅游宣传册的文字符号差别不大。符号学理论指出,符号与符号之间是以其差异性达成彼此关联。因而只要在能指的层次有新的创造,就等于在所指的层面上注入了新的个性与内涵,也就相当于是创造了新商品(熊蕾,2005),所谓新瓶装旧酒却能够喝出新味。旅游网站没有能力开发新的旅游产品,即找不到新的所指,但只要能创造全新的能指,并开创能够被接受的新能指和旧所指的连接,就可以开辟旅游者对旅游产品的全新感觉。所以,网站官方文字符号的主要功能就是创造新能指。

(3)地图

旅游网站上的地图,具有符号学中通常所说的像符(icon)、征象(index)和象征(symbol)3种类型,它们具有不同的特征。第一种就是像符地图符号,用以表示能指与所指之间的相似关系。例如,千岛湖旅游网的首页上就用动画来标识“旅游交通”这个模块。这个像符的能指是公路图上一辆红色小汽车,不停地从东西两个方向驶向淳安县千岛湖;所指则包含有多个层次:用动画的通俗形象让浏览者注意这个交通模块;清晰地表现了千岛湖的地理位置和公路状况;彰显了千岛湖的交通便利,降低旅游者的心理成本以及对经济、时间成本的心理知觉;同时暗示了千岛湖是时下流行的自驾游的不错选择。显然这类的地图符号多出现于景区旅游网,当然一些区域的旅行社网站上也不乏其身影。

第二种是征象地图符号,在这类符号中能指与所指之间有着因果或索引关系,根据能指可找到所指。相当多的专业旅行网站都拥有带超级链接到世界或地区地图的征象符号,如 tripadvisor 网站中"浏览目的地"的一帧世界地图,显示美国、加拿大、墨西哥、中美洲、南美、非洲、欧洲、中东、亚洲、南太平洋。点击就可进入每一个地区继续查阅。这样的工具型的地图符号的符号价值亦是不可否认的——既传达了世界有多大你就能走多远,又彰显了网站能够提供的服务信息的无所不包。

第三种是象征地图符号,这种符号的能指与所指之间没有相似或因果关系,仅仅因为社会的文化规则将两者联系到一起。这种地图符号主要是指用约定俗成的箭头意义和众所周知的地名以及意义明确的数字来表现一张"旅游交通图"。景区旅游网最倾心于这类地图符号的使用。千岛湖旅游网上就有详细的地图象征符号:杭州——千岛湖:杭州→转塘→富阳→松溪→分水→千岛湖(全程 104km)等。

(4)视频

视频是多媒体技术的产物,是一种符号工具,也是网络媒体与传统媒体在符号表现方式上差别最大的手段。视频的多维性——以视觉和听觉同时包围观赏者,让人不得不投入其中,其能指与所指间的转换亦变得更为复杂。在此借康辉国际旅行社旅游网的"视听云南"中的视频短片《消失的地平线:香格里拉》为例略作说明。该片从符号的角度看,包含了 4 部分内容。第一是标题《消失的地平线:香格里拉》。标题所指既是让香格里拉闻名于世的小说名,又以颇具神秘感的"消失"、"地平线"的字眼创造一种朦胧的遐想,激发人们一探究竟的冲动。第二是这个视频的解说词。它紧紧扣合旅游动机上的"逃逸"和"逐求"这两大倾向。第三是视频有意识地借用藏民歌颂家乡的歌曲,用乡情来打动观众,产生共鸣,拉近两者的心灵距离。第四则是随解说词不断转换的画面。由于现代人很容易遭遇的对图像的审美疲劳,所以这个视频画面还配有解说词、歌曲以及标题,以更好地帮助观众感受视频符号所传达的意境。如此四部分就围绕着标题将香格里拉的魅力、神秘和邀请编码成一个整体的视频符号。

2. 工具性符号

旅游网站最基本的功能是服务用户，因此，它们必须向潜在顾客提供一些实用信息。如何在页面上体现这些功能，让旅游者了解，并帮助其顺利使用，这又是符号的用武之地。这类符号包括：

(1)标签

此类符号是网站上的项目或菜单的标签，让浏览者一目了然地领会网站的布局安排，各个项目的设置意义。标签符号多用图像结合文字的形式展现，并呈现约定俗成的共通性。比如，网页的子菜单中多以床指代酒店，以遮阳伞或光脚丫指代度假，以飞机指代机票，以地图指代路线查询，以太阳和云朵指代天气预报，以小汽车指代代驾租车，以火车指代车票查询，以放大镜指代搜索。这些能指和所指之间存在形象上的雷同性，也渗透出思维逻辑上的因果关系，又因其文字要素的介入而产生了象征意义。这是一种按图索骥的指导，将整个人类社会已经默认了的相似关系、索引关系、代表关系交织到一起构建标签符号中的能指和所指，轻易地跨越不同文化体系的符号指代鸿沟，使得那些不处于一个文化体系内的浏览者，只需经过相当初级的社会化就可以清晰地了解这些能指和所指的关系，领会这个标签符号，然后顺利理解编码方的意图，完成信息还原的任务，达到交流"这个菜单是用来做什么"这样一个如此细微的信息的目的。

(2)预订系统

供潜在旅游者使用的旅游查询预订系统通常包括：航班预订、酒店预订、汽车预订、度假套票预订和游轮预订，每种预订都有详略不同的预订子项。把所有这些项目中的子项整合，可以看到组成预订系统的符号要素主要是：旅游时间、旅游空间和价格水平。作为一种交易和宣传的结合性平台，旅游网站的预订系统已经越来越完善。

(3)链接

网络的节点状分布使网站拥有了无限链接的功能，用户能轻易地从一个网站转移到友情链接的网站。所以若视那个可供点击的标识键为一个链接符号的能指，那么其所指就是在虚拟空间中的路径，也是这些链接在一起的网站的积聚效应。无限转移访问功能形成了一个类似的商业网点群，如此便容易赢得"商业网点群"所提供的集中优势——增加浏览者的数量。因为网站不但获得了专门点击本网站的浏览者，同时也分享来自与其建立链接的其他网站的浏览人群。这就类似于现实中交通条件之于商店一样，其优劣决定着浏览者能否便利地到达本网站进行访问。

（二）浏览者制造的符号系统

互联网给浏览者提供了几乎与网站官方同等的地位。在 Web2.0 技术的支持下网站浏览者已经可以升级成为信息生成和扩散的节点（周永广等，2007）。他们在旅游网站上可以便利地构建自己的符号系统，进行与网站官方、其他浏览者无限信息沟通。这些能够并热衷于在网站上发布信息的浏览者，实际上成了网站受众群中构筑旅游符号的先锋人物。

1. 浏览者制造的符号对网站的影响

旅游先锋乐于将他们的旅游经历或旅游向往，或者通过各种渠道收集的旅游资讯结合自己的观点编辑成图片、文字、视频等符号，通过网站的游记频道、博客圈和播客等方式发布在旅游网站中，以期得到其他阅读者的理解和认同。这一过程就是网站浏览者的内部沟通，它具有积极的沟通和消极的沟通两种效应模式。积极的沟通是指旅游先锋在浏览网页时，购买某种旅游商品后获得了满意体验，心理上得到极大满足时，会出现传话效应，把自身良好的心理感受和经验编码成符号，发布在网站上。积极的沟通不仅使旅游先锋的满意旅游体验得到宣传，还会为网站的经营活动带来正反馈作用。消极的沟通是指旅游先锋在浏览网站时、购买某种旅游商品或服务过程中，由于各种原因而产生不满的心理体验时，形成消极的情绪和强烈的宣泄愿望和冲动，并通过抱怨、发泄、投诉等方式，将消极性的信息编码成符号发布在网站上，传递给网站和大众浏览者。其结果不但既阻碍了本人的下一次消费行为，还势必会对网站大众浏览者的态度行为造成影响。而且网络的开放性使得这种消极沟通的口碑效应比传统渠道产生的不良后果放大不止数百倍。所以，旅游网站必须十分重视旅游先锋制造的符号系统，利用积极沟通的传话效应来提升自身的形象和旅游吸引物的口碑。而对于消极沟通的传话效应则应更予重视，及早对其做出恰当反应——澄清事实、解决问题、转变态度、消除影响，从而使得消极沟通产生的不良后果减少到最低程度。

2. 浏览者制造的符号对其他浏览者的影响

网站浏览者和消费者类似，其群体作为一个特殊的社会群体类型，群体内部符号沟通状况不仅对网站有影响,亦能形成对群体成员行为的重要影响。在一定程度上,旅游先锋是网站大众浏览者的崇拜性群体,大众浏览者往往会模仿其行为并希望从该群体获得归属感。因此,大众网站浏览者在面向旅游网站官方寻求信息的同时也会被旅游先锋的行为所影响。有时,在某些方面,作为一种非正式的符号制造者,旅游先锋的符号对网站大众浏览者的行为态度有着更为深远的、特殊的甚至为网站官方所无法比拟的影响力。

在旅游先锋所制造的符号系统中,无论文字、图片还是视频,都经主观选择性注意和选择性记忆后编辑成符号能指,而作为原型旅游吸引物和产品已经不复存在其客观原貌。但就是经历了这样的筛选编码后,零碎的符号能指背后的所指业已突破一个旅游吸引物本身的意义,上升成一个社会群体(或者阶层)的生活方式和品位。他们以自己所选择的旅游目的地和出游方式、关注的体验点标榜自己的个性,宣扬自己的生存模式。而网站大众浏览者则遵循社会通行的或某个阶层所特有的文化规则,从文字、图片和视频符号的能指中领会作者那个群体所描摹的"图腾",在自己心中对旅游吸引物和产品形成新的看法和定位。一部分浏览者选择自我体会,另一部分将"读后感"编码成文字符号提交,形成回复留言。于是旅游先锋与普通浏览者以符号为媒介,不断交换信息。至此,文字、图片和视频已经齐备了成为符号的所有条件,并发挥着符号的功能。

参考文献

[1][法]罗兰·巴尔特.符号学原理[M].上海:读书·生活·新知三联书店,1999.

[2]道格拉斯·凯尔纳,斯蒂文·贝斯特著.张志斌译.后现代理论——批判性的质疑[M].北京:中央编译出版社,2001.

[3]胡平.旅游不宜神化网络[J].旅游学刊,2007(4).

[4]金准.微内容、泛媒体和旅游的革命[J].旅游学刊,2007(4).

[5]李幼蒸.历史符号学[M].南京:广西师范大学出版社,2003.

[6]刘平.符号学、结构主义和广告——试析符号学思想对广告研究的启发[J].新闻界,2005(6).

[7]罗红霞.索绪尔语言符号的任意性问题[J].甘肃科技纵横,2007(1).

[8]罗筠筠.审美应用学[M].北京:社会科学文献出版社,1998.

[9]彭丹.论旅游体验中的符号及其解读[D].东北财经大学硕士学位论文,2005.

[10]戚海峰.符号营销[M].上海:上海财经大学出版社,2006.

[11]齐效斌.人的自我发展与符号形式的创造[M].北京中国社会科学出版社,2002.

[12]王健民.旅行社网站的蒙昧与混沌[J].旅游学刊,2007(4).

[13]巫宁.从社会信息形态变革看旅游营销[J].旅游学刊,2007(4).

[14]谢彦君、彭丹.旅游、旅游体验和符号——对相关研究的一个评述[J].旅游科学,2005(6).

[15]熊蕾.跨文化广告的符号学研究[D].武汉大学硕士学位论文,2005.

[16]许俊义.从符号学角度看现代广告的意义生产[D].苏州大学硕士学位论文.

[17]杨振之,邹积艺.旅游的"符号化"与符号化旅游——对旅游及旅游开发的符号学审视[J].旅游学刊,2006(5).

[18]周常春,唐雪琼.符号学方法和内容分析法在旅游手册研究中的应用[J].生态经济,2005(6).

[19]周永广,江一帆.旅游 Web2.0:用户驱动下的商业模式创新[J].旅游学刊,2007(4).

[20]Mac Cannell. Dean:The Tourist:A New Theory of the Leisure Class[M]. Schockel Books,1976.

以博客为舞台：后旅游体验行为的建构性诠释*

1. 引言

只要旅游者在游览过程中能够获得深度体验（Deep Experience），他们就往往会倾向于通过某种、甚至多种方式向他人展示其旅游体验。这个过程不仅仅是一个炫耀或沟通过程，更是一个体验强化与体验建构的过程。传统上，这个过程往往以口碑的形式做单向线性传播；而现代网络空间的万维拓展，为这个传播过程提供了新的舞台。在这个空间中，“博客”已然成了其中的一种重要方式。

博客自上世纪90年代最先在美国出现以来，“作为‘针对大众的按钮式出版业（pushbutton publishing）’，已经越来越受到人们的欢迎”（Cayzer，2004），并已成为网络口碑传播的重要形式（Pan，et al.，2007）。由于旅游本身在建构人生意义方面的重要性，已经有越来越多的旅游者开始通过博客与他人分享自己的旅游体验；有一部分人已经成了旅游博客的专门写家，津津乐道于对其旅游体验进行集中展示，从而聚积起大量人气，成为旅游“名博”。尽管这些“名博”在数量上凤毛麟角，但却会产生巨大的影响力（Marlow，2003）。而对于这一特殊群体，旅游学界尚未给予应有的关注。

同时，值得注意的是，尽管旅游体验已成为旅游研究关注的热点，但对于后旅游体验行为（Post Tourism Experience Behavior）的建构性问题的相关研究却仍付之阙如。实际上不难想象，每一次的深度旅游体验都会引发旅游者极富多样性的后旅游体验行为。之所以这些行为至今鲜有人进行过深入的探讨，其原因可能是，在这个领域所需要的实验性的研究手段和实证性的研究方法都还没有得到充分的开发，甚至关于从哪个角度切入

---

* 本文原载于2012年第6期《旅游科学》，作者：李淼（女，1979年生，东北财经大学旅游与酒店管理学院博士生，研究方向为旅游体验）、谢彦君。

来展开这方面的研究也都还没有足够的理论准备。但是，大众旅游的兴起以及网络时代的到来，已经快速地将旅游体验的反身式研究推向了这个领域的前沿。本文就是在这方面所做的一个初步尝试。为此，本文将视线聚焦于旅游“名博”，从表演的视角探究他们在后旅游体验阶段是如何通过博客将其个人的旅游体验呈现给他人的。

2. 表演的视角

尽管早在20世纪70年代，旅游学者麦肯奈尔就吸收社会学中戈夫曼的拟剧理论，以表演隐喻旅游并对旅游本真性问题进行了探讨，但主流旅游研究真正呈现出的表演转向却是在20世纪90年代（Haldrup, Larsen, 2010）。在这一转向中，Edensor（1998）、Bærenholdt（2004）等一批学者通过表演视角审视旅游并积累起丰硕的成果（Adler, 1989; Bærenholdt, et al., 2004; Coleman, 2002; Desmond, 1999; Edensor, 1998; Edensor, 2000; Edensor, 2001; Ek, et al., 2008; Haldrup, Larsen, 2010; Hannam, 2006; Lew, et al., 2004; Löfgren, 1999; Malam, 2004; Noy, 2008; Perkins, Thorns, 2001; Quinn, 2007; Sheller, Urry, 2004; Weaver, 2005）。如今，这一转向在西方主流旅游研究领域仍方兴未艾。

表演转向源于对英国学者厄里（Urry）提出的“旅游凝视”理论的批判，它对强调视觉感受在旅游体验中处于核心地位的观点提出质疑，认为，旅游者并不是被动地由他人摆布的消费者，他们在凝视旅游地（舞台）的同时，还会步入舞台用身体富有创造性地进行表演，因此表演转向关注旅游者如何通过多种身体感官去体验目的地；同时，对旅游地而言，表演转向认为，这些地点并不是固定不变的，它是通过旅游者的表演生产出来的，只有旅游者在上面表演，它们才能作为旅游地、旅游舞台出现（Perkins, Thorns, 2001）。旅游者讲述的故事和传播的照片对旅游地发挥着生产、再造的作用。因此，表演转向不仅关注旅游者如何体验目的地，而且关注旅游者如何生产、设计并展示他们的体验（Haldrup, Larsen, 2010）。简而言之，表演转向强调旅游者做了什么以及他们是如何做的。对于这一转向，厄里本人的学术态度是颇为开放的，他并未固守于自己的“旅游凝视”理论，而是投身到表演转向之中，与Bærenholdt, Haldrup和Lasen共同撰写了《表演旅游地》（*Performing Tourist Places*）一书（Bærenholdt, et al., 2004），通过表演透镜对丹麦旅游地的生产与消费进行了研究。在某种意义上可以说，表演转向是对厄里以往理论观点进行修正及拓展的结果。

在这一领域，国内学者也做了一些探讨。比如谢彦君在《旅游体验研究：一种现象学的视角》著作中，对旅游体验过程与戏剧表演过程的相似性进行了探讨，并建立起一个用以表达旅游表演以及相关范畴和内容的总体概念模型，进一步拓展了人们对旅游体验的认识空间和深度（谢彦君，2005）。此外，刘丹青在对国际旅游学界的表演转向进行评介时认为，“体验”和“表演”是旅游者的心理世界与外部世界的一种“对接”，“体验”是一种从外入内的过程，而“表演”则是一种由内而外的过程（刘丹青，2008）。朱江勇、覃庆辉也对人类学的表演理论在旅游研究中进一步发展的可能性做出探讨（朱江勇，覃庆辉，2009）。但总体来看，国内外旅游学界对表演转向呈现出一冷一热两种不同的态度。作为一个声音，我们希望借助本文对表演转向再次做出回应。

3. 研究途径

本文选取 8 个知名旅游博客，采用应用于网络社区及博客研究中的网络田野考察方法，深入其中进行研究。田野考察，原本是指人类学者亲自进入某一地区，通过直接观察、访谈、住居体验等参与方式获取第一手资料的过程（庄孔韶，2005）。但随着网络的普及和发展，田野考察方法的应用已经打破了传统的时空局限，拓展到网络空间范围内，从而出现了“网络田野考察”，即“在特定时间内，通过持续的网上参与式观察，描述虚拟社区中的族群及其文化现象的过程”（朱洁，2008）。

在选取研究对象时，本文将目光聚焦于新浪网。新浪网作为国内最大的门户网站之一，具有强大的网络影响力，同时，它也是国内最早推出博客频道的门户网站，且博客频道中设有专门的旅游博客板块（http://blog.sina.com.cn/lm/travel/index.html）。作者将这一板块中总人气榜排名前八位的博客①（在 2011 年 2 月至 3 月跟踪考察期间排名并未发生变化）作为研究对象，采用截面研究与历时研究相结合的方式进行考察。

4. 旅游博客的舞台设置

正如艾丹瑟（Edensor）所指出的，“表演发生于有意义的空间背景中”（Edensor，2001）。旅游博客舞台设置的作用，正是为旅游相关表演创造一个充满意义的舞台空间。

---

① http://blog.sina.com.cn/u/1236937620；http://blog.sina.com.cn/u/1247915174；http://blog.sina.com.cn/u/1272933544；http://blog.sina.com.cn/u/1212717985；http://blog.sina.com.cn/u/1587243893；http://blog.sina.com.cn/u/1440103481；http://blog.sina.com.cn/u/1260849850；http://blog.sina.com.cn/u/1400565967

这个空间的构成要件多半是由博客服务商提供的，其中包括博客的风格、版式及组件等。通常，博客服务商会设计不同风格的主题背景供博主选择，同时也允许博主对风格进行自定义。与多样的风格相比，博主在版式上自主发挥的空间很小，他们只能从服务商提供的几种版式中进行选择。在设置组件时，既可以选择服务商提供的组件，也可以进行自定义。服务商提供的组件有基础组件、娱乐组件、专业组件及活动组件：

基础组件包括个人资料、留言、访客、好友、微博、文章列表等；

娱乐组件包括相册专辑、视频列表、图片播放器、视频播放器和音乐播放器等；

专业组件为偏好不同的博主提供了具有专业色彩的组件，如育儿工具、全球股市等；还为喜爱旅游的博主专门设计了“我去过的地方”组件，将博文题目标注在中国地图的相应地点上，当鼠标停留在某个省份时便可以链接到相应的博文；

活动组件中包括汽车遥控器、扬帆计划、玩玩小游戏等。

舞台空间的设置体现出博主个人的偏好与意图，但同时也呈现出某些共性特征。

4.1 布景——博客的风格

从博客服务商的角度来说，博客风格指的是整个博客的背景色以及博客标题部分的背景图片，它为整个舞台的景物环境奠定了视觉基调。一个博客的风格与博客名称以及博主呈现的个人特征三者之间可能潜在地意味着某种一致性，这一点从我们关注的博客中得到了充分体现。

例如，名为“背包10年”的博客①，其选取的背景图片由博主小鹏在各地背包旅行时拍摄的11张本人照片拼接而成，从不同时期的发型、服饰、表情、姿态等信息中可到看出他一步步成长为职业旅行者的过程。这与小鹏在博文“十年一梦”中对自己的描述相呼应：“10年之前，我和许多刚刚毕业的大学生一样，对人生、事业十分迷惘，看不清未来的方向，但是大四那年的毕业旅行让我对自由的生活方式迷恋得不可自拔，随后攒些钱就辞掉工作去旅行，这样连辞8份工作，直到我发现旅行也能攒钱，于是生活就变成了旅行、旅行、旅行。”

以“独行伊夫”命名的博客也印证了这一点②，博主伊夫选取了一张自己背对镜头、面

① http://blog.sina.com.cn/u/1440103481
② http://blog.sina.com.cn/u/1212717985

向农场独自遥望远方的照片；孤独一人观赏风景的背影，恰到好处地刻画出一个独行者的形象。

此外，也有博主选择了博客服务商提供的不同风格的主题背景，虽然不是个性化的背景，但背景本身也往往与博客的名称谋求某种协调。例如，博主楚鹏将自己博客命名定为“楚鹏：生命只有一次”①，背景图片是一辆在暴风雪中毅然前行的吉普车，其中隐含的意义可以通过楚鹏个人资料中头像照片上的文字作以解读：“追求生活、事业、修养的平衡。若问我缘何如此坚持，只因生命只有一次。”头像照片中，楚鹏站在一辆吉普车上，左脚踩在车后身的边缘处，右脚踩在备胎上，手持相机正在进行拍摄。文字、暴风雪、吉普车、身体姿势这些符号传递出博主对旅行意义的诠释。

4.2 亮相——个人资料中的头像

本文关注的博客都选用了“个人资料”这一组件。作为总人气榜排名最靠前的8个博客，他们使用的头像图片绝大多数(1人除外)都是博主自己本人的照片。在使用本人照片的头像中，从旅行背包、太阳镜、旅行帽、照相机这些物品以及拍照时所处的环境可以推断，这些照片是在旅途中拍摄的，画面上的人物或低头行走、或极目远眺、或昂首问天、或专注拍照，都与博主在博客中力图展现的生活状态及人生追求相契合。

而唯一一位没有使用本人照片作为头像的博主伊夫则使用了一张在野外环境中拍摄的动物照片，并在动物身体上方标注出自己的昵称，用以象征自己。照片中展现的是一只驻足眺望远方的豹，与“独行伊夫”的博客标题相互呼应。但值得注意的是，这位博主并未将自己本人的形象隐匿起来，而是选择在博客标题部分的背景图片处以背影的方式亮相。在虚拟的网络空间中不加掩饰地以真实面孔亮相的这种做法，传达给观众的是真实呈现、真诚分享的态度。

4.3 观众席——访客、留言、评论

访客、留言、评论是由博客服务商提供的用以显示相关观众最新信息的组件，它们为博主和观众之间的沟通搭建起一个平台。我们观察到，每位博主都在博客舞台的边栏为观众预留出一席之地。事实上，针对博主个人信息的留言及针对博文的评论在相应的区

① http://blog.sina.com.cn/u/1272933544

域都有自己专属的空间。而博主有意将它们显现在主页的边栏里，这体现了他们重视观众、希望从观众那里获得反馈的意愿。访客、留言、评论这3个组件从不同方面为博主提供了观众的信息。

访客组件的功能是：A博主在登录自己的博客后，若观看了B博主的博客，那么A的头像便会留存在B博客的访客组件中，而B通过点击A头像可以链接到A的博客。这样，B就可以获得与A个人前台相关的信息，即A在博客中显露的身份、职业、年龄、个性、言论、喜好等。但访客组件只是提供给人们相互关注并进一步交往的可能性，二者要进行真正意义上的互动还需借助留言或评论组件。

留言组件中显示着观众要讲给博主听的话，话题由观众发起，通常并不针对博文的具体内容。从内容上看，主要涉及如下几个方面：寒暄问候、对博客或博主的印象、建议问询以及吸引注意力。例如：

"路过，纯路过而已""最近怎么没见更新？忙什么？"

"你是一个孤独的人"。"看了你的博客开场白，心里就在想这是怎样的一个人啊，一个让我羡慕的人，在我看来充满了勇气的人，可能我没有那个勇气吧……"

"你旅行及摄影的资金从何而来呢？"

"大叔，你的摄影题材和内容都不错。唯一让我觉得遗憾的是，这些图片的尺寸和色调都是没有处理过的。你能否把这图片都处理一下再上传呀？"

"好棒的博客，相互关注一下吧！"

对于留言，博主只会有选择性地进行回复，有些以公开的方式，而有些则被隐藏在后台区域。

与留言不同，评论组件显示的是最新发布的观众针对特定博文的反馈，其内容主要涉及观赏某一博文后的感想。对于评论，博主同样会有选择性地作以回复。

无论对于观众留言还是评价，作出公开回复是进行印象管理的一部分，目的在于维护或强化博主在博客中塑造的形象。因此我们看到，当观众提出与博主塑造的形象相一致的要求和建议时，他会表达出积极接受的态度。当观众对他的生活方式、态度、行为提出质疑时，他会以适宜的方式捍卫自己的立场。当观众对其表示认同赞许时，他会将自己的所知所感与他们分享。而这一切，若没有观众在场，就不会继续下去。

4.4 氛围营造——音乐、照片和地名

视听元素有助于博客氛围的营造。在所关注博客主页的边栏中,博主通常会借助音乐、照片、博文标题营造出自己博客独有的氛围。

在我们关注的博客中,有半数博客运用了"音乐播放器"组件。有些博客主页中并未放置"音乐播放器",而是在具体的博文中插入了音乐。我们在这里讨论的是主页中的音乐元素,它作为舞台构件之一,发挥着调节情绪、调动情感的作用。博主通常会选取几首歌曲,这些歌曲在观众登录到博客主页时便会响起。而这些音乐都有着共同的特征,那就是:节奏舒缓,容易让人放松下来;有些歌曲的名称中就包含有"宁静""寂静"字眼。

照片和地名也普遍作为装饰品用于氛围的营造。博主放置于边栏的照片在色彩和图案上具有较强的视觉冲击力,这些照片多半是博主在旅途中拍摄的作品,个别的也有博主出版的书籍封面照片。在博客的边栏中,地名是不可或缺的字符,只是不同博客呈现地名的方式有所不同。有的博主罗列出自己所到之处的地名,有的则按照不同地点分类提供了相关博文链接,还有借助博客服务商提供的"我去过的地方"组件将自己的游记标记在中国地图中相应的省份上。边栏中的这些照片和地名,仿佛一座座里程碑,作为博主丰富旅行经历的证明,被安置在舞台的周围,在它们的烘托下,整个舞台呈现出浓厚的旅游氛围;同时也为观众提供了便利,他们可以按图索骥,链接到自己感兴趣的博文。

4.5 分舞台——微博

微博是微博客的简称,它给人们提供了一个即时分享信息的平台。由于可以通过手机、QQ、MSN 等直接在微博上发布文字、图片或视频,因此较之博客更为快捷。此外,微博的文字信息通常被限定在一定数量以内(新浪微博限定在 140 字以内),这就使得微博不必像传统博客那样精心地去构建"长篇大论",用片言只语描述出所见所闻、所思所想即可。这些优点让博主们对当下这种流行的网络交流方式颇为青睐。在作者观察时期内,除一人外,其余所有博主都陆续在自己的博客主页中嵌入微博窗口,通过这个窗口,可以看到最近更新的微博信息,也可以链接到相应的微博页面。微博相对于博客而言,就像是主舞台外的一个分舞台,上演着花絮片段。尽管在这个分舞台上演出的剧目没有主舞台上的剧目恢宏壮观,但其较快的更新速度以及细节化的呈现方式却很符合观众的胃口。微博的出现,是对博客舞台在时间和内容上的延展与补充,使旅游博客上呈现的表演突破了旅游世界的界限，与博主的日常生活逐渐融合在一起。

舞台设置是旅游者在借助博客展示旅游体验时首先要完成的一项工作。它为博客表演提供了物质凭借，是博主表演理念的整体呈现，同时也对舞台上即将上演的具体表演起到烘托和限定作用。而在构建起博客舞台之后，博主才能够通过具体的表演来展示旅游体验。

5. 博客舞台上的表演

博客首页中处于醒目地带、占据着大量篇幅的是一篇篇博文，是博客舞台上的主角——博主——的主要表演形式。其顺序按博文发表的日期倒序排列。每篇博文虽然内容各异，但其构成要素基本相同。具体来看，除正文内容之外，还包含有标题、发表时间、图片或音乐标识、博主加注的标签以及博文所属类别，同时，每篇博文被阅读、评论、转载及收藏的次数也都记录在博文尾部。为探究博主如何借助博客进行表演，我们采用截面研究和历时研究相结合的方式对每个博客进行分析，并对不同博客之间进行了横向比较分析。

5.1 表演者自白——“我”

在被研究博客中，总能看到与“我”有关的字眼，所有博主都专门撰文描述了自己。这个“我”是博主塑造出来的“我”，既有真实呈现，又带有表演成分。这些有关“我”的文字存在于被置顶的博文或压箱底的第一篇博文中，或是边栏里醒目的位置上，抑或是颜色醒目文字可以链接到的关于博主的专访中。在那里，用文字编织的问答、诗句、话语勾勒出一个个鲜活的人物形象：“职业旅行者”“快乐的人”“喜欢挑战的人”“行走者”“平凡的丑男”……附着在这些人物身上的，还有他们各自的人生经历、生活理念及方式、个性与喜好以及旅途见闻和感悟。

借助部分文字留下的时间线索，可以判断出这些有关“我”的文字大多是在博客运行一段时间后写就的。之所以如此，也许可以用以下两个原因作以解释：

第一，博主在博客中的优异表现为他们培育起一批观众，但在博主与观众之间总是存在着一道由网络筑起的屏障，如果博主不主动“显身”的话，观众便无法看到博主的“真面目”。然而，观众是充满好奇心的。要想维系并吸引更多的观众，就需要满足他们的期待，而实现这一点最好的方式就是坦露自己，告诉观众“我”是怎样的一个人。

第二,博客的高点击率提高了博主的知名度,逐步引起目的地营销组织、旅游企业、出版商、媒体等机构的关注,一些博主的社会角色也因此丰富起来。除了担当博主之外,他们尝试着拓展新的领域——接受媒体采访,撰写书籍稿件,出售原创摄影作品,或是为旅游目的地或企业代言。虽然选择角色的原因各不相同,但是,要想演绎好这些因博客而获得的多重角色,使角色之间协调一致、相辅相成,他们有必要在博客中主动呈现自己,尽管事实上这个“我”是社会互动的结果,是建构性的。

5.2 表演载体——照片、文字、音乐

在被研究博客中,博文作为主要的表演形式通常借助于照片、文字和音乐来完成叙事。与传统的游记不同,这些博文并不单纯依靠文字,而是用照片部分地取代了文字描述,成为叙事的构成要件,并运用音乐增强表演的感染力,提升观众的体验效果。这样做的目的,是通过照片、文字和音乐这些不同的载体创造出一个旅游情境,从而调动起观众的多种感官,使其仿佛置身于旅游世界中,更切实地体会博主呈现出的旅游情境。但是,这个再造的旅游情境绝不是现实的复本,而是博主在原有旅游情境的基础上,通过自己叙事的方式建构的真实。接下来,我们将叙事载体作为切入点,对博主们在博客表演中所具有的共性进行探讨。

首先,按照时间历程来看,博文中照片所占比重越来越大,总体上呈现出以照片为主、文字为辅、配以音乐的趋势。本文中关注的博主大多被博客服务商授予“风云博主”或“资深博主”的称号,有着三四年的博龄。在他们的早期作品中,还零星可见通篇只有文字或是大段文字辅以照片的博文;但在近期作品中,照片显然已是必不可少的构成要素,并且所占比重不断加大,成为最重要的叙事载体。同时,照片的质量也日渐提升。这些照片普遍具有较强的视觉冲击力,用专业摄影的眼光评判,其中不乏佳作。当然,这些照片是博主从拍摄的大量照片中精挑细选出来的,而且大部分都利用软件处理过。值得注意的是,几乎所有博主(只有一人除外)都在照片上加了标签。这些标签多半是博客网址或博主昵称,也有为特定目的地专门制作的图案。

其次,以照片为中心的叙事方式将文字支离成碎片化的语句。照片将博主个人在特定情境中获得的经验保留下来,尽管对博主而言,凝固的瞬间会在观看照片的那一刻变得鲜活起来;但对观众来说,观看照片时却存在无法解读或误读照片信息的可能。因此,对照片进行解说就变得十分必要。由于照片本身记录的是瞬间而非持续的景象，加上博主呈现的是精选出来的拍摄于不同时空的照片，这使得博文中的解说性文字也具有一定程度的跳跃性，在形式上往往表现为依附于照片的碎片化的语句。有一位博主形象地将其称为“碎碎念”。照片的存在打破了文字的整体性和连贯性，降低了文学创作的难度，使旅游博文的创作重点转向照片及对照片的解说。

最后，配乐博文风气渐开。博主在博文中插入音乐，配合照片和文字提升舞台的视听感受，使观众沉浸在再造的旅游情境中。他们选取的音乐或中或洋，或古典或现代，主要在曲调上呼应于特定博文中再造的旅游情境。诸如在一篇名为《惠斯勒，玩的就是心跳》的博文中①，博主选取了英文歌曲《baby》作为背景音乐，这首乐曲欢快而动感十足，恰与博文中呈现的运动之都惠斯勒合拍。又如在《印度：婆罗门祭司远古的呼唤》这篇博文中②，印度乐曲《尽情哭泣》那充满神秘、空灵而忧伤的异域曲调准确地烘托出黑夜中摇曳烛光下人们虔诚祭祀的氛围。音乐对观众产生的作用从回帖评论中便可见一斑：

“在音乐的衬托下，感觉有气息的祈祷。深深感染”；

“无论是音乐，还是图片，都感觉是那样的神圣”；

“感动，特别是背景音乐‘尽情哭泣’的调子，更让人有一种回归历史的感动！”

5.3 剧目编排——独幕剧与多幕剧

博客中剧目编排的形式不仅包括独幕剧，还包括围绕某一目的地或主题的多幕剧。短途旅行、总结随感往往以独幕剧的形式呈现，而长途旅行则多半以多幕剧的形式呈现。从数量上看，本文关注的旅游博客中多幕剧占优，而这一优势也是随着博客的成长过程逐步形成的。这种作法，一方面充实了博客的内容，使博客能够不断推陈出新、吸引观众眼球；另一方面也为博主减轻了每次创作的劳动量，化整为零，有利于博客的可持续发展。从形式上看，多幕剧在标题呈现方式上渐渐形成了一种通用格式，即：将统领多幕剧的核心词汇放置于实心方头括号(【】)内，然后再加上具体的主题。例如：【加拿大】海边的艺术小镇；【加拿大】窗内的风景，窗外的风景；【加拿大】维多利亚的一天。当然，多幕剧标题的样式并非只有这一种，用连续的数字进行标注也是常用的方式，而且这种

① http://blog.sina.com.cn/s/blog_4bdf6ca8010175e2.html

② http://blog.sina.com.cn/s/blog_4bdf6ca80100ja77.html

方式也曾一度被广为应用,但如今,多数博主摒弃了数字而改用空心方头括号。多幕剧形式的广泛采用,在一定程度上体现出博主们在变换、改进博客呈现方式的过程中相互影响、相互模仿,进而形成某些行为定式的趋向。

5.4 剧目更新频率

博客的更新频率能够传递出博主旅行的丰富性、创作的热情、分享的渴望等信息,它是影响观众忠诚度的重要因素。博主要想维系住自己的观众,避免其分化和流失,就需要适时更新博文。否则,一个经营不善而死气沉沉的舞台,无论曾经多么辉煌,最终剩下的观众也只是寥寥无几。我们从博主小鹏用红色字体发布的"博客缓慢更新通知"就可体会到更新频率对博主的重要性。小鹏在通知中解释说[①]:"一最近没去什么地方,没有太多新货,所以更新就不会像之前那么流畅,但是一旦有新东西,我还会迫不及待地和大家分享;二要闭关写作,争取在去南美前交出答卷;三微博更新会更及时,希望大家关注,除了我神神叨叨的闲言碎语之外,主打即将开始的南美旅行的从构思到签证到行程到感受的所有。"

从本文关注的博客 2010 年全年发表的博文来看,最快的平均两天更新一次,最慢的平均三天更新一次。可以想象,旅游博客的博主要保持这样的更新速度需要付出巨大的努力。面对挑战,这些在新浪旅游博客中会聚了最多人气的博主们所采取的策略有:第一,深入挖掘在某一目的地获得的素材以不断推陈出新。也就是说,博主可针对某一目的地进行多次创作,且作品的推出时间并不集中,而是与其他目的地相关作品穿插出现。第二,走职业化道路以获得丰富素材进行创作。现实生活中,如果博主所从事的工作出游机会少,那么要维持博客高频率的更新,就需要博主利用业余时间频繁出游以积累素材,但这种生活状态是一般人难以承受的。这也是某些博主转行成为职业摄影师或旅行者的部分原因所在。第三,以新主题重新整合旧照片。围绕一个主题抽取以往博文出现的部分照片,以全新的视角进行解读。这些策略的实施让我们看到博主在观众期待与个人投入之间寻求平衡所付出的努力。也正是观众的存在和他们的期待,才使得博主具有更新博文的动力和压力。

① 作者对博客进行跟踪考察期间,该通知置于博客首页(http://blog.sina.com.cn/u/1440103481)之中,如今已被博主删除。

6. 观众

没有观众，便无所谓表演。在博客舞台上表演也是为了与他人分享。尽管博主可以通过设置阅读权限来限定观众的范围，但通常情况下，观众的来源和规模并不在其控制范围之内。博主只能通过博客服务商提供的博客等级、积分、访问量、关注人气这些指标来判断自己的知名度。

与真正舞台上的戏剧不同，观众在观赏博客剧目时并不受严格的时间约束，何时观赏、观赏哪个剧目以及观赏持续多久主要取决于观众自身，观众与博主的互动主要通过发表评论来实现。由于观众并不是在同一时间内进行集中观赏，这便使得观众与博主之间的互动表现出个体、分散的性质。此外，在真正的舞台演出中，表演者与观众之间的互动会对表演效果产生直接影响；然而，在博客舞台上，剧目一旦呈现出来便已是完成状态，观众与博主的互动并不会直接影响到表演效果，但却会产生间接作用，从而影响日后的表演。也就是说，互动的结果是指向未来的。博主在每次创作之前，会将观众对以往剧目的反馈纳入到考虑范围之内，进而在创作过程中调整自身行为。

7. 结论

旅游博客是旅游者在后旅游体验阶段向他人呈现其旅游体验的一种方式，由于其表现性、创造性和虚拟性而使之获得了建构性的特征，并进而影响着旅游者对所关涉到的旅游目的地及相应旅游体验的建构性理解。在整个博客构件组成当中，一切配置都是围绕上述特性展开或实现的。博主通过选择博客供应商提供的组件以及进行个性化设计实现舞台设置，构建出表演的“前台区域”。这个区域内呈现的各要素，如博客风格、博客名称、头像、音乐等，往往与表演者创造的个人形象具有内在一致性。对于个人形象，博主会通过博文、专访等形式用自己的语言文字给出“权威性的”描述。除此之外，博客舞台上塑造个人形象的主要形式便是博文。博文多半以照片为主、文字为辅并配以音乐。其中，照片构成了叙述的核心内容，文字因而被支离成碎片化的语句，音乐的加入使观众的感官享受得到进一步提升，也为旅游情境的再造营造出切题的氛围。为满足观众期待、保持一定的博文更新速度，博主们会围绕某一目的地或主题撰写多篇博文，尤其是长途旅行的描写，多半会以多幕剧的形式出现。博文是博主在旅游体验后对旅行记忆进行筛选、重构、再造的结果，是博主个人意识、品味、视角、洞察力的呈现，是在原有旅游情境基础上借助照片、文字、音乐再造出来的旅游情境。这些再造情境势必会影响观众对目的地的认知及日后的旅游行为。同时,观众的反馈也会对博主产生反作用力,影响博主的表演行为,甚至改变博主的后台生活。这不仅体现在旅游在博主生活中所占据时间和地位的改变,使得其旅游世界与生活世界之间重合交叠的部分越来越多;同时也体现在对能够缩短时空距离的通信技术的运用,使得博主即时分享旅行中的体验成为可能,从而使博客舞台上的表演由体验后阶段拓展至体验中阶段,增添了即兴表演的成分;表演的内容也不再局限于旅游世界,而是与日常生活更紧密地融合在一起。

参考文献

[1]Adler J. Travel as performed art[J]. The American Journal of Sociology,1989,94(6):1366-1391.

[2]Bærenholdt J,Haldrup M,Larsen J,Urry J. Performing Tourist Places [M]. Aldershot:Ashgate,2004.

[3]Cayzer S. Semantic Blogging and Decentralized Knowledge Management[J]. Communications ofthe ACM,2004,47(12):47-52.

[4]Coleman S,Crang M. Tourim:Between Place and Performance[M]. Berghahn Books,2002.

[5]Desmond J C. Staging Tourism:Bodies on Display from Waikiki to Sea World[M]. University ofChicago Press,1999.

[6]Edensor T. Performing tourism,staging tourism——(Re)producing tourist space and practice[J]. Tourist Studies,2001,1(1):59-81.

[7]Edensor T. Staging tourism:Tourists as performers[J]. Annals of Tourism Research,2000,27(2):322-344.

[8]Edensor T. Tourists at the Taj[M]. London:Routledge,1998.

[9]Ek R,Larsen J,Hornskov B S,et al. A dynamic framework of tourist experiences:space-time andperformances in the experience economy[J]. Scandinavian Journal of Hospitality and Tourism,2008,8(2):122-140.

[10]Haldrup M, Larsen J. Tourism, Performance and the Everyday: Consuming the Orient[M]. Routledge, 2010.

[11]Hannam K. Heritage Tourism and development Ⅲ: performances, performativities and mobilities[J]. Progress in Development Studies, 2006, 6(3): 243 - 249.

[12]Lew A, Hall C M, Williams A. A Companion to Tourism[M]. Blackwell, 2004.

[13]Löfgren O. On Holiday: A history of Vacationing[M]. University of California Press, 1999.

[14]Malam L. Performing masculinity on the Thai beach scene[J]. Tourism Geographies, 2004, 6(4): 455 - 471.

[15]Marlow C. Audience, Structure and Authority in the Weblog Community[EB/OL]. http://cameronmarlow.com/papers/audience - structure - and, 2003.

[16]Noy C. Pages as stage: a performance approach to visitor books [J]. Annals of TourismResearch, 2008, 35(2): 509 - 528.

[17]Pan B, Maclaurin T, Crotts J C. Travel Blogs and the Implications for Destination Marketing[J]. Journal of Travel Research, 2007, 46(1): 35 - 45.

[18]Perkins H, Thorns D. Gazing or performing? Reflections on Urry's tourist gaze in the context ofcontemporary experiences in the Antipodes[J]. International Sociology, 2001, 16(2): 185 - 204.

[19]Quinn B. Performing Tourism Venetian Residents in Focus[J]. Annals of Tourism Research, 2007, 34(2): 458 - 476.

[20]Sheller M, Urry J. Tourism Mobilities: Places to Play, Places in Play[M]. Routledge, 2004.

[21]Weaver A. Interactive service work and performative metaphors: The case of the cruise industry[J]. Tourist Studies, 2005, 5(1): 5 - 27.

[22]刘丹青."体验"与"表演"：旅游者的文化表达[J]. 中南林业科技大学学报(社会科学版), 2008(3): 38 - 40.

[23]谢彦君. 旅游体验研究：一种现象学的视角[M]. 天津：南开大学出版

社,2005.

[24]朱江勇,覃庆辉. 论人类表演学理论在旅游研究中的运用[J]. 旅游论坛. 2009(3):330－334.

[25]朱洁. 网络田野考察——网络传播学研究的新方法[J]. 广西师范大学学报(哲学社会科学版),2008(2):120－122.

[26]庄孔韶. 人类学通论[M]. 太原:山西教育出版社,2005.

锦州市国内旅游的客源分布模式*

现代旅游业的结构已呈现出向多元化发展的趋势，单纯的资源优势正面临着来自各方面的挑战。尽管旅游业发展还往往以资源为依托，但更多的机会也常常是游离于资源之外的。这种状况的产生主要是由于还有另外两个重要的因素影响旅游业发展：客源地的客流产生能力和旅游目的地的到达性。如果这两个条件有先天的优势，即使是资源级别不高、密度不够的地区，也有可能成为重要的旅游区。因为在这种情况下，地区旅游发展的目标完全可以转移或拓展到非观光旅游项目上去。锦州市目前以及未来的旅游业发展可以在这方面提供一些启示。

一、锦州地处关内外联系的要冲地带和关节点上，是关内外陆路交通的枢纽，这一地理特征可以确保旅游客源能源源不断地向锦州旅游区注入和流出。这是锦州市发展旅游业的最根本的优势。

锦州北枕燕山余脉，南临渤海，是狭长的辽西走廊上的交通辐射网络。据调查，1992年经过锦州火车站上下行的旅客列车平均达106列/日。在正常情况下，每列载客按1200人计算，日通过锦州站的旅客就达13万人左右。在客运旺季，一般要加开十数列，加之每列车均超载运行，这样，高峰期的旅客日通过量可过17万人。如此稠密的客流，倘若善加利用，即使锦州的旅游产品能对过路旅客的10%具有吸引力并促使其在锦州稍作停留，那么，锦州每年就会有不下于450万的稳定客源。这个数字不含重复计算，而且主要是外地游客，因此，不仅在游客数量上相当可观，而且从质量（旅游消费水平）上来看也相当有吸引力。年度接待水平如果达到450万人，锦州就会一跃而成为旅游热点城市，届时，旅游业所具有的强大关联带动功能就会在许多产业部门和社会领域显示出来。

---

* 本文原载于1993年第4期《旅游学刊》，作者：谢彦君，陈元泰（辽宁省商业专科学校旅游系，并且本文为1991年辽宁省教委重点科研基金资助项目《锦州市旅游业发展前景预测与对策研究》总报告第二部分的节录。）

这一目标应该是现实的努力方向。

二、锦州所处的地理位置使它在以自身旅游资源为基础构成独立的旅游辐射圈的同时,也自然地成为与周边旅游区有相互渗透关系的旅游区域,这客观上也为锦州市发展旅游业创造了巨大的客源潜力。

根据我们对闾山、观音洞、辽沈战役纪念馆、笔架山和义县万佛堂等处景点2086名游客所做的抽样调查,有1426人来自本市及市属各县,占总数的68.4%;有487人来自本省其他市,占23.3%;有173人来自外省,占8.3%。根据这一结论,我们可以概括出锦州各旅游区(点)旅客来源的区域分布模式图(见图1)。

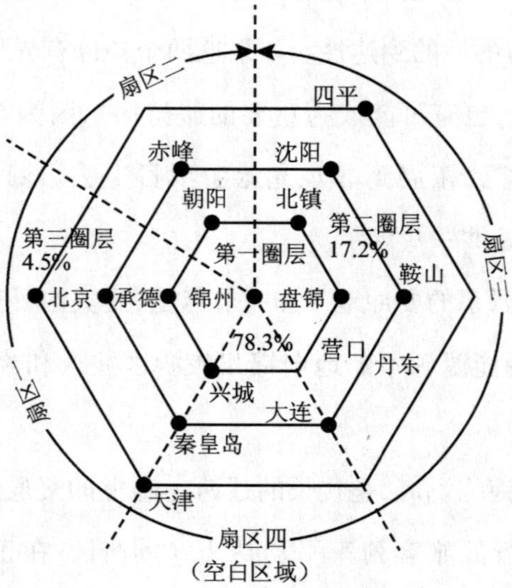

图1　锦州市国内旅游者的区域分布模式图

据此,我们将锦州国内旅游的吸引能力分成三个圈层。从旅游流的强度分析,在这三个圈层之中,以锦州为中心向外延展,各圈层的旅游流强度依次递减。换言之,锦州旅游资源的最强吸引半径约在80公里以内,在这一圈层内,包含着本市各县和锦西、兴城、朝阳、北票、盘锦等城市,它们构成了锦州旅游业的主要客源地。在被调查的2086人中,属于这一圈层的游客为1633人,占总数的78.3%。如此高的比例说明了锦州各旅游景点目前的旅游功能及其吸引力都很低。在这一圈层的游客中,有1049人是在当天返回原居住地的,约占该圈层游客总数的64.2%,他们的日平均花费仅32.4元(包括交通费在内)。所以,从客源质量上看,这一圈层内的游客的消费水平是比较低的。如果要提高锦州旅游业的投入产业化,要改善锦州各景点的旅游环境,在对策上就有必要对这一圈层的游客流量进行适当的约束。

第二圈层目前其客流仅占17.2%。本圈层包括了辽宁经济最发达的地区(如沈阳、辽阳、鞍山、营口、大连、抚顺、本溪、丹东等城市),辽宁三大旅游带中的两个旅游带(辽中旅游带:本溪、鞍山、沈阳、抚顺;辽东南旅游带:大连、丹东等)以及河北的两个国家级风景名胜区(承德和秦皇岛),因此是最有发展前途的旅游客源地。根据我们的抽样调查,本圈层的游客在锦州的人均总花费为72.13元,这说明,来自本圈层的游客的经济质量要远胜于第一圈层的游客。

第三圈层包括了第二圈层以外的所有区域。就目前的情况看,锦州对这一圈层旅游者的直接吸引力还相当微弱,这一方面是由于距离与吸引力成反比的规律在起作用,另一方面是由于在这一圈层内拥有相当多的具有垄断势力的国家级著名风景名胜区点,锦州对此几乎谈不上有竞争力。在我们调查的游客中,来自本圈层的仅占4.5%,而且其中有24人是属于在锦州中转作暂时停留的。如何充分发掘这一圈层的客源,是保证锦州旅游业具有强大后劲的战略性问题。锦州要发展旅游业,就不能脱离对这一圈层客源市场的依赖。因此,这是一个值得深入研究的课题。

将锦州市旅游吸引力范围概括为三个圈层这一基本模式,在一定程度上也有助于我们重新认识评价锦州市目前旅游资源的实际价值。我们认为有必要以这一基本模式为依据确定未来资源开发的指向、结构、水平和序位。为了有助于进一步提高这一模式的价值,我们又从经济、社会、自然、旅游业发展现状等综合标准出发,将这一基本模式再分割为四个独立的扇区(见图1,其中扇区四为空白区),这就可以进一步概括锦州市国内旅游客源市场的社会经济特点。

扇区一起源于由锦州向西延展至天津的滨海一线,止于赤峰与承德两地的中间分界处(可以锦州为始点向叶柏寿方向画分割线)。此区域经济较发达,旅游购买力旺盛,且密集着众多全国甚至世界知名的景区(点)和旅游城市,本身便是重要的旅游地,因此是兼具产生和吸收旅游者双重功能的地区。锦州如果能充分参与这一区域旅游的流入和流出过程,与这一区域的第二和第三圈层建立起稳定的相互渗透关系,有效地采取借势的策略，努力利用这一地区已经形成的旅游流的固有惯性，促其东移，便可以为本地区创造源源不断的客流。

扇区二是自承德与赤峰交界处向东延至阜新与沈阳的交界处（可以锦州为始点向新民方向画线）。本区经济发展水平较低，故旅游的经济阻抗较大，旅游购买力较弱。但这一地区旅游资源匮乏，无法满足最基本的旅游需求，因此，这一地区有可能成为锦州的重要的旅游客源地。

扇区三是自沈阳经本溪、鞍山至大连的一个扇形展开区。此区内经济发达，城镇密集，交通便利，旅游客源潜量相当大。但这一地区的旅游流也存在明显的自吸收现象，因为，本区基本上集中了辽宁省旅游资源的精华，如本溪水洞、沈阳故宫、清陵、鞍山的千山，大连的海滨等。所以，锦州对这一地区的直接吸引能力还相当有限。但就锦州所处的扼守关内外要冲的地理位置而言，这一地区的旅游客流必然成为锦州的强大旅游潜力。

综观锦州旅游客源的分布格局，可以明显地看出，从扇区一至扇区三，比较而言，只有第二扇区及第一圈层内部这一极核地区，其自身旅游资源的档次较低，吸引力不强。也就是说，从环境和自身水平两方面的对应关系来看，锦州目前的旅游资源无法与周边地区相抗衡，没有多少竞争力。这在第二圈层表现为旅游线路端点（锦州—大连）封闭，路线对流的情况下，对锦州吸引客源就更加不利了。我们认为，关键还是在于对策问题。随着锦州港的建成以及水路客运的开通，锦州将有条件打破旅游线路封闭的状态，从而直接经过扇区四向扇区三吸引客流，这样将开发出一系列新的旅游线路。

总之，锦州的地理位置客观上赋予它发展旅游业的得天独厚的条件。这些条件使锦州进一步发展旅游业不仅是必要的，而且是可能的。这是我们在研究中得出的最令人振奋的结论之一，也希望这一结论能引起有关部门决策人员的重视，并抓住这一良机。

东北地区乡村旅游中典型元素的识别与分析*

——基于 ZMET(隐喻抽取技术)进行的质性研究

一、研究背景与相关文献综述

任何事物的发生和发展均有其必然性,乡村旅游也不例外,其现实背景即是城市生活环境的恶化和生存压力的进一步升级导致城市居民需要更多调节身心、释放压力的空间。乡村旅游以其优美恬静的自然风光、简单古朴的生活方式、真诚朴实的接待服务等特色满足了旅游者的需求,同时,广阔的开发空间和相对较低的价格又能轻易获得旅游开发商的重视,加上我国新农村建设中明确提出的大力发展乡村旅游的政策扶持,乡村旅游的发展壮大可谓如鱼得水。

目前针对乡村旅游的研究更是如火如荼,无孔不入。以研究成果的价值或意义为划分依据,科学研究有基础理论研究、应用研究和对策研究之别[1]。乡村旅游在基础理论层面进行的研究主要涉及乡村旅游的定义、内涵、特点等理论框架的构建,旅游者的出游动机、满意度、期望和体验等主观感受的描述和测量,乡村旅游景观体系的构建等侧重实际规划的理论指导。王云才和刘滨谊就中国乡村景观及乡村景观规划和评价发表多篇文章各抒己见[2],谢花林与刘黎明也针对乡村景观评价指标体系与评价方法进行了理论研究[3];刘沛林则运用景观基因法对古村落文化景观构成元素进行了分析,构建出区域

---

* 本文原载于 2009 年第 1 期《北京第二外国语学院学报》,作者:谢彦君,陈焕炯(男,浙江慈溪人,1983 年生,东北财经大学旅游与酒店管理学院 2006 级士研究生,研究方向:旅游规划)、潘莉(女,山东五连人,1985 年生,财经大学旅游与酒店管理学 2007 级硕士研究生,研究方向:旅游社会文化)、常红旭(男,山东鱼台人,1984 年生,东北财经大学旅游与酒店管理学院 2007 级硕士研究生,研究方向:旅游社会文化)。

聚落景观的识别系统[4]。彭兆荣在后现代主义背景下从人类学角度看乡村旅游,描述了一幅"理想的乡村风景画",其中包括优美的风景画、别致的风俗画和异族的风情画3类[5]。

应用研究,顾名思义,是在相关领域对基础理论研究成果加以应用或验证(包括通常的证实与特殊情况下的证伪)。黄郁成、黄光文通过古村落与现代化新农村两种典型案例的对比分析,得出乡村旅游开发的资源凭借主要是农事活动、农村聚落、农民生活、农业生态、农业收获物等农村事务要素的综合构成的结论[6]。方贤寨等通过分析长沙市城郊乡村旅游旅游者的第一手旅游市场调查资料,在对长沙城郊乡村旅游者的旅游动机、旅游体验性评价调查基础上,运用所占百分比分析方法,分析了长沙城郊乡村旅游者客源结构、主要旅游动机、体验性评价和旅游认知[7]。

对策研究旨在解决实践问题,研究成果数量最多,这与乡村旅游的存在意义密不可分,毕竟人们选择乡村旅游是因为存在着某种必须通过乡村旅游才能获得的,用以弥补人们心理匮乏状态的元素,所以如何满足人们的乡村旅游需求成为对策研究的首要问题。

笔者通过对相关文献的梳理发现,无论是理论层面的构建,还是应用层面的实证调查,或者解决实践问题的对策研究,从小处着眼、深入挖掘的文章尚寥若晨星。而对于真正满足旅游者需求的乡村旅游中的典型元素到底有哪些,以及这些元素如何满足其需求等细化问题尚未进入大多数研究者的研究视野,但实际上,这是急需解决以指导乡村旅游开发、更好地满足乡村旅游者需求的问题之一。

二、研究方法

乡村旅游的动机复杂多样,旅游者甚至在获得了较高的旅游体验之后也不清楚到底是因为什么——即由乡村旅游中的哪些典型元素获得。因此,笔者倾向于选择解释论的范式以对该具体问题给予合理解释。在具体操作层面上,笔者尝试借用一种崭新的消费者研究方法——ZMET(Zaltman Metaphor Elicitation Technique,隐喻抽取)。该法目前主要运用于营销策略、形象创意、产品设计开发、市场细分和广告促销等实务操作上。旅游相关领域尚无运用此法的质性研究。

隐喻抽取技术是一种能够深入探究消费者内心想法与需求的质性研究方法,由哈佛商学院 Gerald Zaltman 教授在 1997 年提出，该法结合非文字语言（图片）和文字语言（深入访谈），以消费者为主体出发，选择人类原始的沟通方式图像为传播媒介，借由图像中视觉符号的隐喻功能，诱发出消费者心中深层的想法与感觉，并建立一张组织网状的心智地图（mental map）来呈现对特定议题认知的结果，包含认知中所组成的构念元素（construct）与概念之间的连接关系[8]。其观点在于人类原始的思考是以故事、构念、心智模式、感官影像、总结影像、共识地图等方式呈现。研究者可以从中捕捉潜藏在人们内心深处对某一特定事物的想法与感觉，而这些不同思维层面的意义，不仅可以与表面知识产生共鸣，更能与深层意义产生联结。

笔者认为，隐喻抽取技术与扎根理论范式同属于质的研究方法，二者有诸多相通之处，同时又各有特点。二者最大的相通之处在于都强调不“先入为主”，即在研究之前一般没有理论假设，而是带着研究问题，直接从原始资料中归纳出概念和命题，然后再上升到理论。换言之，扎根理论和隐喻抽取的本质是归纳法，而不是演绎法；在抽样环节上，二者都采用小样本的目的性抽样，选择几个个案进行深入研究，这也决定了最终的结论是对特定现象及其内在联系的揭示，而不能类推到对其他问题的解释上，即两种方法都是理解事物的“具体性、独特性和反常性”的解释论，而不是注重揭示事物的“总体性、一般性和代表性”的实证论；对于资料的收集，扎根理论和隐喻抽取要求采用开放式的深度访谈，虽然范围只涉及几个个案，却收集到极为深入详细的资料，要求调查者在访谈过程中尽量不遗失任何细节信息。质的研究方法最为关键的是对资料的分析，二者在资料分析方面也有相通之处：扎根理论直接提供一套较为普遍的操作性程序，即从开放式编码、关联式编码、核心式编码到理论建立的 3 个循序渐进的步骤，而隐喻抽取则以抽取的构念（关键主题列表）作为编码的原始数据，按照成对构念的方式进行数据编码以发现构念间的因果关系、构建共识地图以发觉被访者对研究主题的深层想法和感觉。二者不同之处主要体现在：扎根理论是完全依据文字资料进行理论建构，而隐喻抽取则要求被访谈者自行搜寻能够代表自己对研究主题看法的图片，在访谈中通过图片用讲故事的方式描述自己的意见，选择图片的环节也使该方法受到较大的限制，如照片的有效程度、被访谈者的配合程度等。不可否认的是，隐喻抽取更能探索到那些难以用文字精确表达的甚至被访者群体自己都不知道的深藏在潜意识之中的意图与期望。

三、研究过程

笔者通过对相关文献进行梳理发现,ZMET隐喻抽取技术尚无直接应用于旅游相关领域的研究成果,而本文所需解决的问题恰好可以借助该方法挖掘乡村旅游者潜意识中的期望和感受。完整的隐喻抽取技术虽然共有10个步骤,但由于本文运用隐喻抽取技术的目的在于识别东北地区乡村旅游中的典型元素以及隐藏在背后的原因,而且本文考虑到中国人区别于西方人的特殊文化,访谈时间不宜过度冗长,因此,笔者按研究顺序将整个过程简化为:样本选取、深度访谈、分类整理及构念抽取、构念内在关系分析、终结构念提取等阶段。

1. 样本选取

鉴于质的研究方法主旨在于对某具体现象做出合理解释,并无外在效度要求,本文采取小样本的目的性抽样,确定影响乡村旅游选择的5个特征维度——性别、年龄、受教育程度、职业和是否有过乡村生活经历。文本结合乡村旅游的特点对Zaichkowsky(1985)[9]提出的个人涉入量表进行修正,并将其作为评价旅游者对乡村旅游的涉入程度的依据,最终确定出24个有效样本,其中女性13人,男性11人,年龄分布在20~60岁区间内,个人涉入量表分数在51分以上(涉入程度较高)。

2. 深度访谈

依据隐喻抽取技术(ZMET)的要求,研究者首先在正式进入访谈之前对访谈者说明研究主题,要求受访者在认真思考研究主题之后,选取能代表自己对于研究主题感觉与想法的图片8~10张。这些图片可以是从杂志、书籍、报纸和网络上搜得,也可以是自行拍摄或者绘制的,目的在于方便研究者抽取受访者对研究主题的真实感受。正式访谈于7~10天后进行。访谈资料由受访者自行收集,不受研究者驱使、诱导及掌握,受访者可以自由表达任何想法。

正式进入访谈时,受访者根据自己提供的8~10张图片讲故事(storytelling),说明在找图片过程中所遗失的影像(missing images),并以说故事的方式描述对每张图片或遗失的影像对应其研究主题的想法或感觉。

笔者发现,多数受访者无论是描述一种景色、一件物什或者一种活动,都倾向于联想到一种氛围、情境或心情上，比如，访谈者 A 针对苞米讲的故事：……苞米秆子，一丛一丛很有特点……挂在房檐上，或者是放在屋顶上，看着让人喜悦，觉得仓廪非常丰厚……受访者 D 对炕的感觉：……火炕不会很烫，感觉温温的……挺温馨的，很有家的感觉，暖融融的。受访者 K 谈看门狗：看到狗会觉得很高兴。冬天人很少，在外面能看到的就是狗，反而显得特别宁静。还有那烟囱，城市里没有。农村安静祥和，和城市的喧嚣形成鲜明对比，看着都让人舒服。

受访者 A 看到苞米秆子就开始体验到喜悦的感觉，受访者 D 通过火炕体验到家的氛围，受访者 K 则认为看门狗的出现更凸显了乡村中宁静和舒适的感觉。因此，乡村中的景物并不是以其个体的身份出现的，而总是伴随着某种深层的感情或联想而出现。

3. 分类整理（sorting task）及构念抽取（construct elicitation）

构念抽取指运用凯利方格法抽出潜藏在思考与行为下的构念，并以攀梯法引出构念与构念之间的关系，两种方法互补以协助受访者精细描述其构念。笔者运用这两种方法通过对 24 个被访者访谈录音及图像的整理最终得到 546 个构念，再依据构念属性将相同并类似的构念进行合并和分类，例如将“玉米”和“苞米”统一为“苞米”；将“雪橇”和“爬犁”统一为“爬犁”；把“有意思”合并至“有趣”；把“开心”、“高兴”、“快乐”、“心情好”、“喜悦”这一类意思相近的构念合并为“愉悦”，最终得到 497 个构念。

图 1 所示的构念一致性趋势显示，随着受访人数的增加，新增构念的数量却很少增加。受访者 A 提出 115 个构念，受访者 B 提出 63 个构念，而受访者 U 至 X 所新增的构念已减为 1～6 个，这说明，24 位受访者所提供的构念具有内在的一致性，同时也证明 24 位访谈者基本可以揭示出东北地区乡村旅游的典型元素。

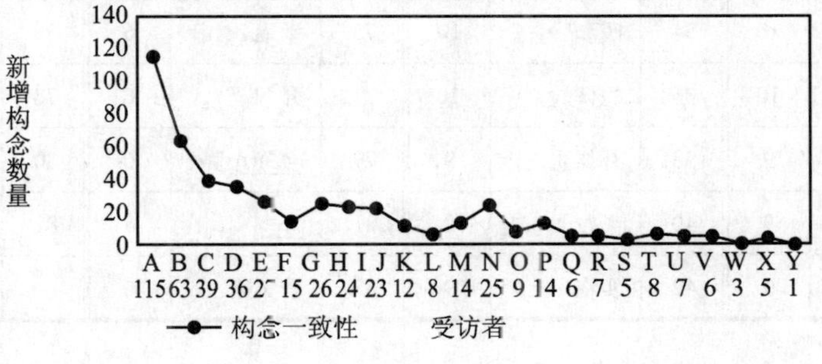

图 1　构念一致性趋势

据隐喻抽取的方法要求,进一步对各受访者提及数量较多的构念及关系较为紧密的构念进行抽取,得出83个关键构念,如表1所示。

表1 受访者关键构念次数

编号	构念	次数	编号	构念	次数	编号	构念	次数	编号	构念	次数
1	愉悦	22	2	舒服	21	43	踏实	9	44	原始	9
3	农家菜肴	21	4	火炕	17	45	回归大自然	8	46	好玩	8
5	有趣	16	6	放松	16	47	热闹	8	48	绿油油	8
7	热情	16	8	真实	16	49	农家小院	8	50	自然景色	8
9	东北农村人	16	10	亲切	16	51	苞米楼子	8	52	爬犁	8
11	鸡鸭	15	12	儿时记忆	14	53	老大娘叼大烟	8	54	远离喧嚣	7
13	怀念	14	14	苞米	14	55	看门狗	7	56	新鲜	7
15	简单	13	16	好奇	13	57	成就感	7	58	过年	7
17	空气新鲜	13	18	山	12	59	和谐	7	60	朴实	7
19	温馨	12	20	喜庆	12	61	喜欢	7	62	悠闲	7
21	自然	12	22	美味	11	63	原生态	7	64	直率	7
23	雪	11	24	猪	11	65	家的感觉	7	66	大嗓门	7
25	田野	11	26	自由自在	11	67	杀猪菜	7	68	大碗	7
27	大铁锅	10	28	新奇	10	69	蓝天白云	7	70	农活	7
29	安静	10	30	缓解压力	10	71	炊烟	6	72	大红大绿	6
31	粗犷	10	32	美	10	73	落后	6	74	土	6
33	香	10	34	暖和	10	75	幸福	6	76	东北特色	6
35	菜园子	10	36	想体验	10	77	开阔	6	78	洋井	6
37	摆脱烦恼	9	38	补偿匮乏	9	79	乡间小路	6	80	树林	6
39	淳朴	9	40	丰收	9	81	小河	6	82	辣椒	
41	有生活气息	9	42	实在	9	83	杀年猪	6			

通过观察,笔者发现,以上所有构念可以区分为两类:一类是东北地区乡村旅游中的

典型元素(斜体下划线表示),另一类是典型元素的体验感受。至此,访谈资料分析共获得 31 个典型元素构念和 52 个体验感受构念。

4. 构念内在关系分析

一个孤立存在的构念本身意义有限,必须透过与其他构念的“对话”才能被赋予意义,因此,经由构念之间的连接,才能驱动消费者行为[10]。ZMET 技术优势之一即在于能够通过访谈中被访谈者所讲的故事发现构念之间的内在关系,从而为单一的或孤立的构念提供更为广阔的解释空间。

如对于东北农村的火炕,虽然在访谈中被提及次数较多,但是人们对于火炕的体验却不同。有一位受访者将火炕与好奇的构念相连接,却有 7 位受访者将火炕与舒服的构念相连接,从共识地图的视角可以看到舒服是火炕所能带给乡村旅游者更普遍的体验。

另外,笔者从构念之间错综复杂的关系中区分得出 3 类构念:一是处于基础的起始构念,一般是最基本的乡村景象,如一口井、一顿饭或者一条看门狗,它们是所有旅游体验的起点,旅游者由此开始旅游体验;二是处于中间部分的连接构念,即某起始构念营造出的一种氛围、一种感觉或一种情境,是起始构念引发乡村旅游者产生的最初体验结果;三是处于构念关系链终端的终结构念,也即各起始构念所呈现给乡村旅游者的最终体验。以受访者 G 对田野的描述为例:“空气比较透,很有质感,没有南方那么多雾,特别清新,眼目清亮,山明水净。感觉很舒服,没有压力,很放松。”田野就是起始构念,清新就是连接构念,终结构念则是放松。

5. 终结构念提取

笔者通过整理构念中的典型元素及其体验结果,分析构念之间的因果关系,将乡村旅游者对东北地区乡村旅游中典型元素的体验结果分为放松、愉悦、怀念和好奇 4 种,即体现游客最终体验状态的终结构念。

四、乡村旅游中典型元素的识别与分类

尽管一部分典型元素被多次提及(如:“粗犷”被提及 10 次),但因与其他构念特别是终结构念中的放松、愉悦、怀念、好奇的关系不明显因而被舍弃,最终选中的有效典型元

素共22个:农家菜肴、火炕、东北农村人、苞米、鸡鸭、山、空气新鲜、猪、雪、田野、大铁锅、菜园子、自然景色、爬犁、农家小院、老大娘叼大烟袋、苞米楼子、杀猪菜、大嗓门、洋井、看门狗、辣椒。笔者将其划入不同的类别,见表2。

表2 乡村旅游典型元素分类

分类		元素
静态元素	饮食	农家菜肴、杀猪菜
	居室和聚落	火炕、苞米、大铁锅、爬犁、农家小院、苞米楼子、洋井、辣椒
	乡野风情	山、空气新鲜、田野、菜园子、自然景色
动态元素	人与家畜	东北农村人、鸡鸭、猪、老大娘叼大烟袋、大嗓门、看门狗

由于饮食、居室和聚落、乡野风情共同具有静态特性,笔者将之归纳为静态元素。笔者通过ZMET访谈技术抽取到为旅游者所认可的静态元素,主要包括杀猪菜、黏豆包、火炕、水井、苞米楼子、苞米秸垛、农家小院等,它们共同构成了东北地区乡村旅游的轮廓,是东北乡村旅游作为其独特存在的物质或空间凭借;同时,由于旅游者对东北乡村特征的感知并非是对其简单的孤立的感知,而是因联想所引发的深层的感情或体验,因此,必须将东北农村人及家畜等动态因素融入到静态元素所形成的轮廓当中,乡村旅游的图景才可能完整,游客才可能获得放松、愉悦、怀念或好奇的旅游体验。

参考文献

[1]谢彦君. 2006年中国旅游基础理论研究评述——以《旅游学刊》和《旅游科学》的文献为例[A]. 中国旅游年鉴编辑部. 中国旅游年鉴[M]. 北京:中国旅游出版社,2007:659-665.

[2]王云才,刘滨谊. 论中国乡村景观及乡村景观规划[J]. 中国园林,2003(1):55~58.

[3]谢花林,刘黎明. 乡村景观评价指标体系与评价方法研究[J]. 农业现代化研究,2003(2):95-98.

[4]刘沛林. 古村落文化景观的基因表达与景观识别[J]. 衡阳师范学院学报,2003,

(4):1－8.

[5]彭兆荣. 旅游人类学[M]. 北京:民族出版社,2004 :73－79.

[6]黄郁成,黄光文. 论农村旅游开发的资源凭借[J]. 旅游学刊,2003(2):73－76.

[7]方贤寨,粟路军,蒋术良,彭耀根,郑旗. 基于乡村旅游者调查的乡村旅游体验研究——以长沙市周边乡村旅游为例[J]. 桂林旅游高等专科学校学报,2007(3):400－403.

[8]Zaltman, G., &Coulter, R. H. Seeing the voice ofcustomer: metaphor－based advertising research[J]. Journal of Advertising Research, 1995, 35, 35～51.

[9]Zaichkowsky, J. L. Measuring the involvement construct[J]. Journal of Consumer Research, 1985(12).

[10]Zaltman, G., &Useem, J. The man can read your mind[J]. Fortune(Europe), 2003, 147(1):21.

英国旅华度假旅游市场的基本统计特征及需求倾向*

一、对调查方案及样本的说明

英国赴华旅游市场一直是中国在欧洲的最大旅游市场之一,而且始终保持着稳定增长的势头(见表1)。但对英国赴华旅游市场的系统研究却不够。有关英国旅游者的在华消费特征,来华前对中国旅游资源、旅游供给能力、社会文化及自然条件等的心理预期,旅游后的消费满足情况等诸方面的问题,在很大程度上影响着中国对英旅游促销的质量和效果。不了解旅游者的需求特征及其与各自一般人口统计特征的内在对应关系,是不可能准确辨识自己的旅游细分市场并有效地占有它的。基于这种认识,我们在英国伯莱德福德大学、中国驻英大使馆签证处、中国驻曼彻斯特总领馆、国家旅游局驻伦敦办事处以及一家著名英国旅游公司的支持与合作下,从1993年五月份开始,对英国赴华旅游市场进行了一次大样本抽样调查。前后共发出调查表八百余份,到十一月底,共收回有效调查表170份。这一足够大的样本可以支持我们对英国赴华旅游市场进行较为深入系统的理论分析,因为我们所设计的调查表基本上涵盖了有关该市场各种旅游特征的所有重要方面。

表1　1986—1992年间中国接待英国旅游者人数 单位:人

年份	1986	1987	1988	1989	1900	1991	1992
接待人数	79408	83726	96590	72211	78934	114613	129839

资料来源:国家旅游局驻伦敦办事处。

---

* 本文原载于1994年第1期《旅游调研》。作者:谢彦君、道格斯·特夫锐(Douglas Jeffrey 博士现执教于伯莱德福大学环境科学系),本文为两位作者共同从事的研究课题"英国赴华旅游者特征研究"的部分成果。

1. 调查对象的确定。此项研究的目的在于探索英国赴华度假旅游市场的旅游需求特征与其人口统计特征之间的各种相关关系；同时，判断英国赴华度假旅游者对中国旅游资源和旅游供给能力的心理预期及旅游感受，以便为进一步的旅游促销工作提供切实的理论导向。

根据上述研究目的，此项研究的调查对象为即将前往中华人民共和国旅游（包括初次旅游和重游）有独立旅游能力的英籍公民。

2. 调查项目的选择。调查项目（或称标志）的选择及其在调查表中的设计形式，是一项极富挑战性的技术工作。经过慎重考虑，几番遴选，我们在调查表中共纳入五组二十一项，变量达 90 个。

3. 调查过程的实施。由于经济与时间以及人力方面的限制，需对这样一个包含 90 个变量和近 200 个变量值的调查表实施个人访问是很困难的。经过与中国各有关驻英机构和英国旅游公司的接触，我们得到了他们的积极响应，因此最终决定通过这些机构向前来申请赴华签证、询问旅游信息及购买团体或个人赴华旅游包价产品的潜在旅游者分发调查表。这一渠道符合我们的研究目的和研究对象。从返回的调查表的数量和质量来看，证明这是一条高效率的可靠的调查渠道。

4. 样本的代表性。对英国赴华旅游市场的总体特征我们目前知之甚少，因此，几乎所有结论都将源自样本分析，这样，样本的代表性就成为十分重要的问题。从目前我们对返回调查表的审核与分析结果来看，以下几点是比较明确的：

①样本容量之大是令人满意的。一般从大样本中推断总体指标有较高的可靠性。

②初步分析显示，调查项目的取值（即变量值）具有很明显的倾向性或规律性，显示出很强的解释能力。

③由于抽样过程无法控制，因此抽样的随机性会受到一定的影响。加之调查表本身项目较多，结构较复杂，以邮寄形式征询答案会很自然地影响到样本的随机性。从逻辑上来解释的话，一般应是受过一定教育的人才感兴趣并能够填写调查表。这种推理很容易否定样本在个别人口统计变量（如职业、受教育程度）上的随机性。但对此我们建议作慎重的解释，不轻率下结论。比如职业一项中，前往中国旅游的人中以教师为多，这一调查结果可能多少受邮寄调查这种形式的影响而致，但更深入的分析会发现，中英两国之

间遥远的空间跨距，中国各旅游区点之间的漫长旅途，无疑构成了经济和时间方面的两个约束条件；另外，中国旅游资源中最具吸引力的部分是人文旅游资源，而对这些资源的欣赏是离不开一定的理解力或知识的，这无疑又构成了一个文化方面的约束条件。经济能力，时间支配余地，对文化差异的兴趣和理解力，尤其后两者，成为构筑英国赴华旅游市场的重要影响因素。从这一点看，我们不能断然否定样本在职业这个变量上的随机性。另外，由于我们的研究目的主要在于了解推断英国赴华旅游者对中国旅游资源，基本设施的供给能力、社会经济文化条件等的心理预期，了解他们在华旅游的价值观，因此，我们认为受教育程度较高的人判断更有解释能力和预测能力，往往标志着未来旅游开发的方向。

④出于上述几方面的考虑，我们在对样本数据进行统计处理（如因素分析、组群分析和多变量统计分析等，有关这些分析详细结果另文阐述）时，努力提供进行假设检验的基本数据，以便使读者对样本指标的代表性有一个正确的判断。

二、英国赴华度假旅游市场的基本人口统计特征

本次调查所涉及到的人口统计变量有“居住地”、“年龄”、“性别”、“婚姻状况”和“家庭结构”五个。对这些变量进行初步描述统计分析的结果显示，英国赴华度假旅游市场人口统计的结构特征为：

1. 以送客量为依据而划分出的地区细分市场中，伦敦（18.2%）、英格兰东南部其他地区（27.6%）、西南部（10.6%）及安格利亚东部（5.3%）可以视为空间紧密型的一级市场（共占61.7%）；英格兰中部（10.6%），约克塞尔和哈姆伯塞德地区（6.5%）及英格兰西北部（8.8%）可视为空间紧密型的二级市场（共占25.9%，其他地区（英格兰北部、威尔士、苏格兰和北爱尔兰等）可视为空间松散型三级市场（占12.4%）（见表2）。在这三个细分市场中，一级市场的购买力最为旺盛，因为这一地区历来是英国最富裕的地区。

2. 在年龄结构方面，尽管该市场以女性和45岁以下中青年游客占多数（分别为57.1%和59.4%），但倾向性并非十分突出。整个年龄分布呈低平的钟形对称分布结构，说明中国旅游资源之丰富对各年龄阶段的英国游客均有一定的吸引

力(见表3)。

3.该市场的婚姻与家庭特征在很大程度上可以解释作为阻扰因素的旅行空间(相应的旅行时间、旅行费用以及精力与体力的消耗等)如何影响度假旅游目的地的选择。在我们的调查中,拟前往中国度假的游客单身(43.5%)、离婚/分居/丧偶(10.0%)及同居者(5.3%)共占58.8%;而在家庭结构中,与未成年子女和与伴偶及未成年子女一起生活的仅占7.1%,剩下的82.9%从家庭结构上看都属于单纯型(独居或与伴偶生活)或依赖型(依赖父母等,极少)。这两个方面均很明显地说明了,中国作为英国旅游者的度假目的地,目前还存在着因空间跨距大而形成的种种障碍。只有那些家庭结构单纯并因此往往经济也较宽裕的人才能克服这些障碍积极前往中国(见表4)。

综观英国赴华旅游市场的人口统计结构,一个突出的特征是旅游者在选择中国作为旅游目的地时,虽然经济条件是一个很重要的因素(居住地的分布模式说明了这一点),但并不是决定性因素。购买决策很显然是在考虑了时间的可支配性、旅行方便性、文化差异等多种因素后形成的(年龄、婚姻状况和家庭结构都直接或间接地反映了这一内在事实)。下面需要讨论的旅游者社会经济特征及需求倾向都进一步证明了这种判断。

三、英国赴华度假旅游市场的社会经济特征

我们从"职业"、"家庭收入"、"受教育程度"和"就业状况"四个变量来分析该市场的社会经济特征。对这些变量进行观察所得出的基本结论,除了可以作为前文已经得出的判断的佐证外,还使我们看到,若从综合标准来判断,该市场还是一个高质量的市场:教师、专业技术人员占绝大多数;受过高等教育的占绝大多数。这些旅游者通常具有很强的旅游保护意识和环境意识(在调查表的最后一项"对中国旅游开发的态度"中他们有相当独到的见解,对此将在另文《英国赴华旅游市场的发展与成熟》中进一步探讨),因此是值得我们珍视的市场客源。在我们迅速发展旅游业的同时如何利用外国旅游者已步入成熟的旅游观和环境观来影响我们的旅游意识,这应该是一个值得考虑的策略问题(有关资料见表5、表6、表7)。

四、英国赴华度假旅游者的在华需求倾向

从我们的调查结果看,英国赴华度假旅游市场是典型的"观光导向型"市场。在总共26个变量的需求调查表上(各变量均按被调查者的原始排序——从"不重要"到"十分重要"——分别赋以序数值1、2、3、4、5,表8中的各项描述统计量和相关系数都按这些序数值算出),被调查者按个人的需求意向决定各变量的重要性并相应赋值。足以令人惊奇的是,对这些变量进行统计观察与分析的结果显示,变量值的分布均具有相当高的集中趋势,变异系数很小(尤其是那些被列入两级——不重要"和"十分重要"——的变量,虽然它们的分布呈明显偏态),这说明英国赴华旅游市场的需求特征具有高度的一致性。从表8所列的描述统计结果来看,被普遍列为十分重要的在华旅游活动项目依次为:游览标志性景观景点,游览历史古迹、人类遗址及文化胜地,游览乡村风光,品尝当地食品饮品、摄影、摄像,访问普通人,探寻城市生活。这些活动均包含有浓厚的社会文化色彩,与人化或人造环境有密切关系,因此足以显示西方人对中国社会、历史和文化的好奇心理仍是目前驱动他们前往中国旅游的最主要动机,同时也证明,不同民族的社会文化差异客观上可以构成旅游的动力。事实上,这往往也是发展中国家在发展旅游业的早期所依赖的重要旅游资源;而且,这种资源的强大吸引力有时足以抵消因旅游设施设备不完善而对旅游者形成的阻抗。

表2　被调查旅游者的空间分布模式

居住地	频数	频率
伦敦	31	18.2
东南部其他地区	47	27.6
西南部	18	10.6
安格利亚东部	9	5.3
英格兰中部	18	10.6
约克塞尔,哈姆伯塞德	11	6.5
英格兰西北部	15	8.8
英格兰北部	1	0.6
威尔士	6	3.5

续表

居住地	频数	频率
苏格兰	7	4.1
北爱尔兰	3	1.8
其他	4	2.4

表 3 被调查者的年龄结构

年龄组	频数	频率
18～24	14	8.2
25～34	52	30.6
35～44	35	20.6
45～54	37	21.8
55～64	23	13.5
65＋	9	5.3

表 4 被调查旅游者的性别结构及婚姻等家庭状况

<table>
<tr><th colspan="2">变量</th><th>频数</th><th>频率</th></tr>
<tr><td rowspan="2">性别</td><td>女</td><td>97</td><td>57.1</td></tr>
<tr><td>男</td><td>93</td><td>42.9</td></tr>
<tr><td rowspan="4">婚姻状况</td><td>单身</td><td>74</td><td>43.5</td></tr>
<tr><td>已婚</td><td>70</td><td>41.2</td></tr>
<tr><td>离婚、分居、丧偶</td><td>17</td><td>10.0</td></tr>
<tr><td>同居</td><td>9</td><td>5.3</td></tr>
<tr><td rowspan="5">家庭结构</td><td>独居</td><td>58</td><td>34.1</td></tr>
<tr><td>与未成年子女生活</td><td>2</td><td>1.2</td></tr>
<tr><td>与伴偶生活</td><td>72</td><td>42.4</td></tr>
<tr><td>与伴偶及未成年子女生活</td><td>10</td><td>5.9</td></tr>
<tr><td>其他</td><td>28</td><td>16.5</td></tr>
</table>

表5　被调查旅游者的职业结构

职业	频数	频率
学生	12	7.1
企业、公司经理	4	2.4
农业部门管理者业主	5	2.9
科技专业人员	15	8.8
医疗保健专业人员	14	8.2
教师	44	25.9
其他专业人员	41	24.1
公务员、秘书	16	9.4
推销员	6	3.5
其他	13	7.7

表6　被调查旅游者家庭收入水平与就业情况

家庭年收入	频数	频率	累积频率	就业状况	频数	频率
<E15000	31	18.2	18.2	就业	132	77.6
E15～24000	50	29.4	47.6	学生	12	7.1
E25～34000	41	24.1	71.8	退休	24	14.1
E35～44000	20	11.8	83.5	失业	2	1.2
E45000 +	28	16.5	100.0			

表7　被调查旅游者的受教育情况

教育证书获得情况	频数	频率
各类成人职业培训证书	38	22.4
大学学位证书结业证及相当学历	46	27.1
硕士、博士学生证书	75	44.1
未获得上述各种证书	11	6.5

在另一极端，被抛弃到最不重要的地位的活动项目依次是狩猎、垂钓、水上运动、日

光浴、健身练习、游泳、骑自行车观光。这一结果着实给中国各地目前正在海滨大兴土木建各种相关设施以图吸引西方游客的热火朝天的景象泼了一瓢冷水。然而,深入的分析发现,英国游客做出上述选择,不是他们不喜欢这些旅游项目,事实上正相反,健身旅游和追逐"3S"一直是英国出国旅游的主流。但为什么他们又都做了上述选择?在这一点上,我们只好承认,每一个旅游消费者事实上都是一个很精明的经济学家:他懂得如何在一定的约束条件下安排他的消费结构才能使他取得最大的收益。如果他们想寻找阳光、海滩、大海,西班牙等地中海国家近在咫尺;如果他们要从事健身旅游,阿尔卑斯山的魅力足以使他们趋之若鹜;如果他们钟情于现代旅游娱乐设施,周边发达国家个个在这方面都已使尽浑身解数。正如一被调查者在调查表的页边所写的那样:"如果我要求这些,我就留在英国而不去中国了。"这种态度足以给中国旅游开发者们以很直截了当但却意味深长的启示:中国在决策旅游供给设施的投资取向时一定要考虑到她远距西方发达国家这一基本事实,尤其在目前国力并不富裕的情况下,更应仔细斟酌优先项目的选择。

对于表8中其他描述统计量所显示的内容我们在此不做进一步的解释。但不能不说明的是,表8第二、三栏是因素分析结果的一小部分,我们把它引入本文,一方面可以展示因素分析在辨识变量的类型归属方面的巨大潜力(它将26个变量最后归结为8个因素),而且另一方面更为饶有趣味的是,我们从中可以注意到对于一些特殊变量(这里尤其是"了解尝试中医中药"和"骑自行车观光"两个),因素分析的处理结果很有启发意义。例如,"了解尝试中医中药"一项,若直观地按取值倾向来看,几乎贴近最不重要之列,似乎应与"因素I"为伍,但因素分析的结果将其归入"因素V",同时该变量与"因素I"的相关系数也达到0.35945,因此这两个结果都说明,"中医中药"也属于中国文化范畴。如果以这种认识为基点向国外推销该类旅游产品,很有可能使之在旅游者的需求选择序列中的位置大大移前。同理,"骑自行车观光"也是了解中国文化和社会风貌的一种良好旅游方式,只要适当促销,巧妙设计该产品,"骑自行车观光"会完全从健身旅游(即因素I,相关系数为0.42138)中游离出来而成为一种备受欢迎的社会旅游方式。

本文仅对英国赴华旅游者的一些基本特征作简要分析。事实上,对文中所给出的资料的认识应远不止于此。不仅这些资料可以作为以往中国旅游学界对该市场的知识的重要补充,而且我们还建议将它们与中国官方统计数字进行多层面的比较研究,从而得出更有指导意义的结论。

最后，我们谨向协助我们顺利完成本项调查的中国国家旅游局驻伦敦办事处、中国驻英大使馆签证处、中国驻曼彻斯特总领馆签证处等机构表示感谢。

表8　需求特征的基本统计量和分类模式

变量	因素类型	对应于相应因素类型的相关系数	算术平均数	众数	标准差	偏态系数
游览山地风光		0.78770	3.782	5	1.112	-0.631
游览未开发的原始地区		0.77984	3.412	3	1.262	-0.317
观赏野生动物		0.73618	3.365	3	1.210	-0.348
游览乡村风光	Ⅰ	0.65105	4.247	5	0.986	-0.308
游览海滨风光		0.53981a	2.800	3	1.175	0.086
乘船在江河上游览		0.53006	3.165	3	1.155	-0.187
水上运动		0.82750	1.188	1	0.586	3.162
游泳		0.72442	1.524	1	0.950	1.757
日光浴	Ⅱ	0.71533	1.400	1	0.741	1.762
狩猎、垂钓		0.63014	1.082	1	0.351	5.365
健身练习		0.60436b	1.500	1	0.931	2.092
游览博物馆和艺术馆		0.79815	3.459	4	1.050	-0.201
研习中国艺术	Ⅲ	0.70191	2.994	3	1.091	-0.099
参加节目及文化盛会		0.69949	3.500	2	1.067	-0.251
购物		0.81420	2.841	3	1.127	0.042
城市观光	Ⅳ	0.69640	3.200	4	1.295	-0.246
出入娱乐场所		0.50780	2.876	3	1.126	-0.055
摄影、摄像		0.80358	4.106	5	0.997	-1.012
游览历史古迹，人类遗址及文化胜地	Ⅴ	0.50790c	4.500	5	0.707	-1.575
游览标志性景观景点		0.43613d	4.518	5	0.690	-1.541
了解尝试中医中药		-0.43200e	1.929	1	1.149	0.992

续表

变量	因素类型	对应于相应因素类型的相关系数	算术平均数	众数	标准差	偏态系数
徒步旅行	Ⅵ	0.61527	3.047	8	1.263	-0.268
访问普通人		0.61521	4.065	5	1.021	-0.940
探寻城市生活	Ⅶ	0.58131	3.929	4	0.983	-0.691
骑自行车观光旅行		0.56807f	1.824	1	1.173	1.349
品尝当地食品饮品	Ⅷ	0.85318	4.153	5	0.985	-1.252

注:本栏中的相关系数仅为各变量对应于前栏各相应医素类型的相关系数(是转置因素矩阵中的部分数值),对于其中某些个别变量所表示出的对其他因素的次要相关倾向,我们特以注解形式提供如下:

a. 此变量除了与因素Ⅰ有较高相关关系数外,还与因素Ⅷ相关,系数为0.42834;

b. 与因素Ⅷ的相关系数为0.46280;

c. 与因素Ⅲ的相关系数为0.44590;

d. 与因素Ⅰ的相关系数为041531;

e. 与因素Ⅲ的相关系数为0.35945;

f. 与因素Ⅱ的相关系数为0.42138.

在转置因素矩阵中的其他所有相关系数均选低于0.3000。

英国旅游者对中国旅游供给条件的认知水平及其分析*

英国赴华度假旅游市场从规模上看目前仍是未充分开发的市场,在需求倾向上明显以观光、猎奇和探险为主调。尽管中国在提供此类旅游产品方面目前具有较强的竞争力,但观光旅游的经济质量一般并不十分理想,这也正是许多旅游开发者刻意提供其他类型的旅游产品的基本动力。然而,在一定时期内,中国旅游业的运作应取何种导向?这种导向的决策依据是什么?要回答这些问题显然并不容易。但最基本的思路应该是要使旅游业的经营导向与旅游者的需求指向相吻合,这应该是没有异议的。然而问题的关键是,如何辨识和解释旅游者的需求指向(其内在模式,这种模式的逻辑依据以及模式的动态变化)却是极富挑战性的课题。任何一种需求模式的形成都有其逻辑依据,其中以往的旅游经历和新的旅游期望两个因素可能起着至为重要的激励、调节和平衡作用,它们影响着旅游者产生对一个新旅游地的认识愿望并进而决定其旅游需求的形成。就是说,在这里我们认为旅游者对一个旅游地的认识是形成旅游需求进而旅游购买的一个先决条件,因此,它也是理解旅游者形成其旅游需求指向的内在逻辑的突破口之一。以此为大前提,本文的思路便是通过回顾英国赴华旅游市场的旅游经历模式,进而考察旅游者对中国旅游供给条件的认知水平,来探寻某种途径以谋求旅游业的运作导向与旅游者的需求指向的协调。我们认为这是提高中国旅游业的宏观经营效率的重要手段之一。

一、英国赴华度假旅游市场的旅游经历

在容量为170的样本中,我们的统计观察结果是,有98.8%的旅游者在过去三年中

---

* 本文原载于1994年第5期《旅游调研》,作者:谢彦君、道格斯·特夫锐(Douglas Jeffrey博士现执教于德大学环境科学系),本文为两位作者共同从事的研究课题"英国赴华旅游者特征研究"的部分成果。

曾前往国外旅游过，而且访问国家数在二到七个国家的人数占84.8%，访问四个国家以上的人数占55.9%，只访问一个国家以上的只占2.9%。在旅游去向上，主要以欧洲和北美为旅游目的地的旅游者有118人，占总数的69.4%，这突出地表现出已往的旅游需求受文化一致性、经济水平和空间距离的影响。表1和表2给出了样本的有关分布。

若不做任何比较而只单纯观察表中的数字结果，我们所能得到的启示可能是有限的。但这种特征明显的分布模式至少可以使我们得出以下结论：英国旅游者出游次数之多以及较集中于发达国家这一事实，客观上正在构成新的旅游目的地所面临的严峻挑战和众多机会。这是因为，一方面，旅游者在评价潜在旅游目的地的供给条件时很自然地要进行横向比较并以旅游过的国家的供给水平为参照物，这就为潜在的旅游接待地提出了挑战，促使接待地国家努力按国际惯例操作旅游业；另一方面，这种倾斜性的旅游经历会很自然地导致新奇旅游需求的产生，以此来平衡和补充过去的旅游经历，而这就是机会的源泉。对于像中国这样一个刚刚敞开国门的旅游接待地来说，在面对这种挑战时，其机会更是寓于旅游者对他的旅游供给条件的这种认知与比较之中。

表1　英国旅游者在过去三年中旅游过的国家

国家①	人数	百分比
在过去三年中未曾访问任何国家	2	1.2
欧洲、北美的国家	118	69.4
亚洲国家	16	9.4
非洲、南美洲国家	14	8.2
大洋洲国家	3	1.8
包括各洲在内的许多国家	17	10.0
合计	170	100.0

① 表中作为变量的各洲国家不是纯粹的，而是“主要是指这些国家”。

表 2　在过去三年中访问的国家数

访问的国家	人数	百分比
0—1	7	4.1
2—3	68	40.0
4—5	38	22.4
6—7	38	22.4
8—9	6	3.5
10—11	5	2.9
12—13	3	1.8
14—15	3	1.8
16 +	2	1.2
合计	170	100.0

二、英国旅游者对中国旅游供给条件的认知水平

从前文对英国旅游者的旅游经历的考察结果看，很显然英国赴华度假旅游市场是架构在旅游者积淀甚深的对西方国家的社会、经济和文化的丰富而深入的切身体验之上的。这种体验会很自然地被用来作为旅游者选择一个新的旅游目的地的衡量标尺并进而成为影响旅游者形成购买决策的重要因素。由于这种决策是建立在比较的基础上的，而比较的另一端就是旅游者对新的旅游接待地的综合认识水平，因此，考察旅游者对旅游接待地的认识水平就成为理解旅游者购买决策的逻辑形成过程的关键一环。

为了获得旅游者对中国及其旅游供给条件的认识及其水平的测量，我们在调查表中设计了这样的问题："下面成对列出了有关中国及其旅游供给条件的描述，请在所给的五个括号中画"√"以示你对这些项目的认识水平。"在这个问题下面我们排除了对有关旅游资源的询问，理由是它们的答案可以部分地从需求倾向（调查表中的度假活动项目）中获得。

分析英国赴华旅游者对中国旅游供给条件的认识水平,可以确立两个目标:一是分析这种认识的准确程度,二是分析认识水平的高低对形成旅游需求乃至旅游购买决策的影响。前者在缺乏适当的参照物或规范的比较基准时将很难得出有意义的结论,因此我们的分析将集中在第二个目标上。为此,我们将样本170名旅游者分成“以前到过中国的重游者”和“以前未到过中国的旅游者”两组,并追加调查了另85名非旅游者(都是大学在校学生),他们也被分成两组,一组是利兹大学中文系的学生,一组是伯莱德福德大学的普通学生(没有任何关于中国的专门知识)。对这样一个含量增加到257并拥有四个自然组的样本进行t-检验的结果发现,在这四个组之间存在的显著差异是交叉的、重叠的。具体结论可以概括如下:

1. 从整个样本来看(表3的第六栏),认识水平没有明显倾向的变量有(3)、(5)、(11)、(12)、(15)、(16)、(17)、(19)、(25)、(26)——这些变量的平均值都在3.00左右;认识水平倾向于A描述的变量有(2)、(6)、(8)、(10)、(14)、(20),其中有显著倾向的是(2)、(10)和(14);认识水平倾向于B描述的变量包括(1)、(4)、(7)、(9)、(13)、(18)、(21)、(22)、(23)、(24)、(27),其中显著的是(7)、(9)、(21)、(22)、(24)和(27)。

表3　样本各组平均数的比较(1):t－检验

(A)描述	(a)重游组	(b)初游组	(c)中文系学生组	(d)普通学生组	样本	(B)描述
(1)平坦的地势	2.43 1.09 c－	2.11. 85 c＋	2.83 .70 b＋,a－,d＋	2.19 .70 c＋	2.28 .88	多山的地势
(2)气候多变	4.17 1.20 c－,d＋	4.34 1.02 d＋	4.57 .70 a－,d＋	3.60 .96 a＋,b＋,c＋	4.23 1.03	气候单一
(3)夏季气候宜人	3.11 1.16	3.31 1.13 c－	3.00 .99 b－	3.19 .96	3.21 1.09	夏季气候闷热
(4)夏季多雨	1.97 1.10 c＋,d－	2.07 1.06 c＋,d－	2.50 .94 b＋,a＋	2.37.82 a－,b－	2.18 1.02	夏季干燥
(5)对旅游者很热情	3.34 1.26	3.07 .97 d－	3.00 1.08 d－	3.39 1.07 b－,c－	3.15 1.05	对旅游者很冷淡
(6)民族/文化差异大	3.97 1.32 d－	4.20 1.19 d＋	3.86 1.16	3.44 1.22 a－,b＋	3.98 1.23	民族/文化单一
(7)使用一种语言	1.65 .94 d＋	1.76 1.17 d＋	1.93 1.22	2.23 1.11 a＋,b＋	1.85 1.15	使用多种语言
(8)独自旅行安全	3.74 1.27 d＋	3.48 1.02 c＋,d＋	4.14 .90 b＋,d＋	2.88 1.03 a＋,b＋,c＋	3.53 1.10	独自旅行危险
(9)与当地人交流容易	2.20 1.26 b＋,c＋	1.74 .96 a＋,c＋,d＋	2.79 1.09 b＋,a＋.d＋	2.21 .94 b＋,c＋	2.05 1.08	与当地人交流困难
(10)官僚作风严重	4.37 1.17	4.27 1.09 c＋	4.71 .81 b＋,d＋	3.93 1.30 c＋	4.30 1.11	官僚作风不严重
(11)到处都很拥挤	3.31 1.05 b－	2.96 1.20 a－,c－	3.33 1.00 b－	3.16 1.41	3.11 1.20	有许多人烟稀少之处
(12)公共交通便利	2.83 .94 b－	3.18 1.04 a－,c＋	2.74 1.08 b＋	3.07 1.03	3.04 1.04	公共交通不便利
(13)道路系统发达	2.46 .95 c＋	2.53 .93 c＋	1.71 .77 b＋,a＋,d＋	2.65 .87 c＋	2.41 .95	道路系统不发达
(14)出租车很少	4.09 1.20 c＋,d＋	3.88 1.16 c＋,d＋	4.60 .83 b＋,a＋,d＋	3.40 1.05 a＋,b＋,c＋	3.94 1.15	出租车很多
(15)旅游基础设施健全	2.60 1.06	2.47 .95	2.31 .98 d＋	2.74 .93 c＋	2.51 .97	旅游基础设施不健全
(16)国际长途电话方便	2.29 1.05 b－,d＋	2.62 1.11 a－,d－	2.57 1.02 d－	2.98 1.08 a＋,b－,c－	2.63 1.09	国际长途电话不方便
(17)住宿条件很好	3.31 1.08 c＋	3.07 .90 c＋	2.50 .92 b＋,a＋,d＋	2.93 .94 c＋	2.98 .96	住宿条件很差

续表

(A)描述	(a)重游组	(b)初游组	(c)中文系学生组	(d)普通学生组	样本	(B)描述
(18)可以享受西方式夜生活	1.89 .87 d+	2.15 .86 c-,d+	1.88 .83 b-,d+	2.58 1.07 c+,b+,a+	2.14.9202	无法享受西方式夜生活
(19)消费品丰富	3.09 1.10 b+	2.59 1.03 a+,c+,d-	3.14 1.03 b+	2.98 1.26 b-	2.81 1.10	消费品匮乏
(20)商品价格便宜	3.83 1.12 b+,c-	3.31.94 a+,c+	4.26.83 b+,a-,d+	3.51 1.08 c+	3.57 1.03	商品价格昂贵
(21)烹调方法单一	1.43 .82 d+	1.42 .78 d+	1.45 .89 d+	1.81 .88 c+,b+,a+	1.49 .83	烹调方法丰富多彩
(22)熟悉的菜肴	1.77 .94 c+,d+	1.66 .87 c+,d+	2.45 1.15 b+,a+	2.28 1.16 b+,a+	1.91 1.03	陌生的菜肴
(23)简单的食物	2.06 1.14 b+,c+,d+	2.53 1.05 a+	2.64 .88 a+	2.58 1.16 a+	2.49 1.06	奇特的食物
(24)风格单一的传统建筑样式	1.94 1.16 c-	1.84 1.06 c+,d+	2.48 1.23 b+,a-	2.28 .88 b+	2.03 1.10	各地建筑风格不大相同
(25)有许多现代建筑	3.29 .96	3.23 1.07 c+	3.64 1.03 b+,d+	3.19 .98 c+	3.30 1.04	很少现代建筑
(26)需要导游	3.51 1.56 c+	3.58 1.26 c+	2.71 1.24 b+,a+,d+	3.77 .97 c+	3.46 1.30	不需要导游
(27)各旅游区点间相距很近	1.57 .82 d+	1.54 .79 d+	1.62 .85 d+	2.25 .93 c+,a+,b+	1.68 .86	各旅游区点间相距甚远

注:①表中的“-”、“+”分别表示0.10和0.05的显著水平,表4中的相同符号具有相同含义;

②在对表中各变量进行赋值时,从A到B的五数个值分别为5、4、3、2、1;

③表中a、b、c、d及样本各栏下的两列数字分别为平均值与标准差。

2. 进一步比较四个组之间的区别,我们发现,在0.10的显著水平下,(a)与(b)两组间(我们认为这是两个关键组)具有显著差别的变量是(9)、(11)、(12)、(16)、(19)、(20)、(23),共七个。这种差别的含义是:尽管重游者和初游者都认为与中国人交流比较困难(样本平均值为2.05,倾向于B描述),但重游者所体会到的困难不如初游者预期的那样大(重游者的平均值为2.20,初游者为1.74);重游者对拥挤程度的感受比初游者的预期要强烈;重游者对公共交通和国际电话的方便性的感受要比初游者的预期差;而对消费品的丰富程度和价格的可接受程度,重游者的感受显著地比初游者的预期深;至于食品,两组的比较结果显示,重游者更深切地体会到了中国食品之丰富和奇特。

对表3中所给的全部数据我们均可作如上分析(即分别再作ac、ad、bc、bd、cd之间的比较),表中已给出这些比较的统计结论。因篇幅所限,在此不对它们作进一步的解释。不过,在理解表中的各项数值时,有几点是应该注意的。首先,英国旅游者对中国及其旅游供给条件的认识是建立在知识基础上的,同时也会下意识地受其固有的心理比较模式的影响,因此这些认识水平都具有相对性。其次,表中a、b、c三组的个体成员都在不同程度上具有一定的关于中国的知识,所以在比较他们彼此间认识水平的差异时容易得出合乎逻辑的解释。但是当把d组与这三组再分别比较时就要注意到,虽然我们主观上希望d组能代表整个英国潜在出国旅游市场的各种特征,但事实上它毕竟不是一个纯随机的样本,结构单一,因此缺乏我们所预期的代表性。如果刻意追求这之间的推论(尤其将d组与a、b组比较以判断认识水平对购买决策的影响时),就更要注意结论的有效性。还有一点要明确的是,对表3中各组数据进行比较的目的是从中发现不同组(当它们彼此间具有显著差异时它们代表不同的总体)在认识水平上的差异及其逻辑依据,以便进一步判断这种认识对购买决策的影响。离开了这一目的,比较本身就会成为数学游戏,而对统计结果的解释更会流于肤浅。

除了进行上述比较之外,我们还把170名旅游者按其旅行方式的不同分成散客和组合旅游两种。对相同于表3的所有各变量做类似的t检验,结果是,只有几个变量具有显著区别(见表4),而这种区别也同样给我们以很多有意义的启示(仔细比较两组的平均值的大小便可以理解其差别的含义,这里不再赘述)。

表 4　样本平均数的比较(2):t－检验

变量	(a)组合旅游者		(b)散客		显著水平
	均值	标准差	均值	标准差	
(7)语言	1.82	1.17	1.49	0.95	－
(8)旅行安全性	3.42	1.12	3.77	0.89	+
(9)拥挤程度	2.92	1.17	3.32	1.18	+
(14)出租车多少	3.84	1.20	4.17	1.07	－
(15)旅游基础设施好坏	2.59	0.92	2.21	1.04	+
(26)是否需要导游	3.96	1.04	2.64	1.44	+

关于变量的具体描述仍参见表 3。

三、英国赴华度假旅游市场的促销与经营策略

各组样本在认识水平上的显著差异(从而标志着它们在对应变量上已属于不同的总体),在一定程度上暴露了已往在促销与经营方面的一些不足。就拿旅游者的信息获得渠道来说,170 名旅游者中只有 41.8% 曾获得来自中国驻英旅游促销机构传播的信息,而这个水平仅相当于旅游者之间的口头信息传播水平(见表 5),既比不上外国旅行商的促销效果,也不如各种导游书籍、游记书和有关中国的学术著作的影响大。这就提出了对英的旅游促销策略与经营策略问题。尽管这些策略的制定需要通观整个英国市场的发展趋势及其需求指向,但从前文所得出的认识分析的结果来看我们仍能获得一些有益的启示。

表 5　英国赴华旅游者的信息获得渠道

信息来源	频率	百分比
中国驻英旅游促销机构的宣传品	71	41.8
外国旅行商的宣传品	119	70.0
导游书籍、游记书、有关中国的学术著作	144	84.7
以前去过中国的旅游者的介绍	77	45.3

1. 在促销方面，如果以重游者的切身感受为比较的基点（这是比较稳妥的选择），那么，任何比这种感受更差的心理预期都应该是促销的重点——通过适当的促销努力来改变这种不正确而且不利的心理预期。观察表3，应该做这种努力的项目（这里仅指一些敏感项目）包括：(8)旅行安全性(ad)，(9)交流的困难程度(ab)，(13)道路系统的发达程度(ac)，(14)出租车的多少(ac)，(17)住宿条件(ac)，(19)消费品丰富程度(ab)，(20)消费品的便宜程度(ab)，(21)烹调法(ac)，(22)菜肴(ac,ad)和(23)食物(ab,ac,ad)。

2. 经营方面，考虑的角度应从样本各成员对敏感项目的总体认识水平出发。凡是引起消极感受本预期的敏感项目都应是未来改善经营状况的对象，应及时有效地采取措施予以改进。从表3中“样本”一栏的数字看，这些项目包括(9)交流的困难程度，(10)官僚作风，(13)道路系统，(14)出租车问题，(15)旅游基础设施，(16)国际电话设施和(18)西方式夜生活等。

需要一提的是，上述分析中所使用的“敏感项”一词，是指表3中除了(1)、(2)、(3)、(4)、(6)、(7)、(25)、(27)八项以外的所有变量。此外，文中的许多结论都是直接来自对样本的统计分析，在这里，我们要强调的是这些结论的启发意义，而不是强迫人们认可这些结论。

按需求特征细分英国赴华度假旅游市场*

从 1993 年 5 月起，我们对英国赴华度假旅游市场（以下简称英国市场）进行了一次较大规模的抽样调查。截至同年 10 月底，我们获得了一个容量为 170 人的较大样本。对这一样本进行初步统计分析的结果，使我们对英国市场有了更为全面而深入的了解。本文在概括了英国市场需求特征的基本统计结论之后，进一步运用因素分析和聚类分析的理论与方法对该市场进行剖析，以便对英国市场的需求特征作出更深层的解释。进行这一分析所依赖的假设条件是：

首先，运用我们以邮寄调查表的形式对英国市场进行抽样调查所获得的资料，并假设拟在 1994 年前往中国的英国旅游者对其潜在的度假活动内容有着某种类似模式的态度和心理预期。特别是，假设因素分析模式适合于对记录有 170 名旅游者关于 26 项典型旅游活动的反应态度的矩阵资料进行因素辨识并做相应的解释。

其次，在识别出一个典型的态度反应模式并测定出每个原始变量对相应因素的解释能力之后，运用聚类分析的方法甄别这一样本所包含的基本群组。在选择用于聚类分析的变量时，我们的依据主要是各有关变量（主要是旅游者的人口统计变量、社会经济变量等）与各因素的相关程度，同时也考虑到按这些变量划分组群后所形成的细分市场的可进入性（或称易操作性）的问题。

一、英国市场需求特征的基本统计描述

英国市场的需求特征具有高度的倾向性。概括而言，这是一个典型的“观光型”市

---

* 本文原载于 1994 年第 5 期《旅游学刊》作者：Douglas Jeffrey（英国伯莱福德大学环境科学系）、谢彦君，本文系笔者共同从事的研究课题“英国赴华度假旅游者综合特征研究”的部分成果。

场,并呈现出浓厚的社会文化需求倾向(见表1)。从这一点看,中国作为英国度假旅游的目的地,尽管目前不占有重要地位,但却已显示出其特殊地位。这一结论给人们一个战略性的启示。因为,纵观当今世界旅游需求的发展趋势,重视旅游的社会、文化和环境质量已经渐成潮流。这就给只有十多年旅游开发史却拥有5000年古老文明和近千万平方公里疆土的中国提供了难以估计的发展机会。换言之,中国作为旅游目的地国在西方旅游者的需求选择序列中的地位,注定要发生变化。就是说,“特殊地位⇒重要地位”这种转化是不可避免的——只要中国的旅游开发在长期战略上真正重视其“社会、文化、环境”质量!

表1反映出的英国旅华市场需求特征,除了笔者曾在《旅游调研》1994年第1期上所做的分析外,还可进一步概括如下:

1. 作为观光型旅游目的地,中国目前最具吸引力的仍是(将来还应该是)那些富有民族文化色彩并能体现中国社会风貌和悠久历史的旅游资源。在被调查的旅游者中,他们对与此相关的旅游活动项目所作的选择不仅序位高(平均数在4.00以上,众数为5),而且集中趋势极为明显(变异系数很低,基本都在0.25以下)。从表1可以看出,属于此类的旅游项目包括:(1)游览标志性景观景点;(2)游览历史古迹、人类遗址和文化胜地;(3)游览乡村风光;(4)品尝当地食品饮品;(5)访问普通人;(6)摄影摄像。

表1　英国赴华度假旅游市场需求特征的基本统计描述

需求项目(变量)	平均数	众数	标准差	变异系数	偏态系数
游览山地风光	3.9	5	1.1	0.29	−0.63
游览未开发的原始地区	3.4	3	1.3	0.37	−0.32
观赏野生动物	3.4	3	1.2	0.36	−0.35
游览乡村风光	4.2	5	1.0	0.23	−1.31
游览海滨风光	2.8	3	1.2	0.42	0.09
乘船在江河上游览	3.2	3	1.2	0.37	−0.19
参加水上运动项目	1.2	1	0.6	0.49	3.16
游泳	1.5	1	1.0	0.62	1.76
日光浴	1.4	1	0.7	0.53	1.76
健身练习	1.5	1	0.9	0.62	2.09
狩猎、垂钓	1.1	1	0.4	0.32	5.37

续表

需求项目(变量)	平均数	众数	标准差	变异系数	偏态系数
骑自行车观光旅行	1.8	1	1.2	0.64	1.35
游览博物馆、艺术馆	3.5	4	1.1	0.30	-0.20
研习中国艺术	3.0	3	1.1	0.36	-0.10
参加节日及文化盛会	3.5	3	1.1	0.31	-0.06
购物	2.8	3	1.1	0.40	0.04
城市观光	3.2	4	1.3	0.41	-0.25
出入娱乐场所	2.9	3	1.1	0.39	-0.06
摄影摄像	4.1	5	1.0	0.24	-1.01
游览历史古迹、人类遗址和文化胜地	4.5	5	0.7	0.16	-1.58
了解尝试中医中药	1.9	1	1.1	0.60	0.99
游览标志性景观景点	4.5	5	0.7	0.15	-1.54
徒步旅行	3.0	3	1.3	0.42	-0.27
访问普通人	4.1	5	1.0	0.25	-0.94
品尝当地食品饮品	4.2	5	1.0	0.24	-1.25
探寻城市生活	3.9	4	1.2	0.30	1.35

注:表中所有需求项目(变量)的取值范围均为1、2、3、4、5,分别表示在选择序列中从“不重要”到“非常重要”的不同选项序位。本文的各项统计指标均从这些基本数据计算而得。

2. 在选择序列中位居其次的,一是城市旅游,包括城市观光,探寻城市生活,游览博物馆和艺术馆,参加节日及文化盛会等;二是山水风光旅游,包括游览山地风光,游览未开发的原始地区,观赏野生动物,乘船游览等。以中国的广阔疆土而言,这些旅游项目也是其优势所在。

3. 表1所反映的另一个事实是几乎所有旅游者都把与健身旅游相关的活动项目视为不重要的项目(平均数在1.5以下,众数为1)。尽管在这一类需求选择中存在较大的变差(变异系数高于以上两组),但下文的聚类分析结果显示,这种变异只是来自极少数极端值(选项序位偏高)的影响(青年学生组,仅11人,高收入阶层,仅18

人;青年非学生组,仅7人)。剔除这些极端值,样本中的有关变量的集中趋势就更为明显。因此,结论仍然是,至少80.0%的旅游者认为去中国做健身旅游是不重要的。

尽管上述结论十分明显,但对它们进行解释却并不容易。为此我们又以个人访问的形式调查了一些去过中国的英国旅游者。他们对此的解释可以概括为三点:(1)中国的历史、文化及其丰富多彩的自然景色对西方旅游者的吸引力之大使其他类型的旅游项目黯然失色;(2)去中国作健身旅游至少在目前是不经济的;(3)处于相等半径上的南亚诸国以及澳大利亚能提供更有竞争力的同类产品。

二、英国市场需求特征的因素辨识

在我们的调查表中,对英国旅游者的在华需求项目共列有26项。为了将旅游者的实际需求模式——一种概括性的模式,既有解释能力,又有进一步的应用价值——辨识出来,我们采用了一种数学工具——"因素分析"法。作为一种认识现象的规律性和内在秩序的方法,因素分析的贡献就在于识别现象内部的固有模式。

表2是我们对170个被调查者的需求资料进行因素辨识的结果[①]。这个结果将26个变量进一步地概括为8个基本因素,我们可以依次为其命名为"山水风光游"、"健身旅游"、"文化艺术旅游"、"城市购物观光娱乐"、"访古旅游"、"社会旅游"、"美食旅游"和"探寻城市生活旅游"。表中第二大栏中的数字为各原始变量(共26人)对应于相应因素(共8个)的相关系数,其中属于同一组的各黑斜体字表示它们解释同一因素(换言之,每组数字表示与其对应的各原始变量实际上属于同类式近似同类的现象),而各分散的黑正体字表示该变量同时也与另一对应因素存在稍弱一点的相关关系。例如,"骑自行车观光旅行"虽然属于"健身旅游"这一因素或类型(相关系数为0.52),但同时它与"探寻城市生活"也存在较高的相关关系(相关系数为0.48)。同样,"游览标志性景观景点"虽然与"历史古迹游"为伍,但它还带有"山水风光游"(因素Ⅰ)的成分。表2的最后一栏"集性系数"则给出了每个数量与其他变量所存在的"共性"关系的程度。

表2　因素分析的基本结果

因素 变量	Ⅰ	Ⅱ	Ⅲ	Ⅳ	Ⅴ	Ⅵ	Ⅶ	Ⅷ	集性系数
游览山地风光	.79	−.04	−.04	−.04	.11	.03	.18	−.01	.68
游览未开发的原始地区	.79	−.03	.22	−.06	−.03	.01	−.03	00	.67
观赏野生动物	.74	.11	.14	.00	−.03	.19	.00	−.01	.63
游览乡村风光	.66	.02	.08	.10	.02	**.34**	−.20	.03	.61
游览海滨风光	.56	.23	.03	.10	−.11	**−.32**	.05	**.32**	.60
乘船在江河上游览	.54	.08	.07	.15	.04	**−.41**	.09	.18	.53
参加水上运动项目	.10	.83	−.01	−.15	.01	−1.5	.10	−0.7	.75
游泳	.03	.75	.02	.15	.07	.22	−.16	.03	.65
日光浴	−.17	.72	.08	.07	.00	.13	−.06	−.05	.58
健身练习(太极拳等)	.11	.68	.02	−.02	−.11	−.08	.13	**.33**	.62
狩猎、垂钓	.16	.56	.01	−.17	.12	−.11	.27	**−.43**	.65
骑自行车观光旅行	.14	.52	−.11	−.11	−.23	.13	.04	**.48**	.62
游览博物馆、艺术馆	.09	.05	−.80	.04	.13	−.06	.03	.08	.68
研习中国艺术	.14	.00	.70	.03	−.11	.14	.09	−.06	.55
参加节日及文化盛会	.17	.05	.69	.14	−.11	−.10	−.18	.04	.59
购物	−.03	.01	.09	.82	.04	.20	.13	−.10	.75
城市观光	.05	−.18	.11	.69	.16	−.27	−.06	.06	.63
出入娱乐场所	.25	**.35**	.09	.49	−.12	−.18	.12	.09	.51
摄影、摄像	.06	.05	−.05	.13	.81	−.07	−.02	.05	.68
游览历史古迹、 人类遗址和文化胜地	.00	**−.31**	**.45**	−.01	.47	−.05	.17	.27	.62
了解尝试中医中药	.18	.09	**.35**	.19	−.44	.14	**.34**	06	.64
游览标志性景观景点	**.41**	−.30	−.01	.06	.43	.23	.22	−.19	.59
徒步旅行	.23	.20	−.15	.06	−.24	.60	.09	.04	.55
访问普通人	.24	−.02	.25	−.18	.11	.59	.08	.28	.59
品尝当地食品饮品	.11	.08	.01	.11	.01	.06	.85	.10	.77
探寻城市生活	.21	.10	.19	−.01	.20	.09	.15	.58	.51

三、细分英国市场:聚类分析的结果

尽管模型辨识是因素分析的重要贡献,但因素分析的价值却远不止于此。通过观察因素值(Factor Scores)与旅游者的个人特征之间的关系,很有可能从中得出一些重要的结论。为此,我们运用聚类分析法对样本的内在结构作进一步分解,从而确认英国市场的细分结果应以8个为宜(聚类分析的原始结论为11组,但因其中两组各只含有一个旅游者而另一组只含有两个旅游者,缺乏代表性,故略去)。这种细分的变量依据是:性别、年龄、职业、家庭年收入、受教育程度、婚姻状况、家庭结构和旅游方式(我们排除了"居住地"这一重要变量,理由有二:一是该变量与因素值的相关系数偏低;二是该变量本身对英国市场的空间分布模式已具有很强的解释能力——参见笔者发表在《旅游调研》1994年第1期上的文章——故可将其视为一个重要的独立变量来对待。换言之,本文所提出的市场细分结果,可以认为是以我们以前所划分的一、二、三级市场为空间依托的)。表3是对8个细分市场进行特征分析的结果,其中的数值为各变量在对应组中的算术平均值或比率(依变量的原始赋值类型而定)。

表3 英国赴华度假旅游细分市场的基本特征

细分市场 变量	组群A	组群B	组群C	组群D	组群E	组群F	组群G	组群H	样本
性 别	.26	.39	.78	.15	.36	.88	.43	.60	.43
年 龄	37.4	43.0	44.4	45.4	23.6	62.5	28.6	52.0	41.8
家庭年收入(万英镑)	2.44	3.14	4.00	1.92	1.09	1.88	2.86	2.00	2.79
经理、业主及高级专业人员	.04	.39	1.00	.00	.00	.00	.00	.00	.31
教师	.00	.57	.00	.00	.00	.00	.00	.00	.26
副高级专业人员	.78	.04	.23	.00	.00	.00	.00	.00	.16
一般职员、体力劳动者等	.19	.00	.00	.77	.00	1.00	1.00	1.00	.21
受教育程度	4.19	4.49	4.61	1.46	3.73	.87	3.00	3.40	3.82
单 身	.44	.40	.33	.38	.82	.38	.86	.20	.44
已 婚	.26	.49	.56	.38	.00	.63	.00	.60	.41

续表

变量 \ 细分市场	组群 A	组群 B	组群 C	组群 D	组群 E	组群 F	组群 G	组群 H	样本
离婚/分居/丧偶	.19	.06	.11	.23	.09	.00	.00	.20	.10
同 居	.11	.04	.00	.00	.09	.00	.14	.00	.05
独自生活	.33	.31	.39	.31	.27	.38	.71	.40	.34
独自与未成年子女生活	.00	.03	.00	.00	.00	.00	.00	.00	.01
与伴偶生活	.41	.43	.56	.38	.09	.63	.29	.60	.42
与伴偶及未成年子女生活	.04	.12	.00	.00	.00	.00	.00	.00	.06
其 他	.22	.12	.06	.31	.64	.00	.00	.00	.16
学 生	.00	.00	.00	.00	1.00	.00	.00	.00	.07
退 休	.07	.09	.22	.15	.00	.75	.00	.40	.14
就 业	.89	.90	.78	.85	.00	.25	1.00	.60	.78
失 业	.04	.01	.00	.00	.00	.00	.00	.00	.01
旅游方式	.15	.25	.33	.31	.91	.00	.43	.00	.28
因素Ⅰ(山水风光旅游)	.26	-.08	.05	.39	-.53	.40	-.89	.78	.00
因素Ⅱ(健身旅游)	-.25	-.07	.33	-.03	.55	-.29	.56	-.46	.00
因素Ⅲ(文化艺术旅游)	.04	.09	-.28	.09	.18	-.11	-.20	-.36	.00
因素Ⅳ(城市购物、观光、娱乐)	.04	.05	-.06	-.04	-.48	-.05	-.05	.57	.00
因素Ⅴ(访古旅游)	.04	-.06	-.30	-.08	.34	.69	.23	-.31	.00
因素Ⅵ(社会旅游)	.02	.13	-.10	-24	-.09	-.71	-.31	.37	.00
因素Ⅶ(美食旅游)	.33	-.10	-.09	.18	.45	-.03	-.11	-.43	.00
因素Ⅷ(探寻城市生活)	17	.00	-.08	-.24	.20	-.14	.54	-.61	.00
各组群包含的人数	27	77	18	13	11	8	7	5	170

注:关于表中有些数值所代表的实际含义,请见注释②

理解表3中各项数字的内在含义的关键是把旅游者的各项基本特征(从性别到旅游方式的各变量)与表示其需求倾向的“因素值”(从因素Ⅰ到因素Ⅷ)对应起来加以分析,并以样本的平均水平(表3最后一栏)为参照系,从而建立起准确有效的判断(表中各因素值的高低表示该种旅游活动在旅游者的选择序列中的地位的高低,或表示有多少旅游者倾向于做这种选择)。下面是我们对各细分市场的特征的简单概括,希望这种概括不会阻碍那些对此问题有兴趣的人独立地从数字中引发出更多更深刻的见解。

组群 A:这一市场以女性占绝大多数(74%),平均年龄为 37.4 岁,社会地位和家庭年收入均居中等水平,与其他各市场相比,这一市场中的旅游者的婚姻状况和家庭结构最为复杂,但却普遍受到较好的教育。

这一组的旅游者倾向于选择组合旅游(Package tour)的旅游方式,并对中国的山水风光、美食佳肴很感兴趣,但对健身旅游打分却偏低。

组群 B:这是一个典型的旅游市场,代表着英国赴华度假旅游市场的典型特征。也正因为其典型性,使这一市场的个人基本特征(包括人口统计特征、社会经济特征等)与整个样本的对应指标有相当的一致性(比较“组群 B”与“样本”两栏的对应数字便一目了然)。尽管本组因所含人数较多而使计算本组各因素值的平均值没有多大意义(样本全部因素值之和为 0),但我们认为这一组的需求特征完全有理由按本文第一部分所指出的总体性结论进行解释,故这里不再赘述。

组群 C:这一市场的特征是男性占绝大多数(78%),平均年龄为 44.4 岁,属于事业辉煌的年龄段。尤其是这一组的成员全部来自上层社会(经理、业主及各种高级专业人员),因此家庭收入水平很高,并有最好的教育背景。在婚姻方面,除了 33.33% 为单身和 11% 属离婚、分居或丧偶外,56% 为已婚并与伴侣生活(无未成年子女),由此可见,这是一个质量很高的细分市场。观察这一市场的需求特征可以发现,这一市场尤其喜欢健身运动旅游——这和多数其他细分市场大不相同。相反,对于文化艺术旅游和访古旅游,他们并不是很热衷。

组群 D:这个市场则主要由中年女性构成,社会地位处于中下层,经济状况不佳(家庭年收入为 1.92 万英镑),受教育程度也偏低。与组群 A、B、C 比较,组群 D 在婚姻和家庭结构方面没有太明显的差异,旅游方式也颇类似,倾向于组合旅游。但这一组的需求特征却有独特之处:喜欢山水风光游以及美食旅游,但对社会旅游和探寻城市生活却不很感兴趣,这又一次说明教育背景的差异在很大程度上左右着旅游者对这两类不同旅游活动的需求倾向。

组群 E:这一组全部由青年学生(男性占 64%)组成,受教育程度达到大学学士学位水平,无一结婚。本市场的显著特征是:对健身旅游、访古旅游、美食旅游很感兴趣,但不喜欢山水风光旅游和在城市观光、购物与娱乐,这反映了西方知识青年一方面对东方的历史文化怀有好奇,另一方面喜欢参与性强的旅游活动这一事实。从本市场对“散客旅游”(Individuatly organised tour)这种旅游方式的偏爱(91%选择此种旅游方式)也可以看出这一点。但值得指出的是,我们不认为本市场对“健身旅游”的偏爱在意义上等同于市场 C;很可能前者强调经济型的参与性的健身旅游,而后者注重的是豪华型的享受性的健身旅游。

组群 F:老年男性是这一市场的主体,75%退休在家,收入水平(1.88 万英镑)和社会地位(全部为一般职员或体力劳动者)以及受教育水平均很低。除了 38%独自生活外,63%与伴侣生活(身边无子女)。作为典型的低收入层老年人旅游市场,他们的需求倾向是,对中国的山水风光和访古旅游打分很高,但不喜欢社会旅游和健身旅游。

组群 G:这一市场由单身青年(非学生)构成,全部是一般职员、秘书或体力劳动者,71%独自生活,家庭收入和受教育程度均居中等水平。他们的需求倾向是:喜欢健身旅游、访古旅游和探寻城市生活,但不喜欢山水风光旅游,这一点与细分市场 E 极为相似,但不同的是,市场 G 不喜欢社会旅游,而市场 E 却没有表现出如此明显的倾向。也许从两个市场的不同受教育背景(从而决定了其对社会现象的不同理解力和关注程度)能对这种差异做出合理的解释。

组群 H:这又是一个以中老年人为主体的细分市场。尽管有 60%在职工作(另 40%退休),但因从事社会地位较低的工作(普通职员、秘书或体力劳动者),故家庭年收入水平也偏低(2.00 万英镑)。与市场 F 有明显不同的是,这一市场的受教育程度远高于前者。他们的需求倾向是:喜欢山水风光旅游而不喜欢健身旅游(与 F 同),喜欢城市观光、购物、娱乐和社会旅游,却不喜欢文化艺术旅游、访古旅游和美食旅游,对探寻城市生活也打分很低。另一点完全与 F 组相同的是,本组也完全倾向于选择组合旅游的方式。

以上便是运用组群分析法进行市场细分所获得的结果。需要指出的是,这些结果是完全建立在对数据进行数学处理的基础上的,因此在解释因果关系时有时会显得勉强(正是因为这个原因,我们对组群 H 就没有试图这样做,因为一个仅包含 5 个个体的样本的代表性毕竟不够理想)。但这种分析也确实揭示了许多为我们所忽略或未认识的事实。尽管在各个细分市场之间仍有许多交叉重叠(这确实会使一些人有所失望),但谁曾见过或能想象一个能独立的自在的市场?所以,我们期望在对英实施旅游促销时,以上分析结果能有助于恰当的促销策略的形成。

注释:

①表2的结果与我们发表在《旅游调研》上的文章的结果有一点点不同,原因是我们采取了不同的矩阵转换方法:前者为varimax法,后者为quartinax法。

②在对各品质变量进行数字化时,我们的赋值结果是:

性别　0=女性　1=男性

受教育程度　0=未获任何职业教育或学位证书

1=职业教育证书(City and Guilds)

2=义务高中教育(CSE/O'Level/GCES)

3=专科教育或高中教育优等生('A' Level/BTEC National)

4=大学教育等(Degree/BTEC HND/RMN/SRN etc)

5=研究生教育(Postgraduate Degree/Diploma or Professional Body Membership)

旅游方式　0=组合旅游(Package tour)

1=散客旅游(Individually organized tour)

(本稿收到日期:1994年6月20日;责任编辑:徐菊凤)

中国旅游城市竞争力评价理论与实践中的问题辨析*

1. 引言

在近代社会的旅游发展过程中,城市一直扮演着客源地和目的地的双重角色。一方面,城市居民拥有较多的可自由支配收入,由此构成了旅游消费的经济权利,而城市工业化带来的城市病则促使人们产生暂时性地离开城市、回归自然的愿望。另一方面,城市作为人类的重要聚落形式,拥有极其丰富的景观资源和享乐设施,加上城市综合实力的增强、环境的改善以及基础设施的不断完善,城市也就具有了旅游接待、休闲度假、观光娱乐等功能,于是,城市也就成了旅游目的地[1]。城市在发挥旅游目的地功能的过程中,不仅出现了众多针对旅游者开发的专门性产品(如主题公园等),同时,一些工作场所也面向旅游者开放。MacCannell 在其著作 5 旅游者: 休闲阶层新论 6 中就曾提到,纽约证券交易所和康宁玻璃公司已经专门拨出了给参观者的时段、入口和走廊; 精神病院、部队基地和小学定期向参观者开放,建筑公司在工地周围的围墙上钻上窥视孔,将这些孔整齐地排列起来,以便不同身高的观光者参观。[2]类似的情况在我国当前的旅游发展中也已经具有相当的普遍性。换言之,城市凭借其优良的人文环境和独特的城市景观,日益成为最重要的旅游目的地。具有旅游目的地功能的城市,因其所拥有的高品质而又数量丰富的旅游资源、旅游产品和旅游接待设施而被看作旅游城市,而每年大量的旅游流使得这类旅游目的地成为现实的、集中性的旅游发展平台,进而使城市成为各类旅游目的地的重中之重。

在中国,城市因其所具有的这一旅游发展功能而引起了各级政府对城市的旅游竞争

---

* 本文原载于 2010 年第 1 期《旅游科学》,作者:谢彦君、余志远(男,1981 年生,博士研究生,讲师,研究方向为旅游体验)、周广鹏(男,1976 年生,博士研究生,讲师,研究方向为旅游体验)。

力的高度关注,并激发了各个城市发展旅游的极大热情和攀比心态。理论界为满足政府和社会各界所需进行了相关的理论和应用研究,提出了对城市的旅游竞争力予以评估的理论模型、方法和策略。为了促进城市的旅游业发展,1995年3月,国家旅游局发出了关于开展创建和评选中国优秀旅游城市活动的通知,并于同年开始组织实施创建中国优秀旅游城市的活动。与此同时,国内学者对旅游城市的相关研究也逐渐展开,其中有关竞争力评价的议题则成为这场讨论的热点,在短短的10多年时间里,已经积累了大量的相关文献,在一定程度上显示了人们对政府所主导的研究课题的极大热情。

不过,通过对国内相关文献的梳理,我们发现,尽管此类研究已经形成了量的积累,但在理论建构和实际应用方面的效果却不尽如人意。一个突出的问题是,相关研究所形成的城市旅游竞争力评价理论不仅难以推进中国特色旅游城市的建设和发展,而且还可能误导全国的城市形成千篇一律的面孔,与旅游发展的要求南辕北辙。这一结果的出现,从根本上说,源自学界对政府评选优秀旅游城市的初衷做了局限的解读,甚至误读。因为,政府部门在百废待兴的改革开放初级阶段所推出的优秀旅游城市评选活动,将比较基准确定在旅游业的各个方面,甚至包括城市基础设施和社会经济发展的总体水平,这一出发点是有其时代合理性的,同时也是政府工作的一个理性选择。然而,时至今日,学界所形成的评价哲学和相关理论,已经开始留下后遗症:人们正在漠视旅游的本质诉求,漠视特色对于旅游的根本性意义,由此也给那种只重发展不重保护的行政思想留下了藏身之所。试想,当各种此类评比的最终结果总是表现为:综合性大都市位列优秀旅游城市之首,而有特色、有巨大国际辐射力的中小城市却可能排在百名之外的时候(例如,在罗栋的一项研究结果中,位列百名优秀旅游城市之首的是北京、上海,而丽江则位列第100名①),我们就不能不怀疑这种评比的合理性和有效性了。这种怀疑的一个自然结果,就是督促我们反思相关理论的科学性。

2. 国内相关研究成果的方法论评述

从现有文献看,国内学者在探讨旅游城市的竞争力问题时,存在一个根本性的理论问题,即相关概念的混淆。这种混淆不仅表现在不同研究人员的成果之间的误解和误

① 引自罗栋在2009年"北京对话"期间的演讲《中国城市旅游竞争力评价体系及城市旅游经济影响因素结构研究》。

用,而且还可能表现在同一篇成果的前后文之间的混乱和轻率。在多数文献中,很少有人注意到城市旅游与旅游城市、旅游城市和城市、城市旅游与城市中的旅游这些基本概念之间的联系与区别。因此,就出现将用以评价城市综合竞争力的指标简单移植用以评价旅游城市的优劣,将用以评价城市旅游的指标错误地用来作为评价旅游城市的指标,用城市旅游的评价指标替代城市中的旅游的评价指标等现象。凡此种种,由于概念上的混乱,自然要造成结果上的无效。这是近年来旅游城市竞争力评价研究缺乏理论升华的根本原因。

不仅这种概念性的混淆一直没有引起人们的重视,在评价的理论依据方面,人们还一如既往地利用旅游学的有限理论模型和竞争力研究领域的有限成果来构建旅游城市竞争力评价模型。其中,与旅游学相关的理论(其中包括有理论之名而无理论之实的一些提法)包括旅游系统论、旅游生命周期理论、城市旅游理论与城市形象理论(这些理论原本属于不同的领域,人们在借用这些理论的时候,并没有仔细思考其核心属性,仅仅是基于其与旅游有直接或间接关联就把它们引入到旅游研究中);而与竞争力相关的理论则包括产业竞争力钻石模型与旅游目的地可持续竞争力模型。按道理,借助相关理论构建旅游城市竞争力模型本是研究架构的一个无可指责的路径。但是,就现有文献来看,该环节存有两个问题可能会严重影响相关竞争力模型的正确构建:其一,旅游学相关理论自身不成熟以及缺乏体系上的自洽性,影响了其对模型构建的支撑力度;其二,部分学者在构建相关竞争力模型时,较多地将眼光投射到"城市"之上,却常常忽略了对"旅游"应有的深切关注,因此,不少文献实质上是在进行城市竞争力探讨。后一个问题进而也反映了研究视角和技术路线方面所存在的问题。

从现在文献中看,国内大多数学者在对旅游城市的竞争力进行评价时,往往是通过一般的城市竞争力评价模型或指标体系的构建来进行量化的旅游城市竞争力实证研究[3]。具体来说,研究者从探讨旅游城市竞争力的影响因素出发,试图构建一个评价指标体系,然后选取具体城市进行分析、评价,最终给出一个排名清单。这个评价过程的特点以及所隐藏的问题可以概括为:第一,在评价方法论上,存在一个未必真实的前提假设,评价指标适合用来评价所有城市,换言之,这类研究假定所有城市都具有旅游潜质,差别仅仅是程度不同而已;第二,用这个如筛子一样的基本框架来过滤和衡量所有城市,其结果将是一个包含序位的清单；第三，这种排名的直接效应是助长了攀比心态，它的社会基础是强大的政府资源；第四，这种排名未必注重某个城市旅游发展所面临的独特的、现实的、具体的问题，却需要顾及所有城市必须具备的一般性条件。由于这些研究带有明显的"中国特色"，所以我们很难在国外学者那里找到类似的旅游城市排名研究。相反，国外学者多将城市作为一个旅游目的地，从旅游营销、旅游感知、旅游环境管理等角度进行个案式的研究。即使开展量化评价，也主要是把包括城市在内的国家或地区作为对象而进行。比如，Kozak 选取旅游动机、季节竞争、满意度等旅游感知数据，构建了包括软指标和硬指标在内的旅游目的地竞争力评价指标体系，利用方差分析法，对土耳其、法国、西班牙、意大利、葡萄牙、希腊等国的竞争力进行了比较性的定量评价[4]。显然，这种评价体现在更为一般性的维度上，摒弃了那些不可比较的因素或指标。而这种看似不经意的取舍，却体现了方法论上的一个慎重考虑。

就具体的研究方法而言，国内学者所使用的研究方法比较单一，大多数人垂青定量研究，喜欢用层次分析法、因子分析法和聚类分析法。这一点似与国外有所区别。国外研究该类问题不乏定性研究，而其定量研究成果的质量也较高，研究方法更为丰富，涉及到方差分析、因子分析、聚类与判别分析、重要业绩分析、尺度分析、回归模型分析等。不过，一个值得警惕的问题是，不管是在国内还是国外，相关的定量评价往往基于旅游者个体的主观判断（比如景观的奇特程度、旅游体验的满意程度等），这种在非量化的基础上所做出的量化评价，不可避免地要经历科学性的考验，而这种考验并不会因为方法的复杂程度而有所改变，因为，这里所涉及的是定性研究与定量研究对相关问题的根本适当性问题。

检视国内相关研究，还可看到一些操作性方面的问题，比如，样本的代表性以及指标体系的自洽性和适当性问题。在进行定量研究时，样本的代表性是一个至关重要的衡量指标，缺乏代表性的样本所造成的推断上的区位谬误，将直接影响研究命题的科学性。有一些研究旅游城市竞争力的文献，在选择典型城市时所依从的就近原则，就可能会影响到对所探讨的问题的解释力[5]。至于指标的选择及其体系的确立，往往基于对所研究的问题的界定和对相关概念的定义，因此，这方面存在的问题，主要是理论基础方面的欠缺造成的。例如郭佳、陈晓东、姜立峰在 2007 年浙江省旅游统计资料的基础上，选择多项指标建立了旅游城市竞争力指标体系,包括:旅游收入(旅游外汇收入、国内旅游收入)、旅游人数(国内游客数量、外国游客数量)、旅游接待设施(星级宾馆数量、客房数、床位数)、旅游组织能力(国际旅行社总数、国内旅行社总数、旅行社从业人员数)[6]。很明显,如果仅从他们所选择的指标上看,这些作者想要解决的并不是旅游城市的竞争力评价的问题,而是关于城市的旅游产业经营绩效的讨论。同样,张争胜、周永章[7]的研究也有类似的倾向,他们所构建的指标体系实属旅游产业经营竞争力测评,恐不能代替整体竞争力。另一方面,实际指标选择不科学的重要原因之一是由于某些研究人员迫于数据收集的难度而将一些重要指标删减或用其他指标替代。例如,宿倩在对比理论性指标体系后,剔除了社会平均投资利润率、居民好客度、成人识字率、舒适性指数、犯罪率、旅游咨询中心、景区设施齐全程度、旅游娱乐设施规模、旅游发展资金、旅游从业人员培训比例、旅游研究人员数量及危机管理水平等多项指标[5]。这种经过大幅删减的指标体系,已经不足以实现最初的研究意图了。

3.旅游城市竞争力研究的相关概念辨析

直到今天,旅游城市竞争力研究领域还一直存在着概念混淆的问题,这一点在笔者所接触的最新的研究成果(包括未正式发表的相关课题的研究成果和一些博士论文)都能得到证实。鉴于这些被混淆的概念的基本性、基础性和重要性,本文特在此予以辨析。这种辨析的基础实际上是一个与旅游城市相关的概念丛,其中包括城市(City)、城市旅游(Urban Tourism)、旅游城市(Tourist City)、城市中的旅游(Tourism in City)等。这几个概念都可以纳入竞争力的讨论框架,因为它们均以其禀赋成为竞争资源。但是,由于它们本属于不同的事物,因此,就不允许在实际考察其竞争力时在指标选取上张冠李戴。

辨析这几个基础性概念的第一个途径是建立各个概念的参照系,见表1。

从表1可以十分明确地看出,在当前大多数文献中被随意换用的几个概念,实际上有着严格的本质性区别。这种区别不仅基于现实中相关的不同现象的独立存在,而且也基于这些现象都已经发展成为显著的旅游事实,需要有一整套的概念来加以表现、规范,从而方便于提出科学的研究命题,建立自洽的理论体系。

表1　旅游城市评价研究的相关概念丛

主体概念	参照概念	核心含义
城市(City)	乡村(Country)	人类聚居群落的二元对立
城市旅游 (Urban Tourism)	乡村旅游(Rural Tourism),荒野旅游(Wildn ess Tourism),农庄旅游(Farm Tourism),生态旅游(Eco Tourism),文化旅游(Cultural Tourism),三S旅游(3S Tourism)等	属于不同的旅游类型
旅游城市 (Tourist City)	会展城市(Conven tion & Exhibition City),政治城市(Political City),钢铁城市(Steel City),纺织城市(Spinning City),国际城市(International City)等	城市主体功能的差异性
城市中的旅游 (Tourism in City)	城市中的乡村主题公园旅游,城市中的夜生活旅游,城市中的工业旅游,城市中的博物馆旅游等	城市中有丰富多彩的旅游选择

下面,笔者对其中几个主要概念略作剖析。

首先,城市旅游与城市中的旅游之间的区别和联系。这两个概念不太容易区分,二者在某种程度上存在着重叠、交叉的关系。作为一种旅游方式或类型,城市旅游的关键在于吸引游客的核心价值是城市或都市景观。这种旅游体验的目标市场主体很可能是乡村人口(为简化问题起见,假设景观类型只划分为城市景观和乡村景观两种,且各自内部存在高度的一致性),这是由旅游本身的内在属性所决定的。尽管城市中的旅游也多以城市景观为主要内容,但同时也拥有其他类型的景观,尤其是城市中的一些乡村景观(通常以主题公园的形式展现,比如一些拥有乡村景观的影视基地)。不过,在通常情况下,这两个概念指向的内容大致相同,因此,它们彼此间的替换使用,我们认为尚无大碍。但目前普遍存在的将城市旅游与旅游城市两个概念的换用却是不能接受的。

表2列举了一些学者在使用城市旅游一词时的基本含义,从中可以看出,尽管具体表述不一,但有一点是所有学者都认可的,即城市旅游的发生地必定是城市。正如彭华等所提到的:“发生在城市中的各种旅游活动的总称叫做城市旅游”[8]。不过,正如前文所言,这一表达并非确切无疑。比如,现今在城市中举办“农家乐”、建造“种植园”以吸

引游客到访的做法已不是什么新鲜事,尽管从主流上看,可以将这些旅游活动纳入城市旅游的范畴,而实质上,不管从景观性质还是从市场构成上看,这些活动不属于严格意义上的城市旅游,而应归属于"城市中的旅游"范畴。

表2　几种城市旅游定义举例

作者	概念	定义
宋家增(1996)	都市旅游	指以都市风貌、风光、风物、风情为特色的旅游[9]。
魏卫等(1997)	都市旅游	指以大城市为依托,通过城市建筑景观、城市风光及人文资源构景与共享空间的规划设计、人造景点的建设,旨在吸引游客多在都市逗留,并改善居民和游客的生活环境[10]。
彭华等(1999)	城市旅游	指发生在城市中的各种旅游活动的总称,对旅游产业来说,是指旅游者在城市中所有的物质与精神消费活动[8]。
马勇等(1999)	城市旅游	是一种旅游体验方式,是以特定的区域作为空间依托,结合城市综合水平,吸引人们开展一系列诸如城市观光、城市风情、城市生活、城市购物、城市娱乐以及城市建设等活动的一种体验式旅游方式[11]。
邹再进等(2002)	城市旅游	指发生在城市的各种游憩活动及以城市为旅游目的地、以城市为旅游吸引物招徕游客的各种旅游活动的总称,其实质是对现代城市文明的向往和追求[12]。

按照Pearce的观点,定义"城市旅游"要以人们为什么选择城市作为旅游地为出发点,需要分析旅游者行为的社会心理,特别是旅游者的动机[13]。因此笔者认为,城市旅游是指个人暂离常住地,为体验城市中具有城市性的吸引物而度过的一种休闲经历。由此看来,理解城市旅游概念需要认识两点:其一,是要认识到城市性是吸引旅游者进行城市旅游的基础,是界定城市旅游的最重要的标志。通常而言,具有城市性的城市旅游吸引物既包括城市核心区、主要文化机构(如博物馆、戏剧院、音乐厅等)、主要商业区、购物区以及城市公园[14],又包括城市居民的生活方式、风土人情以及重大的具有城市特色的文、体、节、庆活动[15];其二,要认识到城市旅游发生在城市地区,城市是城市旅游发生的空

间依托。不过,比较而言,第二点仅是一个外在的、次要的标准。从逻辑上来看,在界定城市旅游时,所依据的这两个标准的次序不应该颠倒。

其次,城市与旅游城市之间的概念区别。其实,这两个概念之间的截然差别是不言自明的,就如同白马与马的关系一样,它们之间具有逻辑上的种属关系。在面对不同的研究目的、问题以及关注点的时候,两者不能轻易替换。就拿有关的竞争力评价问题来说,适合于城市竞争力评价的指标,不一定适合用来作为旅游城市竞争力评价的指标。正是在这一点上,一些学者的轻率导致了旅游城市竞争力评价结果的失效。

要正确地理解旅游城市这个概念,必须明确几个构成旅游城市的基本条件(有时具备其中之一即可):第一,从内部要素来看,旅游城市具有深厚的文化底蕴和优美的综合环境,旅游吸引物类型多样、品位高级,旅游配套设施完善;第二,从产业地位来看,在旅游城市各产业中,旅游产业发达,并成为该城市的主要支柱性产业;第三,从城市地位来看,旅游城市扮演的是综合型旅游目的地的角色,并非担负旅游过境地的作用。

在表1所列举的与旅游城市相对的各个概念当中,旅游城市既非一般意义上的城市,也非特殊意义上的会展城市、政治城市或国际城市。一个城市能否归入旅游城市这一范畴,需要经过基于旅游视角的对城市的重新审视。一个城市可能因为它是政治城市而成为旅游城市,或者因为它是国际城市而成为旅游城市,或者因为它兼具各种城市功能并以丰富的景观形式展示出来而成为旅游城市,但是,旅游视角总是最上位的,具有统辖性和决定性。换言之,是旅游视角颠覆了城市的固有功能并赋予其旅游的意义,使得城市的一般功能或其他非旅游功能得以异化、旅游化。这一认识将在哲学层次上决定旅游城市竞争力评价指标的基本原则和标准,因此也是至关重要的一种认识。

从操作的意义上来构建旅游城市的竞争力评价指标体系,将是一个系统性的工作,需要众多学者的共同努力。Crouch 与 Ritchie 在构建旅游目的地竞争力的概念性模型[16]时,耗时8年,历经7个阶段,才形成了一批比较系统的研究成果。鉴于这种困难,笔者在此仅从概念辨析的角度提出几个关键性的要点,以期引起相关学者的注意。

第一,评价指标的关注焦点是旅游城市的竞争力,而不是一般城市的竞争力,更不是城市旅游的竞争力。尽管旅游城市的竞争力在一定程度上可以解读为城市的旅游竞争力,但不能误读为城市旅游的竞争力。这一点非常关键,因为这直接影响到评价指标的选取。究竟什么是旅游城市的核心竞争力，这个根本性的问题需要首先在理论上予以解决，才不至于误导实践中的应用。

第二，应该明确，旅游城市的竞争力肯定要落实或体现在一定的维度上，并以不同的层次展现出来。在旅游城市的竞争力评价理论中，不仅需要解决这种维度化深刻挖掘问题，而且必须处理好维度之间的关系问题。在这个问题上所涉及的方法论上的综合与分析的适当性，必然决定着评价结果的有效性。在现实的评价方法中所暴露出来的一个最突出和最严重的问题，就是人们在毫无顾忌地肢解了旅游城市的竞争力的来源并主观地赋予权重之后，便任由后续的数据分析走向任何方向了。

第三，关于旅游城市竞争力评价的目的、目标，也注定影响着评价理论的构建以及评价方法的选择。如果评价的目的是建设综合性的大城市，那么，现行的评价方法就没有多少可责怪的；如果评价的目标是建设有特色的旅游城市，那么，以往的评价就大有问题了。比如，在以往的评价方法中，用评价城市竞争力的理论和方法来评价旅游城市的竞争力，显然这种基于综合实力而编制出来的旅游城市排序其实对旅游发展并没有什么实际意义。因为，这种评价的结果只提供了一个人尽皆知的常识，却未能启迪人们建造特色旅游城市的智慧、热情和努力。因此，在构建旅游城市竞争力评价理论时，评价目标应该作为一个思考的依据或起点。

最后，成熟的旅游城市竞争力评价理论和方法一定是成体系的，将涉及旅游吸引力、旅游接待设施、城市基础设施、城市服务业发展总体水平等各个方面。但是，求得相关理论和方法得以突破的出路在于，以什么样的视角和用什么样的方法来突出城市的旅游功能，甚至城市功能的旅游化问题。能够将这些问题协调起来加以考虑，旅游城市竞争力评价才能奉献科学的有价值的结果。

参考文献

[1]Mullins P. Tourism urbanization [J]. International Journal of Urban and Regional Research,1991,15(3):326—342.

[2]DeanMacCanne l.1 旅游者：休闲阶层新论[M]. 张晓萍，等译. 桂林：广西师范大学出版社，2008.

[3]刘素平,邱扶东,冯学钢. 城市旅游竞争力研究综述[J]. 经济地理,2008(5):867—871.

[4]KozakM, Rimmington M. Measuring tourist destination competitiveness: conceptual considerations and empirical findings[J]. Hospita lity Management,1999(18):273—283.

[5]宿倩. 城市旅游产业竞争力研究[D]. 大连理工大学硕士学位论文,2004.

[6]郭佳,陈晓东,姜立峰. 城市旅游竞争力的评价——以浙江省为例[J]. 哈尔滨商业大学学报(社会科学版),2009(3):99—102,106.

[7]张争胜,周永章. 城市旅游竞争力的实证研究——以广东省为例[J]. 资源开发与市场,2005(1):13—16.

[8]彭华,钟韵. 创建优秀旅游城市的思考:旅游开发与城市建设一体化[J]. 旅游学刊,1999(2):21—25.

[9]宋家增. 发展都市旅游之我见[J]. 旅游学刊,1996(3):23—25.

[10]魏卫,李娟文. 都市旅游与旅游产品开发——以武汉市为例[J]. 经济地理,1997(4):98—102.

[11]马勇,舒伯阳. 区域旅游规划:理论、方法、案例[M]. 天津:南开大学出版社,1999.

[12]邹再进,田洪. 论城市旅游[J]. 兰州铁道学院学报(社会科学版),2002(2):46—49.

[13]Pearce P L. Perceived changes in holiday destinations[J]. Annals of Tourism Research,1982,9(2):145—163.

[14]Noam Shova,l Ad i Raveh. Categorization of tourist attractions and themodeling of tourist cities:based on the coplotmethod of multivariate analysis[J]. Tourism Management, 2004(25):741—750.

[15]李蕾蕾. 从景观生态学构建城市旅游开发与规划的操作模式[J]. 人文地理,1996(2):8—11.

[16]Crouch G I, Ritchie J R. Tourism, competitiveness, and societal prosperity [J]. Journal of Business Research,1999(1):137—152.

旅游文化及其相关范畴、命题的理论透视*

有关旅游文化的研究，目前可见的中文文献已经足可谓汗牛充栋了。这种研究历时将近30年，而其目标或作用，则可以涵盖理论探讨、应用研究、对策谋划以及学科构建等方方面面，其中有很多研究成果为相关领域作出了重要的理论贡献。不过，时至今日，旅游文化学领域的研究，还依然存在一些理论上的误区，这从反映在大学教科书当中的“旅游文化学”的内容广度、知识深度和研究对象等方面都可以看得很清楚。本文尝试就这一点做一些理论辨析，试图澄清几个基本概念和命题。

1 文化、旅游文化与文化旅游诸范畴的界定

1.1 关于文化

1.1.1 文化的定义

关于文化的定义问题，历来众说纷纭。在马波（1998）所著的《现代旅游文化学》、沈祖祥（1999）所著的《旅游文化概论》中都曾提到，国外有关文化的定义早已经不下150种甚至200种了。著名的英国文化唯物论理论家雷蒙·威廉斯（Williams，1983）甚至将“文化”一词列为英语中三个最复杂的词汇之一。从威廉斯所给出的关于文化的广义定义来看，文化源于“驯养，和对于自然物种的生长的照顾”。在威廉斯看来，可以从三个角度理解文化：一是，文化可以用来指代“智慧、精神和美学的一个总的发展过程”；二是，文化是“某一特定的生活方式，无论它是一个民族的，还是一个时期的，或者是一个群体的”；三是，文化是指“智慧、特别是艺术活动的成果和实践”。

威廉斯这种从历史的角度辨析文化语义的方法，自然而然地引出了文化与文明两个

* 本文原载于2010年第1期《旅游科学》作者：谢彦君、周广鹏（男，1976年生，东北财经大学旅游与酒店管理学院讲师，博士生，研究方向为旅游体验）。

概念之间的关系问题。对此,中国历史学家朱寰的见解是:“(文化与文明)这两个词都来自古罗马,拉丁文 cultio、cultura,原意为耕种和栽培,引申为开拓、教化、培养、修炼之意;拉丁文 sivis,意为市民、公民;sivitas 意为都市、城市;civilize 意为教化、开化。由此可见,culture 一词源自农业生产,注重人的内在修炼,较为侧重精神品位;civilization 源自城市生活,与都市开化有关,较为侧重外在的物质品位(朱寰,2000)”。

然而,纵观所有的文化定义,不管是英国人类学家泰勒提出的“文化是人类在自身的历史经验中创造的包罗万象的复合体”中所包含的整体性观点,还是鲁斯·本尼迪克特所说的“文化是通过某个民族的活动表现出来的一种思维和行为模式,一种使该民族不同于其他民族的模式”(维克多·埃尔,1988)中所强调的民族差异,抑或是弗洛伊德别开生面地通过意识和无意识对文化加以界定,以及加拿大文学理论家弗莱(Frye,1993)在将文化作为民族的自我认同的产物时所强调的文化构成的高、中、低层次,乃至于德国学者恩斯特·卡西列(1985)从文化的工具特性提出的符号观。在所有这些最有影响力的归纳当中,我们都不难发现,文化的核心规定性总是脱离不了这样三点:历史的传承性、群体的共享性、地域的分异性。历史传承是“观乎人文,以化成天下”(《易经》)的结果;群体共享是文化制约个体和群体关系的本质规定;而地域分异是文化体现为“一方水土养一方人”这一俗常现象的科学注解。这是理解文化属性最根本的切入点,恐怕也是最有效率的路径。

1.1.2 文化的形态

文化的存在形式,既有物质的,也有非物质的。若从短期看,物质形态的文化会相对凝固于物理空间,其变化的起因常常是一种自然消蚀或灾难毁损。与此有所不同的是,非物质形态的文化通常在“事”中或者以“活动”展现出来,在短期内可能表现为变动不居、形象隐晦,给人以个体差异很大的感觉,而实际上,这种形态的文化也是群体甚至民族长期记忆的结果。所以说,非物质形态的文化通常会以制度、价值观、习俗等形式展现出来,当然它们往往也需要借助物质形态才能完整地表现其全部内涵和特征。在长期内,文化的核心成分或其先进的、积极的成分会呈现某种变化的惰性,甚至会不断延长其影响力从而形成文化的相对稳态。华夏文化所具有的海纳百川的能力,其实就可以在这一层面上加以解读。由于文化的共享性和传承性两大特征,决定了文化的观察尺度应该超越短期的视野和个体的维度。只有从长期的角度和宏观的尺度，才可以观察文化的精髓，也才不会曲解文化的本质。

1.1.3 文化与个体行为的关系

文化的产生既是人为的结果，而积久而成的文化又会外化于个人，成为约束个人行为的外在桎梏。换言之，“文化体系一方面可以看作是活动的产物，另一方面则是进一步活动的决定因素（傅铿，1990）。”文化与个体行为之间的这种关系，就如同钻进一个十分具有可塑性气球中的调皮小人（你也可以想象成钻进铁扇公主肚子里的猴子）：个体行为尤其是意见领袖的个体行为，有可能会改变气球的形状，但也终不会挣脱气球的约束。历史地看，文化与人类个体的关系大体上是：个体的创新诉求往往是文化的反动，群体或他者的模仿则是新文化的形塑过程。于是，不管在哪个时代，有关文化问题的提出、思考和辨识，都意味着是人类对自身认识的一种进入。在这种认识当中，不仅涉及了“人”这一主体，而且也涉及了关于人与人、人与动物、人与环境、人与自然、人与历史以及人与创造等诸多关系及命题。

1.2 关于旅游文化

上述对文化诸核心问题的简要评论，其目的是为了建立我们理解旅游文化这个范畴的基本观点和方法。从逻辑上来说，我们不能在理解文化的时候是一种方法论哲学，而在理解旅游文化时，却完全是另一种方法论哲学，或者干脆显得没有方法、没有哲学，于是也就丧失了应有的逻辑力量，并形成了此后一发而不可收的学术混乱。

1.2.1 旅游文化是文化的一种类型

从这个角度看待旅游文化，应该将旅游文化置放于文化的类型学框架加以整体性地认识，而不应该割断旅游文化与文化之间的统属关系，也不应该让旅游学思维的介入削弱了旅游文化学知识体系形成过程中文化学思维应起的核心统御作用。

首先，从旅游文化的上位文化类型来看，显然可简单概括为文化。文化这一范畴在此成为各类、各层次文化的统称，在最一般的意义上展示文化的本质属性和共同特征。不管是从类型学的角度还是从逻辑学的角度，都不容许文化的所有下位类型在这些根本点上有所偏离或缺位，否则将不成其为文化范畴。

其次，从旅游文化的同位文化类型来考察，不难发现，旅游文化作为文化类型学框架中的一个亚类,与婚姻文化、丧葬文化、居室文化、建筑文化、服饰文化、影视文化、市井文化、大众文化、精英文化、酒文化、茶文化、宗教文化等相并列。不言而喻,这是一个巨大的家族,甚至因不同的研究视角、宗旨和目标而数不胜数,各个类型的亚文化均在其所属的各自领域诠释并丰富着文化的本质内涵。

最后,就旅游文化的下位文化类型而言,其所属各个范畴均为旅游学或旅游文化学着力发掘并用以界定、深化旅游文化内涵和外延的范畴。显然,这项工作既是这两个学科的学术使命,也是寻求旅游文化学学科自立的途径。只有各种下位文化类型的研究不断丰富和完善,相关分类判然有序,旅游文化学乃至旅游学的学科体系和理论框架才能够真正确立起来。可惜的是,直到目前为止,旅游文化学研究领域还鲜有意识到这一点者,也未见到在这个方向上做长期探索的重要研究成果问世。更有甚者,不少作者在总体组织"旅游文化学"教科书的体系架构时,竟然全盘忘却了这种类型学上的逻辑关系,轻率地将"文化旅游"的下位范畴(如文化旅游资源)移作旅游文化的下位范畴。

1.2.2 旅游文化是旅游现象发展达到一定程度的产物

旅游文化是当旅游现象的发展达到一定程度,比如,已经有了近、现代意义的旅游流的发生,才开始逐渐积久而成的。这个意义上的旅游文化的起点,最远或可追溯至托马斯·库克的创举。因为,只有当旅游的价值观在社会上已经成为至少某个群体的共同价值观,只有当因旅游而发生的综合供给系统已经逐渐建立起来并且这其中已经隐含着某种共同的精神、美学和智慧追求,只有当旅游现象具备了一定的规模、具有一定的普遍性、成为社会(至少是某个社会群体)成员共同关注并融入其中的社会现象——简言之,成为一些人的生活方式时,才会有旅游文化形成。从这个意义上说,旅游文化也是一种新的文化形态。言其新,是说旅游文化肯定是大众旅游发展起来之后(而不是旅游出现之后)所产生的一种文化形态,而此前很难说已经有了完整意义上的旅游文化。在中国,虽然在魏晋时代就已经形成了士人阶层的游乐之风,甚至我们也可以探讨当时的"游的精神"或"游的文化",但若从旅游文化的意义上来解读,这时的"游的文化"未尝不属于极少数精英阶层偶然性利用社会一般游乐资源的个别行为。文化的传承性、共享性两个基本特征,决定了这一命题的自洽性。马波(1998)在论及文化的成因时指出:"文化的产生和形成要经历实践和创造、学习和模仿、概括和抽象、传授和教育的过程",其深刻性即在于此,这一结论对旅游文化也同样适用。因此,说旅游文化可以追溯至800万年前定然是荒谬的(人类社会才有300万年的历史),而写旅游文化史必从猿人开始恐怕也是值得商榷的。

1.2.3 旅游文化是旅游世界的主体文化或主流文化形态

如果承认存在一个旅游世界(谢彦君,2005),那么,这个世界的文化部分将是独特的,是以旅游文化为主流文化形态的。存在于旅游世界的一切其他文化形态都可以被视为亚文化或边缘文化形态,即使在日常生活世界当中,这些文化的某些类型很有可能占据主流文化甚至主体文化的地位。如果采用一定的社会价值观来衡量旅游文化的价值取向,那么,我们既可以从中发现其积极和进步的一面,也可能发现其消极和腐朽的一面。当旅游文化或者一般文化被商品化之后,则会更进一步暴露出金钱对旅游文化的腐蚀能力。在这种情况下,幻想旅游文化可以成全社会主义核心价值体系显然是幼稚的,因为,旅游文化相对于社会主义主流意识形态的价值体系而言,具有非单向性的特征,并不仅仅体现个别阶级的政治诉求。

1.2.4 旅游文化业已是一种完整而自洽的文化

旅游文化业绝非"文化旅游资源"就足可以代表。从长期的、动态的角度来看,旅游文化终将演化出在这个场域中发展起来的新的"旅游文化的文化旅游资源"(这是一个比较别扭的表达,但也只能这样表达),但该种文化旅游资源绝不同于当下流行的《旅游文化学》教科书中所涉猎的、传统的"文化旅游资源"。当今的中国旅游学术界,似乎没有把旅游文化当作一种独立的文化形态来研究,却往往把对传统的文化旅游资源的历史性梳理和类型学划分当作了对旅游文化的研究,不仅将相关成果统统冠以《旅游文化学》之名,而且当作主体内容。这不能不说是一个不小的错误。

针对当下"旅游文化学"著作、教材(以下统称著作)内容结构的这种失当,可以从对现有相关文本分析中略见一斑。笔者把在当当、卓越、京东等主要网上书店能收集到的40部"旅游文化学"著作(或内容接近、名称略有变化的著作)作为样本(见表1)予以分析。在这40部著作中,王元海的《旅游宗教文化》,马勇、余冬林、周霄的《旅游文化史纲》,冯源的《世界旅游文化(英文版)》,庄志民的《旅游经济文化研究》以及李伟、杨世瑜的《旅游地质文化论纲》虽然有旅游文化字眼,但其实质已经出离了旅游文化学的范畴,因此予以剔除。在所余的35部著作中,就其内容而言,可以得出以下结论:

表1 "旅游文化学"相关著作一览表

序号	作者	著作名称	出版地：出版单位	出版年份
1	宋采义,程遂营,宋若涛	中国旅游文化	郑州：河南大学出版社	1999
2	潘宝明	中国旅游文化	北京：中国旅游出版社	2005
3	王元海	旅游宗教文化	成都：四川大学出版社	2005
4	蔡敏华	浙江旅游文化	杭州：浙江大学出版社	2005
5	沈祖祥	旅游文化学导论	福州：福建人民出版社	2006
6	姚昆遗,贡小妹	旅游文化学	北京：旅游教育出版社	2006
7	李星明	旅游文化概论	武汉：华中师范大学出版社	2007
8	韦燕生	中国旅游文化	北京：旅游教育出版社	2006
9	孙克勤	世界旅游文化：一个崭新的旅游文化读本	北京：北京大学出版社	2007
10	曹诗图,阚如良,曾文贵	旅游文化与审美(第二版)	武汉：武汉大学出版社	2007
11	李琼英,方志远	旅游文化概论(二版)	广州：华南理工大学出版社	2008
12	邹本涛,谢春山	旅游文化学	北京：中国旅游出版社	2008
13	马勇,余冬林,周霄	旅游文化史纲	北京：中国旅游出版社	2008
14	曹诗图,孙静	旅游文化学概论	北京：中国林业出版社	2008
15	陈国生,周松秀	旅游文化学概论	北京：对外经贸大学出版社	2008
16	刘翠	休闲旅游文化基础	北京：清华大学出版社	2008
17	王勇,吕迎春	中国旅游文化	大连：大连理工大学出版社	2009
18	李玉华	旅游文化学概论	北京：对外经贸大学出版社	2009
19	都大明,金守郡	中国旅游文化	上海：上海交通大学出版社	2009
20	马波	现代旅游文化学	青岛：青岛出版社	1998
21	黄成林	旅游文化	芜湖：安徽师范大学出版社	2010
22	陈犒	旅游文化	北京：北京理工大学出版社	2010
23	庄坚毅	中国旅游文化	北京：北京理工大学出版社	2010
24	周永振	旅游文化概论	武汉：武汉大学出版社	2010
25	曹诗图	旅游文化与审美(第三版)	武汉：武汉大学出版社	2010
26	屈中正	中国森林旅游文化	南京：东南大学出版社	2010

续表

序号	作者	著作名称	出版地：出版单位	出版年份
27	文彤，唐慧，郭华，刘小蓓	旅游文化学	广州：暨南大学出版社	2011
28	马向青	旅游文化	上海：上海交通大学出版社	2011
29	沈祖祥	旅游文化学	福州：福建人民出版社	2011
30	冯源	世界旅游文化（英文版）	北京：北京大学出版社	2011
31	蔡敏华，刘秀峰	新编旅游文化	杭州：浙江大学出版社	2011
32	陈国生，易兵	旅游文化学导论	武汉：武汉理工大学出版社	2011
33	冯年华	乡村旅游文化学	北京：经济科学出版社	2011
34	庄志民	旅游经济文化研究	上海：立信会计出版社	2005
35	孙全治，林占生	旅游文化	郑州：郑州大学出版社	2006
36	康玉庆	中国旅游文化	北京：中国科学技术出版社	2005
37	周健，甄尽忠	中国旅游文化	郑州：郑州大学出版社	2006
38	周敫源	旅游文化	杭州：浙江大学出版社	2005
39	王会昌，王云海	中国旅游文化	重庆：重庆大学出版社	2001
40	李伟，杨世瑜	旅游地质文化论纲	北京：冶金工业出版社	2008

首先，在这些著作中，其目录结构为“总论或绪论＋文化旅游资源介绍”的教材总数为26本，占比高达75%（见“表1”中文献1、2、4、7、8、9、10、14、15、16、17、18、21、22、23、24、25、26、28、31、33、35、36、37、38、39）。在这些著作中，其主体内容无不包括传统意义上的饮食文化、宗教文化、建筑文化，这些成了必备内容（在图1中占100%）；而涉及民俗风情、综合艺术、旅游文学、自然山水文化（笔者并不认同将文化二字强加给“自然山水”，这里仅从其用而已）、艺术的内容也为绝大多数著作的必备内容；其他诸如聚落文化、世界遗产、地域文化等，因所用范畴不一，各部著作取舍不同，但已非主流内容，或可忽略不计。一个共同的方法论倾向是，这些著作在探讨上述论题时，采用的几乎都是历史学的方法，所汲取的素材，无非是历史上的传统文化事件或事实。这一方法论所隐含的假定前提，自然是“旅游文化与人类历史相始终”这样值得商榷的命题。

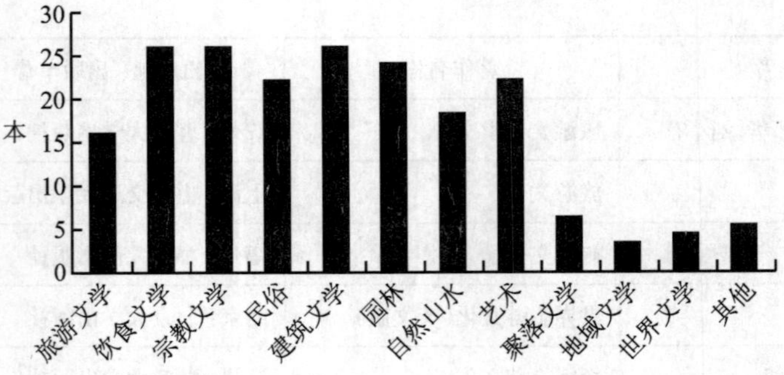

图1　旅游文化学著作中的内容统计

其次,一部分著作以“总论 + 旅游客体文化 + 旅游主体文化 + 旅游介体文化”的框架来组织其结构,共计有6本(见“表1”中文献5、6、11、19、20、29)。在这6部著作中,有的也以客体文化即文化旅游资源所占的篇幅为最大,因此也近于第一种类型;有的著作章节虽然标题不同(消费文化、资源文化、产品文化、环境文化、经营文化、审美文化),但实质上也是按“三体”来加以组织的。总的来看,这类著作毕竟意识到了旅游文化作为文化的一种类型存在的特殊性,注意到了旅游文化学研究对象的特殊性。由于具备了构建旅游文化学知识体系的某种自觉性,因此能够摆脱“传统文化旅游资源”介绍的叙述模式,努力整合旅游文化的相关知识,试图把旅游文化作为一个知识共同体来加以构建,其初衷是正确的,其努力也昭示了某种方向。这当中,马波(1998)所著的《现代旅游文化学》以其新颖的框架、深入透彻的分析以及明确的整合意图而开其先河,对后来者产生了较大的影响。可惜的是,后来人们在这个方向上走得并不远。而且,长期形成的三体思维惰性,在一定程度上也限制了这种整合的进一步努力及其效果。可以说,时至今日,“三体思维”恐怕还未能给旅游文化学的知识架构找到能够最终整合全部旅游文化学知识的出路。

最后,在这35部著作中,另有3部(见“表1”中文献12、27、32),大体上应该说是上述两种体例的变通或翻版。比如,在邹本涛、谢春山(2008)所著的《旅游文化学》中,前七章是力图在三体思维的框架上有所突破,努力寻找作为旅游文化最核心的范畴,从中可见作者的关切所在,而其结果也确实有所建树。但该书的后四章则重蹈文化旅游资源介绍、梳理的老路,致使整体框架再度失之支离。文彤等(2011)的《旅游文化学》则几乎等同于三体结构的衍化,主要在旅游的文化问题方面展开,与旅游文化这一核心范畴终有一些游离之感。而陈国生和易兵(2011)在沿用马波和邹本涛、谢春山的一些内容之后,又延而及之于资源开发文化、产品文化、经营文化、环境文化、文化研究评价、文化建设、文化研究热点与趋势等方面,这种情况颇类似于一直以来旅游学在组织其知识框架时总是在外围打转的情况。

综上所述,中国旅游学术界一直以来努力耕耘的"旅游文化"园地,依笔者看来,其实主要是"文化旅游资源"的相关领域。这样的一种学科分野思维,如果处理不当,不仅会影响旅游文化学自身知识体系的构建,而且会牵涉到与所谓的"旅游资源学"以及旅游学之间的关系问题。因此,严格澄清旅游文化与文化旅游两个概念之间的关系,是十分必要的。那种不加区别的术语滥用,将直接误导旅游文化学研究的方向,限制该学科谋求自立的可能性。

1.3 文化旅游的界定

1.3.1 文化旅游是旅游的一种类型

与生态旅游、自然旅游、荒野旅游、背包旅游、度假旅游、探险旅游、都市旅游、乡村旅游、观光旅游、体验旅游、美食旅游、节事旅游、黑色旅游等旅游方式一样[①],文化旅游也为旅游家族的一个成员。这些旅游类型是旅游学未来研究的重要分支领域,相关知识的深化、体系化、理论化,可能是旅游学未来发展和自立的必然要求和基本方向。笔者在一些场合中曾表示,有朝一日,当旅游学术界对这些不同类型的旅游的研究得以极大地深化并构成了多个诸如"××旅游学"的分支学科(而不是像目前仅仅依赖那些"旅游××学"),届时,我们当可期望旅游学的学科体系真正得以建立了。笔者将前者看作是"作为旅游学核心模块的'旅游学所属的自足性分支学科'",而后者则是"针对旅游活动所展开的交叉学科研究"(谢彦君,2011)。一般来说,当一个学科的分支学科局限于交叉学科而没有其自足性分支学科的时候,这个学科是没有"根"、没有"核"的,是"缺心眼的",是不成熟的。同样,要想认识文化旅游的特性,就需要在旅游的上述类型学框架中加以分析,展开更广泛的研究。但深入的相关分析已经超出了本文的边界。不过有一点,作

---

① 这些旅游类型并非严格按照一种标准划分的,因此,总体上观察,并不完全符合分类学上的排他性、周延性的基本逻辑规则,而是彼此互有包容。这是需要特别注意的。

为一般性,文化旅游与所有其他类型的旅游(包括黑色旅游①)一样,都具有共同的内涵:一种以愉悦为目的的异地性休闲体验。只是相对而言,文化旅游可能是地位最重要、涵盖最广的旅游类型之一。

1.3.2 文化旅游体现了旅游者对文化景观的诉求

历史地看,文化旅游可能是最早的旅游类型,它体现了旅游者对文化景观的诉求。当人类的审美能力主要地局限于社会审美阶段的时候,最有可能出现的旅游也自然会是文化旅游,而非自然或生态旅游。所以,说文化旅游是最早的旅游类型,这是和人类的发展历程尤其是人类的审美能力的发展历程密切联系在一起的。所谓"个别的旅游现象出现得很早,可以远溯到原始社会中人们已经初具自由时间或审美意识并能够自主地利用自由时间进行休闲娱乐的历史阶段"(谢彦君,2010),其实主要就是指人类早期个体的、偶然的、个别的文化旅游行为。

1.3.3 不能将文化当作旅游的核心内涵

文化旅游在旅游类型学框架中的自洽地位,从侧面以其逻辑身份强有力地说明:不能将文化当作旅游的核心内涵(硬核)。换言之,我们可以说某些旅游类型具有(在文法上,这里用"是"和用"具有"是有微妙但却是关键差别的逻辑表述。有些人往往不注意这一点,结果犯了草率命题——通常是以偏概全——的错误)文化的成分,甚至文化属性(通常以文化差异的形式表现出来)成了这类旅游的关键,但绝不能笼而统之地说"文化是旅游的硬核",否则,将无法解释生态旅游、荒野旅游等旅游类型的本质内涵。

2 有关旅游文化研究中的几个重要命题的思考

旅游文化与文化旅游以及文化旅游资源这三个关键范畴之间的关系,以及各范畴本身的本质规定性,必然会启发人们得出一些更加丰富而复杂的理论认识。就这一点而言,笔者仅就以下诸命题略陈己见。

2.1 旅游文化与社会主义文化、资本主义文化的关系问题

① 有学者曾质疑笔者将旅游的目的界定为"愉悦"的合理性,其中最突出的根据是"黑色旅游就不是愉悦"。这种质疑的失当在于,他们将愉悦直接等价于日常生活中的"快乐"、"愉快"。其实,心理学、美学中的审美理论(尤其是悲剧审美理论)早已经解决了这个理论问题。克罗齐、布洛、朱光潜、朗格等人的著作对此都有明确的论述。如果人们非要用别的什么词来注解"愉悦"的话,毋宁用"快感"更接近些,因为快感可以来自于"痛的过程"。归根到底,"愉悦"一词的内涵还远没有定型,其巨大的包容性留给了学术界无穷的界定空间,这是需要同人共同努力予以发掘的。

在任何一个社会当中，在某个特定的历史阶段，社会的文化流行总会带有明显的价值倾向或阶级烙印。受其影响，旅游文化自然也会呈现相应的某种特殊性，并在功用上服从于社会主流文化以及主体意识形态和核心价值观的内在要求。尽管笔者并不认同旅游文化在中国的奴隶制社会甚至更早就已经存在这一命题，但学术界有些学者在此命题的基础上总结历朝历代旅游文化特点的做法，却可以从反面说明，无论如何，旅游文化（其实是文化旅游资源所呈现的文化意义）作为一种文化类型或者一种亚文化，是和社会主流文化的形态、性质、特征息息相关的。不过，就旅游文化自身的本质规定性来看，它又绝不会等同于社会主流文化、主体意识形态或核心价值观。因为，如果从价值层面判断旅游文化的话，旅游文化相对于社会主流文化，一定是一种另类文化，只是不会像黑帮文化、流氓文化那样另类而已。在当今社会，当社会主流文化或主体意识形态以及核心价值观并不清晰的情况下，旅游文化在其自身的呈现甚至膨胀过程中所裸露的"另类"色彩，就有可能更为突出。这种另类文化在面对与社会制度密切相关的社会主义文化、资本主义文化的价值判断时，常常会呈现不吻合、不默契的尴尬。尤其在当下社会成员仍处于其中某一种文化形态的情况下，在社会成员的意识形态当中所包含的价值判断，将无法在其中完全免除，无法做到所谓的价值中立（value－free）。所以，旅游文化在内涵上的丰富性，导致它作为任何一种道德范畴的功能建构都可能具有双向性甚至多向性。一言以蔽之，我们不能指望笼统的旅游文化会成为社会主义主流文化价值体系的引导者甚至主导者。

2.2 旅游文化研究的理论与实践问题

目前，中国旅游学术界的一些提法表面上看起来似乎更加注意文化的研究了，原因在于中央政府刚刚提出了要"推动社会主义文化大发展大繁荣的战略决定"。其实，就旅游学术界的研究历史而言，因其知识构成上的内在要求，早在旅游研究之始就已经把文化问题纳入视野并做了持之以恒的研究，旅游文化研究已经不是什么新话题。只是在当下中国的旅游发展实践当中，因受旅游投资主体以及相关利益集团的利益驱动，旅游学术界的某些个案性的文化研究，或有一方面扮演着制造假文化的角色而另一方面扮演着毁坏真文化的角色，从而使文化研究堕落成了破坏文化旅游资源以及旅游文化的帮衬、帮闲甚至帮凶。不过，在大多数严肃的文化研究者的努力下，旅游文化学所构建的一些理论成果,已经逐渐成为旅游发展实践当中的重要的理论支撑。

2.3 旅游文化与市场机制的问题

市场机制培育的是商业文化,造就的是企业文化,本来与旅游文化可以不相关。但是,由于旅游世界的丰富性,旅游文化的包容性,商业文化和企业文化都会在旅游世界的文化层面以错综复杂的关系存在并发挥其功能性的作用。值得注意的是,为小群体利益而养成的商业文化、企业文化的功利性,与更具广泛意义的旅游文化乃至社会主义文化之间的关系,是需要充分予以揭示并有所警觉的。即使常常能够看到有文化的市场人(所谓儒商)会利用文化来赚钱,甚至连政府都悟出了"文化搭台、经济唱戏"的门道,但"个别人制造的文化产品"与"群体记忆形成的传统文化"之间,并非可以等量齐观。就旅游而言,在市场和文化的博弈当中,其间一个注定扯不清的关系是:文化旅游是以文化为诉求的,所以,离开了文化,文化旅游就玩不转。同时,以寻求文化差异为目标的文化旅游者所形成的文化交流、碰撞、采借、融合,又自然会推动作为特定文化旅游之卖点的本土文化、特色文化、民族文化的消失。目的上要你活,结果上要你死,这种初衷和效应上的纠结,是文化旅游的典型特征之一。这类情况也会发生在生态旅游上:目的上要生态,结果上的毁生态,谁能占上风,则要看博弈的结果。

2.4 文化旅游与旅游文化的转化问题

文化旅游会培育出旅游文化,而旅游文化的长期积淀,又会转而成为另类的或下一世代的文化旅游资源,历史就是这样变动不居、相互演化的,倘若能在一个漫长的历史时间流当中来看这个问题,则文化旅游和旅游文化的关系,变得更具不确定性了。可以断言,自从旅游文化产生之后,旅游文化与文化旅游的这种互为转化的关系就将持续下去。但是,不能反过来说,这种互为转化的关系在前旅游文化时期就已经发生了。学术界所暴露的理论误区和命题混乱,恰好发生在这后一种情况当中。

另一方面,从方法论的角度看,文化旅游资源的文化学研究,往往是历史性的研究,以历史学的方法为主。但这并不意味着,文化旅游资源作为一个知识系统,总是以历史脉络作为组织框架。在文化旅游资源被纳入旅游文化框架加以讨论的情况下,它必将作为旅游文化的一个有机构成,以某种结构元素的意义成为旅游文化的重要组成部分。在这一语境当中,原有的"三体思维"将继续发挥解释作用,但在更高的层次上整合文化旅游资源与旅游文化其他组成部分的关系并形成更自洽、更统一的知识系统或知识共同体，则是旅游文化学未来研究当中的一个重要使命。

参考文献

[1]Frye N. Levels of Cultural Iden[G]//The Eternal Act of Creation. Derham：Indiana University Press，1993：168－169.

[2]Williams R. Keywords：A Vocabulary of Culture and Society [M]. London：Fontana Paperbacks，1983.

[3]陈国生，易兵. 旅游文化学导论[M]. 武汉：武汉理工大学出版社，2011.

[4]恩斯特·卡西列. 人论[M]. 甘阳，译. 上海：上海译文出版社，1985.

[5]冯源. 世界旅游文化[M]. 英文版. 北京：北京大学出版社，2011.

[6]傅铿. 文化：人类的镜子——西方文化理论导引[M]. 上海：上海人民出版社，1990.

[7]李伟，杨世瑜. 旅游地质文化论纲[M]. 北京：冶金工业出版社，2008.

[8]马勇，余冬林，周霄. 旅游文化史纲[M]. 北京：中国旅游出版社，2008.

[9]马波. 现代旅游文化学[M]. 青岛：青岛出版社，1998.

[10]沈祖祥. 旅游文化学导论[M]. 福州：福建人民出版社，2006.

[11]沈祖祥. 旅游文化概论[M]. 福州：福建人民出版社，1999.

[12]沈祖祥. 旅游文化学[M]. 福州：福建人民出版社，2011.

[13]文彤，唐慧，郭华，等. 旅游文化学[M]. 广州：暨南大学出版社，2011.

[14]王元海. 旅游宗教文化[M]. 成都：四川大学出版社，2005.

[15]谢彦君. 旅游体验研究——一种现象学的视角[M]. 天津：南开大学出版社，2005.

[16]谢彦君. 基础旅游学[M]. 第3版. 北京：中国旅游出版社，2010.

[17]谢彦君. 基础旅游学[M]. 第4版. 北京：中国旅游出版社，2011.

[18]邹本涛，谢春山. 旅游文化学[M]. 北京：中国旅游出版社，2008.

[19]庄志民. 旅游经济文化研究[M]. 上海：立信会计出版社，2005.

[20]朱寰. 从文明的冲突说起[J]. 文明比较研究，2000(1)：4.

[21]维克多·埃尔. 弗洛伊德文集(第五卷)[M]. 车文博，译. 长春：长春出版社，1998.

关于中国旅游规划操作问题的几点思考*

一、引言

2000 年 8 月，在贵阳召开的一次旅游规划会议上，一位从广东来的刚刚毕业的研究生坐在我身旁，当得知我来自东北之后，说：“你们东北旅游方面也没人啊，没听说谁在做旅游规划。”接着他告诉我他和同事几乎同时接几个规划，每个月都在各地飞来飞去。他的话给我很大的启示和震撼，因为他道出了东北旅游教育、科研尤其是旅游规划实务方面的相对滞后的发展局面。但当时我却回了他这样一句话：“东北确实没人。但我倒觉得，你们有些规划师有点儿像江湖郎中，拎着包四处做规划，却很少回头看看给地方留下的是什么样的规划成果。”我的话有点近乎刻薄，甚至也很狭隘。但这话其实反映了我几年来对我国规划现状的一种忧虑性的判断。当 1995 年中央电视台报道全国类似于西游记宫的人造景观不下 450 处，而其中 90 % 或者门可罗雀或者干脆歇业谢客时，这种带有感情色彩的忧虑就已经很沉重了。而近年来我国旅游规划热的过度升温，更使这种担忧升级了。规划师们从国家级规划到省级规划，从省级再到市级和县级，据说现在已经开始做到乡镇级了。我怎么好像有一种“蝗虫掠过”的感觉！到底这当中什么机制在起作用？规划的成本和效益在社会层面上应如何判断？今后的路还应该向什么方向引导？建立有效的规划机制的要点在什么地方？这些是我思考较多的问题，而求解过程却十分困难，有的至今没有获得答案，因为我还没有做大量的、可以冠以科学二字的实证研究，所以，我下面的几点看法，其实仅仅是就个人手头所珍藏的几部某些规划师为某些地区

---

* 本文原载于 2001 年第 4 期《东北财经大学学报》。

做的规划报告、就个人接触的旅游规划成果形式及其经营状况的了解、就个人对旅游规划精神的理解而发表的几点看法。应该说,这些看法最可能犯的逻辑错误就是以偏概全,因为本文一方面旨在探讨旅游规划存在的问题(而没有论及作为主流的业绩方面),另一方面,这些问题也不一定具有普遍性。好在中国有句话叫"闻者足戒",如果本文能起到这样一点作用,它的使命也就完成了。

二、中国的旅游规划出了什么问题

实际上,对国内旅游规划所存在问题的议论早已有之,而近来更上升到很高的层次,引起了国家管理部门的高度重视,并相应推出了国家级的管理条例。

如果从实践方面看旅游规划的问题,我认为最突出的问题可以概括为两个:一个是规划中的破坏问题,另一个是规划后的效率和效果低劣的问题。我想主要谈谈这两个问题的表现。

规划的效率效果问题,实际上是一个客观的、容易评价的问题,因为只要看一看被规划出的旅游产品形式在经营绩效上的表现,就可以判断规划的成功与否(当然,这种对规划效果进行评价的微观视野并不能全面衡量规划的成败,这一点实际上应该更予以强调,但本文仅在此予以提示,不作深入阐述)。你总不会在面对着始终不景气的旅游产品经营企业老板或经营者那哭丧的面孔时还强词夺理地说你的规划是成功的吧!就这一点而言,全国有大量的例证表明,规划是失败的,因为经营失败了。多如牛毛、规模较小的项目不说,就是国家级度假区,也有不尽如人意的。规划结果的这种低效率和无效益,在微观层面会使企业或单位陷入困境,而在宏观层面会使地区乃至国家的旅游发展目标和社会经济发展目标难以实现。

规划中的破坏问题更是一个严重而容易被忽略或被有意掩饰的问题。许多旅游产品是从旅游资源(它们是稀缺的、往往不可再生的)开发出来的(我称之为资源依托型旅游产品),它们的规划与开发直接就会遇到资源的保护问题。另一些旅游产品是旅游企业杜撰出来的(我称之为资源脱离型旅游产品),而它们由于总是被置于某种自然或人文环境之中,因此也会引发对环境的保护问题。恰恰在这两种情况下,我们都发现大量的规划实践导致了对资源和环境的直接破坏。这种破坏从性质上说是生产性或建设性的破坏,因此,它有很大的蒙蔽性!因为在人的思维方式中,有一种对建设或生产行为总是情愿给予积极理解的倾向。我们会很自然地排斥或反对旅游者的破坏性消费行为:他们践踏了植被,破坏了动植物生境;他们购买珊瑚制品从而加剧了珊瑚礁的退化;他们随地扔下的垃圾污染了环境。但是,我们有时会难以接受一个生产行为本身(不包括那些有害的排放物)就是破坏过程的事实。正因为这样,类似于泰山索道的开发行为才是非难断,以企业本位的、经济的和暂时的动机去为企业行为辩解才会依然有它发言的机会和场所,而背负历史感的人们才会备感沉重和无奈!

上述规划问题的出现,并非简单的一种现象,而有着深刻根源,需要进一步剖析。

三、中国旅游规划存在问题的根源何在

对于这个问题的回答,不负责任的话,可以用"这是历史发展过程中必然存在的阶段问题"一句话搪塞过去,因为这句话接近于真理。但在当前的历史阶段中,业内人士是可以也应该有所作为的,否则将不利于当代,遗祸子孙。所以我们还要力求找到问题的原因。这些原因可能包括以下几个方面:

(一)利益驱动机制上存在的问题

规划中牵涉的利益方有两个方面,一是寻求规划的各级政府、部门或其他组织机构,而另一方是施与规划的规划师。毋庸讳言,这两方在规划实践中都被裹挟到利益旋涡当中,否则规划行为绝不会发生。

问题在于,我们必须弄清楚驱使双方启动规划机器的利益机制的性质。

一方面,从寻求规划方来看,利益的机制应该说极其复杂。在"发展"(或"增长")的总动机驱动之下,在旅游业成为新的经济增长点的浓烈氛围的感染下,寻求规划方想借助规划推动地方旅游业乃至整体经济的发展,是自然而然、顺理成章的事情。正是有了这种积极向上的良好动机,才构成了旅游规划实践发展、扩张的基础。

然而,如果作为规划主动力量的寻求规划方,能够在这种总动机驱使下建立协调的规划操作动机的话,旅游规划实践就不会有问题,至少不会有大问题。所以,如果说中国旅游规划有什么问题,那么问题肯定出在操作动机的异化上。从实际所发生的现象来看,这种异化可能表现在以下几个方面:

1. 将规划文本作为工作成绩,写入总结和报告当中,这是典型的务虚图名的动机。这种动机能得以滋生和存活,有深刻的社会根源。

2.“项庄舞剑,意在沛公”。有些规划之所以要做,就在于如果没有规划,某个项目可能因缺少必要的法律程序而不能得到审批,这样,以招商、引资为初衷的“长官项目”就可能流产——而这常常是万万不可的。在这种情况下,规划会流于形式,完全不具有论证和规范的价值。从这种情况看,我们似乎也能体会出在中国目前状况下规划法执行的艰难。

3. 本位主义的动机。尽管旅游是开放性行为,尽管旅游开发单位所规划的对象往往是国家的旅游资源,但可能也因为此,才培育了一些开发单位掠夺性地开发和使用旅游资源的本位主义动机。这一点和下文谈到的共有资源有关。同时,站在本位角度探讨旅游规划,区际的产品配置问题、代际的资源分配问题、宏观的竞争格局问题,等等,就都可能一下抛诸脑后。这样,最终导致旅游资源使用的过早耗竭,或者旅游产品经营的极端不景气,就不足为奇了。

4. 个人交易动机。尽管这不是一个能够拿到桌面上来谈的动机,但也不是一个应该忽略的因素。由于制度安排上的漏洞,某些寻求旅游规划方的当事人通过非正常渠道获得个人收益,也是屡见不鲜的事实。这种动机的存在,是促成规划协议的润滑剂,也是破坏规划协议效率的蛀虫。

另一方面,从施与规划方来看,利益动机基本上是单纯的经济力量。这丝毫无可厚非。但受经济利益驱动容易使人放弃原则和理想,这也常常是不争的事实。能够像某些知识分子曾为过去的周庄和现在的泰山而采取某种“不规划”的“奔走”态度,几乎是难得的。所以,规划实践中会出现一些(或个别)怪现象:或者是根本没有规划原则(包括经济学原则、美学原则、工程学原则等)的人在作规划,或者是有规划原则的人在不得不放弃原则地作规划,而最终的结果是没有原则地规划!尽管这种动机实在少数,但也不能不予以重视。

(二)规划所依循的导向观念问题

进行旅游规划应该坚持市场导向还是资源导向,几年前就进行过广泛的争论,并且最终基本上已经达成了共识。但是,现在反观旅游规划实践,80 年代初期流行的“有什么资源就开发什么资源”的那种不问市场、一厢情愿的资源导向观念,不仅没有消失,而且依然是不小的潮流。有的地方因为有一处隋唐残留的古墙根,于是决定大兴仿古旅游规划与开发;有的地方确实有非常稀缺而品位很高的明清典型街区,但却因为当地旅游开发部门(不知规划人员参与到什么程度)对这些东西熟视无睹、觉得毫无价值,最终把宝贵的遗存铲除殆尽,重建起对当地人看来新奇而对旅游者来说司空见惯的“新型旅游产品”;有的资源仅仅因为在历史学家或地理学家眼中很具有价值就被开发出来了;有的规划师一路跑下来,留下了“个人风格特征”十分明显的一系列旅游产品,相信将来旅游者游的地方多了,经验丰富了,会一眼就认为这些作品出自哪位大家的手笔。——只可惜这种规划并没有充分体现对旅游来说弥足珍贵的对当地环境、历史、文化特色予以充分表现的规划精神!试想,像××那样的城市,有着厚重的文化积淀,有着独特的区域自然和人文风貌,有着多么美好的可规划的未来,怎就“一个秋千”了得!

规划上存在的这些问题,应该说都是没有市场观念的问题。按照经济学的原则,没有市场,即使有旅游资源,也不应当开发,至少开发的优先次序要慎重选择。反过来,倘若市场需求旺盛,如果没有某种旅游资源,我们在财力允许的情况下,也可以通过创造功能接近的旅游产品来满足需求、发展旅游业。这个结论若置放到理论框架中,就是笔者所坚持的“没有旅游资源,照样可以发展旅游业”的观点。现实中的成功范例来自深圳的实践。这里体现了旅游开发的需求导向观念。用刘德谦先生的话说,就是“换位思考”的思想。不面向市场所进行的规划与开发,其经营效率出现问题就不足为奇了。

(三)规划队伍学科背景结构问题

旅游规划是不是仅仅是一个“规划”问题?或者说,旅游规划在内涵上应该丰富到什么程度?很多人都接受这样的观点:旅游规划应该是区域发展规划当中比较具有综合性质的规划,涉及到广泛的层次和界面,需要规划人员具备完整的综合学科背景,这样才能保证规划在各种意义上的成功。也就是说,规划队伍在学科背景构成上的完善程度,决定了规划的能力和视野,最终会影响规划的质量。

然而,现实是什么样的一种情况呢?除非规模确实比较大的规划项目,非一人或少数几个人所能独立完成,这时才可能比较偶然地有比较多类型的专业人才参与到规划队伍当中,但这些人员在学科设计上是否有明确的思想且力求达到有机地结合,实在不得而知。至于一些小项目,基本上是少数几个人(他们往往学科背景极其相近)甚至一个人完成!我很难想象,一个没有经济学家参与的规划,怎么能在经济意义上实现初衷;一个没有生态和环境学家参与的规划,怎么能了解当地生态环境的特征并在规划中予以体现和保护;一个没有历史学家参与的规划,将会用什么样的目光看待人类文化遗存的价值并瞻望未来;一个没有社会学家参与的规划,怎么能注意到旅游在引起文化互动与摩擦甚至激荡过程中所起到的作用,而这种作用发挥的载体事实上就是规划所面对的客体;尤其是一个没有旅游学家参与的规划,怎么能对上述各种视野予以协调?这本不是小问题,但被当作小问题对待了!

在现实的旅游规划队伍中,我注意到占主体成分的是专业规划人员、地理学家,甚至建筑设计人员也大量介入旅游规划。我不知道旅游规划是否就真的属于一种技术规划。但从国外、国内成功和失败的旅游规划实践来看,规划队伍人员构成单一所产生的消极影响,不仅仅表现在微观层面,它对宏观的、未来的旅游发展的基础都会产生不利影响。至于国外在规划时强调的政府部门尤其是当地居民代表的参与,在我们的规划实践中基本被忽略了。

(四)国家对不同类型旅游产品的规划管理对策问题

在整个旅游产品系列中,我曾根据旅游产品对旅游资源是否具有依托关系而将其分成资源依托型旅游产品和资源脱离型旅游产品两种,这种分类我一直觉得很有实践和理论意义。在现实中,如果规划的对象是资源脱离型旅游产品(这种情况下其实是"策划"),那么,"由市场去吧!"规划成败的甘苦自企业咀嚼好了——我们要相信企业在市场中获得成熟的能力和速度,就像我们早就应该相信旅游者会很快从第一个"五一"和"十一"的教训中成熟一样。但是,对于那些资源依托型旅游产品而言,这种放任态度就会贻害无穷。因为,这种产品的基础是自然或人文旅游资源,而这些旅游资源典型地具有共有资源的特性,必须考虑到共有资源本身的经济学规律,否则,共有资源使用中的掠夺现象必然出现,"共有地的悲剧"必然发生,可持续发展的哲学思想和目标必然面临挑战。在这里,我们得出的结论就是:对于资源脱离型旅游产品和资源依托型旅游产品的规划与开发,国家采取的宏观政策应有严格的不同,用以对这两种不同旅游产品所做的规划进行评价的价值尺度、着眼点和方法也自然地有很大差异。这一点只要我们仔细体会一下,结论就浮现出来了。

四、结语:呼唤规划师精神!

当我们不能把我们本来拥有的认识、知识(尤其是良知)运用到实践中去的时候,这里恐怕也有情感上的原因:“人生不满百”,休怀千岁忧。这种可以谅解的原因使我们变得脆弱了,而脆弱是不良规划行为的一个可以剔除的根源,只要我们代之以应有的精神。

因此,在这篇粗糙的短文的最后,我想发出一点呼吁,呼吁我们的规划界能养成一种规划师精神。作为旅游规划师,作为一种总是与人类和大自然的遗产打交道的规划师,必须有一种精神。这种精神可以使你从物欲的泥潭中拔身而出,可以使你能站在宏观的视野上看待你所规划的对象,可以使你能够既有“拿人家钱,就为人家办事”(有人连这一点都做不到或做不好)的微观责任感,也有不忘子孙的历史良心!

在旅游普查实践中用学术的眼光审视目前《国标》的得失*

2004 年 10 月到 2005 年 6 月，东北财经大学旅游与酒店管理学院承担了大连市政府资助的《大连市旅游资源详查、分类和评价》项目。可以说，本次普查——以及在河南等地进行的其他普查——都是对《国标》（即国家标准 GB/T 18972—2003《旅游资源分类、调查与评价》，以下简称《国标》）的一次深刻的检验和实证过程。在这个过程中，笔者的体会主要可以归结为以下几点：

一、《国标》在哲学层面存在着方法论上的问题：方法论的偏差，导致了标准的偏差

所谓的"科学实证"方法实际上是锤子：将作为意识整体的旅游体验敲打成碎片化的单体。科学实证方法可以追溯到弗朗西斯·培根的功利主义科学世界观和归纳法。这种方法在反对经院哲学、推动自然科学的发展方面，具有不可否认的历史意义。但是孔德将这种方法纳入到社会研究之后，随之而来的问题便是对人类理性的某种践踏。当前的《国标》在根本（一般）方法论层面，基本坚持的是这种实证主义。但是，它在迷信"实证分析"而将旅游的对象物过度细化为所谓的"单体"的同时，却没有注意到，这种哲学取向已经像一把锤子一样，把旅游者的旅游体验的整体敲打成了碎片。

所谓的"定量分析"方法有时可能是骗子：旅游者的需要通常难以用数量尺度加以测度。定量分析是科学实证的嫡生子。本人在长达 20 年的统计学教学过程中也曾非常迷恋这种方法。然而，《国标》在操作层面所遭遇的问题，使我第一次警醒地意识到，多元统计分析方法、定量的赋值和加权努力，在面对意识问题、心理体验问题时，会显得十分幼

---

* 本文原载于 2005 年第十期《旅游学刊》的笔谈栏目。

稚。我们曾经按照《国标》的定量评价方法对“黄果树瀑布”这个中国最著名的自然景观之一进行打分评价,结果,由于它完全缺少“历史文化”价值而得分很低——不如一般的二流复合型旅游资源单体。

所谓的“国家标准”有时或许是一种梦想:旅游资源明显地是区位相对优势的产物,要在全国范围内进行比较是不大可能的。既然是国家标准,其结果就应该在全国范围内有可比性。但是,我们发现,那棵生长在少林寺的古银杏树,没有被河南列入旅游资源单体。而在大连,我们踏破铁鞋,四处寻找这样的古木,却始终找不到。如果真的发现了,《国标》会允许我们把它列为至少三级单体!

二、《国标》在吸纳当前学术界最新研究成果方面的问题:依然沿用古老的学术观点,必然导致实践层面的处处碰壁

旅游的本质是什么?旅游体验的本质是什么?笔者认为,旅游的本质是个人所追求的愉悦体验;旅游体验的本质是整体感,不是对所谓资源单体的断片式的、肢解性的观察,更不是一个艰苦的科学计算过程!当一个旅游资源单体被用科学语言(米、斤等)描述出来之后,它的旅游价值已经荡然无存了。

旅游资源的定义问题:《国标》没有坚持旅游资源的潜在性、不可移动性、自在性这样一些基本的学术认识。①大家仔细想想,旅游商品(这里的旅游商品,就是旅游购物品)怎么能算作旅游资源?有些旅游商品脱销了,怎么办?哪个旅游者是冲着旅游商品去到另一个地方的?旅游商品的生产企业总在倒闭,怎么办?②活着的人怎么能算作旅游资源?大连原来的名片×××走了!③已经成为产品的东西还怎么能视为资源?投资商都会愿意把钱花到类似于玉都岫岩那个6万吨的未开发的“巨型玉体”(这才是旅游资源)上,却有哪个投资商能够或肯于把钱花到大连圣亚海洋世界的第一期和第二期工程(这是旅游产品)上?④等等,等等!

旅游资源的分类问题。如果要从旅游资源作为旅游观赏的客观对象物的角度来说,旅游资源有人文旅游资源和自然旅游资源。但这种概念性的分类常常不能落实在现在《国标》所主张的“单体”层面,因为很多单体事实上都包含了复合性的难以分开的双重品质。硬性地进行分类,在实践层面就难以保证对单体的分类达到规则上的完备与互斥。《国标》确实也没有做到这一点,也无法做到这一点。这种基本的失败,使《国标》的

操作性受到极大的影响。①水库怎么能算作建筑与设施类旅游资源?②归葬地怎么能算作建筑类旅游资源?③古典园林(以及长城段落)到底放在哪里好?建筑设施?遗址遗迹?

对旅游资源价值的评价问题。将旅游资源的价值硬性分裂成并列的几个方面或维度,是不合适的。应该有一个主导的维度——可能就是一个观赏价值,其他价值都依附于这个根本维度。只有这样,才能解释人们为什么还会前往某些只有单一价值的地方旅游的事实。

三、结论:《国标》在几个重要的基本点上,可能是错误的

这种错误,导致操办旅游资源普查的具体人员无所适从,甚至如某地的经验性慨叹:“对《国标》的解释权,大如天!”因此,笔者认为,应该立即组织对《国标》的修订。而且,建议在修订旅游资源普查的国家标准方面,要把握好这样几个基本点:首先,解决一个“标准崇拜”问题。有的事物,可以用清晰的、可操作性的标准条款加以衡量、约束,而有些事物,很难用标准条款衡量和约束。旅游资源的衡量,在一定程度上属于后者。对于这样的事物,如果要刻意地去测度,一定要先解决方法论上的问题。但这不是说,旅游资源的任何方面都不能衡量。最重要的恐怕是怎样衡量的问题。而这一点要建立在学术界的积累的基础上。其次,要认识到旅游本质上是一种愉悦体验。旅游体验的满意度带有很大的主观性、相对性和不确定性。这是对旅游资源评价的最大的挑战。最后,建议在修订《国标》的过程中,一定要注意吸纳有广泛的学科背景的人员,同时要广泛征求各个相关领域的人士的意见。因为大家都同意,旅游是复杂现象,旅游学是跨学科的。

对旅游学学科问题的探讨*

一、旅游学的研究对象

研究对象的确定是学科成立的前提。对此,毛泽东有一句几乎人人皆知的著名论断:“科学研究的区分,就是根据科学对象所具有的特殊的矛盾性。因此,对某一现象的领域所特有的某一矛盾的研究,就构成某一门学科的对象。”然而,把握一种现象的根本矛盾需要有深刻的认识,而这并不容易。在旅游现象当中,根本的矛盾性体现在何处,人们并不能就此取得一致的意见。认识上的差异表现在旅游学研究对象的陈述上,就有种种不同的说法。应该说,这是当前旅游学学科发展所面临的最严重的问题之一。

在我国旅游学界,比较多的人认为,旅游学的研究对象或者是从活动角度界定的六大要素论,或者从旅游综合体的角度界定的三要素论,这两种提法可以统称为“要素论”。此外也有个别学者站在不同的角度分别认为旅游学是研究旅游者、旅游业或旅游对目的地影响的科学。下面我们仅对比较有代表性的“要素论”进行分析。

“要素论”的旅游学研究对象,都以过程为主线,以外在的支撑体为着眼点,实际上并无核心矛盾存在。比如,马勇提出,由于旅游涉及六大要素,这种综合性使“作为全面系统研究这一活动的旅游学的研究对象……可以概括为四个方面,即旅游者、旅游管理者、旅游资源和旅游设施。旅游学就是研究这四个要素的基本特征与相互之间的关联作用及其运行规律的科学”。②我们不禁要问,在这四个要素之间,根本的矛盾性是什么呢?甚至有没有根本性的矛盾呢?如果有,那么作为研究对象的,就应该是这种矛盾,是对这种矛盾的性质、形态、结构、发生、运动和影响的研究,而不是对四个要素的研究!

---

* 本文原载于1999年10月《桂林旅游高等专科学校学报·旅游学科建设与旅游教育增刊》。

② 马勇:《旅游学概论》,北京:高等教育出版社,1998年版,第12页。

从三要素角度提出的旅游学研究对象，与比没有根本的差异。例如，王德刚解释说，“旅游学是以旅游的三要素（旅游主体、旅游客体、旅游媒介）为核心，研究旅游活动和旅游业发展规律的科学。”这个表述令人不解的地方是，把旅游的主体、客体和介体定义为旅游学研究对象的核心，太过于一般化，而没有体现旅游现象的特殊性。因为，任何人为的行动，甚至任何生命活动，似乎都离不开行为的主体、客体和介体。以这种方式定义一个学科的研究对象，是学科极不成熟的表现，这方面恐怕只有像“公共关系”这种被公认为比较不成熟的学科才可以给我们以同样的安慰。

另外，要素论的认识根源还是功利性的。就是说，人们是从旅游业的视角来审视旅游现象的。在这种情况下，人们的认识就很自然地停留在现象层面上，关注的是物质构成，理解的是要素的性质及其关系，忘记了把这些要素有意义地联系到一起的旅游内在矛盾的规定性。尽管最近两年来人们特别关注对旅游学研究对象的探讨，但就发表的成果来看，还是没有取得根本性的突破。

笔者对旅游学的研究对象的理解偏向于比较狭隘（或者应该说比较基础）的方面，对此，有三点需要做一下交代：

首先，旅游学与旅游不是一回事。这个提法听起来似乎很可笑，其实不然。二者的这种混淆是有先例的，甚至是常见的。在英语国家中，对“旅游”（tourism）一词的用法，似乎就有让人误解为“旅游学”（touristics 或 tourism study）或“旅游业”（touristindustry）的意思。这一点从对旅游的诸多定义中都多少可以看出一些。自从汉泽克尔与克拉普夫给出了综合性的旅游定义以后，似乎这种误解就时有发生，以至当这些名词在翻译到国内时也不好把握其意义。为什么那么多的关于旅游的定义都过于泛化？其中一个原因是否人们担心不这样泛化地去定义旅游就可能使一部分旅游现象被排除在旅游学研究领域之外。有了这种担心，人们自然就倾向于把旅游解释成包罗万象的范畴。于是，在定义旅游学的研究对象时就已经没有多少回旋余地了，旅游与旅游学的混淆也由此而产生。

其次，旅游学要以研究旅游现象的基本矛盾为核心，研究这种矛盾发生的基础、原因，研究这种矛盾的性质、形态和结构特征，研究这种矛盾的运动规律，研究这种矛盾所产生的复杂影响。显然，旅游现象的这种基本矛盾存在于旅游活动之中，因此，旅游学要以旅游活动所展示的矛盾为研究对象。这里所使用的“旅游活动”一词，既包括旅游者活动,也包括旅游产业活动,而这两种活动恰好构成了旅游现象基本矛盾的两个方面,由此衍生出旅游期望与旅游感受、旅游动机与旅游体验、旅游需求与旅游供给、旅游流量与旅游容量等一系列的矛盾形式和矛盾运动。由这些矛盾所展示的立体的、丰富多彩的旅游现象,也就是综合性的旅游学科开展研究的对象领域。

再次,将旅游定义为出自愉悦目的所做的旅行,这种求其内核而舍其外象的认识方法,并不就决定了旅游学的研究对象必须限于对旅游内核的研究。而恰恰相反,作为一个学科,其研究对象和内容在核心范畴之外的扩展是必要的,也是必然的。

明确了以上三点,我们可以尝试将旅游学的研究对象做以下界定:旅游学的研究对象是旅游活动的内在矛盾,旅游学的任务就是要通过研究来认识这种矛盾的性质及其发生原因、形态结构、运动规律和它所产生的各种外部影响。

二、旅游学的学科性质

旅游学作为一个独立的学科在我国至今还没有得到官方的认可。在1998年之前,在我国的旅游专业学科目录中,没有“旅游学”这个学科名称,只有“旅游经济”这个二级学科,在相当长的时间内,人们都习惯于用旅游经济来取代旅游学。在1998年后,旅游经济作为专业在国家教委的本科专业目录中被勉强保留但改为“旅游管理”,隶属于管理学学科下面的工商管理。从这种变化的前后我们都不难看出,由于旅游学自身的原因以及人们对这门学科性质认识深度的原因,旅游学在学科之林中始终都没有得到一个适当的地位。人们宁愿把旅游研究看作是经济或管理理论的应用领域,也不愿意承认有一个客观的独立的研究领域的存在。

然而,通观中国20年来的旅游研究实践,审视国外旅游研究的历史,我们不能不承认,任何企图借助于原有的学科来引申或涵盖旅游研究的全部领域的努力都不会获得成功。“旅游经济”不能,“旅游管理”不能,“旅游文化”或“旅游地理”也同样不能。旅游研究典型地体现了跨学科研究的特点,而这个特点就是一个新兴的综合学科孕育的土壤。只有旅游学这个可以重新界定的学科领域,才能够全面地统辖旅游经济学、旅游企业(或行业)管理学、旅游地理学、旅游文化学、旅游生态学、旅游人类学、旅游社会学、旅游心理学、旅游美学、旅游规划学、旅游史学和旅游会计学等各个学科。这也是旅游研究赋予旅游学的一个必然使命。我们理解旅游学的学科性质和体系,必须建立在这样的认识基点上。

对于旅游学的学科性质问题,近几年来旅游学术界多有探讨。然而,到底什么是学科(discipline)?它是如何定义的?这是带有根本性的问题。实际上,即使在最古老的学科那里,人们也会见到对该学科性质的极其不同的表述。究其根源,在于人们定义学科的方式是不同的。有人指出,在定义学科方面,至少有四种不同的方式:用人们意欲研究的课题和研究领域;用人们所做工作的参与者及权限或习惯;用人们探究问题的方法和模式;用人们的探究结果。随着现代科学的发展,科学研究范围的扩大,学科问题的研究也变得异常复杂。在这种情况下,作为学科的界定框架也很难建立起一致的标准。不过,一般认为,作为学科必须具备以下条件:首先要有专业的组织从事有关的研究工作;其次是在学科研究中使用独特的语言系统;再次是采取特殊的研究策略;并且要遵从特有的规则,这些规则具有潜在性、公共性、层次性和相对稳定性这些基本的特征。换言之,“学科的特征在于它不依赖于其他学科的独立性。这种独立性反映在它的研究对象、语言系统和研究规范上”。①

用这样的标准去衡量旅游学学科,应该承认,旅游学学科至今还没有形成。尽管在某些方面的条件已经具备(如研究组织和人员的规模),但最为关键的一些条件还没有成熟,作为旅游学研究的独特语言系统(概念和范式)还远未达到丰富而规范,作为旅游学体系构架的方法论也远未形成,旅游学研究中各抱地势、互不通连的研究倾向还相当明显,旅游学没有实现真正的综合。而没有综合,对于旅游学而言,就没有产生的可能。但是,人们对旅游学研究的步伐一直没有停止,旅游学学科综合的迹象不能不说已经有所呈现。近几年来,国外旅游学界试图用“旅游社会科学”(Tourism Social Science)实现对旅游研究的综合。想用如此宽泛的学科边界反映旅游研究的学科性质多少有些投机的意味(因为“旅游社会科学”实在很难具有独立学科的含义),同时这个提法还会造成与传统的“自然科学”和“社会科学”在关系上的矛盾,而在我国的专业规范中,这种提法就恐怕更是难以找到栖身之地了。尽管如此,“旅游社会科学”这个概念的提出确实“反映

① 李光、任定成:《交叉科学导论》,武汉:湖北人民出版社,1989 年版,第 37 - 55 页。

了国外旅游学界对旅游现象的多元结构及旅游学作为一个学科具有的跨学科、多学科性质的确认”,“从跨学科、多学科性质来看,这个学科似乎已经具备了成为一个独立学科所应有的形态、结构和特征。”①

这里所使用的“跨学科”一词,是从英文 interdisciplinarity 翻译过来的。最初这个词只是在一般的字面意义上使用,随着研究的深入,它才开始逐渐具有较稳定的为大家所接受的科学意义。与这个词在使用上非常接近的另外两个词是“多学科”(multi disciplinarity)和超学科(trans disciplinarity)。尽管三者之间有着诸多相同之处,但瑞士心理学家皮亚杰等人还是坚持认为,多学科是低层次的、利用多门学科进行的相对独立的研究;跨学科是中等层次的、多学科间相互作用、相互补充的合作研究;超学科则是高层次的不存在学科界限的统一研究。由此可见,跨学科强调学科间的协作,强调在解决问题时的各学科的相互补充作用。

旅游学的跨学科性质,不仅表现在旅游学研究的历史进程当中,它实际上根植于旅游学研究对象的复杂性和综合性这个根本点上。如果我们承认人生是包含着无限的复杂性——包括内心世界以及个体与环境的复杂关系——的一个连续谱(successive spectrum)的话,那么,在这个连续谱上面截取的任何片段都可能具有同样的复杂性。各种研究与人生有关的问题的学问(笔者甚至认为所有的学科都是研究人生的或为人生而服务的,是从人的角度出发理解世间万物的各种努力及其成果的汇编)就由此决定了它们的复杂性,这里当然要包括那些研究与人生的某个特殊片段过程有关的问题的学问。旅游就是人生中的这样一个值得特别关注的阶段。由于旅游的本质规定性及其各个层次表现出来的特征,旅游注定是人生中一个有特殊意义和特殊形态的阶段。这个阶段包含的内容之广,牵涉的关系之复杂,问题的性质之特殊,是绝非一般性的和单一的学科可以研究和给予答案的。

三、旅游学的学科体系

在国外的旅游学研究中,较少见到有关旅游学学科体系方面的理论探讨。这可能是

① 申葆嘉:《论旅游学科建设与高等旅游教育》,《旅游学刊·旅游教育增刊》,1997 年 8 月。

旅游学本身不够成熟的自然表现，也可能是国外学者一贯的务实精神(或功利意识)的反映。因为在整个学科在基本概念、方法和理论方面还存在诸多需要探讨和解决的问题时便去研究这个领域中的各个学科的关系，可能往往是劳而无功的。但是，当我们真的企图去建立旅游学这个独立学科时，这个问题就是一个绕不过的问题。

在1995年，喻学才、毛桃青撰文呼吁建立旅游学学科体系。① 他们从产业地位、旅游经济与旅游学的关系、旅游经济与旅游文化的关系等角度进行探讨，认为传统上把"旅游文化"这些属于其他各种学科的研究领域置于"旅游经济"的框架之下是不合适的，而应该用旅游学来统辖这些学科。这种观点带有很大的普遍性。但是，这种普遍认识在实践中未能得到实施，原因恐怕不是别的，而是旅游学本身没能做出应有的表现——这么多年来旅游学也确实没有形成令人信服的理论体系。

自1997年来，是旅游学界展开对旅游学学科理论大讨论的两年。人们似乎普遍意识到旅游学学科理论研究的滞后在无形地制约着旅游理论研究的发展。有人甚至相当悲观地认为旅游学理论研究在时间、质量和业绩方面都表现出滞后性。②然而，在各家所提出的旅游学学科体系的意见中，目前表现出的主要是很不统一和很不稳定的纷纭说法。明庆忠、王德刚、陈玉英等人都试图给出明确的旅游学学科体系层次图，确实给人一定的启发。但这些模式似乎有着共同的弱点，那就是它们未能明确旅游学是以怎样的方式、在什么样的地位上实现对各个学科的综合，或者说，未能明确旅游学是通过哪些一般性的概念、理论和方法在最基础而不是在最概要的意义上达到了对各门学科的综合。

笔者认为，旅游学的综合体现在两个层面上：概念与理论(方法)。旅游学学科体系是在完成了这种综合的基础上确立起来的。

在概念的层面上，旅游学应该有它自己的概念系统，这个系统根植于对旅游现象的系统认识，也得益于相关学科的成熟概念。这些概念在旅游学理论领域中重新获得了独立的意义，成为构筑旅游学理论的基石。这些概念之间的关系，应该是借助于理论线索建立起来的，而不是简单检索的结果。以笔者陋见，这些概念应该包括：旅游、旅游现象、旅游者、旅游活动、旅游需要、旅游动机、旅游决策、旅游行为、旅游需求、旅游者需求、旅

---

① 喻学才、毛桃青:《论旅游学学科体系亟待建立》,《江汉论坛》,1995(12)。

② 陈玉英、明庆忠:《关于旅游学理论研究的若干思考》,《桂林旅游高等专科学校学报》,1999(1)。

游供给、旅游资源、旅游地、旅游产品、旅游业、旅游体验、旅游愉悦、旅游期望、旅游感受、旅游满足、旅游观赏、旅游角色、旅游交往、旅游模仿、旅游消费、旅游者消费、旅游流、旅游效应、旅游容量、旅游规划和旅游发展等。对这些概念应该赋予旅游学的专门意义,这是旅游学完成综合的基础和表现。当然,在这些基本概念下面,自然还会衍生出更为具体的概念,如旅游者本身就是一个概念系统,旅游产品也可以加以具体的区分;而在这些概念之外,还会有众多的与之相关的概念,如旅游经济、旅游文化、旅游环境和旅游法规等,由于这些概念常常是另一个相关或分支学科的基本概念,因此不宜作为旅游学的核心概念来看待。在上面所列出的概念中,体现了笔者对旅游学研究的内容、方式的某种见解。

在理论(方法)层面上,旅游学也同样应该有自己的理论。作为一门新兴的跨学科,旅游学的理论(方法)主要是通过"解决问题"(problem —solving)式的途径逐步从其他相关学科移植、渗透和融合而来的。这些理论进入旅游学领域之后,逐渐与旅游学中的特有概念、特有的研究对象、特有的问题类型相结合,经过一个相当长的过滤、积淀、整合过程,最后成为旅游学的独特的理论系统。不经过这个过程,就不会有旅游学产生。实现了这种理论积累和养成过程,旅游学就将以一种作为其他所有的旅游相关学科的基础学科——而不是概论性的东西——的面貌出现,它所探讨的是旅游活动的基础、发生原因、运行机理、性质、形态结构和特征以及对社会的影响等范围广泛的问题,它所要解决的问题是这些旅游现象当中最基本、最共性的方面。

这样一门基础理论学科,与它所统驭的相关的分支学科一起,构成了研究旅游现象的综合学科体系。在这个体系中,包含着有所不同但互相关联的两大模块。一个模块集中研究旅游者活动,这是旅游学的核心领域,旅游学跨学科的性质主要集中体现在这一模块当中,这一模块在方法论上也比较广泛地吸收了诸多人文学科的成果,对它的研究构成了旅游学的基础领域;另一个模块集中研究旅游产业活动,这是旅游学的扩展领域,在方法论上比较多地吸收了管理学和经济学的成果;还有一个模块是由一些研究旅游者需要(或需求)与旅游产业供给二者之间的关系的学科构成的。这个综合学科体系可以用一个框架图来描述(见图1)。

在图1中,带箭头的单向虚线表示各学科在形成旅游学的概念体系和方法理论方面通过移植、渗透和融合而做出的贡献；带箭头的双向虚线表示分支学科之间在研究旅游的两种活动及其关系方面的对象划分；带箭头的单向实线表示旅游学作为基础学科的统驭领域或研究的对象规定。在学科罗列方面，该模型未必是全面的，但这些学科可以认为是最基本的。在有些学科领域，当然存在继续细分的可能和必要，但层次上已在其次。如旅游企业管理学，可以分为旅行社管理、风景区管理、娱乐企业管理、旅游饭店管理、交通运输企业管理等；旅游经济学可以分为旅游消费经济学、旅游生产经济学、旅游环境经济学等；旅游规划学也可以分为旅游产品设计、旅游项目评估、旅游资源开发、旅游景观设计等具体研究领域。有些学者在罗列分支学科科目时所做的扩展很大，给人一些启迪。但这里似乎需要注意两点：一是目前有些学科并不成熟，不宜以“学”冠之（如旅游资源学等）；二是有些学科即使在将来恐怕也很难予以界定（如技能旅游学或理论旅游学等）。

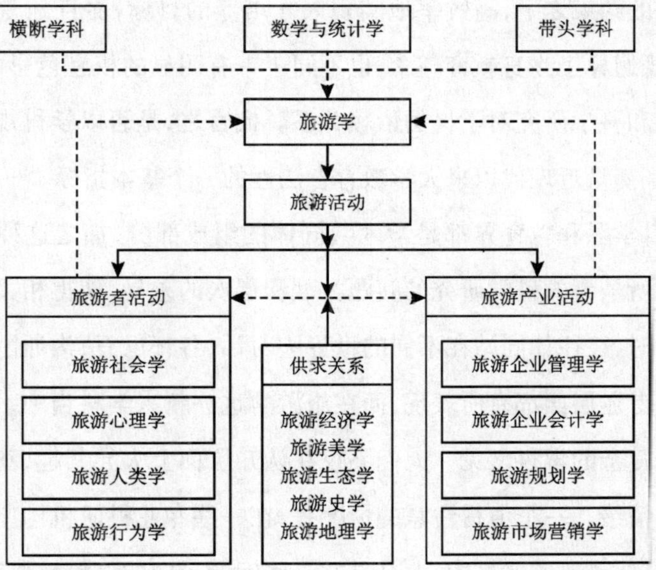

图1　旅游学学科体系构成模块

旅游学的逻辑:在有关旅游学科问题的纷纭争论背后*

学科自觉这一命题,对于不同的学术组织而言,几乎具有完全不同的意义。作为兼具科学研究和人才培养双重使命的大学,其科学研究的特征之一,就是要将科学研究的目标同时建立在学科自觉的基础上;相反,对于专门性地从事科学研究的机构(如科学院所)来说,学科自觉这一命题的迫切性并不明显。究其原因,大学的使命是在有限时间——学制——的约束之下,高效率地实现人才培养的目标,而且是专业人才培养的目标。这一目标,既迥异于终身教育理念,也不同于带有明显的权宜色彩的短期培训,由此构成了大学教育和科学研究对学科的依赖关系。换言之,是否以学科规律推动和实现大学教育,已经成了衡量近现代以来大学教育合法性的一个基本指标。

然而,由于科学界和教育界都是学术共同体的组成部分,加之这种共同体又由于专业领域的区别和所从事的科学研究的问题类型和层次的差异,使得相关人员在谈及学科问题及其必要性时,往往如同站在不同的世界中对话,各怀己意,沟通困难。这种情况在各个研究领域和专业层面都有所表现,而在旅游学这一新兴学科当中,表现尤其突出,并进而形成了纷纭复杂的学科之见。人们不仅在认知层面上大异其趣,甚至还不适当地流露出种种复杂的情绪。一个值得注意的情况是,在一些专业科研机构单纯从事科学研究工作的人,在其具体科研实践当中,尤其是在一些问题导向的对策性研究过程中,逐渐形成了对学科概念的超越甚至漠视,往往不很关心学科,并进而不理解高校教育工作者对学科问题的关切。这一态度在一定程度上也影响了旅游院校的教育工作者。鉴于旅游学科对于中国旅游高等教育人才培养效率和效果的重要性,这个问题似乎很有必要做一

---

* 本文原载于2012年第1期《旅游学刊》,作者:谢彦君、李拉扬(男,安徽桐城人,1984年生,东北财经大学旅游与酒店管理学院2011级博士研究生),

系统的阐释。

一、旅游学科：应然与已然的判断

就旅游研究而言，学科自觉首先表现在对其学科合法性的自觉上。关于曾一度被称为旅游社会科学(tourism social science)而后被旅游学(tourism studies)取而代之的知识领域究竟是不是一门学科，国内外的旅游学术界都一直存有争议，而人们的研究路径也呈现出多种可能性。克里斯·库珀(Chris Cooper)等学者指出"当旅游正成为一个研究领域的同时，它的基础理论水平还不能支撑其成为一门学科"[1]。而美国学者格尔德纳(Goeldner)在与管理学学科发展的过程进行相似性比较的基础上，将旅游描述为一门学科[2]。激烈的学术争论也发生在澳大利亚学者利珀(Leiper)和英国人约翰·揣博(John Tribe)之间。利珀1981年在《旅游研究纪事》(*Annals of Tourism Research*)上提出，"为了从根本上解决课程分化的弊端，需要创立一门新的学科"[3]，但揣博从学科的衡量标准角度分析，认为这只是一腔热情，旅游是"非学科"(indiscipline)[4]；之后，利珀批评"杂志主编们出于策略性原因，回避创立一门独立学科的责任"，并坚持旅游是一门"新兴的(emerging)学科"[5]。随后，揣博继续发表评论，驳斥利珀这一观点是"非学科性的"(indisciplined)和"没有事实根据的"(unsubstantiated)，认为"需要一门学科并不意味着旅游研究成为一门学科就天经地义，两者并无逻辑关系"，旅游只是"研究对象(领域)而不是研究方法(学科)"[6]。其观点也正如库珀所说，"旅游研究仍然是肤浅和松散的知识体"[7]。至此，虽然关于研究范式、研究方法、知识生产、知识网络的探讨仍在继续，但西方学者似乎对"旅游学科合法性"这一命题达成了暂时搁置的默契。显然，在国外这些争论中，用"非然"否定"应然"所暴露的粗鲁，以及以"未然"拒绝"应然"所流露的悲观，加上旅游学真正集大成者的现实缺位，这些情况都使得人们在判断旅游学科是否处于"已然"状态时缺乏洞察力。

实际上，西方学者对旅游学科的关切，就其大规模来临的时间而言，已经是迟到了的。一直到20世纪末21世纪初，由于旅游研究成果和知识总量的爆炸性积累，才使得一些学者开始讨论旅游知识共同体(学科)的形成问题。这一点既源于西方旅游高等教育在操作层面上所受的制度性羁绊很少，因此也就很少遭遇中国院校学者所面临的人才培养方面的低效率和扭曲效果(人才流失)问题,另一方面也源于西方科学研究一向的实用主义理念。与此相反,在中国国内,恰好与上述两个原因相对的中国国情,使得中国旅游学术界在兴办旅游高等教育之初和旅游科学研究之始,就把学科问题放在了一个重要的地位上(余书炜[8];张凌云[9];申葆嘉[10];吴必虎[11];肖洪根[12];谢彦君[13])。随着中国高等旅游教育规模的急剧扩大,这一关切尤其成为共识。有些学者早已发觉旅游学的多学科(multidisciplinary)和跨学科(interdisciplinary)性质[13,14],并寄希望于这些概念可以改变旅游学科的尴尬境地,但不可避免的是"综合性变成各相关学科的简单集合,跨学科或边缘学科变成各学科内容(多半是其中'通俗易懂'部分)的直接剪裁拼接。"[15]。最近一些年来,国内很多学者投身旅游学科的整合内化与外延体系两个维度的思考,并将学术自觉作为一个重要范畴加以阐述。人们日益认识到,旅游知识共同体的构建,需要"寻找一个可以依赖的'内核'、'共核'或'基点'"[16],而"旅游体验"就可能具备承担这一使命的学术禀赋[16-19]。不过,有关旅游学科自觉及其发展路径的认识在国内旅游学术界并没有达成明确一致的认识,因此有学者呼吁旅游学术界在这一点上应"求大同存小异"[20],以利于在一定时期内推动旅游研究范式的发展。值得指出的是,在相关的争论中,存在着两种应该引起注意的情况:一是将"旅游学科"与"旅游研究(或旅游科学)"等义,认为"旅游学科研究的进展"完全等同于"旅游研究进展",从而混淆了知识共同体与知识创新实践之间的区别;二是学科自觉和学科自信都落后于其他学科,旅游学术界弥漫着一种"忌病讳医"的情绪,认为争论本身就表明了学科地位的不牢固,并因此对旅游学科的合法性失去信心和耐心。

二、学科标准以及学科的"逻辑起点"

关于学科合法性的标准,学界一直没有什么定论,但看法已相当趋同。英国教育学家赫斯特(Hirst)将"学科"界定为"通过采用公众已接受的符号,将我们的经验结构化的一种独特方式"[21],认为学科应具有类似物理学中重心、加速度等类似的核心概念,它们具有符合逻辑的概念结构,具有可由经验检验的特定表达方式,尤为重要的是具有方法上的不可还原性(irreducibility,即库恩提出的"不可通约性")。美国学者金和布朗内尔(King &Brownell)认为,学科标准包含着"一种研究方法"、"一个概念结构"、"一块研究领域”,这些与其他学者的观点大同小异,不同的是他们还认识到学科中同样需要“一个共同体”、“一个交流网络”、“一种传统”、“一套特别的价值观和观念”[22]。

随着库恩(Kuhn)在其《科学革命的结构》中提出“范式”(paradigm)这一范畴,学者们开始用是否建立起自己独特的“范式”这一依据来判断学科成熟与否。在库恩看来,范式是为科学共同体所共同接受的一组假说、理论、准则和方法的总和,是一组对于本体论、认识论和方法论的共同承诺。此后,库恩又建议用“学科基质”(disciplinary matrix)一词代替含义比较泛化的“范式”,并界定其中四种重要成分:“使用公式和逻辑形式来表述的符号概括”,“共同体共同享有的信念即范式的形而上学部分”,“存在个体差异的共同体成员不可能以相同方式享有的共有价值”,以及“实践中涉及工具、经验等的具体范例”[23]。国内学者在借鉴这些学科理论基础上,将构成学科的基本条件总结为四要素:“组织机构、概念体系、研究方法(理论)和研究规范”[24]。

从上述各项标准来衡量,旅游似乎还不足以成为一门学科,可能仍处于前学科或“前范式”[23](pre-paradigmatic)阶段。以中国为例,尽管旅游研究人员的群体规模已经很大(在组织机构的规模上,截至 2011 年,全国就有 505 所普通高校开设了旅游管理本科专业[25]),发表于学术期刊的论文也越来越多,但人们依然不敢断言已经走进了一个统一的“旅游学科”。就知识的实在性而言,在最基本的“旅游”这一“元概念”上,人们还存在着分歧:“旅游是指人的活动,还是人的活动所引发的现象和关系?”[20]由此产生的概念逻辑也比较混乱,旅游内涵无限“泛化”[19],旅游研究成了其他学科概念的“跑马场”和“领养儿”。揣博也正是认识到旅游研究中的很多概念“都是在别处产生的,只是被情境化或延伸到了旅游的维度”[4],故而放弃了对旅游的学科化诉求,转向了旅游的知识社会学这一意义完全不同的研究领域。加拿大学者艾科特纳(Echtner)和贾马尔(Jamal)在阐述旅游的“学科困境”(disciplinary dilemma)时,根据库恩的范式理论,认为“在每一个‘学科基质’之中,旅游都只将继续作为一个独特的研究主题。目前这种情况下,旅游研究很难建立自己独特的范式。”[26]如此看来,强调旅游是一门学科似乎的确有某种“情绪主义”(emotivism)[6],甚至悲情色彩。

尽管如此,但旅游作为一个独立的存在领域(在笔者看来,由于旅游世界的客观存在,因此,旅游学便可由此获得其独有的研究对象),这一根本认识是可以赋予我们以学科信心的;旅游学科的研究对象由于其明显的系统性和可见性,因此也是可以寄望共识的形成的;旅游活动的内在基本矛盾的本质揭示以及旅游"硬核"、"共核"或"基点"的可寻和知识共同体的构建,是可以加快旅游学科成熟的步伐的。换言之,即使"旅游学科是否存在"这个问题会延续到未来,但学科自觉的使命决定了我们不能忽视这样一个命题:如果不解决旅游科学的"内在逻辑"这一问题,旅游学科根本不可能实现。因为,没有"内在逻辑"的科学知识自然经不住学科标准的推敲,没有内在一致性的科学知识自然也不能形成知识共同体。要认识旅游科学理论体系所需要的"内部逻辑",就是要研究者们从旅游的种种具体的复杂现象形态进行抽象,将旅游现象"一般化"或"概化"(generalization),不断追寻"旅游何以可能"这个基本问题,恰当地从中缕析出能规定旅游本质的最抽象、最直接、最简单的"存在"范畴,以此作为旅游学科的"逻辑起点",完成体系构建的准备工作,进而逐步展开属于旅游学科独有的严密的逻辑系统。因此,主张用现象学直观本质的方法来认识旅游现象,也是源于黑格尔所推崇的这种寻找"科学开端"[27]的姿态。至于"旅游经济预测"、"旅游产业创新"、"旅游扶贫"、"性旅游"、"低碳旅游"、"旅游目的地营销"等诸如此类的旅游现象及范畴,倘若还原到根本,其实都只不过是发生在旅游世界的简单、普遍、直接、常见的"旅游体验"。针对这些范畴所涉猎的现象而展开的所有越来越具体的解释,都应当并可以显现出起点和终点的统一。在这个历程中,那些倾向于从旅游现象的包罗万象和旅游业的蓬勃发展入手并试图从社会影响、产业利益和政府决策层面来证明旅游学科的合法性的学者,他们的努力即使看上去更加间接,也终将对旅游学科这棵大树的枝繁叶茂贡献其创新性的知识。就此,韦伯认为任何有思想的探讨都不外乎出于"目的"和"手段"两方面的考虑,"要么是由于它自己的价值,要么是把它看作服务于最终希求的东西的手段"[28],旅游学科也不例外。遗憾的只是仍有一些学者过度缠绵于旅游知识的细枝末叶,甚至因叶而障目,还有一些学者则情愿完全受交叉学科思维的操纵,甚至大有凭空超越"旅游学"而创造出一门"交叉学科"的企图。就这一点而言,这也许是一种群体记忆的迷失:人们忘了交叉学科可能只是近现代学科发展路径的一个阶段性状态或成果而已!在笔者看来,现当代社会知识爆炸背景下所发展起来的任何一个学科,都可能经历初始的单学科关注以及后续的多学科进入、交叉学科渗透、跨学科整合,直至一个新学科的最终形成。以这样的一种思想理解并引导旅游学科建设,就会少走甚至不走弯路。

三、多学科的贡献和困境

即使从旅游研究的历史来看,我们也不必再细述早期的经济学单科性介入的历史,因为“二战”之后的旅游研究,很快就开始“在研究路径上表现出明显的多学科渗透的学术特点”[19],尽管旅游在研究上仍然被肤浅地局限于“产品”视角,其中,旅游企业、政府、投资者以及当地居民被定义为生产者,旅游者被定义为消费者,从而暴露了学者们受制于某种“实证极化”(positivist polarization)的困扰[29],但从社会学、人类学、心理学、地理学、环境科学、生态学等重要学科的角度展开的旅游研究已经渐成潮流。旅游不再只被认为是经济活动,学者们“开始着迷于将旅游理解为一个事物、一个产品、一种行为”[30]。为了更充分地界定旅游,有些学者认为学术界“应超越经济,领会旅游、休闲以及娱乐与其他社会实践的关系”[31]。由于这些研究实践,在整个旅游研究领域,就出现了各个学科都大显身手、各取所需、各有所得的景观:经济学从旅游现象中观察到了众多利益关系和资本增减,社会学在其中发现了互动以及社会关系,心理学捕获了人们的常规性格与感知在旅游世界中的另类表现,政治学则在其中看到了权力与意识形态的影子。一言而概之,不同的学科,都在对同一种“存在”的不同维度展开研究。

从旅游研究的总量来看,国内外众多学者在旅游研究与其他学科的微观结合方面,投入了大量精力,进行了深入的数据分析,从而使旅游学来自于多学科努力所形成的知识密集于旅游的微观现实层面。贾法瑞(Jafari)和艾阿瑟(Aaser)1988年将美国的旅游类博士学位论文按照其重要性排序,发现大部分都与经济学、人类学、地理学以及休闲学有关[32]。韦勒(Weiler)等学者分析1951—2010年美国、加拿大、澳大利亚、新西兰的1888篇旅游主题的博士论文的多学科研究程度,观察出20世纪受经济学影响的论文最多,而2000年之后的博士论文主要集中在环境科学和心理学领域[33]。国内也有学者对1989—2009年间旅游类博士论文进行关键词分析,“旅游产业”出现的频数最高[34]。张薇等学者还针对1998—2007年间SCIE、SSCI和A&HCI三大检索系统中的3296篇以“旅游”为主题的论文进行分析,发现管理学、社会学、环境科学、地理学、生态学、经济学、人类学是近30年来主要的涉入学科[35]。

尽管多学科方法看上去不过是从自己学科的安全地带向外的短途出游,但旅游研究的多学科介入其实无可非议且顺理成章。多学科介入旅游研究的历史必然性的前提是旅游现象的复杂性,而多学科介入的真正贡献在于"为各个介入学科丰富自身的研究领域、拓展自身的研究视野、补充自身的研究内容提供了一种新的可能性。"[16]就后者而言,以社会学"想象力"中的旅游研究为例,通常人们都会认为王宁在用"现代性"[36]解释"旅游",可是,如果换个思维角度,又何尝不是社会学家在用"旅游"解释"现代性"呢?迈克·费瑟斯通就曾用"旅游"解释后现代社会语境中的文化合流[37];约翰·菲斯克在对大众文化的研究中就将对象指向了"海滩"[38];而让·波德里亚在对消费社会的研究中也屡屡将旅游中的超现实现象作为消费社会特征的举例之一[39]。在概念上,旅游术语的产生和演进,同样并不是在真空中进行的。在更广泛的历史语境中,旅游不过是一块年轻的研究领域,必然深受其他学科和研究传统所影响。

不管如何,目前绝大多数的旅游研究仍然是传统学科依赖的结果。研究者来自不同的学术背景,因此,研究过程的路径选择和方法论策略就在各自的面貌上呈现百花齐放之态。然而,就旅游学科的发展建设以及人们对该学科的成熟所抱有的期待而言,这种状况应该理性地被看作是一种阶段性的呈现,而不是终极意义上的目标。因为,作为独立学科的本质规定性要求,它只能是对某一独特的问题域或专门化、类型化的现象的研究,即使有时这种研究可能针对该问题域的某一过程、某一层面、某一角度展开,但终归不会失其学科根本。反观当前的多学科介入旅游研究的情况,却常常仅限于侧重从学科的角度进行研究,而不是立意于研究主题本身,这就使研究主题不再是旅游知识共同体共同面对的问题,而是被转化成各个学科各自单独面对的问题。朱峰等对于国家自然、社会科学基金中的旅游类项目的分析得出,自然基金中地球科学部旅游类项目占全部项目的71%,社科基金中应用经济学科囊括了60%,从而批判这是一种"去旅游化"[40]现象。如果从警示的角度看,可以说这一见地是颇为一针见血的,值得引起重视。国外有学者将这种情况描述为"缺乏理论复合性",主张旅游研究"接纳整个社会科学研究范式"[41]。显然,尽管旅游研究所采纳的范式和方法越来越高深莫测,但这种忘根失本的工具主义倾向,只要不加以警觉的话,那么,对旅游学科的构建就可能产生误导。

还须引起注意的是,多学科介入所固有的"学科壁垒"还使得研究者之间误会重重,难以沟通,不仅影响着旅游知识共同体的形成,而且也使得旅游学术共同体流于肤浅和功利。例如,社会学家厄瑞(Urry)的“旅游凝视”、人类学家麦坎内尔(MacCannell)的“本真性”以及格雷本(Graburn)的“神圣游程”等范畴,都曾让其他学科出身的研究者一头雾水,而“旅游体验”也被个别学者断定为“心理学”的概念而应予抛弃。这一现象呼应了所谓的“斯洛命题”[42]:某些研究者们一方面彼此攻击对方的研究起点属于各自学科的问题,另一方面却又甘于在各自学科领域“自说自话”,拒绝任何意义上的学科共识。

由于旅游现象这一研究对象被多学科加以研究已是不争的事实,因此,丧失了学科自觉的使命感和敏锐性的研究者由此而怀疑旅游学科存在的必然性和必要性也就不足为奇了。作为一个代表人物,揣博在构建旅游研究的“知识力场”(knowledge force - field)模型时强调,从旅游到旅游知识受到很多科学以外的因素影响,“研究者、研究规范、研究目的、研究立场、意识形态”等使得旅游研究出现“隔阂与沉默”[43]。但是,在笔者看来,这种描述虽然确指的是现状,但恐怕不能代表着未来。旅游现象作为丰裕社会人类现象的最核心内容之一,甚至可能成为人类基本生活方式的主要载体,由于这个缘故,其所对应的科学研究所能面临的挑战,就必然是那个时代最重要的课题之一,相应的旅游科学研究就必然是一个重要的科学领域,形成相应的一个学科也是可以期待的。因此,只要旅游学科的成长历程跨越了多学科时代,完成了交叉学科的渗透与跨学科的整合超越,旅游知识共同体的浮现,将是一个自然而然的过程。

四、跨学科阶段与旅游学科的形成

如上所述,在旅游研究经历了多学科涉入的数十年繁荣之后,学科自足和学科自立的问题日益让旅游学术共同体的成员们感到一种兴奋中的焦虑。最近几年,国内旅游学术界就学科规范和学科成熟度的议题再度升温,《旅游学刊》2010 年第 10、11、12 期的笔谈讨论即兴发于此,人们也逐渐认识到了旅游学科在现有研究成果上“依附于各个介入学科的尴尬局面”[17]。不过,越来越多的国内学者逐渐达成共识,学科发展还是要从最基础的、最核心的和最本质的概念出发。这其实都已经是理论自觉性和跨学科研究的前提和初始步骤了。

那么,通常我们所说的跨学科是什么意思?尽管科尔斯(Coles)在一定程度上混淆了

“跨学科”和“多学科”之间的区别，但其可贵之处在于认识到旅游研究需要学科整合，应当进行“后学科”研究[44]。达贝雷(Darbellay)也认识到旅游作为复杂的研究对象，“适合采用跨学科方法”[45]。就跨学科的概念性内涵而言，长期致力于跨学科理论研究的克莱恩(Klein)和纽厄尔(Newell)认为，“跨学科研究是一种回答疑问、解决问题或处理某个主题的过程，该主题涉及面和复杂度都超过了单一学科或专业能足够处理的范围……跨学科研究利用各学科的视角，并通过构建一个更加综合的视角来整合各学科视角下的深刻见解。”[46]瑞普科(Repko)认为跨学科“整合”的目的旨在“形成更加综合的理解，或认知上的提升”[47]。从上述见解中可以看出，跨学科是一种策略性的知识“整合”方法，目的在于拓展我们对某个问题的认识。就这一点而言，似乎跨学科也是一种权宜性的面向某个一次性具体问题的研究方法，而不是旅游学的内在属性，更不是一种学科形态，甚至连一个学科阶段都谈不上。举个例子来说，制造宇宙飞船，明显地是一次跨学科研究实践，利用的是跨学科的方法，成就的是对一个复杂问题的跨学科解决方案。这一研究策略，在旅游研究领域也有极其相似的案例：地区或景区的旅游规划实践。

上述这种问题导向式的具体的跨学科研究实践，既考验研究者知识积累的广度和深度，也考验研究者对学科知识的创造性思维。只有当学者们“悬搁”了学科的路径依赖，才会按照问题来调动知识，而不是根据学科条块格局来局限性地解决问题。换言之，问题导向的研究，其最后的逻辑结论主要会采纳研究者的整合性观点和联系性结论，而不是学科限制下的条块性知识，更不是粗糙的披着整体论外衣的系统主义。普林斯顿大学经济学家克鲁格(Krueger)通过整合经济学和社会学知识论述“恐怖分子从何而来”[48]，就可以说是“问题导向”在理论和实践上的精彩应用。由此可见，某一个对策性的跨学科研究实践，其路径首先是“问题导向”下的知识整合，是反对“学科依赖”而提出的。

然而，这种对策性而非理论性的研究，与我们通常所说的要形成以“理论的独特性”为标志的知识共同体(学科)的构建是不同的。在后者这个语境中的跨学科含义，应有别于上述一次性的、对策性的、权宜性的跨学科研究实践。此时，构成一个真正的跨学科的研究对象的各类待研究的问题，不会是一个类似于制造一个宇宙飞船的问题或编制一个旅游规划的问题，不是一个单向度的问题，而是一个内涵丰富的问题域，是一个在社会或自然领域长期存在的、重要的、独特的现象领域，是一种专门化的、类型化的现象域。恰恰是由于这种现象的极度复杂性,以及它所包含的无数相类但又有所不同的问题域,才需要调动多学科的知识加以研究;恰恰是由于这种多学科研究的有机性(受单一终极目标的统辖),才彰显了跨学科研究的迫切性和可能性。因此,在笔者看来,一个拥有广域问题谱的同质现象域,构成了跨学科研究的基本土壤。在这样的土壤上,跨学科的知识生产方式,一定会成为主体的知识生产方式,而由此构建的知识共同体,也就具有跨学科的属性了。旅游现象正是这样的一个现象域,旅游学科也会经历这样的一个跨学科阶段。从这个意义上说,同质异形的问题域,是使跨学科研究成为旅游学科最终形成的根本性研究路径。

在理解跨学科研究作为学科形成的先导性阶段这一点上,还可以从以下几点进一步予以澄清:

首先,在旅游研究领域,跨学科的提出是出于解决旅游学科"异质性"(heterogeneity)的目的,或者说为了解决旅游知识生产专业化与知识需求综合化的矛盾。分析式和介入性的多学科研究,是造成旅游"学科壁垒"的根源之一。仅就"旅游"这一"能指"而言,其"所指"在各个学科的各自语境中就可能有所不同;另外,在现实当中,由于学者们热衷于解决实践中的对策性问题,缺乏理论热情和学科自觉,最终使旅游研究必然呈现一个多样化的、有差异然而却没有核心共识的研究领域。这一局面,遂造成现有的旅游知识彼此分崩离析,不成体系,从而大大歧离人们的预期:人们希望旅游研究演化的最终"逻辑"结果是"整体全盘研究;知识理论体的产生;一个跨学科核心;清晰的解释理论和方法论;以及定性定量、实证非实证的方法应用"[26]。

其次,跨学科仍然是"学科"的整合过程。有些学者认为,只要将研究策略调整为"问题导向",就可以期望"学科壁垒"崩解,其实,这只是一种幻想,尤其是从知识共同体(学科)的构建而不是从提供一次性具体的对策研究的角度来看,更是如此。因为,一方面,以类型学意义存在的"问题"仍然是某个领域的"问题"——从而构成一个问题域,否则也就不存在一般的学科逻辑了;另一方面,一个问题域至少需要某个主要学科的研究,没有专门学科的深入也不可能有理论上的深度,同时要有其他相关学科知识的互补性介入,这一点则体现了特殊学科尤其是处于跨学科阶段的学科在方法论上的复杂性,而这正是旅游学当前所面临的情况。在这种情况下,即便采用诸如解构主义的、演进主义的、现象学的、逻辑学的跨学科研究范式来进行整体或是还原的思考,依然会遭遇到上文提到的"不可通约性"的问题。由于旅游现象的极度复杂性,我们会发现,旅游现象中的问题往往难以还原成某一两个单纯学科中的逻辑起点。还原的企图很可能在尚未达到还原目标的情况下就已经暴露其无能为力的窘迫,因此学者们不可避免的走向整体观和系统观的极端。针对旅游这种本质上属于体验的现象而言,笔者还是相信,现象学的直观本质的方法论可以使事实和建立在事实基础上的理论之间达到一种"契合"(consilience)[49],从而使知识共同体所需要的解释基础得以建立。从这个过程的最终目标来看,当诸多带有根本一致性的问题域经过不断深化的跨学科研究而最终会聚成某个独特的、单一的研究对象的时候,跨学科研究则终将走向终结,以往的跨学科研究则成就了一个新的独立学科。正是在这个意义上,我们认为,跨学科并不能说是旅游学科的某个性质,而只是学科发展的一个阶段,旅游学科目前正处于从多学科经过交叉学科向跨学科过渡的阶段。

再次,从知识生产的"异质性"来看,研究者的研究策略或方法论方面所存在的偏好和取向,导致跨学科整合过程中必然存在着差异、张力和冲突,因为不同的认识论背景、不同的科学目标、不同的理论概念和方法论工具箱,都将导致人们在观察经验世界时做出不同的选择。不过,这种选择性的差异并不是必须排除的障碍,它只是进一步突出了科学研究中交流、转译和协作的重要性。"重要的不是学者们对于旅游世界中某一特定定义和概念作用的坚持和理解,而是新的进化中的术语应该被理解为话语上的转折点,在这个转折点上学术对话可以展开。"[50]将跨学科用于旅游研究,需要注意这种观点的核心基础并不是"旅游自治系统"而是"社会的旅游维度",并进而解释为这是一种对社会"再创造"的"关系"[45]或"秩序"[51]。然而这种或"凝视"(福柯,厄瑞)或"意向性"(舒茨)的关系也可以说是"旅游体验"的另一面维度。正是在这同一个转折点上锲而不舍的融合,才有可能形成关于旅游现象一致的、连续的、足够的描述和解释。

五、总结

关于"旅游学科是否存在"这一主题的争论,已经引导研究者们将眼光投入旅游研究的"内部逻辑"和"逻辑起点"上。可以看出,不管是学科还是研究领域,知识的系统化都是研究者们尤其是以人才培养为主要任务的大学的研究者们不可逃避的责任。旅游学科需要的逻辑起点与跨学科整合工作的基点,在逻辑上是一致且统一的。纳什也曾经说过:"在可以预见的将来,有关旅游的理论不可能只有一个,但是仍然有一个可以涵盖一切理论的概念化方案。而且这一方案正在形成……它提供了看待旅游现象的一个总观点,使各学科从自己的角度进行的研究能协调一致。"[52]尽管在他的态度中有某种不够坚定的成分,但他所阐述的一般规律却是明确的。

放眼于当今的旅游研究现实,我们需要接受多元分化的学科发展和知识生产的事实,承认人们在理论假设、视角、核心概念或范式等方面各执己见的合理性和必然性。根据波普尔的证伪主义的核心观点,任何一种假说,包括"旅游体验",只要能在一个阶段构成一种探索的推动力,其价值就是存在的。即使这个假说作为某个学科的"逻辑起点"在未来存在着被证实或证伪的双重可能性,但只要它为旅游知识共同体的构建提供了一种可能,它就具有推动旅游学科走向成熟的意义。

总而言之,笔者认为,处于跨学科阶段的旅游学科,其以"求核"为特征的跨学科整合的目标和整合的基点,是所有旅游分支学科和学科体系存在的根本。由此所形成的旅游各分支学科,既能打破现有多学科的困境,共享"旅游体验"这一逻辑起点,又能形成旅游学科自有的逻辑关系,形成自身独特的研究领域。从这点来看,只有在"旅游体验"这个基点上,各个分支学科才能相互对话,跨学科的整合才有可能,旅游学科的科学逻辑才能形成。不难看出,经过了单一学科进入、多学科交叉渗透、跨学科整合之后所形成的旅游学,恰如一棵参天大树的根茎,统御着一个庞大的旅游知识共同体,拥有极其丰富的内涵,而由各种自足性分支学科(如生态旅游学、文化旅游学、探险旅游学、休闲旅游学等,笔者总结为××旅游学)和交叉性分支学科(如旅游心理学、旅游社会学、旅游人类学、旅游生态学、旅游文化学等,笔者总结为旅游××学)[16,17],则是成就其遮天华盖的繁茂枝叶。经过旅游学术共同体长期的科学研究实践,这样的旅游学科是可以期待其实现的。

参考文献

[1] Cooper C, Fletcher J, Gilbert D, et al. Tourism: Principles and Practices [M]. London: Pitman, 1993. 1.

[2] Goeldner C R. The evaluation of tourism as an industry and a discipline [Z][12]. Pro-

ceedings of International Conference for Tourism Educators, University of Surrey, Guildford, 1998.

[3] Leiper N. Towards a cohesive curriculum in tourism: The case for a distinct discipline [J]. Annals of Tourism Research, 1981, 1(8): 69 - 83.

[4] Tribe J. The indiscipline of tourism [J]. Annals of Tourism Research, 1997, 24(3): 638 - 657.

[5] Leiper N. An emerging discipline [J]. Annals of Tourism Research, 2000, 27(3): 805 - 809.

[6] Tribe J. Indisciplined and unsubstantiated [J]. Annals of Tourism Research, 2000, 27(3): 809 - 813.

[7] Cooper C, [13] Zhong Linsheng, Xie Ting trans. Classic Reviews in Tourism [M]. Tianjin: Nankai University Press, 2006. 2. [克里斯·库珀; 钟林生,谢婷译. 旅游研究经典评论[M]. 天津:南开大学出版社,2006. 2.]

[8] Yu Shuwei. On the framework of tourism theoretical studies [J]. Tourism Tribune, 1997(4): 31 - 36. [余书炜. 论旅游理论研究内容的框架[J]. 旅游学刊, 1997, (4): 31 - 36.]

[9] Zhang Lingyun. Also on some questions about tourism theoretical research: A discussion with Yu Shuwei [J]. Tourism Tribune, 1997(6): 47 - 49. [张凌云. 也论旅游理论问题的几个问题——与余书炜同志商榷[J]. 旅游学刊, 1997(6): 47 - 49.]

[10] Shen Baojia. On the discipline construction and higher education of tourism [J]. Tourism Tribune · Supplement of Tourism Education, 1997(S1): [14] 21 - 24. [申葆嘉. 论旅游学科建设与高等旅游教育[J]. 旅游学刊·旅游教育增刊, 1997(S1): [15] 21 - 24.]

[11] Wu Bihu. Tourism system: An explanation for tourism activities and tourism science [J]. Tourism Tribune, 1998(1): 21 - 25. [吴必虎. 旅游系统:对旅游活动与旅游科学的一种解释[J]. 旅游学刊, 1998(1): 21 - 25.]

[12] Xiao Honggen. Some thoughts about the study of tourism discipline theory system [J]. Tourism Tribune, 1998(6): 41 - 45. [肖洪根. 谈对旅游学科理论体系研究的几点认识[J]. 旅游学刊, 1998(6): 41 - 45.]

[13] Xie Yanjun. On the subject problem of tourism discipline [J]. Journal of Guilin Institute of Tourism · Supplement of Tourism Discipline Construction and Tourism Education, 1999,(S2)[16]: 11 - 14. [谢彦君. 对旅游学科问题的探讨[J]. 桂林旅游高等专科学校学报·旅游学科建设与旅游教育增刊,1999(S2)[17]:11 - 14.]

[14] Shen Baojia. On the progress of overseas tourism studies [J]. Tourism Tribune, 1996(1): 1 - 5. [申葆嘉. 国外旅游研究进展[J]. 旅游学刊,1996(1):1 - 5.]

[15] Chen Yubing. Tourism science expected to be a discipline [J]. Tourism Tribune, 2005(2): 70 - 75. [陈愉秉. 旅游成学——以一份理论实践为样本[J]. 旅游学刊,2005(2):70 - 75.]

[16] Xie Yanjun. On the essence of tourism and its way of cognition: Viewing from the perspective of the discipline itself [J]. Tourism Tribune, 2010(1): 26 - 31. [谢彦君. 旅游的本质及其认识方法——从学科自觉的角度看[J]. 旅游学刊,2010(1):26 - 31.]

[17] Xie Yanjun. Theoretical research of tourism and its implication to the construction of tourism discipline [J]. Journal of Beijing International Studies University, 2010(1): 8 - 15. [谢彦君. 旅游理论研究与学科自觉[J]. 北京第二外国语学院学报,2010(1):8 - 15.]

[18] Xie Yanjun. Tourist experience: Hard core of tourist world [J]. Journal of Guilin Institute of Tourism, 2005(6): 5 - 9. [谢彦君. 旅游体验——旅游世界的硬核[J]. 桂林旅游高等专科学校学报,2005(6):5 - 9.]

[19] Xie Yanjun. Tourism Studies (the 3rd Edition) [M]. Beijing: China Tourism Press, 2011. 26 - 27. [谢彦君. 基础旅游学(第三版)[M]. 北京:中国旅游出版社,2011. 26 - 27.]

[20] Xu Jufeng. On the consensus of the basic concepts of tourism discipline [J]. Tourism Tribune, 2011(10): 21 - 30. [徐菊凤. 关于旅游学科基本概念的共识性问题[J]. 旅游学刊,2011(10):21 - 30.]

[21] Hirst P. Discipline and the Nature of Knowledge [M]. London: Routledge, 1974. 44.

[22] King A R, Brownell J. The Curriculum and the Disciplines of Knowledge [M]. New

York: Wiley, 1966.

[23] Kuhn T. The Structure of Scientific Revolutions [M]. Chicago: University of Chicago Press, 1970. 175.

[24] Xie Yanjun. Tourism and hospitality industry studies: A comparative research between China and the overseas countries [J]. Tourism Tribune, 2003(5): 20 – 25. [谢彦君. 旅游与接待业研究:中国与国外的比较——兼论中国旅游学科的成熟度[M]. 旅游学刊, 2003(5):20 – 25.]

[25] Yang Gaoyu. Tourism management major upgrades in MoE undergraduate catalogue [EB/OL]. http://travel.people.com.cn, 2012 – 05 – 18. [18] [杨高宇. 教育部将修改本科专业目录 旅游管理专业升格 [EB/OL]. 人民网, 2012 – 05 – 18. [19]]

[26] Echtner C, Jamal T. The disciplinary dilemma of tourism studies [J]. Annals of Tourism Research, 1997, 24: 869 – 883.

[27] Hegel; Yang Yizhi trans. Wissenschaft der Logik [M]. Beijing: The Commercial Press, 1966. 51. [黑格尔;杨一之译. 逻辑学(上卷)[M]. 北京:商务印书馆, 1966. 51.]

[28] Weber M; Li Qiuling Tian Wei trans. The Methodology of the Social Sciences [M]. Beijing: China Renmin University Press, 1999. 3. [马克斯 · 韦伯; 李秋零, 田薇译. 社会科学方法论[M]. 北京:中国人民大学出版社, 1999. 3.]

[29] Crouch D. Tourist practices and performances [A]. //: Lew A, Hall M, Williams M. A Companion to Tourism [C]. Oxford: Blackwell, 2004. 85 – 95.

[30] Franklin A S, Crang M. The trouble with tourism and travel theory? [J]. Tourist Studies, 2011(1): 5 – 22.

[31] Hall C M, Williams A M, Lew A A. Tourism: Conceptualizations, institutions, and issues [A]. //: Lew A, Hall M, Williams M. A Companion to Tourism [C]. Oxford: Blackwell, 2004. 3 – 22.

[32] Jafari J, Aaser D. Tourism as the subject of doctoral dissertations [J]. Annals of Tourism Research, 1988, 15 (3): 407 – 429.

[33] Weiler B, Moyle B, McLennan C. Disciplines that influence tourism doctoral re-

search: The United States, Canada, Australia and New Zealand [J]. Annals of Tourism Research, 2012, 39(3): 1425 - 1445.

[34] Cao Xi, Zhou Chunlin, Tian Fengjun. A co - word analysis of tourism science PHD dissertation themes selection in China [J]. Tourism Forum, 2010(6): 640 - 644. [曹曦,周春林,田逢军. 我国旅游类博士论文选题的共词分析[J]. 旅游论坛,2010(6):640 - 644.]

[35] Zhang Wei, Zhong Sheng, Zhang Xiaoyan. Study progress about global tourism research from 1998 to 2007: Based on the bibliometric analysis of SCIE, SSCI and A & HCI [J]. Tourism Tribune, 2009(12): 78 - 83. [张薇,钟晟,张晓燕. 1998 ~ 2007 年全球旅游研究进展——基于 SCIE、SCI 和 A&HCI 三大检索文献计量分析[J]. 旅游学刊, 2009,(12):78 - 83.]

[36] Wang Ning. Tourism and Modernity: Sociological Analysis [M]. New York: Pergamon, 1999. 16.

[37] Featherstone M; Liu Jingming trans. Consumer Culture and Postmodernism [M]. Beijing: Yilin Press, 2000. 148 - 149. [迈克·费瑟斯通;刘精明译. 消费文化与后现代主义[M]. 北京:译林出版社,2000. 148 - 149.]

[38] Fiske J; Yang Quanqiang trans. Understanding Popular Culture [M]. Nanjing: Nanjing University Press, 2005. 47 - 82. [约翰·菲斯克;杨全强译. 解读大众文化[M]. 南京:南京大学出版社,2005. 47 - 82.]

[39] Baudriltard J; Liu Chengfu trans. The Consumer Society [M]. Nanjing: Nanjing University Press, 2006. 168 - 177. [让·波德里亚著; 刘成富译. 消费社会[M]. 南京:南京大学出版社,2006. 168 - 177.][110]

[40] Zhu Feng, Xiang Yixian, Wang Chunhui. Phenomenon of "de - tourism" in tourism research and our train of thoughts——Based on the analysis of tourism projects sponsored by NSFC and NSSFC [J]. Tourism Tribune, 2011(11): 28 - 34. [朱峰,项怡娴,王春晖. 旅游研究中的"去旅游化"现象及反思——基于国家自然、社会科学基金旅游类项目的分析[J]. 旅游学刊,2011(11):28 - 34.]

[41] Wearing S, McDonald M, Ponting J. Building a decommodified research paradigm in

tourism: The contribution of NGOs [J]. Journal of Sustainable Tourism. 2005,13(5):425.

[42]Snow C P; Chen Kejian, et al. trans. The Two Cultures [M]. Shanghai: Shanghai Science and Technology Press, 2003. [斯洛;陈克艰等译.两种文化[M].上海:上海科学技术出版社,2005.]

[43]Tribe J. The truth about tourism [J]. Annals of Tourism Research, 2006, 33(2): 360-381.

[44]Coles T, Hall C M, Duval D T. Tourism and post-disciplinary enquiry [J]. Current Issues in Tourism, 2006, 6(4&5): 293-319.

[45]Darbellay F, Stock M. Tourism as complex interdisciplinary research object [J]. Annals of Tourism Research, 2012, 39(10): 441-458.

[46]Klein J T, Newell W. Advancing interdisciplinary study [A]. //: Newell W. Interdisciplinarity: Essays from the Literature [C]. New York: College Entrance Examination Board, 1998. 3-22.

[47]Repko A F. Interdisciplinary research: Process and theory [M]. Sage Publications, Thousand Oaks, 2008. 15.

[48]Kreuger A. What Makes a Terrorist? Economics and the Roots of Terrorism [M]. Princeton: Princeton University Press, 2008.

[49]Wlison E; Tian Min trans. Consilience: The Unity of Knowledge [M]. Beijing: SDX Joint Publishing Company, 2002. [爱德华·威尔逊;田洺译.论契合:知识的统合[M].北京:生活·读书·新知三联书店,2002.]

[50]Ren C, Pritchard A, Morgan N. Constructing tourism research: A critical inquiry [J]. Annals of Tourism Research, 2010, 37(40): 885 - 904.

[51]Franklin A. Tourism as an ordering: Towards a new ontology of tourism [J]. Tourist Studies, 2004, 4(3): 277-301.

[52]Nash D; Zong Xiaolian trans. Anthropology of Tourism [M]. Kunming: Yunnan University Press, 2004. 164. [丹尼逊·纳什;宗晓莲译.旅游人类学[M].昆明:云南大学出版社,2004.164.]

旅游理论研究与学科自觉*

一、特殊说明

本文的主要观点和想法，都是针对旅游管理本科教育的，基本不涉及中高职和研究生层次的旅游教育。对中职和高职旅游教育而言，其紧迫性没有这样严峻，因为，在目前的中高职旅游教育实践当中，按照岗位需要进行专业人才培养的教育模式，基本适合旅游基层人才的培养需要。另外，旅游管理专业的研究生教育尽管也存在类似于本科层次所遭遇到的问题，但从就业的角度看，总体上还基本能够适应社会需求（不考虑人才的长期后续发展问题），因此，本文的命题也不直接指向研究生层次的旅游教育。

当然，基于本科旅游教育而完善起来的旅游学科体系，也会对中高职以及研究生层次的旅游教育大有裨益，有助于解除当前存在的一些困惑。

二、几种现象或怪现象

下面列举的在其他学科不可能出现的几种现象，在旅游高等教育领域却并不是孤立、偶然的现象，往往带有普遍性，或有着深刻的根源，昭示着当前旅游管理专业高等教育所存在的学科问题。

旅游管理专业的研究生，毕业后如果从事旅游专业教学，就可能会马上被安排讲授3～5门课程，而且这些课程还分别属于不同的学科门类。令人不解的是，他们不仅敢讲，而且也能讲，问题是以降低讲授质量作为这种安排的真实代价。

在这个专业领域，不仅很多教师要承担多种属于不同门类课程的教学工作，而且有不少教师也在从事大不相同的各个领域的科学研究工作，有的教师几乎写遍了旅游专业

* 本文原载于2010年第1期《北京第二外国语学院学报》。

主要核心课的教材；

在笔者所作的一次学术报告之后，有老师说："我讲了7年旅游学了。第一、二年，信誓旦旦；第三、四年，若信若疑；现在没有信心面对学生了。因为依赖于教材而发展起来的个人专业知识无法解释现实中的旅游现象。"其实，有同感的何止于讲旅游学的教师。而问题是，如果本专业的不少教师都有同感的话，这种现象背后所说明的问题就相当严峻了。

酒店作为当前旅游管理专业高等教育人才培养的一个最重要的产业部门，每年都要到高校招工。然而，事实是，酒店的营销部、财务部、人力资源部等部门在招工的时候，都不要旅游管理专业的学生。甚至连客房部也不要，因为在这个以基本操作技能为主要工作内容的部门，有大量的高职、中职旅游专业的学生，甚至还有一些没有受过任何专业训练的农民工在与本科生竞争这些岗位。即使学校跟酒店招工人员苦口婆心地想以"我们的学生什么都学了"为理由说服他们，但酒店还是不要，于是，旅游管理专业本科层次的学生就纷纷改行了！

根据中国旅游教育分会2009年的一项调查，在新华书店公布的全国春秋两季征订教材书目中，所有专业教材种数共计15万种，而旅游专业竟高达1.2万种！这个数字未必昭示了旅游专业教育的繁荣，反倒可能暴露了教材编写方面的混乱，或者从一个角度再次说明，旅游的口径其实太过宽泛了（因为，在中职和高职旅游教育层次，其实细分了很多专业，有些本不属于旅游的范畴）。

每年旅游院校的毕业生数以万计，这种情况已经持续了多年。然而，奇怪的是，在很多统计报告和分析文章中，都声明，旅游行业中学习旅游管理专业的本科学生寥寥无几，构成"人才缺乏"。另一方面，旅游行业（尤其是旅游企业）自身正常而健康的发展、运行，又似乎在调侃旅游高等教育：他们未必真的需要什么本科层次的旅游管理专业人才！于是，学术界、教育界所说的旅游行业缺乏高层次的专业人才就似乎有点儿一厢情愿的意味。这种情况也反映在旅游企业目前的职业经理人的学历背景当中，甚至可能会存在于中国旅游高等教育30年来培养的大量毕业生在社会各个岗位就业和工作发展上的尴尬、局限当中！如果中国旅游高等教育发展了50年之后，反观这个专业培养的学生并没有多少在自己的行业中占据重要的领导岗位，并没有在社会的政治舞台、在学术界的精英阶层崭露头角，那么，一定是这个专业的大学本科教育在培养学生的思维和思想深刻性上出了问题!

笔者把这些问题的根源、症结归结为旅游学科自身的问题。这个问题不仅仅是旅游这个学科发展历史短暂的问题,更主要的是这个学科的定位和方向的失当。只有寻根溯源地去分析这种问题的性质,才能为旅游管理的学科转向提供有说服力的理由。

三、旅游现象的复杂性和旅游研究的自然史

众所周知,旅游是一种内涵丰富的现象,具有多重可观察的维度。正是旅游现象的这种多元特征引起了相关学科的关注和研究。历史地看,从20世纪30年代开始的旅游研究,也正是经历了各个传统学科对旅游现象多元属性以及多重侧面的问题的关注和研究,从而形成了旅游研究历史过程中多学科介入的繁荣局面,并进而形成了旅游学的各个分支学科。这个历程可以用图1加以描述。

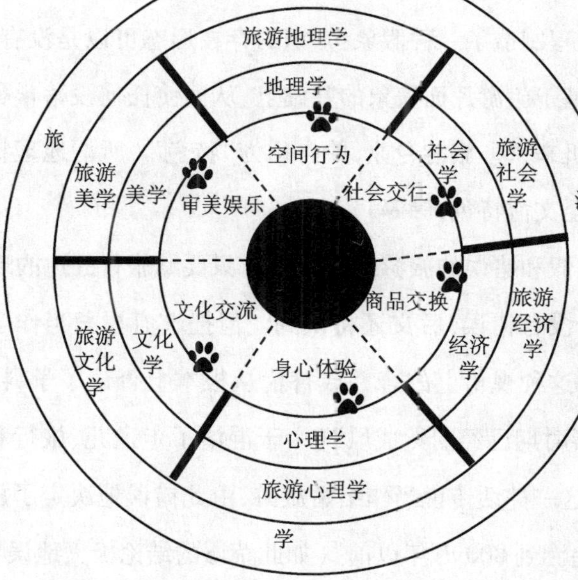

图1　旅游现象的复杂性及其研究进程或学科形成的历史次序

在图1中,可以明确地看出,旅游研究的历史所呈现的多学科介入的特征,建立在旅游现象的复杂性的基础之上,而对旅游现象多年的累积研究和全面探索,也逐渐使旅游学浮出水面。换言之,把旅游作为一个独立的学科研究对象(旅游学的形成),这只是很

近期的事情，是在传统学科对旅游各自为政、彼此割裂地进行了多年的探索之后，甚至在旅游的分支学科研究已有了相当的进展之后，才逐渐被人们所关注、重视和努力加以构建的。

客观地说，这样的旅游研究历史和研究次序是正常的、自然的，本无可厚非。很多学科所经历的发展过程都遵循这样的历史过程。而且，正是这样的旅游研究过程，才积累了大量的有关旅游的知识，增进了人们对旅游现象各个方面的理解。今天对旅游理论的任何深入的思考，其实都是建立在前人的这些研究成果之上的。

然而，这样的一个研究过程、研究路径或方法论取向，也带来了一些问题。或者说，由于对这种研究进程的局限性缺乏警觉和反省，由于当前旅游产业的快速发展、旅游现象的膨胀所造成的对研究者的功利性研究策略的诱惑，使得这种研究进程本身的固有问题演化成了制约旅游学科发展、最终成为阻碍旅游人才培养的刚性元素。具体表现在：

首先，这种研究进程制造了一种假象：知识的存在形态可以是没有体系的，旅游专业教育可以建立在任何基于旅游片面表象的基础上，从而使任何没落学科都可以出自寻找新的教育增长点的动机来兴办旅游专业，并自诩为“特色”（所谓地理特色、外语特色、历史特色、管理特色，甚至文博特色，等等）。

其次，诱发诸多虚假和错误的旅游理论命题：“只要贴旅行的边的现象都是旅游”（这其实是政府视角，本身没有错误，后文还将谈到。但把政府视角当作学科、学者视角，就必然是一种错误：因为这种视角上的合并或替代从根本上否认了学科、学者存在的合法性）；“结婚旅游在先秦时期已经蔚然成风”（由于混淆了走道儿、旅行和旅游的本质区别而将女娲与其兄结婚这一神话传说当作结婚旅游，由此错误地决定了旅游现象的历史起点）；“旅游文化可以追溯到800万年以前”（如此荒谬的结论极大地误导着旅游文化学的学科建设）。

再次，宽容一切不可理解的学术幻象：谁（研究生、助教、青年讲师）都可以写教材；教材怎么写都行（里边什么话都敢说，整章整章地抄袭也无所谓）；什么课都可以开（如有的学校开设旅游医学、旅游交通学、旅游保险学课程，开设旅游英语专业，等等），开的课以及相关教材叫什么名称都可以。

最后,耽误了旅游专业的人才培养,淡化了旅游教育者的职业自信心。学生和社会总是在质疑这个专业。

旅游学科发展的现状,使我们不得不反思上述旅游研究的历史和路径的合理性,并逼迫我们思考并重建旅游研究的逻辑起点。令人欣慰的是,前人对旅游现象丰富而深入的多侧面研究成果,使今天的反思和重建成为可能,而中国人所具有的独特而优越的思辨传统和天赋,或许也足以使中国的旅游研究能够比国外更早地确立学科大体。

四、正确的旅游学科关系网和次序链

在今天看来,旅游现象的复杂性,需要在明确旅游本质规定性的前提下进行全方位的研究。换言之,今天的旅游研究、旅游知识共同体(学科)的建设,需要强调的是这样一些根本性的原则或基点:

第一,旅游学科需要直面旅游的本质,由此所得出的理论命题足以作为指导旅游分支学科的研究起点。目前在理解旅游的本质这一问题上,还存在着严重的泛化倾向,这是制约旅游知识共同体形成和体系化的根本原因。

第二,旅游学对旅游现象的研究,不能以割裂旅游现象的整体特性为代价,历史上所形成的旅游研究多学科介入的局面,必须以最终的跨学科整合作为目标和结果。这也是旅游学成长、成熟的必然路径。

第三,旅游学的基本理论发现也作为旅游分支学科的研究纲领和基本原则。比如,当旅游的基础理论研究将旅游界定为一种"异地的休闲体验"现象时,旅游心理学、旅游社会学以及旅游经济学、旅游地理学等分支学科,都将以此为基本假设展开各自的专业领域的研究。这些分支学科最基本的研究规则,不是来自其所依赖的传统学科,而是来自旅游学。只有这样,才能彻底改变目前旅游分支学科通统一副"戴帽学科"的尴尬相。

第四,旅游分支学科的研究成果是对传统学科知识领域的极大补充。在今后,经过了独立发展的旅游学科,将以自身的面貌和成就面对传统学科领域。旅游现象的独特性、重要性,赋予这个学科独立存在的合法性,因此,各个分支学科的研究成果,将反哺于各个传统学科的知识体。这种情况与当前因旅游分支学科缺乏自身的基础理论指导而对传统学科进行生吞活剥式的移植,有着根本性的区别。

上述旅游研究的次序和格局,可以用图2加以描述。

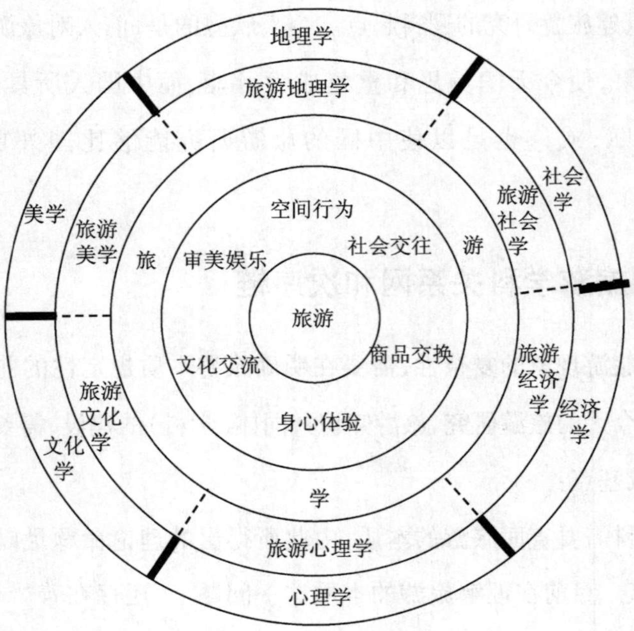

图2　正确的旅游学科关系网和次序链

五、解释旅游本质的科学方法——现象学方法

上述新的旅游学科关系网的构建,以及新的旅游研究次序链的衔接,需要在一个根本点上取得一致:对旅游现象的本质有着科学的解释。

鉴于目前学术界在理解旅游现象本质这个问题时已经遭遇到了现实当中权威依赖的事实,笔者建议,采用现象学的方法对旅游的本质进行直观审视,悬搁所有既定的成见,在不过度分析也不过度综合的尺度下,探寻旅游的本质。

为此,笔者曾经做过一个小实验:让学生描述一次难忘的旅游体验。下面是具体的实验结果(这种实验任何人都可以做。笔者尤其主张,请那些把种种纯粹的旅行都看作旅游的学者也做一下这种实验):

学生A的描述:初中时,与全班同学一起离开沈阳,坐火车到大连,在火车上一路很开心,到大连后,看到很多很美丽的景观。

学生B的描述:高考之后,我就和几个高中同学去了丽江。这是我第一次出远门。丽江的夜晚实在太迷人了。我们还去了玉龙雪山。在广州没有看过雪,在那里看到了,很激动。

学生C的描述:来大连之后,去过旅顺,看过一些很有文化的景观、博物馆,印象特别深刻的是木乃伊。

学生D的描述:小时候有一次跟着父母,从成都去了苏州、杭州、上海,一直在逛街,走路,看电视,觉得很好玩。

学生E的描述:假期跟父母从大连去了呼伦贝尔。草原是我第一次见到的,太辽阔了。还喝了酒,我第一次喝白酒。

在这些描述当中,很容易找出一些关涉旅游本质或特征的关键词。在我看来,它们是:余暇、休闲、暂时、异地、体验、快乐、景观。因此,笔者给旅游下的定义自然是:旅游是人们利用其余暇在异地获得的休闲体验,其目的是寻求某种愉悦。当然,这个定义与AIST定义是不同的,与基于该定义给出的任何技术性定义(如世界旅游组织或国家旅游局的定义)更是不同的。

在当今的旅游学术界、旅游管理部门、旅游产业部门,一旦出自某种功利性的意图,一些人就漠视旅游的这种本质规定性,无限泛化旅游的内涵,将旅游与各种旅行甚至走道儿现象混为一谈。这反映了旅游学术界在对待这一问题时缺乏学科自觉、立场(视角)自尊的现实。笔者断言,如果学术界始终不能摆脱社会上各持己见的观点的干涉,就将永远也寻找不到学科自立的出路。学术研究,尤其是旨在构建新的知识体系的学术研究,倘若不能从纯粹的本质观察开始,就无法获得有关某种独特现象的本质认识,因此,有关该现象的知识共同体(学科)的确立,自然也就没有希望。

就当前的情况来看,需要重复提醒学术界注意的就是,对旅游与旅行现象进行严格的理论区分。站在研究旅游现象本质的学者的立场,站在旨在构建旅游知识共同体的学者的立场,要从纯粹的角度去理解旅游,其方法则是把纯粹的旅游与纯粹的各种旅行放置在一个完全对立的理论比较框架中加以辨识，这样，最终将获得有关纯粹的旅游的本质认识。当然，任何人都知道，在现实生活当中，很难寻找到一个完全纯粹的旅游者，观察到一个完全纯粹的旅游现象。但这已经是技术性问题，它的解决自有技术性的手段，不值得为此焦虑，更不能本末倒置、削足适履。

图 3 将目前流行的诸多与旅游相混淆的旅行范畴囊括到一个比较框架当中。该图的任何一条线段，都是一个标志两种纯粹（极端）现象的连续谱，在两端都是最纯粹的、独立的现象，而谱上中间各点，则标示着现实生活中千变万化的具体事例。对于研究旅游本质的学者来说，最重要的是获得什么是"纯粹的旅游"的理论认识。这是构建旅游知识共同体的基点。旅游学科进一步的丰富多彩和知识延伸，都建立在这个基点之上。有了这个基点，学科就有了根，知识就有了脉，理论就有了体，相关领域的学生/学者就有了归属感——家的感觉。

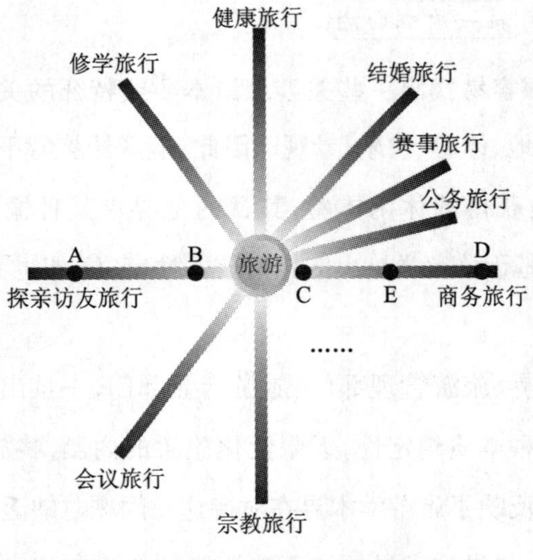

图 3　旅游与各种旅行现象的区别与联系

当然，如前所述，现实中，恐怕没有纯粹的旅游，也没有纯粹的某种旅行。人的每一次远行，都可能包含着多种目的、多种活动成分。因此，现实生活中，更多的是处在各个谱状线段两端当中某一位置上的点——如图 3 中的 A、B、C、D、E 各点，它们标示着更为复合的出行意图。对于这些点上具体的某个人而言，在概念上断言他是旅游者或某种旅行者都比较牵强。但是，在技术层面，还往往需要给出一个牵强的认定。因此，面对纷繁复杂的现实生活，人们常常利用技术性定义来解决概念性定义的操作困难。当然，不难想象，技术性定义是概念性定义对现实操作问题的一种让步，因此，它具有明显的权宜性，不足以作为学术范畴加以使用。换言之，在讨论什么是旅游、旅游是什么这个根本问题上，只有概念性定义才是适当的定义，不可以用技术性定义来反向衡量什么是旅游。这虽然是学术常识，但却为很多人所忽视。

六、当前制约旅游研究者学科自觉性的根源

当前旅游高等（本科）教育所面临的、暴露的种种问题，根源在于我们（专指旅游学者，他们应该有自身独立的立场和视角）习惯于用综合论的方法、站在政府部门的立场、迫于中（高）职成功办学的压力、委屈于企业未必成熟的人才观、漠视知识共同体（学科）的构建规律，最终在办学实践中选择了皮毛疗法（比如，与企业联合、国际合作等，这些本来属于锦上添花的性质，现在起到的却是雪中送炭的作用），来努力提升旅游高等教育的办学质量。但是，由于知识共同体核心基点的缺位、知识体系上的空白，知识深度上的浅薄，导致最终的本科人才培养并没有形成真正的专业门槛，因此，在就业市场上也就缺乏应有的竞争力，甚至跟谁竞争都没有优势，更缺乏后续的发展能力。

对上述原因具体剖析，可以得出这样几个结论：

第一，旅游学术界误把政府视角当作前提，反过来用作衡量旅游理论的标尺。比如，关于“旅游”的定义，理论界竟然被官方定义所左右，完全忘记了官方因追求可操作性而选择技术性定义这一惯常做法的权宜性；再比如，关于“旅游业”的定义，也跟着官方定义亦步亦趋，忘记了官方主要从大行业管理的角度出发，关注的是一切为满足接待外地旅游者和旅行者需要的供给条件。政府的这种视角、立场是完全正确的，因为，政府要保证所有外来的人在本地区逗留期间，吃、住、行、游、娱、购各方面需求都在必须考虑并加以满足的范围之内。但是，这一立场的宽泛性，直接挑战旅游知识共同体的构建，因为，难以有如此宽泛的学科能够解决如此繁杂的人类需求。除非我们讨论的是接待学或旅行学，即使那样，也难以涵盖或面对可能完全不同的需要（例如，如何解决“探亲访友旅行者”当中那位回家奔丧的人的需要呢？等等）。

第二，误把旅游的技术性定义当作真定义，反过来用作衡量、诘难概念性定义是否适

当的标准。在旅游教科书中大量列举的技术性定义当中,既有按照出行距离来界定是否是旅游者的,也有以出行在外逗留时间为标准的,殊不知,这些技术定义不可避免地有武断之处,是一种权宜性定义,有时还可能在根本上是错误的。

第三,没有意识到只有不泛化地界定旅游的内涵,以往的一些研究结论才是正确的。比如,几乎所有的教科书都有这样的理论命题:“旅游产业具有强大的牵动功能”(媒体以及政府官员也天天这样说)。其实,在旅游产业内部,包含着大量不同性质的部门,而其产业牵动功能的差异甚为巨大。试问,餐馆有什么牵动功能?对于旅行者/旅游者/当地居民来说,吃了也就算了;再拿旅馆(酒店)来说,又有谁为住旅馆而住旅馆呢(唯一可以指出的恐怕是所谓的白相人)?在这些统统被称为旅游产业的部门当中,其实,只有景区景点才有牵动功能,因为游览之后/之前还要吃、拉、睡!另外,还有一个明显的错误命题:“旅游产品具有高弹性”。试问,餐馆有什么高弹性?厕所有什么高弹性?只有景区景点才有高弹性,因为它是奢侈品。当然,如果餐馆、旅馆或厕所被捆绑到景区景点一起进行销售时(这是旅行社的业务),它们也会整体有高弹性。

第四,误认为权宜性的手段可以解决旅游管理专业本科人才培养的深层次矛盾。一些本科教育工作者,看到中高职旅游教育在人才培养上的成功,就努力学习他们的办学模式,搞定制化培养、搞校企联合、搞应用型本科,但结果是,不仅降低了人才的培养规格,而且还是没有解决就业的竞争力问题,却横生了学生后续发展乏力的症结;有的学校则通过国际合作办学,浅表地利用国外的教育资源,努力使学生拓宽眼界,但结果是,也未必真的解决了本科层次的大学教育应有的知识深刻性和专业独特性的问题。

七、关于旅游学科和旅游专业教育定位的调整方向

旅游学科建设的问题注定是一个历时不会短的事情。但是,如前所述,前人的研究成果已经积累到可以让我们能够考虑这个问题的程度,而学生就业的严峻现实也到了逼迫我们不能不对此做出快速反应的时候了。即使人生苦短,我们也似乎没有理由把这个问题束之高阁,留给下一代去解决,而我们这些教育工作者自己却继续于当下的功利性操作。

在这里,学科建设和专业教育应该是两个既有区别又相互联系的问题。学科的发展

目标是构建一个知识共同体，专业教育是实现人才培养。但是，二者根本性的联系就在于，专业教育的质量、深度和效果，将取决于学科发展的水平。因此，二者的关系难以断然区别开。对二者的区别，只能有限地建立在社会人才需求类型的基础之上。

由于旅游现象的独特性——旅游世界是相对于人类日常生活的一个独特的世界，以及旅游现象在未来富裕社会必然是人们的生活方式最重要的内容之一，因此，对旅游现象的研究就具有其合法性和必要性。在这种情况下所形成的丰富的知识积累和独特的理论样式，将对人类认识自己作出应有的贡献。从这一点来说，旅游学作为一个独立的学科（知识共同体）而存在，是没有异议的。

但是，当前的“旅游管理”学科（专业）与旅游学是一个什么样的关系呢？在笔者看来，如果从管理的角度研究旅游，那一定是从产业/企业或行业管理的角度，在这种情况下，真正符合旅游学学科研究对象、可以被纳入到旅游学知识体系的旅游产业/企业现象，就是生产笔者称为刚性组合旅游产品的景区和柔性组合产品的旅行社。旅馆、餐馆和其他一些相关行业/企业，其经营运作、管理特性，都与上述纯粹的旅游产业不同，满足的消费者群也不同，几乎不受旅游者身份的约束。因此，名正言顺的“旅游管理”，应仅指“旅游景区和旅行社的管理”。按照这样的思路，旅馆（酒店）管理就应该独立为一个专业，面向行业培养应用型人才。而这个专业的知识主体，更多地是管理学和经济学的知识，而不必过多地涉及旅游的知识。1922 年开始办学的美国康奈尔大学旅馆管理学院，恰恰就是这样的办学模式。其人才培养的成功，显然证实了这种专业/学科定位的科学性。

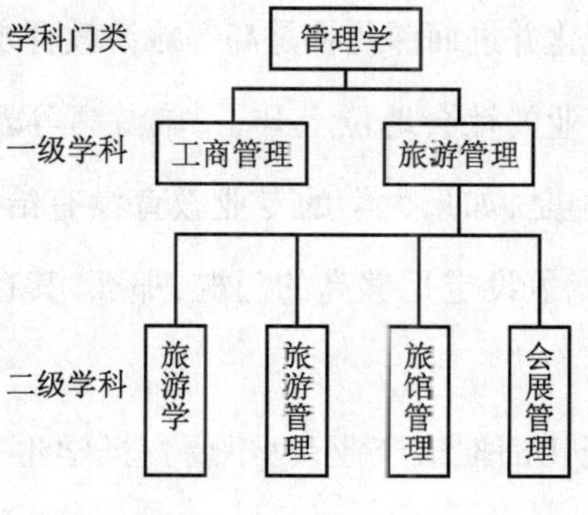

图 4　旅游学科关系调整策略

根据上述想法,当前旅游管理专业的学科划分和专业设置,就应该按照图4所描述的学科关系加以组织。在这个结构关系图示当中,反映了旅游学与旅游管理乃至旅馆管理、餐饮管理、会展管理等专业之间的关系。需要指出的是,作为一级学科存在的"旅游管理",仅仅是一个标示大学专业教育的主体领域,不具有实施专业教育的性质——并非一个专业。只有处于二级学科地位的"旅游管理"(或"旅游企业管理")、"旅游学"、"旅馆(酒店)管理"、"会展管理"等,才是实施专业教育的具体层次。同时,作为一级学科名称的"旅游管理",并不意味着要求它的下属各个二级学科(专业)在办学方向、课程设置等方面,都必须"旅游化"或沾染上"旅游的色彩"。根据30年来的经验教训,这种"旅游化"不仅不必要,而且要尽可能避免。另外,将旅游管理一级学科依然设置在管理学门类下面(这样做当然使得"旅游学"这个二级学科略显尴尬,但只要坚持上面提到的按照二级学科自身性质办学,这种尴尬就不会产生什么消极影响),主要是因为,旅游教育归根结底是向行业/产业输送管理型人才的教育,纯粹从学术、学理的角度研究旅游("旅游学"专业)毕竟是旅游本科教育中很小的一部分(这意味着,与二级学科的"旅游管理"相比,"旅游学"专业的招生规模要远远地小于前者)。

八、值得一提的几个警觉和呼吁

第一,不要认为旅游行业能给老师搞旅游项目(规划或策划)就觉得旅游高等教育可以支撑下去——老师赚到了,不等于学生学到了!学生学不到,这个专业早晚要消失。笔者当然不相信它会消失,因为旅游是富裕社会人类生活方式的最重要内容之一。但是,旅游高等教育的专业细化并进而深化将是高等旅游教育永续化的出路。

第二,不要以为旅游行业的社会地位上升了,旅游高等教育和学科地位就自然跟着上升了——能上升一些。但是,如果大学的专业教育没有给学生就业培养核心竞争力,从而为非专业教育的人才竞争设定足够高的门槛,那么,其存在的合理性就永远会受到各种各样的挑战!

第三,不要把所有的责任都推给产业,也不要责怪学生在就业之初熬不过一两年。如果别的专业的学生进入自己所学专业领域都没有这么难,甚至还有优势的话,为什么我们就这么难?我们要反思一下哪里出了问题。

第四，大综合旅游办学可能是英国几个名牌旅游大学（如 Surrey 和 Strathclyde）旅游专业衰亡的祸根，那么，专业化、细分化的办学方针就可能是美国、瑞士办学兴旺的法宝。我们还有很多人热衷于把会展、高尔夫等纳入旅游门下，戴上旅游的帽子，这只能导致旅游（文章写到这里，就不应该这么笼统地说了）办学的进一步困难，对学生是一种不幸，对社会则造成了人才和资源的浪费！

最后，当务之急，是呼吁教育主管部门调整专业目录。这不是什么提升学科地位的问题，而是消除窒息这个学科发展、影响旅游管理专业本科人才培养质量的根本瓶颈的问题。

中国旅游高等教育中的教材建设问题*

一

中国的旅游教育已经开展了将近30年,教育总体规模已经相当大。能够在短短的30年里便构建这样一个庞大的专业教育体系,旅游高等教育所取得的成就,是有目共睹的。但是,旅游高等教育发展的质量水平远远没有跟上数量的急剧扩张。这种落后表现在方方面面,其中一个重要环节体现在教材建设上。就目前情况看,旅游管理专业的教材建设可能存在以下一些问题:

(一)有些教材是传统学科的简单移植,基本上是照搬原有学科的框架和内容,没有总结出旅游现象的特殊性,因此难免显得知识牵强,观点肤浅,与传统的渊源学科相比,还显得幼稚。致使很多人认为,这样的学科在教学组织上,干脆将“旅游”二字去掉算了。如果不能将旅游现象的特殊性抓住,这些学科的存在就没有意义。勉强移植一些概念和命题,只能误导学生。这个问题能否解决,又和旅游学基础理论研究的水平密切相关。

(二)旅游学基础理论研究目前还似乎没有找到自己的研究对象,人们对于旅游现象的理解,知道的主要是“综合”这种特征,这一认识导致旅游管理专业最主要的一门课程总是以“概论”的形式出现。当前的多数旅游学教材,不能不说是一个浅薄知识的大杂烩,在作为学科这一点上,由于缺乏足够独立的概念、系统的理论、专门的方法,使得这门课程在传授知识方面捉襟见肘。笔者认为,在这类教材中,有为数不少的版本所传达的知识都存在老旧、琐细、虚假、无用或者不系统等问题。这些问题表面上看似乎可以忽略不计,但长此以往,必然影响整个学科的发展和教育的质量,也影响这个专业的社会声

* 本文原载于2008年第1期《旅游学刊》的笔谈节目。

誉。旅游学教材与其他分支学科的教材也存在严重的重复现象。

（三）旅游企业管理类教材，又全都是一个模式，饭店管理、旅行社管理、景区管理等，全都是一样的“管理”套路，都是由营销管理、财务管理、人力资源管理等内容外加一点部门知识介绍构成，而涉及到的相关知识又往往蜻蜓点水，学生学了照样不明白、不会做。这些课程的建设，都没有抓住相关领域研究的核心地带，从而总是不能确立一个特殊而独立的研究领域。摆脱这种状况的出路，笔者感觉就是为每一门课程探讨新的认识视角，从而有可能重构课程的内容框架，并以此为基点，推动相关知识的深化和系统化。比如，在旅行社管理领域最重要的知识，莫过于旅行社产品设计，而这种产品与传统以及其他类型的产品的最突出区别，就在于产品形式的柔性化特征，就在于必须立足于旅游体验的需求。抓住了这一点，旅行社管理的框架结构就有机会重新整合。但是，直到目前为止，还很少有人从这个角度去考虑。

（四）有些领域，教材写了不少，但至今对该领域最核心、最基本的范畴都还没有弄清楚。比如旅游文化学，有为数不少的相关教材其实并不是旅游文化学。人们常犯的一个错误，是把“旅游文化”与“文化（民族或种族）旅游”以及“文化旅游资源”混为一谈，结果，始终难以构建一个适当的旅游文化学体系。

（五）旅游管理专业的教材，也始终没有处理好理论和实践的关系问题。很多人误认为，旅游管理是操作性的专业，教材要注重实践上的操作指导。于是，有人就倡导要大张旗鼓地往应用型本科的方向走。试想，在我们这个根本就没有理论的大学专业和学科当中，我们的尴尬已经令人窒息，还怎么能回避研究、排斥理论从而走向手足操作型的应用方向呢？实际上，操作性是有层次的，基础理论也是操作性的，是针对应用理论的操作性指导，而应用理论是对具体操作实践的理论指导。将不同层次的理论相提并论，甚至予以混淆，并用“理论脱离实践”这样冠冕堂皇的理由讥讽扎实的基础理论研究，是没有意义的，也表现为方法论上的无知，结果也只能误导他人。作为学科或专业而存在的一个知识领域，如果没有扎实的基础理论作为前沿、先导和根基，其应用就会变得非常浅薄。这样的结果，直接的受害者是学生，间接的受害者是产业部门以及政府决策者。

二

为什么这些年来上述问题并没有得到根本性的解决呢？一方面是问题的复杂性不可

能在短短30年中完全解决;另一方面,应用层面的功利性诱惑可能在妨碍着人们朝着理论研究的方向努力;还有,或许我们在解决问题的思路和角度上,存在着值得改进的地方。

詹宁斯曾在他的《旅游研究方法》中提道,雷珀认为我们需要为旅游现象寻找到一个共同的基础,一个内在的核心。所以,要想克服旅游专业各个分支学科之间存在的重复问题,最根本的方法,是深化对旅游现象本质属性的认识,通过寻找这种现象的硬核,借以整合各种相关分支学科的知识体系。这个使命任重而道远,但绝非遥不可及,只要我们伏下身来聆听、揣摩、求索,是能够走到这一步的。

教科书的知识,是来自足够数量的专著的积累,而专著的积累,又离不开更多数量的探索性学术论文的积累,即论文→专著→教科书。学术论文是根基和前提。反观中国旅游学术界的状况,就会发现:这三者之间的转换的链条是很不确切的。有时,一个研究领域——由此构筑了一个分支学科——所积累的学术论文的数量少得可怜,而专著几乎是空白,比如旅游心理学领域就是这样。在这种情况下,不难想象,用在大学课堂上的旅游心理学教科书,如果不从普通心理学上照搬各种适合一般人的命题和理论,它就几乎玩不转了。有时,某个研究领域可能积累了不少的学术论文,但是,一方面有些论文的质量使引用者视若垃圾,另一方面,有些人又不能驾驭其中数量可观的优秀论文,因此,倘若出现了有限的几本专著,也往往不能够完全反映当前的研究成果,这时,教科书的编写人员还是没有多少可以直接凭据的材料,而自己又不能跨越专著的阶段深入到林林总总的学术论文中去梳理、提炼,结果,教科书的知识来源,还是在教科书之间剪刀加糨糊。这两种情况,在根本上影响了教科书的质量。笔者认为,中国旅游教育中存在的教科书质量不高的问题,大抵是这个根由。一句话,论文撰写者的研究深度不够,专著撰写者的整合能力不强,导致教科书撰写者的取材无门,是教科书质量不高的系统性症结所在。

三

要想在视角上求得创新,这实在是一个不易应对的挑战。笔者在这里将这种困难略作剖析,或可供今后探索时的一个垫脚的台阶或歧路的警示。

首先,一个学科倘若存在一个可通用的视角,那么,这种通用性应该直抵各个分支学科。但是,旅游学研究,从最初的散兵游勇式的独立作战,到后来的群贤毕至式的多学科介入,再到后来如同存在于人们的梦想中的跨学科状态,这个有些怪诞的学科演进史一直都未能向我们呈现一个可以为大多数人所认可的审视旅游现象的通用视角,自然也就更难以俘虏各个分支学科的研究人员“那颗独特的心”。

其次,我们的研究人员还没有对“统一的视角”的价值有足够的重视。到底旅游这个专业知识体系是否需要有一个什么共同的视角,并不是所有人都持有一个相互认同的结论,甚至可以说,肯定的观点可能仅仅存在于极少数人的头脑中,并且是一种模糊的状态,一种离潜意识比较接近的状态,一种难以与人交代的理念性的东西。在这种情况下,寻找新视角的动力,本身就成了一个问题。

再次,即使我们认同视角的重要性,但是,我们每个人由于各自的背景的差异,又会截然不同地看到事物的不同方面。于是,视角的统一就终于不是一件容易的事情。

而在笔者看来,倘若这个视角不能够找到,旅游学各分支学科的散乱状态就将一如既往地存在下去,而为我们大家所至为关切的学科地位就变成只能靠呐喊来求得其他学科的垂怜,因为这与我们的教材出了多少无关,也与我们有多少院校数无关。

中国旅游研究的多维视野*

——对国内与国外相关文献的评述

在中国①人的社会生活当中，现代旅游还是一个新生事物。尽管国内旅行在这个国家有着悠久的历史，尽管在"文革"期间出现了史无前例的大串联，但普通大众真正出自休闲和度假目的的旅行，只是在近20多年才开始（Richter，1983；Zhang，Chongand Ap，1999）。由于在20世纪70年代末推行的改革开放政策，才引发了80年代旅游产业的指数增长（Sofield and Li，1998）。由海外华侨和外国人构成的入境旅游，取代了此前出自政治、贸易和技术的目的而形成的规模很小的国际旅行和饭店接待产业（Zhang，1997）。此后，伴随着国内生产总值的迅速增长，在整个90年代，中国的国内旅游也得到了跨越式的发展（Zhang，Jenkins and Qu，2003：278）。

尽管发展速度很快，但旅游只是在最近才被当作中国高等教育机构的学术研究课题（Zhang，2003b）。所以，毫不为怪，中国国内在旅游理论研究的许多方面都反映出它还处在一个萌芽阶段（Xiao，2000）。在中国学术圈之外，对中国旅游所给予的关注，更是远远地与中国旅游发展的规模和速度不相匹配。通过对《旅游研究年刊》（*Annals of Tourism Research*）和《旅游管理》（*Tourism Management*）这两个最有影响的旅游学术刊物的粗略检索发现，在过去30多年当中，两个刊物中有关中国的文献总计才有59篇，其中还包括大量短篇。

在西方人看来，过去，有关中国旅游的大多数学术性讨论都发生在国外的研究人员当中，而中国学者的意见和成果在外界却很难听到（Zhang，2000：67～68）。有一段时

---

* 本文原载于2003年第6期《旅游学刊》，作者：Julio Aramberri（美国Drexel大学饭店管理系主任、教授）、谢彦君。

① 如无特殊说明，本文在地域上所指的中国均为中国大陆。——作者

期，有关中国旅游研究的步调被认为主要都是由外国人或在国外工作的中国学者确定的。但是，我们可以看到，随着旅游日益成为严肃的研究课题，这种状况正发生着快速的变化。由刘爱兰及其同事所编撰的有关中国旅游的两本论文集，从其中的撰稿人的构成变化上就反映了这个趋势（Lew and Yu，1995；Lew，Yu，Ap and Zhang，2003）。在最新出版的著作当中，中国作者占多数，尽管其中有许多人是活跃在西方大学里的。这种发展在最近的将来必然要持续下去，因为在中国大学里拥有硕士和博士学位的人越来越多。

而在中国本土，旅游研究从 1978 年开始以后，实际上就已经呈现出蓬勃发展的态势。如果做一下粗略的统计，从 1978 年至 2002 年这 25 年当中，在中国大陆发表的中文旅游研究文献，应该不下于 15000 篇（根据中国期刊网收录的文献以及相应的粗略推算）。这些文献不为外界所知，其传播范围限于中国大陆，因此，对于西方研究者来说，得出一些估计不足的结论也是很自然的。不过，就暂时的情况来看，在用中文和英文写就的有关中国旅游的学术成果之间，不管是在研究的问题取向上还是所使用的方法上，目前都还存在着明显的差别（谢彦君，2003）。在用中文发表的成果当中，大多数集中在定性的描述方面，经验性的分析居于多数。与此相反，英文成果则更多地关注于旅游发展的意义和效应，并且也更为深入。如果用大家所熟悉的分类方法来说的话，中文文献仍处于“鼓吹”阶段，应用的是实证的方法，而英文文献在审视中国旅游的时候，则更多地处于“警惕”的阶段（Jafari，2001），采取的则是后现代的视角。就目前的情况来说，定性分析、从经济和管理的视角所进行的研究，依然在中国的旅游学术界占有支配地位，而在国外有关中国旅游的文献中，却比较集中于旅游的文化问题方面，比如民族认同、种族问题以及旅游与现代性之间的关系等方面。

下面我们通过对这些文献所展示的研究主题的简要回顾，来勾勒有关中国旅游的学术研究的基本脉络和风格，展示本土旅游学者与海外旅游学者对中国旅游问题进行研究的不同视野。

一、迅速觉醒的巨龙

检视已经发表的英文文献，我们很容易注意到，有很多学者对中国旅游现象的发展历程以及特征进行了深入的研究,对此,我们已经能够给出一个非常清晰而概要的结构性描述,而这在几年前还是不太容易做到的(Oudiette ,1990)。这里我们仅通过对两部在不同时间发表的著作的基本框架进行一下比较,就可以看出这一点(Lew and Yu,1995;Lew ,Yu,Ap and Zhang ,2003)。如今,这样一些结论已经成为人们的共识:

首先,在过去的1/4 世纪当中,中国的旅游产业一直以飞快的速度攀升(Gormsen ,1995a)。入境游客的数量在2000 年达到了8340 万人,旅游外汇收入达到162 亿美元[①]。在这些入境游客当中,有将近90% 为华侨和港、澳、台胞(Zhang ,2003a),其他则为外国人(多数来自亚洲地区)。不过,来自亚洲地区之外一些重要的旅游客源国的远程旅游正呈现增长趋势。不管这些游客来自哪个民族或地区,从总体上看,来华的外国游客以男性、中老年者居多,而且主要游览像北京、上海、西安、桂林这样一些大城市,尽管一些重游者越来越多地流向中小的内陆城市(Shen ,2003 :244 ~259)。旅游由此成了中国政府高度重视的经济发展工具(Tisdell and Wen ,1991)。

其次,像在大多数国家中的情形一样,中国的国内旅游日益显现其重要性(Gormsen,1995b)。从1984 年的大约2 亿人,发展到2002 年的将近9 亿人,这个速度是惊人的。究其原因,主要是伴随经济的快速增长而不断增加的个人可支配收入,加上5 天工作制的实施以及“黄金周”假日经济的兴起(Aramberri and Xie ,2003)。

再次,有越来越多的中国人开始走出国门到国外旅行。在1984 年,出国的人数约占人口的0.3 % ,2002 年则达到1660 万人次,占总人口的比例上升到1.3 %。根据一些权威部门的预测,到2020 年,中国有可能成为全球第四大旅游客源国(Zhang ,Jekinsand Qu ,2003)。所以,很可能在相当短的时间内,中国就将成为整个南亚、东南亚地区旅游发展的发动机(Lew ,2000)。

最后,人们也注意到,伴随着旅游业如此快速的增长,也出现了某些不平衡。政府主导的发展道路,导致了大量豪华饭店的建设,从而扩大了国际旅游者与国内旅游者在利用住宿设施方面因支付能力而产生的鸿沟;同时,职业培训也不能适应新型顾客的需要(Yu ,2003 :139);旅行社陷入了使自身在资金融通方面更加困难的价格战当中,导游员

① 2002 年,这个数字已经达到9791 万人,旅游外汇收入达204 亿美元。——作者

则明显地缺乏语言和专业方面的能力(Wei ,2003 :154 ~ 159 ; Zhang ,1991);交通网络体系似乎也难以应付快速增长的旅游需求(Mark ,2003 : 183 ~ 187);要想在国际和国内旅游市场上进行有效的营销工作,似乎还有很长的路要走(Jeffrey and Xie ,1995 ; Wang and Ap ,2003);在很多生态脆弱的地区由于缺乏保护而产生的种种破坏,已经成为人们非常关注的问题(Chu ,1994 ; Lind2berg ,Tisdell and Xue ,2003)。

上述这些基本的事实和研究主题,在中文文献中也得到了持续的、大量的反映。在20 世纪 80 年代,中国本土的旅游研究,主要的领域就集中在对旅游的经济效益、旅游开发策略等领域,“鼓吹”是这个时期的主旋律。偶尔出现的有关旅游发展的负效应以及针对政府主导旅游产业发展轨道的合理性的质疑,也只是十分微弱的呼声。进入 90 年代,中国旅游业在经历了那场政治风波所带来的短暂萧条之后,再次展露复苏的生机,并伴随着连续不断的政府催化过程而实现了几次大的跨越。这中间国内旅游的迅速崛起,成为中国旅游版图上的一个壮丽景观,旅游业由此被界定为国民经济新的增长点。在这种宏观背景当中,旅游研究不可避免地呈现出十分功利的倾向,大量文献都集中在对旅游现象的经济层面进行考察,或者从管理的视角进行规范性的研究。在赵幼芳(2000)对《旅游学刊》从 1990 年到 1999 年 10 年间的文献所作的综述分析当中,非常清楚地表明,在总共 1026 篇文献中,除了极少数文献可以划归到旅游基础理论研究、旅游社会学研究、旅游地理和生态学研究等领域外,多数都属于经济和管理方面的文献。吴必虎(2001)对《旅游学刊》从 1986 年到 1999 年 14 年中所发表的文献(共计 1435 篇)的分类统计,也证实了这一点:旅游经济与管理方面的文献为 810 篇。这种研究领域上的严重倾斜,表明了中国本土旅游研究在特定的历史时期为适应产业发展实践的迫切要求而做出的当然选择,同时也意味着,这种研究导向注定要在后来旅游成为最先进入国际市场的产业部门时所要面临的与国际旅游研究潮流相衔接的挑战。

二、旅游所呈现的动态关系

就在这些中文学术文献以及大多数中国学者都在盛赞旅游产业的巨大成就的时候,有些学者也开始表现出对旅游其他方面的兴趣。从这一点看,旅游也是游客与当地居民之间的一个动态互动过程,在这个过程当中,会产生出许多文化上的交流、激荡甚至误解。

传统上,在探讨这个问题时,人们通常关注的主要是国际旅游者与某些当地社区之间的关系。在有关文化效应的大量西方文献当中,这种流行的研究方法常常因过分局限于旅游交往双方的极端边缘化的方面而显得牵强附会。对于中国而言,尽管国际入境旅游者的增长速度很快,绝对数也相当可观,但是,在中国人口的海洋之中,他们仍然不过是沧海一粟而已。在1997年,入境外国旅游者占中国人口的比例仅是0.6%,2002年,也不过1%。由于入境外国旅游者的平均逗留时间都不超过一周,加上他们往往选择一些城市目的地(这些地方往往拥有强势的本土文化,不同于一些少数民族聚落),所以,有理由推断,大多数中国人几乎永远也没有机会与这些旅游者进行交往。这样的一个比例关系,使人难以认同那种将旅游看作另类的殖民主义或新殖民主义(Mackerras,2003;Nash,1996;Oakes,1995)的观点,至少在中国的情况是如此。例如,在1999年由云南大学主办的"人类学:旅游与中国社会"国际学术讨论会上,与会代表提交的论文当中,有多篇文章都指出,在云南或其他地方的一些著名旅游目的地,构成游客主体的绝大多数是国内游客,比如在泸沽湖(Walsh,2001)、石林(Swain,2001)、丽江(McKahnn,2001)、曼春满(Yang,Liu,Liu and Duan)、景洪或瑞丽(Berlie,2001)。实际上,关于各个景点中的国际旅游者和国内旅游者的比例,尽管各个作者所提供的数据不尽相同,大致在1:40到1:15,但这也足以说明,不管旅游对当地人或少数民族会产生什么样的影响,这种影响也应该主要是来自国内旅游者的行为,因为他们是旅游者队伍的大多数。

实际上,几乎在任何地方,旅游者与当地人之间的社会互动过程都包含了一些种族相同、文化背景相似的人们,只是这种结构的倾斜程度在不同的旅游目的地有不同的表现而已。比如,在加勒比这样的一些旅游目的地,外国游客可能占有很高的比例,甚至,在有些小的岛国,一年接待的外国游客很可能远远高于其当地居民人数。与此相反,在中国,国内旅游者在整个旅游者群体中占有绝大比例这个事实,意味着不管文化效应的性质如何,都应该从不同的角度去加以理解。换言之,对于一个保持着自己比较独特的地域文化的中国少数民族群体来说,形成其外来文化冲击的强大势力的,不是外国游客,而是异地的中国游客。所以,要了解这种文化冲击的性质和程度,了解这种冲击的意义,甚至把握这种冲击的方向,真正需要深入和紧迫地加以研究的是国内旅游者。一方面,必须研究国内旅游的需求方面,就是说,要弄清楚是什么促使中国的旅游者访问不同的地方,他们所追寻的吸引物是什么,他们购买什么旅游产品,在旅游地他们的行为方式有什么特征,等等。另一方面,也应该研究国内旅游服务的提供者以及当地居民的态度。有人利用系统论的观点看待这个问题,说明人们看到了构成旅游发展基本的动力机制的内容(彭华,1999)。如果不能对国内旅游者与当地居民的互动过程的多重特性进行深入研究,就很难得出令人满意的比较全面客观的结论。

理解旅游现象所构造的旅游者与目的地居民之间相互交往的模式,还有一个重要的视角,那就是对旅游动机的考察。在这个领域,西方学者已经积累了极其丰富的研究成果(Dann,1981;Pizam andMansfield,1999),但在中文文献中却几乎看不到这方面的比较严肃的研究成果。即使是在英文文献当中,有关中国旅游的旅游者动机研究也非常有限,其中主要的有这样几个,一是关于英国赴华度假旅游市场的研究(Jeffrey and Xie ,1995),另一个是对中国大陆前往香港的旅游者的研究(Zhang Qiu and Lam ,1999),还有就是在上文提到的在云南大学主办的会议上呈交的论文当中的几篇文献(Swain ,2001 ;Walsh ,2001)。

如果单就中国的国内旅游者的出行动机来看,西方学者认为,他们主要是希望与那些居住在和自己的城市生活环境不同的人进行交往,体验奇风异俗,通过旅游与观光而投身于某种新型的炫耀性消费(Swain ,2001),并在旅游之后带回一些诸如纪念品、照片和录影带之类的东西,甚至迷恋着能与另一个民族的人体验某种浪漫的风流韵事(Walsh,2001)。在西方的旅游社会学和人类学研究领域,这些旅游动机可谓司空见惯,只是在中国,这种文化的碰撞在总体上不是发生在国际旅游者与当地居民之间,而是发生在国内旅游者与当地居民身上。这一点是我们审视新殖民主义范式时必须把握的一个事实。

对国内旅游者出行动机的研究,仅见的几位中国学者的研究主要集中在对市民一般性出游动机的探讨或针对具体景点的旅游者出游动机的实证性分析上,总体上缺乏像西方学者那样从社会文化的视角进行研究的热情。比如,吴必虎(1994)曾研究过上海市民的出游动机,陆林(1997)则以黄山为例探讨了游览山岳型旅游景观的旅游者的动机,在他们的研究中,都发现观光、体验、求新、求异等动机是国内旅游者的主要出行动机。但是,除了这几个比较有意义的研究成果之外,我们至今很难见到更系统的对国内旅游动机所进行的严肃研究。不过,一个有趣的现象是,在大量有关旅游开发的文献当中,反倒可以看到人们从功利的角度不厌其烦地评价某些旅游资源(尤其是社会或人文旅游资源)的旅游价值——这些价值是诱发旅游者旅游的因素,即戴恩(Dann ,1981)所谓的 Sunlust (追逐“阳光”①)。这种研究与开发在次序上出现的倒错现象,从另一个角度揭示了中国旅游研究一直处于“鼓吹”阶段或“带有功利思想”这样的事实。而这种功利思想的渊源,自然要牵涉到旅游发展的根本动力问题。

旅游发展的动力,在全世界都可以找到类同的模式,尤其是在发展中国家之间。在这个模式的基本框架当中,就其所牵涉到的主体成分而言,有社区、当地政府、外部投资者、国内或国际组织机构,等等。这些主体实际上怀有不同的动机和目的,因此在旅游发展过程中也就会扮演不同的角色。这些主体之间的相互作用关系,以及它们与旅游者所编织成的一个动态网络,则成了影响旅游目的地发展方向和性质的关键因素。

在中国,大量旅游目的地的开发,都可以在一定程度上验证这样一个事实:经济动力是旅游发展的原动力。除了一些国内或国际性的组织机构的作用之外(比如,联合国教科文组织推行的世界遗产遗址方针,已经成了某些旅游目的地获得旅游发展的金字招牌),当地社区和政府部门都往往从经济动机上考虑旅游发展的意义。“在一些成功的旅游村庄,村民的收入是其他与旅游无关的村民的收入的 20 倍以上”(Walsh,2001:98)。据麦凯恩(McKahnn ,2001 :153)的调查,在丽江的洛水村,人均年收入大约在 2 万元人民币,而附近的其他村庄却不超过 500 元、1000 元,或最多 3000 元。另一方面,大多数研究人员也强调,旅游发展也带来了物价膨胀,同时也使当地居民出现分化,那些参与到旅游业当中的当地居民从旅游发展中获得了利益,而与旅游业无关的当地居民却蒙受了损失。另外,人们对生态环境恶化、交通拥挤以及人们地位的变更也十分关注。比如在丽江,老城的居民被新来的商人和创业者所排挤。这种情况就曾发生在意大利的威尼斯(Canestrelliand Costa ,1991),在世界其他地方也不乏其例。出现这种情况,势必要影响外界游客的访问倾向,尤其是当本地人从旅游中未能获得任何个人利益时,就会引发旅

① 这里,阳光是一个譬喻,可以理解成一切有旅游价值的吸引物。

游过程中的主客关系的紧张。

这种发展模式,难以用那种新殖民主义的理论框架加以解释。在全世界,不管是在发达国家还是发展中国家,多数都是这样。也许这便是促使人们寻求其他更接近事实并且更自洽的理论范式的根源。这种努力导致了人们对旅游与现代性的复杂关系的好奇。尽管这方面的探索具有高度的理论性,但有关中国旅游的英文文献已经触及到了这个问题。

三、旅游与现代性之路

在过去的50年当中,主流的发展理论一直将现代化视为其极具一般性的应用模板。其核心思想是,所有国家都是或可能是沿着一条明确的阶段性的道路在追寻着一个共同的现代化目标(Rostow ,1960)。此后,人们不断地修正这个概念,以便使之适应新的条件(比如全球化过程和所谓的华盛顿的舆论),但这种理论的内核并没有变化。这样,现代性就被描述成一个交汇点,在那里,经济增长、新技术的采用以及自由主义政治会向每个追求幸福的个人提供更多的选择。

欧克斯(Oakes ,1996)对中国旅游与现代性关系的研究,隐含着上述两个学派的思想脉络。在他看来,两种版本的现代性彼此竞争,意在操纵中国的经济增长过程。对于毛泽东时代所表现出来的第一种现代性而言,它指的是在全国性的国家社会主义框架当中应该达到的取代西方模式的一个手段。毛泽东之后的改革开放政策带来的是另一种新型的现代性,可以定义为不发达的现代主义(modernism of un derdevelopment)。前者强调了社会主义中国的独特性,而后者则幻想着中国的传统有望伴随着资本的积累而照样充当文化的硬核。从改革开放到第7个五年计划(1985~1990)结束,旅游发展一直是实现第二种战略的一个重要手段。欧克斯认为,中国的主题公园的发展历程,就好比是这第二种策略的一个象征。

根据欧克斯的判断,当中国的旅游发展不仅起到一种使有关现代性的两种错误解释合法化的作用,而且还使得有些少数民族(他注意到的主要是贵州的苗族人)的殖民地位也变得被人熟视无睹的时候,便会产生某种紧张或扭曲。他甚至认为,旅游已经成了将边缘地区整合到汉文化当中的最后一个手段。

这样一种观点并不为大多数人所认同。在李静(Li ,2003)对版纳地区的曼春满村的研究中,特别强调了种族旅游所存在的各种矛盾和多方参与的发展方式。在那里,访问傣家民居这种旅游方式,已经给傣家妇女带来了很高的收入——她们每个月至少可以收入500 元人民币,而如果靠出售水果或蔬菜,她们充其量也只能收入200 元左右。由于她们的收入已经构成家庭收入中的重要部分,所以,这些妇女已经能够在家庭事务和社区事务中担负更重要的责任,扮演更重要的角色。尽管种族旅游确实使得本地经济更加依赖于外部经济,但这项研究并没有将这一点看作对本土文化产生侵蚀的主导因素。

王宁(Wang ,2000)则从更一般的意义上对旅游与现代性之间的关系进行了探讨。在他看来,旅游是对现代性所具有的矛盾特性的一种回应。在现实当中,人们常常根据各自的需要来重新界定现代性,有的是为了顺应理性的需要,而有的则为了屈从于非理性的需要。理性与情欲就是这种矛盾特性的典型代名词,而现代旅游就游戏于这两种相反势力的中间。一方面,现代性将人们从家中拉出来,以寻找快乐,并蛊惑他们去体验放松、新奇和变化;但另一方面,这些目标在大多数情况下却无法实现。这种矛盾特性在旅游产业过程中也能被感受到。一方面,旅游业能向不发达社会提供一条由边缘走向现代的途径,而另一方面,旅游发展又很可能加重后者对核心社会的依赖。旅游需求的基本逻辑属于消费主义、享乐主义和物质主义,当这些思想蔓延到经济还十分落后以及文化还十分脆弱的发展中国家时,就会对当地社区和本土文化产生负面的影响。在王宁看来,要克服这些矛盾,最好的办法是张扬旅游所应具有的人性的、可持续的和负责任的一面。

四、倾斜的视角和挣扎的理论

通过上面的探讨,以及进一步检视旅游研究的中文文献,我们就能发现一个不争的事实:中文文献多年来局限在非常有限的研究领域,采用的是比较粗糙的研究方法,关注的是问题的现象层面,而研究者的意识深处往往为各种功利性的动机所支配。这种状况与旅游这个跨学科的研究领域应有的指导思想很不协调,也与旅游学科在我国旅游发展实践当中应该肩负的学术使命不协调。这种不协调,可以归纳为研究视角的过度倾斜(谢彦君,2003)以及基础理论研究的过分薄弱(申葆嘉,1995 ;张进福,2002 ;陈才,

2002)两种表现。前者上文已经有所提及,另外,谢彦君(2003)在《旅游与接待业研究:中国与国外的比较》一文中也对此做了专门的探讨,这里不再赘述。现在只讨论一下旅游基础理论研究的问题。

旅游基础理论研究之重要,学界同人都有共识,因为它所解决的理论问题将制约着旅游学科本身的发展以及各个分支学科的建立和成熟速度。比如,只要一个旅游的概念认识不清,就无从谈起如何研究旅游;只要对旅游的特征把握不准,就难以据此确定旅游分支学科的研究方法和理论体系。实际上,当今中国旅游各分支学科(比如旅游心理学和旅游经济学)发展迟滞的根源,莫不可以追溯到这个症结之上。

对旅游基础理论研究的关注,在中国旅游学术界曾有过一个小小的高潮,那就是在20世纪90年代末期的几年当中,由《旅游学刊》所推动而形成的一个黄金阶段。但时过境迁,如今还能为我们所感受到的,似乎只有余音袅袅,而其影响已经被再度回归到应用研究甚至实用研究的学术主流所湮没。不过,客观地说,在这期间,学术界确实推出了一些对后来有一定影响的成果,值得我们重新检视并予以扬弃。

对旅游学研究的理论框架的认识,余书炜(1997)的真知灼见是不应该被埋没的。尽管他的观点也引来了同人的商榷(张凌云,1997;戴斌,1997),但笔者认为,他的观点开启了旅游研究在方法上的一个很有前途的思路。这样说的理由是:不管"旅游活动"的俗常含义如何(这是完全可以重新界定的,旅游学者的使命之一,就是如何做好这项工作),令其包含"旅游者活动"和"旅游产业活动",这使得旅游的很多问题都能找到解决的思路,旅游学科的诸多分支学科都能获得一个对应于自己的研究层面。因为,一个很显然的逻辑是:当我们将旅游的本质和特征认识清楚(这是旅游学基础理论必须解决的首要问题)时,我们就可以据此把握旅游者行为特征的基本规律性(这是旅游心理学这个应用学科应该研究的问题)。旅游者行为作为旅游活动基本矛盾的一个主要方面,是构成旅游需求的基础,而旅游需求得以满足(旅游矛盾获得解决)主要地要依赖于产业供给活动(这是旅游经济学这个应用学科要研究的问题)。这样,我们就看到了旅游活动这个本身包含着矛盾或本身就是矛盾的现象,是如何经历了发生、演化和化解的过程,而在这个过程中,旅游的不同层次上的理论(或学科)都得到了自己独特的研究对象或研究层次。正是从这个意义上说,将旅游活动作为旅游学基础理论研究的主要对象,将旅游活动分解为旅游者活动和旅游产业活动，这种思路蕴藏着旅游理论发展的出路，使得旅游作为一种复杂现象所能牵涉到的各个学科视野或理论范式都将能够熨帖地、层次井然地臣服于旅游这个大一统的跨学科巨伞之下。

这期间的旅游基础理论研究也在其他层面上展开，相关成果构成了这个领域的一些基础性建设。比如，申葆嘉（1996 ；1999）对国外的旅游研究的系统评介，以及在此基础上推出的《旅游学原理》一书，给旅游学研究注入了新鲜的空气。肖洪根（2001 ；2002）对国外的旅游社会学研究做了系统的综述，从而使中国学者在这个领域感受到了国外学者的研究水平和特色。很多学者对旅游学研究对象的探讨以及对诸多旅游学基础概念——比如旅游资源的争论，都活跃了这个时期的旅游研究论坛，也使学术界感受到了基础理论缺失所带来的沟通上的重重障碍。同时，人们也开始致力于一些理论模型的构造，试图增进旅游理论对现实问题的解释能力。于是，旅游资源的可移动性、旅游资源与客源的双向吸引模式、旅游流的系统模型等，都纷纷成为这个时期立足于理论探讨而提出的一些时新观点。尽管这些观点或多或少地存在着某种欠缺（谢彦君，1999），但无疑它们都构成了旅游基础理论建设过程中的积极的催化因素，是旅游理论成长过程中破一立关系得以建立的不可或缺的学术努力。

五、多元化旅游研究的曙光

不管怎么说，中国本土旅游研究正在走向一个新的阶段：在国外已经形成的跨学科研究的现实，如今正在中国本土旅游研究中逐步得以体现。在过往的 1/4 世纪的时间当中，尽管各个领域都势力单薄，但中国本土学者已经在各自的领地上迈出了比较可喜的一步。这个趋势还将持续下去，而且必然要踏上更高的台阶。换言之，在新的历史时期，以往那种从经济的角度“鼓吹”旅游的研究，在未来还会保留一个很可观的规模，但对旅游的经济影响的判断，势必要借助于量化和实证的方法去更全面地予以衡量。旅游经济影响的研究重心，也将从入境旅游、国内旅游上卸下一定的砝码给出境旅游（杜江等，2003）；作为中国本土旅游研究的最传统学科的旅游地理学，还将更深入地研究旅游现象中的人地关系（保继刚，1996 ；马耀峰等，1999）；而旅游文化现象在经过一些学者的拓荒性探索之后（马波，1998），也必然携手人类学方法（段颖，杨慧，2001 ；张文，2003），以便更深入地发现和描述发生在中国土地上的旅游交往所产生的文化震荡;人们对自然生态、文化生态的关注,也将促使环境、生态和遗产研究在已经开始的道路上更加深入下去(杨桂华等,2000),甚至会引发旅游伦理道德建设上的严肃思考;而当旅游基础理论研究获得实质性突破的时候,我们的"旅游史"也必将被改写,不会像今天这样,旅游史等于是对人类旅行史甚至走路史的蹩脚的诠释。上述研究领域的融合与分野,可能要同时发生在旅游研究历程当中,并最终促成旅游学科走向成熟。

参考文献

[1] Aramberri ,Julio and Yanjun Xie. Off the Beaten Theoretical Track. Domestic Tourism in China[M]. Tourism Recreation Research ,2003 ,28 (1).

[2] Berlie ,Jean A. The Dai Minority and Prospect for Tourism in YunnanProvince[A]. In Tan ,Cheung and Yang (eds.),Tourism ,Anthropology and China[C]. Bangkok : White Lotus Press ,2001.(以下略为:In Tan ,Cheuang and Yang's.)

[3] Canestrelli ,Elio and Paolo Costa. Tourist Carrying Capacity : A Fuzzy Approach[J]. Annals of Tourism Research ,1991 ,18 (2).

[4] Chu ,Yifang. Evaluation of sightseeing areas in China[J]. Annals of Tourism Research ,1994 ,21 (4).

[5] Cohen ,Erik. Ethnic Tourism in Southeast Asia[A]. 2001.

[6] Dann ,Graham. Tourist Motivation : An Appraisal[A]. Annals of Tourism Research ,1981 ,3 (2).

[7] Gormsen ,E. Travel Behaviour and the Impacts of Domestic Tourismin China[A].

[8] Graburn ,Nelson. Tourism and Cultural Development in East Asia[A]. In S. Yamashita ,K. H. Din and J . S. Eades (eds.),Tourismand Cultural Development in Asia and Oceania[C]. Bangi : University of Malaysia Press ,1997.

[9] Jafari ,Jafar. The Scientification of Tourism[A]. In Valene L. Smithand Maryann Brent (eds.),Hosts and Guests Revisited. Tourism Issues of the 21st Century[C]. New York ,Sidney ,Tokyo : CognizantCommunication Corporation ,2001.

[10]Jeffrey ,Douglas and Yanjun Xie. The UKmarket for tourism in China[J]. Annals of Tourism Research ,1995 ,22 (4).

[11]Lew ,Alan ,Lawrence Yu ,John Ap and Zhang Guanrui (eds.). Tourismin China [M]. New York ,London ,Oxford : The HaworthHospitality Press ,2003.

[12]Li ,Jing. Playing upon Fantasy : Women ,Ethnic Tourism and the Politics of Identity Construction in Contemporary Xishuang Banna ,China[J]. Tourism Recreation Research 2003 ,28 (2).

[13]Liu Zhan Qing and Juanita C. Liu. Assessment of the hotel rating system in China [J]. Tourism Management ,Volume 14 ,Issue 6. 1993.

[14]Mackerras ,Colin. China's Ethnic Minorities and Globalization[M]. London : Longmans ,2003.

[15]McKahnn ,Charles F. The Good ,the Bad and the Ugly : Observationson Tourism Development in Lijiang ,China[M]. 2001.

[16] Mak ,Barry. 2003 China's Tourist Transportation : Air ,Land and Water [A].2003.

[17]Nash ,Dennison. The Anthropology of Tourism[M]. Oxford : Elsevier ,1996.

[18] Oakes ,Timothy S. Tourism in Guizhou : the Legacy of Internal Colonialism [A]. 1995.

[19]Oakes ,Timothy S. Tourism and Modernity in China[A]. London and New York : Routledge ,1996.

[20]Oudiette ,Virginie. International tourism in China [J].Annals of Tourism Research ,1990 ,17 (1).

[21]Richter ,Linda K. Political implications of Chinese tourism policy[J]. Annals of Tourism Research ,1983 ,10 (3).

[22]Said ,Edward W. Orientalism[M]. New York : Random House ,1979.

[23]Said ,Edward W. Culture and Imperialism[M]. New York : Vintage Books,1994.

[24]Shen ,Xiaoping. Short and Long Haul International Tourists to China[A]. 2003.

[25]Sofield ,Trevor and FMSLi . China : Tourism Development and Cultural Policies [J]. Annals of Tourism Research ,1998 ,25 (2).

[26]Tan ,Chee Beng ,Sidney C. H. Cheung and Yang Hui . Tourism ,Anthropology and China[M]. Bangkok : White Lotus Press ,2001.

[27]Tisdell ,Clem and Jie Wen. Foreign tourism as an element in PR China's economic development strategy[J]. TourismManagement ,1991 ,12 (1).

[28]Wang ,Ning. Tourism and Modernity. A Sociological Analysis [M]. Amsterdam: Elsevier ,2000.

[29]Wang ,Suosheng and John Ap. Tourism Marketing in the PRC[A].

[30]Xiao ,Honggen. China's Tourism Education into the 21st Century[J]. Annals of Tourism Research ,2000 ,27 (4).

[31]Yu ,Lawrence. Critical Issues in China's Hotel Industry.

[32]Zhang ,Guangrui . China's Tourism since 1978 : Policies ,Experiencesand Lessons Learned[A].

[33]Zhang ,Guangrui . Tourism Research in China[A].

[34]Zhang ,Qiu Hanqin and Lam ,Terry. An analysis of Mainland Chinesevisitors' motivations to visit Hong Kong [J]. Tourism Management ,1999 ,20 ,587 - 594.

[35]Zhang ,Lingyun. China's Travel Agency Industry[J]. Tourism Management ,1991 ,12 (4).

[36]Zhang ,Wen. China's Domestic Tourism: Impetus ,Development and Trends[J]. Tourism Management ,1997 ,18 (8).

[37]段颖,杨慧. 权力边缘的曼春满——旅游作为现代性与民族意识的个案研究[A]. 旅游、人类学与中国社会[C]. 昆明:云南大学出版社,2001.

[38]陆林:山岳旅游地旅游者动机行为研究——黄山旅游者实证分析[J]. 人文地理,1997(1).

[39]马波. 现代旅游文化学[M]. 青岛:青岛出版社,1998.

[40]申葆嘉. 国外旅游研究进展[J]. 旅游学刊,1995(1 - 5).

[41]申葆嘉. 旅游学原理[M]. 上海:学林出版社,1999.

[42]吴必虎,宋治清,邓利华. 中国旅游研究14年[J]. 旅游学刊,2001,(1).

[43]谢彦君. 旅游与接待业研究:中国与国外的比较[J]. 旅游学刊,2003,(5).

[44]杨慧. 旅游、人类学与中国社会[M]. 昆明:云南大学出版社,2001.

[45]余书炜. 论旅游理论研究内容的框架[J]. 旅游学刊,1997 (4).

[46]赵幼芳. 1990~1999年《旅游学刊》文献库统计分析初步[J]. 旅游学刊,2000(4).

旅游与接待业研究：中国与国外的比较*

——兼论中国旅游学科的成熟度

中国大陆的旅游与接待业研究到底处于什么样的水平？它与国外同类研究有无差距？差距有多大？本文拟对这些问题做一下求证，以便使我们能够做到知己知彼，从而明确学术研究的方向。

本文的着眼点是从学科的角度进行分析，并利用可以获得的相关材料和信息作为佐证。为了不至于产生误解，同时也为了说明本文在研究方法上的一些缺陷，笔者需要先对相关的问题做一些说明。

一、问题与定义

1. 问题的界定

尽管人们都承认旅游学所涉及的领域十分广泛，中国旅游研究早期也有地理学、经济学人士的较多介入，但由于 1998 年教育部将旅游学科归设在管理学大学科下，目前中国的旅游研究在总体上主要由设有旅游管理专业的高校学者所承担，因此，研究的学科取向就较多地局限在管理学和地理学领域，而其他领域的学者往往对旅游问题缺乏研究热情。这种情况与国外恰好相反。国外的很多大学甚至一些著名大学都有利用自己的学科背景长期独立投身于旅游研究的学者，并且经过多年的努力，对旅游这个交叉学科的形成作出了巨大的贡献（申葆嘉，1995；吴必虎、蔡利平，2001）。中国目前这种状况的持续，其负面影响不可忽视，表现为：

（1）对旅游的理解被局限为一种企业和行业活动，而不是更广泛的社会现象；

* 本文原载于 2003 年第 5 期《旅游学刊》。

(2)旅游学术积累所形成的知识框架的主体是管理学知识,而非充分的交叉学科的知识体系;

(3)这种自闭式的研究导向,使中国的旅游研究在领域分布、研究方法、成果价值和成果的社会影响等方面都存在着一定的问题。

上述问题能否在中国旅游研究中得到证实，这就是本文要解决的问题之一。

2. 学科的界定

中国的旅游学科目前到底发展到了什么阶段? 回答这个问题还必须先要弄清楚什么是学科,旅游是一个什么学科。

尽管人们对什么是学科一直存在着争议,但作为一个学科,它具有最基本的特征。金与布劳乃尔对学科的解释包含着很广泛的内容(King and Brownell ,1966):一个团体或众多团体形成的一个网络、一个传统、一种特殊的价值观和信念、一个领域、一种探索方式和一个概念结构;而有的学者则强调其中的某些因素,认为学科是由概念、方法和基本目标构成的一个知识体系(Toulmin ,1972)。大多数人认为,学科是由知识体系和社会机构所构成的集合。换言之,学科具有自己的目标、概念与方法体系以及独立的社会组织形式。在拙著《基础旅游学》中,笔者曾引用了李光和任定成(1989)的结论,认为作为学科必须具备以下条件:首先要有专业的组织从事有关的研究工作;其次是在学科研究中使用独特的语言系统;再次是采取特殊的研究策略;并且要遵从特有的规则,这些规则具有潜在性、公共性、层次性和相对稳定性这些基本的特征。换言之,"学科的特征在于它不依赖于其他学科的独立性。这种独立性反映在它的研究对象、语言系统和研究规范上"。显然,这种表述是对学科定义比较完整的总结,它包含了构成学科的最基本的四要素:组织机构、概念体系、研究方法(理论)和研究规范。用这四条标准逐一对照中国的旅游学科,我们便可以对该学科的成熟度有一个基本客观的判断。这是本文要回答的另一个问题。

旅游是一门典型的交叉性学科(谢彦君,1999 ;Jarari ,2001),这已经成为中外旅游学术界普遍认可的一个结论。从历史上旅游知识体系的形成过程中各学科的贡献以及当前解决旅游问题时对各学科的广泛依赖,都可以看出旅游学科的交叉性特点。

3. 研究方法的说明

本文的研究方法主要是利用网络资源进行网上文献和相关信息调查。包括以下一些具体方法:

(1)用国外大学图书馆的文献搜索工具,查询所有旅游相关刊物并列出主要的刊物名录。这种查询,限于笔者的精力和知识,一定还有疏漏,但目前所获得的有关期刊的名录基本上涵盖了这个领域的重要期刊,而一些比较次要的或非学术性期刊,均被作者剔除掉了。如果读者可以给这个期刊目录增加任何重要的补充,都将是对本文结论的进一步支持;

(2)用著名的搜索引擎(主要是GOOGLE)查询选定的16个旅游关键词(分别以英文和中文两种方式)。之所以选择这16个关键词进行查询,主要是笔者的一种价值判断。根据近几年接触的国外旅游研究文献,笔者认为这16个关键词可能是旅游研究中相对重要的条目(当然还有大量其他重要的条目)。就本文而言,即使在关键词的取舍上存在问题,似乎也不影响最终的结论,因为本文的主旨在于对国内和国外的比较,只要选取同样的关键词就应该是有解释力的。但需要特别说明的是,用任何一个关键词搜索所得到的信息条目总数都是不够"纯粹"的,有大量实际相关度很低的条目也都被收录进来。对于这个无法避免的问题,我们的理解是从统计学的角度看待它的显著意义:平等地对待所有中英文条目,注重其相对意义而非绝对意义。另外,信息条目不等于学术文献的篇目,两者不可混淆;

(3)为进一步提出中国旅游研究状况的证据,笔者还利用中国期刊网(CNKI)进行了中文旅游文献的查询。该网建立时间不久,收录文献有限,旅游方面收录了《旅游学刊》、《旅游》和《旅游科学》,虽然期数不全,但对形成本文的一些结论没有太大影响。

(4)在对中国期刊网进行查询时笔者发现,用关键词检索所能查找到的文献数非常有限。后来,尝试在篇名中查找这些关键词,结果发现了更多的文献。这反映了一个问题:中文文献关键词有问题。其原因或者是关键词本身不合适,或者是早期刊物没有关键词。后来的深入查询证实了这两个原因,从而迫使笔者在中国期刊网上采取关键词和篇名两种查询方法以便互相补充(见图3)。但很明显,篇名检索会出现偏误(比如,旅游研究有可能是从生态旅游研究中检索出来的)。对此我们只好承认这种偏误的存在。

表1 国外旅游相关期刊名录(英文)

TourismJournals 旅游期刊

ACTA Turistica; ANATOLIA 国际旅游与饭店研究学报; Annals of Tourism Research 旅游研究年刊; Asia Pacific Journal of Tourism Research 亚太旅游研究学报; Current Issues in Tourism 旅游热点问题; Event Tourism 会展旅游; Festival Management & Event Tourism 节庆管理与会展旅游; Information Technology & Tourism 信息技术与旅游; International Journal of Tourism Research 国际旅游研究学报; Journal of Convention & Exhibition Management 会展管理学报; Journal of Eco - tourism 生态旅游学报; Journal of Quality Assurance in Tourism & Hospitality 旅游与饭店业质量保证学报; Journal of Sports Tourism 体育旅游学报; Journal of Sustainable Tourism 可持续旅游学报; Journal ofTeaching in Travel & Tourism 旅游教学学报; Journal of Tourism Studies 旅游学报; Journal of Travel Research 旅游研究学报; Journal of Travel & Tourism Marketing 旅游营销学报; Journal of Travel &Tourism Research 旅行与旅游研究学报; Journal of Vacation Marketing 度假营销学报; Meeting News 会议通讯; Meetings &Conventions 会议; Pacific Tourism Review 太平洋旅游评述; Scandinavian Journal of Hospitality and Tourism 斯堪的那维亚饭店与旅游学报; Successful Meetings 成功的会议; *Teoros International*; Tourism Analysis 旅游分析; TOURISM: An International InterdisciplinaryJournal 旅游:国际交叉学科学报; The Tourist Review 旅游述评; Tourism ,Culture &Communication 旅游、文化与交流; Tourism Economics 旅游经济学; Tourism Forum —Southern Africa Tourism Forum —Southern Africa 旅游论坛:南非旅游论坛——南非; Tourism Geographies 旅游地理; Tourism and Hospitality Research 旅游与饭店研究; Tourism and Hospitality Review 旅游与饭店述评; Tourism Management 旅游管理; Tourism Recreation Research 旅游休闲研究; Tourism Today 现代旅游; Tourism Journal 旅游学报; Tourist Studies 旅游者研究; Travel &Tourism Analyst 旅行与旅游分析

Hospitality Journals 饭店期刊

AAHOA Hospitality 亚美饭店业主协会会刊; Australian Journal of HospitalityManagement 澳大利亚饭店管理学报; Brands in Foodservice 食品服务品牌; Club Industry 俱乐部业; Club Management 俱乐部管理; The ConsortiumJournal : Journal of HBCU 黑人大学联盟学报; Cooking for Profit 烹饪与利润; Cornell Hotel and Restaurant Administration Quarterly 康乃尔饭店与餐馆管理季刊; FIU Hospitality Review FIU 饭店评述; Food Management 食品管理; Foodservice &Hospitality 食品服务与接待; Foodservice Director 食品服务督导; Foodservice Equipment & Supplies 食品服务设备与供应; Foodservice Equipment &Supplies International 国际食品服务设备与供应; Foodservice Research International 国际食品服务研究; H &A (Hospitality &Automation) Report 饭店与自动化报道; Hospitality Design 饭店设计; Hospitality Law 饭店法; Hospitality Research Journal 饭店研究学报; School Foodservice Research Review 学校食品服务研究述评; Hotel &Motel Management 饭店与汽车旅馆管理; Hotel & Resort Industry 饭店与度假村; Hotel Security Report 饭店安全报道; Hotelier 饭店人; Hotels 饭店; Gaming Research & Review Journal 赌博研究与评述学报; HSMAI Marketing Review 接待业国际营销协会述评;

续表

Hospitality Journals 饭店期刊
International Gaming &Wagering 国际赌博业 Business ; International Journal of Contemporary Hospitality Management 现代国际饭店管理学报; International Journal of Hospitality Information Technology 国际饭店信息与技术学报; International Journal of Hospitality Management 国际饭店管理学报; International Journal of Hospitality and Tourism Administration 国际饭店与旅游管理学报; Journal of College & University Foodservice 大学食品服务学报; Journal of Gambling Studies 赌博研究学报; Journal of Hospitality & Tourism Research 饭店与旅游研究学报; Journal of International Hospitality ,Leisure ,and Tourism Management 国际饭店、余暇与旅游管理学报; Journal of Hospitality &Leisure Marketing 旅游与余暇营销; Journal of Hospitality Financial Management 饭店财务管理学报; Journal of Hospitality & Tourism Education 饭店与旅游教育学报; Journal of the International Academy of Hospitality Research 国际饭店研究会学报; Journal of Nutrition in Recipe &Menu Development 菜品营养与菜单开发学报; Journal of Restaurant & Foodservice Marketing 餐馆与食品服务营销学报; Journal of the American Dietetic Association 美国饮食协会学报; Lodging 住宿; Lodging Hospitality 住宿接待; NACUFS Journal (National Association of College &University Foodservices) 全国大学食品服务协会学报; Night Club &Bar Magazine 夜总会与酒吧杂志; Nation's Restaurant News 全国餐馆通讯; UNLV Gaming Research and Review Journal 内华达大学赌博研究与评述; Praxis - The Journal of Applied Hospitality Management 实践:饭店应用管理学报; Restaurant Business 餐馆经营; Restaurant Hospitality 餐馆接待; Restaurants & Institutions 餐馆与组织机构; Restaurants &Institutions Marketplace 餐馆与组织机构市场; Restaurants USA 美国餐馆
Recreation ,Leisure ,and Transportation Journal 休闲、余暇与交通期刊
Annals of Leisure Research 余暇研究年刊; Australian Leisure Management 澳大利亚余暇研究; Journal of Applied Recreation Research 应用休闲研究学报; Journal of Interpretation 解释学报; Journalof Leisurability 余暇学报; Journal of Leisure Research 余暇研究学报; Journal of Park and Recreation Administration 公园与休闲管理学报; Journal of Recreation and Leisure 休闲与余暇学报; Leisure Sciences 余暇科学; Leisure Studies 余暇研究; Loisiret Societe/Society and Leisure 社会与余暇; Managing Leisure 余暇管理; Visions in Leisure and Business 透视余暇与经营; World Leisure &Recreation Association Journal 世界余暇与休闲协会学报; Journal of Air Transport Management 航空交通管理学报; Journal of Transport Geography 交通地理学报; Transport Policy 交通政策; Transportation Law Journal 交通法规学报; Transportation Research 交通研究; World Transport Policy &Practice 世界交通政策与实践

二、研究与发现

(一)中外旅游研究比较

为了说明问题,笔者拟从学术期刊数量与质量、专题研究的跟进程度、研究取向、学术成果积累水平这几个方面进行分析。

1. 期刊的数量与质量　这里,我们只是考虑公开出版的专业学术期刊,不考虑其他可以发表旅游文章的综合性刊物。

中国旅游研究的期刊数量屈指可数:《旅游学刊》、《旅游科学》、《桂林旅专学报》、《中外饭店》和《现代酒店》。其中《旅游学刊》是公认的比较权威的旅游专业学术刊物,每年6期,每期发表20多篇文章。自1986年创刊至今已经累计发表文章1500篇左右。可以说,《旅游学刊》的文献数量和质量,基本代表了国内旅游研究的规模和质量(张进福,2002)。然而,这个规模与国外期刊数以及发表的文献数(已经无法统计)相比,显然相差甚远。据笔者的不完全统计,国外的旅游研究刊物达40余种,饭店①研究刊物50余种,休闲、余暇和交通研究刊物20余种,总计主要的旅游相关研究刊物多达110多种。5:110,这种期刊数量的巨大反差,只能使我们得出一个结论:从成果数量上看中国旅游研究规模与国外的差距巨大。

也许有人会对这种比较不以为然。理由是不能拿中国一个国家与全世界相比,而且这也仅仅是总量对比,而不是质量对比。其实,这里所列举的所谓国外期刊,几乎完全是英文期刊;另外,如果国外旅游院校总数为400多所这个数字属实的话(Jafari,2001),中国的311所旅游院校规模(2001年年底统计数字)也是很惊人的,而它每年是否产生了相当比例的研究成果呢?至于刊物和论文的质量,一个比较客观的事实就是,国外的一些重要旅游研究期刊往往都在20世纪70年代就出现了(如旅游研究年刊、旅游与休闲研究、康乃尔饭店与餐馆管理季刊、旅游研究学报等)。由于刊物的历史比较悠久,声誉也很好,因此在稿件采用上也非常苛刻。应该说这些刊物的多数文章都是一流的科学研究文献。

---

① 这里将Hospitality均译为饭店,实际上稍有不妥,因中文的饭店,如今已经被当作住宿设施的专有名词,而Hospitality还包括餐馆,有时的含义更广,因此似乎翻译成“接待业”更好一些。

2. 中国旅游研究中的"趋热倾向" 很多在中国做旅游研究的人,不管自己如何看待潮流,都有一种跟不上步伐的感觉。中国的旅游研究容易形成热点,而且热点的形成往往是"政府主导"的,而不是学术界自然生成的。所以,检视中国 1/4 世纪的旅游学术研究轨迹,就会发现,中国的旅游学术研究一直被政府牵着鼻子走,其结果是学者和官员双方都有学术总是跟不上趟的慨叹。不管是生态旅游浪潮,还是假日经济现象,乃至 SARS 的影响,学术界都未能有预见地为政府和企业提供相应的理论和方法上的学术贡献。这反映了中国旅游学术界在研究取向上还有不成熟的地方,容易凑热闹,缺乏对所研究的领域进行深入发掘的热情和动力。这一点,我们可以通过对近几年的网络信息的查询做一下国际间的比较。

图 1 和图 2 都是利用搜索引擎查询到的有关 16 个关键词的信息条数。图 1 是中文信息,而图 2 是英文信息(注意前文曾对这些信息的价值做过限制性说明)。两项查询得到的信息总条目数是:中文 256328 条,英文 11374900 条。这个可以进一步说明中国的旅游研究总量与英语国家的距离。

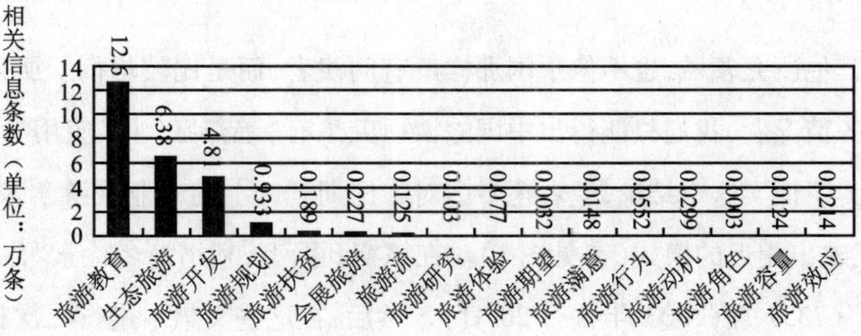

图 1 GOOGLE 检索的中文信息

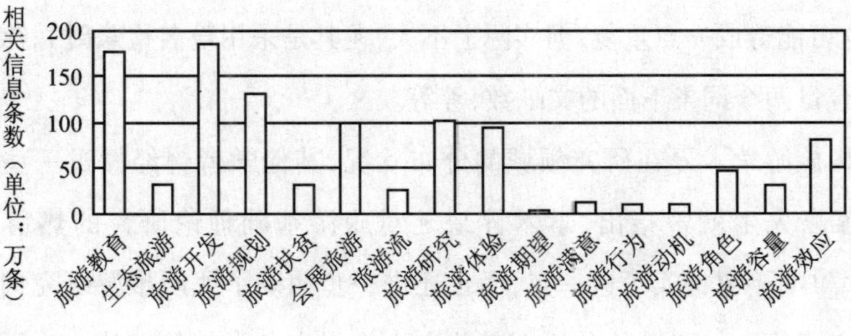

图 2 GOOGLE 检索的英文信息

尤为有趣的是，这两个图形还更突出地显示了中国旅游研究与国外旅游研究在结构上的差异：中文信息集中在这样几个关键词上：旅游教育（真正的学术性旅游教育研究没有这么高，请比较图3）、生态旅游、旅游开发、旅游规划、会展旅游以及旅游扶贫。其他研究领域相形之下，信息少得可怜。对比国外的信息，明显地更为均衡一些，而比较热点的问题的相对排序则是：旅游开发、旅游教育、旅游规划、旅游研究、会展旅游、旅游体验和旅游效应。

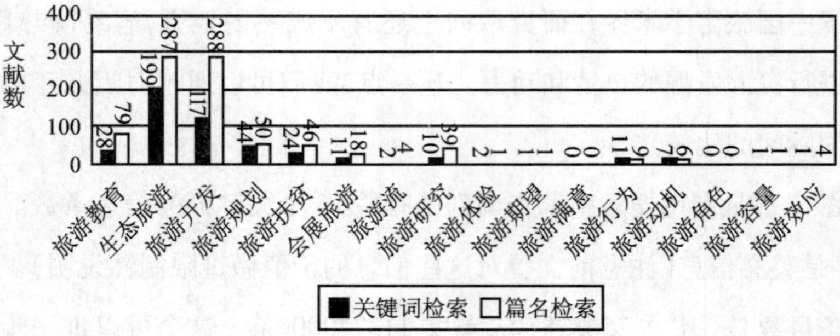

图3　中国期刊网检索结果

即使是其他研究领域，也不像中国那样鲜有问津者，而是比较均衡。所以，从这两组数据所反映的情况看，我们只能得出中国旅游研究患有“趋热症”和“应用导向”的结论，别无他言。为了证实这个结论，笔者还专门对中国期刊网上的专业旅游学术文献进行了检索，结果反映出相近的模式（参见图3）。在该期刊网上，利用篇名检索“旅游”一词，得到总文献数为7357篇（2003年1月20日）。然后，在这些文献中进行二次检索，得到了图3的分布模式。需要说明的是，在检索过程中笔者对中文词语可能有两种或多种表达方式的情况给予了考虑。比如，旅游效应包含着旅游效应和旅游影响两个词汇下面的文献数（虽然这可能造成一点重复，但实际上不大，尤其是采用篇名检索时），旅游容量包含了承载力和容量两个词条下面的文献数，等等。

对于国内旅游学术界在研究领域的分布状况，其他学者曾经做过一些分析。早在1995年，申葆嘉先生就曾指出，学术界缺乏对旅游基础理论研究的热情。在张进福（2002）的文章中，不仅证实了这一点，而且还进一步明确了我国旅游研究偏重于管理这一事实。吴必虎等人（2001）的分析在某些方面也得出了类似的结论。为了更全面地从分支学科的角度印证这个问题，笔者也尝试对中国期刊网7357篇旅游文献和896篇饭店文献(两者间存在微小的重叠)进行了分类检索,结果得到图 4(为了格式上的原因,图中所使用的词语个别不尽规范,如旅游社会,实际上是指旅游与社会的相关问题)。该图中最后一项饭店管理即饭店文献总数,这样处理虽有一定夸大,但应该承认饭店的文献基本属于微观企业管理方面的内容。其他各项均来自旅游文献。如果对各个领域再做一些整合的话,就可以看出各类文献的基本排序是:地理规划开发类(1472)、管理类(含旅游管理、旅游营销和饭店管理共 1235)、环境生态类(991)、社会文化类(508)、经济类(449)、教育类(181)、旅游效应类(156,此项目实际上可以分别加到经济、环境和社会类当中)、旅游心理(65)、旅游研究(51)、旅游美学(21)和旅游法学(6)。在全部被检索出来的文献(5141)当中应该说还是应用型的研究文献数量占有绝对优势。

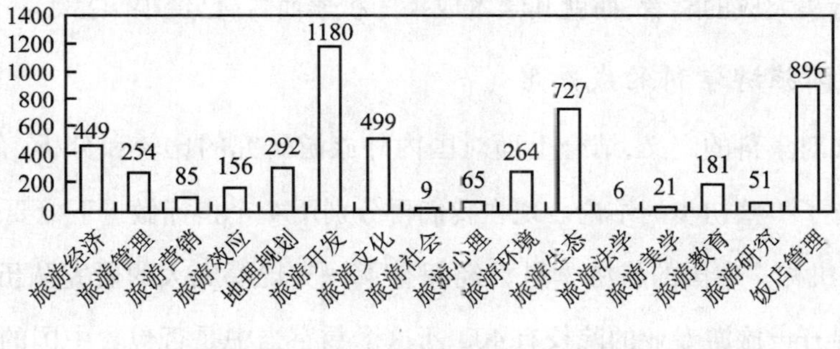

图 4　按照主要研究领域所进行的文献检索结果

3. 专题研究的跟进程度和学术积累的水平　实际上,对于生态旅游、旅游开发和旅游规划的研究热潮本身并无可指责,只要旅游学术研究在各个领域的分布是比较均衡的话。大量的集中研究,反映了在这个专题领域人们的跟进程度较高,其结果是可以期望有较多的学术积累。但是,值得问的一个问题是,如此热潮最终是否形成了有价值的学术积累?在中国期刊网上文献数遥遥领先的 4 个领域:生态旅游、旅游开发、旅游规划和旅游扶贫,是否已经步入了规范的理论建设轨道,并对旅游学科作出应有的贡献?根据近两年出版的有限的几本相关著作的考察,应该说还有一定的差距。

热门领域尚且如此,其他研究领域就更令人感到忧虑了。从图 1 和图 3 就能看出,对于其他研究领域,人们的后续研究是非常有限的,因此学术积累就比较单薄了。有些领域,出现一篇文章,谁再接着写就会被认为是老话题,这实在是奇怪的事情。大家都知道著名的旅游人类学家、旅游社会学家 Eric Cohen,他单就泰国旅游人类学问题就出了几部专著、几十篇文章,更不用说其他人在相同领域的研究了。归根结底,中国的现状与旅游研究的空泛、肤浅和缺乏科学方法有关。这种情况与国外相比,差距非常明显(参照图2,并联想表1)。这种差距反映到旅游专业的学术著作当中,你就会发现,各个分支学科依然是其他大学科的简单删改或嫁接。旅游心理学套用的还是普通心理学的知识,对旅游者的特殊心理的研究缺乏突破;旅游经济学是西方经济学和原有的部门经济学合成的夹生饭,并没有把握旅游现象的经济规律;旅游地理在旅游资源地理和旅游者空间行为之间摇来晃去……这些都说明,由于在各个领域缺乏足够的研究跟进,缺乏高质量的学术积累,从而使各个分支学科不能有效地建立起来。就这一点而言,虽然不能说国外在各个学科的建设方面有什么突破,但笔者认为,国外的障碍在于没有出现能够对现有研究成果进行集大成的学者,而就其学术成果的积累而言,已经很丰富了。

(二)中国旅游学科的成熟度

根据前文对学科的定义,结合上面对国内外旅游研究的比较和分析,有关旅游学科的问题已经有了一些初步的结论。现在我们再分别用4个指标做一下概要的分析。

(1)组织机构。中国的旅游学科已经拥有了一支规模庞大的研究队伍。不管Jafari所说的全世界开设旅游专业的院校有400所这个数字当中是否包含中国的院校,中国现有300多所旅游院校这个数字从学科建设这个角度看都是相当令人鼓舞的。

(2)研究方法。应该说,旅游作为一个独立学科所应具有的特殊的研究方法体系还没有成型,理论范式单一,研究方法不够系统。从这一点看,作为独立的旅游学科还有大量的工作要做。笔者曾在多种场合呼吁旅游管理专业的研究生教育应开设研究方法课程,其立足点也是从学科建设的角度考虑的。

(3)概念体系。概念是一个学科大厦的砖瓦,研究方法就是将这些砖瓦构筑成大厦的一种结构方式。旅游学科的概念目前还极其不规范,核心概念一直未能有效地建立起来。这一点在笔者进行网上文献和信息搜索时感触最深。我在用上述16个关键词对中国期刊网进行关键词文献查询时,竟然查不到几篇相关文献,最后不得不在篇名中查询。为了弄清楚到底是什么原因,我用“旅游”在篇名中查询,结果得到7357篇文献(同样用“旅游”在关键词中查询,只得到579篇文献),然后,逐篇查看其关键词。最后,笔者发现,很多旅游研究文献的关键词都很不规范,有的根本让人意想不到。笔者这里仅录入其中的一小部分,希望引起学界的重视,共同致力于旅游学科概念体系的构建。

——能力、思考、问题、意识、知识、商业行为、现状、对策、本科生、优化、相关性、内涵、重要意义、参与者、地球村、发展、高附加值、境外游客、生活质量、阈值、产品、研究、信息、构想、建设、措施、旅游认识、三结合体系、目标层次、开发系统、经济、旅游大市、实践、开发、竞争现状、考察要素、导入过程、建设经营、分析、限制因素、农村旅游市场的成熟度、破坏、《新民晚报》、真实瞬间、任务、建构、心游之路、比德之旅、利用、概念性、发掘组建、适用性……

试想一下,有多少人能够想到用这些关键词进行文献检索?用这些关键词进行检索又能查到几篇所需要的文献?这种局面反映了旅游这个学科的极不成熟,甚至幼稚的现状:在这个学科领域,根本没有建立起科学的规范,没有大家一致接受的语言系统。

(4)学术规范。学术规范主要是一种科学研究的价值观,其中有可以在整个科学界共同依循的规范,也有为旅游学术研究所特有的规范。人们在研究方法、过程、结果解释、文献引用以及研究工具的应用方面,都存在规范问题。学术规范的建立靠内外双重力量的结合。然而,由于前文提到的旅游研究与其他研究领域的相对隔阂,就使建立学术规范的内外部力量都损失了砝码。因此,积极发展与其他学科、与国际同行的沟通与交流,是加快建立旅游学术规范的重要途径。

参考文献

[1]李光,任定成. 交叉科学导论[J]. 湖北人民出版社,1989:37 – 55.

[2]申葆嘉. 国外旅游研究进展[J]. 旅游学刊,1996(1 –5).

[3]吴必虎,宋治清,邓利华. 中国旅游研究14年[J]. 旅游学刊,2001(1).

[4]吴必虎,蔡利平. 美国大学中的旅游研究——旅游研究向名牌大学的渗透[J]. 旅游学刊,2001(4).

[5]谢彦君. 基础旅游学[J]. 北京:中国旅游出版社,1999.

[6]张进福. 关于国内旅游研究文献的分析与思考[J]. 华侨大学学报,2002(1).

[7]Jafari J . The Scientific of Tourism ,in Hosts and Guests Revisited :Tourism Issues of the 21st Century [M]. Co – edited by : Valene L. Smith and Maryann Brent ,Cognizant Com-

munication Corporation. 2001.

[8] King A R and Brownell J . The Curriculum and the Disciplines of Knowledge[M]. John Wiley ,New York. 1966.

[9] Toulmin S. Human Understanding[M]. Vol. 1 ,Clarendon Press ,Oxford. 1972.

全球旅游发展框架中亚太旅游业发展战略的多维比较研究*

——亚太旅游协会第八届年会综述

一、引言

2002 年7 月10 日至13 日，亚太旅游协会(ASIA PACIFIC TOURISM ASSOCIATION，简称 APTA)第八届年会在中国大连的香格里拉饭店召开。本次大会由东北财经大学旅游与酒店管理学院主办，并得到了大连市旅游局的大力支持。以“全球旅游发展框架中的亚太旅游业：对亚太旅游业发展战略的多维比较研究”(Tourism Development in Asian Pacific Region ——Worldwide Views and Multidimensional Perspectives)为主题的本次年会，吸引了来自20 多个国家和地区的220 多名代表参加(其中中国大陆学者60 余人)。大会共收到论文摘要180 余篇，收到论文164 篇，被编辑到会议论文集当中的优秀论文144 篇，被列为会议期间的张贴论文18 篇，另外还有数篇参会代表临时提交的交流论文。从参会人数、收到的会议论文数量来看，本届年会是亚太旅游协会历届年会当中规模最大的一届。

总的来看，本次大会具有以下几个特点：

1. 会议组织形式的国际化。本次大会所使用的语言完全采用英语，并在议程安排上着意体现学术性，淡化行政色彩，从而形成了本次大会紧凑、务实、重学术和高层次的特点。与会代表普遍反映这是一次成功的国际性学术会议。

---

* 本文原载于2002 年第5 期《旅游学刊》，作者：卢昌崇(男，辽宁铁岭人，1953 年生，东北财经大学旅游与酒店管理学院院长，教授，博士生导师，主要研究旅游企业管理和旅游经济问题)、谢彦君、李仲广(男，东北财经大学旅游与酒店管理学院，助教，主要从事旅游经济研究)。

2. 会议主题涉猎广泛。大会在三天的日程当中,共安排24个分组讨论会,论题涉及旅游可持续发展、旅游规划与发展、生态旅游、地区旅游发展、旅游效应、旅游者行为与度假地选择、旅游需求分析、文化遗产与乡村旅游、旅游目的地研究、旅游目的地营销、互联网与信息技术、旅游营销信息与情报、旅游业质量管理、住宿业管理、接待业管理、人力资源管理和接待业教育等诸多领域。正如亚太旅游协会主席孙海植(Hai - Sik Sohn)教授在写给本次会议的贺词中所说:"本届年会提出了一个最富想象力、最有活力的主题,这个主题唤起了人们对旅游的生态与社会影响方面的关注,探讨了旅游业在获得持续的经济效益的同时得以稳定发展的能力。尤其重要的是,本届会议的主题将进一步表明亚太旅游协会不仅在推动和宣传旅游方面起到领袖的作用,而且将促进旅游在亚洲各国作为经济与文化积累的源泉所发挥的实质性作用。"

3. 学者队伍呈现多元化。据亚太旅游协会的官员介绍,这次大会是参加学者最多、学者的学科背景最复杂、学者的地区来源最广泛的一次年会。尤其是大批著名的欧美学者参加了本次大会,使本届年会真正达到了参会成员的国际化。

二、特邀主题发言:旅游发展的历程及其对人类生活的影响

本届年会特邀了四位世界著名的旅游学者在大会上作主题发言。这四位学者分别是美国明尼苏达大学的应用经济学系教授、国际旅游研究会(IAST)主席威廉·哥特纳(William Gartner)博士、中国广东发展研究院院长、中山大学旅游发展与规划研究中心主任保继刚博士、英国萨里大学的米切尔·莱利(Michael Riley)教授与中国香港理工大学的酒店及旅游业管理学院院长、首席教授田桂成(Kaye Chon)博士。这四位学者的发言,可以概括出一个共同的主题,那就是他们对世界范围内的旅游发展历程及其对人类未来生活影响的共同关注。他们从不同的角度对这一主题进行了诠释,在一定程度上给人们勾勒出一幅旅游与人类生活、工作的关系的发展图景,并提出了人类对旅游发展的战略性反应的基本思路。威廉·哥特纳的演讲题目是"旅游的发展趋势及其对我们的生活、工作和休闲方式的影响"。他指出,信息化正以前所未有的速度改变着这个世界。它将改变世界的竞争规则,并且迫使所有的企业重新设计与架构其商业基础。信息化对传统产业将产生的影响是前所未有的,但服务业并没有对此做出应有的反应。由于服务业的

高度分散和信息化落后,无法使顾客获得满意的服务,甚至丧失了大量的潜在需求。哥特纳最后指出,服务业应树立起以消费者为中心的观念,提高生产率与技术水平,加强合作,加快发展,不断适应市场需求的变化。

保继刚教授的演讲题目是"中国城市主题公园的开发:回顾与展望",论述了中国城市主题公园的发展历程、发展特点与成功因素,分析了中国城市主题公园及其市场的现状与特征以及香港迪士尼乐园的建成对珠江三角洲地区主题公园的可能影响,并指出主题公园与城市之间可以实现双赢发展。

英国萨里大学的米切尔·莱利教授的演讲题目是"旅游业的人力资源管理与技能开发",其中心议题是"在放松规制的市场背景下有无一种可以提高产品质量的恰当的管理员工的方法"。他分别就人力资源管理对旅游产品的重要性,旅游市场的放松规制及其他变化,旅游业劳动力特征,管理中的技术人员与商务人员日益专业化对旅游业的影响,好的人力资源管理的方法与实践,以及生产率、劳动力与质量三者之间的关系等展开论述,提出了很多切实可行的人力资源管理策略。

香港理工大学的田桂成教授的演讲题目是"国际旅游发展及相应的服务体系建设"。他说,世界人口、社会经济、旅游者心理及其消费模式等的变化,给各国旅游业带来了机遇与挑战,必须有一种能够提供高质量服务的国家与企业体系,并根据变化不断调整,同时,向国内旅游者营销也是重要的。他最后指出,旅游业应向深层次发展,发展旅游,要从大处着眼,小处着手,旅游更要讲诚信。

三、专题讨论发言:全球的视野,多学科的角度

在24个分组讨论会上,来自各个国家和地区的与会代表进行了个人发言。这些发言充分体现了旅游作为一门新兴的跨学科所具有的包容性和活力。下面仅就比较重要的论题略加引述,使国内学者对本届大会所反映出来的学术动向有所了解。

(一)生态旅游与可持续旅游发展:永恒的话题

可持续旅游发展是20世纪80年代以后的热门话题,更是一个被有些人滥用的话题。本届年会共收到相关论文10余篇,从探讨问题的角度和深度来看,都颇有出新之处,其中也不乏力作。

美国德莱克塞尔大学(Drexel)接待业管理系主任朱力奥·艾罗姆拜利(Julio R. Aramberri)教授的“论可持续性:亚洲的难题”一文,以批评的口吻探讨了目前对旅游与可持续性存在的概念上的诸多误解。作者认为,可持续性已经成了当今旅游研究当中的共识,但它的很多假设都发端于其他一些领域的社会活动和思想,而在引入旅游学科时几乎是生吞活剥。他在论文和发言中都指出,他所做的批评渊源于劳姆伯格(Lomborg)所建立的基本环境法则。运用这个法则,作者进而分析了旅游可持续性的某些特殊方面,讨论了承载容量的概念、旅游规划中如何优先考虑当地社区的利益以及一些国家机构在旅游发展中应该扮演的角色等问题。通过对尼泊尔、泰国和菲律宾等一些亚洲国家典型案例的深入分析,作者提出并尝试回答了很多富有启发性的问题。

香港理工大学酒店及旅游业管理学院的帕米拉·何(Pamela S. Y. Ho)与鲍伯·麦克蔡尔(Bob McKercher)从另一个角度探讨了可持续的文化旅游的实现途径:从产品入手。他们指出,在可持续的文化旅游方面一直存在着一种批评,那就是,人们无法在那些用于旅游消费的珍贵文化遗产的保护与开发之间求得平衡。“要开发什么资源”以及“这些资源应如何加以管理才能保证其可持续性”是任何想成功地开发文化旅游资源的人必须首先回答的两个重要问题。这两位作者认为,用产品的方法管理文化遗产资源来实现可持续的文化旅游发展是可行的。这其中的关键在于,要接受这样一个观念:文化资源并不等于就是旅游产品,从资源到产品要经过一个转换过程。为此,作者提出了一个文化旅游产品的生产与管理模型。作者同时指出,用产品的方法管理文化旅游资源,并不意味着旅游者有权为所欲为,也不意味着资源管理部门为了迎合旅游者的需要可以不顾遗产的整体风格和文化价值而为所欲为。

(二)旅游影响研究:旅游是一把双刃剑

作为旅游研究的传统领域,旅游影响研究在本届年会仍然受到代表们的重视。提交到会的相关论文有近20篇。这些文章有的从事件旅游(EventTourism)的角度阐述旅游与一些重要事件(如体育赛事、大型会议和展览、重要节庆活动等)的关系;有的旨在通过对目的地居民态度的调查来评价人们对旅游发展利弊关系的判断;有的针对某个旅游项目进行经济、社会文化或环境生态方面的评价;还有的侧重于建立地区间旅游影响关系的框架模型。所有这些研究都从不同的角度验证了一个事实:旅游在给人类带来快乐的同时,也会带来一些副产品。

澳大利亚泰斯玛尼亚大学的特莱沃·索菲尔德(Trevor Sofield)教授以“旅游减贫”为题,阐述了旅游发展对地区经济的影响。他指出:“一直以来,旅游并没有被当作改变地区贫穷状况的有效手段,而且在大多数捐助国、国际援助机构以及非政府组织的开发资助项目当中几乎都被忽略了。尽管‘绿色’旅游、生态旅游和社区旅游在一些决策者、实施者和倡导者当中已经在一定程度上被当作适当的开发活动,但这些旅游形式的宗旨在于确保旅游发展不损害其环境和文化基础,而没有考虑旅游对贫穷人口生活的各种影响。”他主张通过发展旅游而使贫困人口改善其生活状况,并提出通过“前贫困期旅游”(PPT,Pro - Poor Tourism)发展实现这个目标。根据他在尼泊尔的经验,通过旅游项目解除贫困需要达到三个相互联系的目标:首先是创立一个适当的包含不同层次的组织框架,以便使项目在短期和长期内都能得到维持;其次是开展乡村社区旅游开发活动,这些活动注重贫穷人口的社会经济利益;第三便是落实、改进或强化各种正向的和反向的旅游活动的关联机制。为此索菲尔德教授还构建了一个关联机制模型,用以描述这种关系。应该说,索菲尔德的文章是有关旅游减贫领域的一个比较有见地、包含较多信息的文章。

很多学者通过对目的地居民态度的测定来判断旅游对目的地的影响。进行这种分析常常依赖于缜密的调查设计和复杂的统计分析,因此也是西方学者比较擅长的研究方法。香港理工大学的学者探讨了香港居民对迪士尼乐园的经济、环境和社会文化影响的认知态度;而丹麦的几位学者则将测定旅游影响的方法作为他们论文的重要内容,并建立了他们的“丹麦线性模型”。

一些承办过大型国际赛事的国家的学者,专门探讨了这些事件对旅游业的影响以及相应的对策问题。韩国 DongEui 大学的 BongKoo Lee 教授以“2002 年韩日世界杯对韩国旅游形象的影响”为题,探讨了人们对体育赛事与旅游之间关系的看法。这种研究对中国因承办 2008 年奥运会而带来的旅游形象认知变化应该有一定的启发。另外,有的学者也探讨了一些意外事件对旅游的影响。比如,澳大利亚昆士兰大学的布鲁斯 普瑞道克斯(Bruce Prideaux)教授的文章题目就是“回应意外冲击:以2001 年的澳大利亚为例”,他在该文中分析了“9 · 11”恐怖事件对澳大利亚旅游业的影响及其对策。

(三)饭店业管理:面临着战略上的挑战

饭店业管理也是人们普遍关心的话题。在本届年会上,有关这一论题的文章更多地集中在饭店业的战略管理、信息手段的应用以及收益管理等方面。

英国东伦敦大学的塞谬尔·拜永(Samuel Bayon)的“21世纪的饭店业管理战略:以南非为例”比较系统地阐述了在未来的饭店业所面临的战略性的调整。他认为,21世纪的饭店业管理者将面临许多现实的机遇与挑战。为了在国内乃至全球市场上保持竞争力而刻意维持高标准的服务质量,这似乎给新世纪的管理人员提出了不小的难题。英国萨里大学的鲍尔·菲利普则以案例分析的方法阐述了战略控制系统在英国一家大的饭店集团中的应用。他指出,由于各种原因的影响,尤其是2001年“9·11”恐怖袭击事件的影响,英国的饭店业的客房出租率达到了1991年以来的最低点。要想恢复元气,英国的饭店业必须在日益艰苦的市场条件下面对各种经营和战略上的挑战。由于饭店业本身具有资本密集的特性,因此就要求对资产的运用状况进行持续的监控。在这种情况下,“平衡记分卡”(Balance Scorecard)就成了这个行业中的一种很有应用前景的工具。运用这种平衡记分卡可以汇总战略思想,达到战略目标,并在必要时控制各种预警指标。

(四)接待业人力资源管理:未来的产业竞争是人才的竞争

提交到大会上的大量的有关接待业人力资源管理以及接待业教育方面的高质量论文说明,各国学者对于人才在未来的产业竞争当中的重要意义的共同关注。应该说,在企业所建立的任何核心权能当中,以人才为基础而构建的核心权能将是最具垄断性、最可能持久、最具有自我成长、自我更新、自我适应能力的一种核心权能。任何接待业企业的最高管理阶层如果认识不到这一点,势必要把自己的企业带入尴尬的竞争境地。香港理工大学的爱米·潭(Amy Y. F. Tan)等就此问题做了全面的文献综述。

牙买加的卓亚瓦蒂纳(C. Jayawardena)与加拿大的吕镇(Zhen Lu)合写的“发展中国家旅游与接待业管理教育项目设计中所面临的挑战”一文,阐述了发展中国家在旅游与接待业管理专业教育模式设计方面存在的照抄照搬发达国家模式的通病,虽然走的是捷径,但却忽视了发展中国家的产业和市场特征,从而导致教育导向上的失误,也影响了人才培养的质量。

对于接待业的人才流失与管理,不少学者做了探讨。安辉以“中国饭店业的人才流失”为题,通过实证分析揭示了中国饭店业人才流失的状况及其根源,并指出了中国人力资源发展的宏观环境正在得到有效的改善。实际上,接待业人才流失严重这在全世界都是普遍现象。为此,很多学者都在探讨解决这个难题的途径。美国的道格拉斯·米勒(Douglas Miller)提出了“工作崇拜”这个概念以及养成“工作崇拜”的种种措施;香港理工大学的拜尼·陈(Benny Chan)从饭店人力资源部经理的角度研究了香港饭店业从业人员技能和素质的要求;张俐俐与丁培毅等人都分别探讨了中国接待业岗位培训和学位教育的效率和效果问题;美国夏威夷大学的阿格鲁沙教授则以美国的情况为例,通过大规模的实证分析,研究了旅游与接待业的教授们对大学教育以及学生在技能、态度、专业综合能力等方面的看法,提出了不少富有启发性的结论,对修正大学旅游与接待业管理专业的课程设计提供了一些思路。

(五)其他:并非不重要的论题

在本届年会上,给人留下深刻印象的话题并非仅仅上述几个。旅游市场需求预测领域的几位重量级人物(如英国萨里大学的斯蒂芬·维特和宋海岩)的发言,显示了他们在这个领域的研究成就;人们对信息技术在旅游与接待业中的应用前景的探讨,昭示了这个产业可能要面临的革命性变化;很多学者对旅游目的地营销的探讨,为地区旅游发展提供了很好的对策性建议;大量的有关旅游规划与发展方面的论文也说明,旅游规划在实现可持续旅游发展方面的责任和意义,同时也透露出学者们对当前旅游规划在这方面所起的作用的失望的态度。

四、有关中国大陆旅游产业发展的论题

本届大会在中国大陆召开,其意义不仅仅在于会议本身。从征集到的论文来看,有很多学者专门探讨了中国大陆旅游产业的各种相关问题。虽然这些论文的作者以来自大陆的学者居多,但也有不少国外和中国香港和台湾地区的学者对中国大陆的旅游发展问题各抒己见。由于研究的方法和探讨的角度多有不同,因此这些高质量的论文对我国旅游业的持续发展就具有特殊的参考意义。

在保护区开展生态旅游已被看作 2008 年北京奥运会旅游总体行动计划的一部分,为此,澳大利亚海运学院的罗伯特·盖尔(Robert Gale)撰写的“生态旅游发展计划与北

京奥运会:迫切需要在保护区进行生态旅游投资”一文提出了一项建议:通过一个管制性开发计划框架来重新规范生态旅游开发。这个框架的核心目标是将投资吸引到一个特殊的生态旅游市场,并防止因一些虚假的和错误的信息而使该市场扭曲。这个开发计划由指定保护区中的生态旅游地带、与生态旅游开发企业签订租赁合约和建立以企业绩效为考核依据的企业准入制度构成。还要引入证书颁发计划,以便使每个企业通过其绩效管理系统和三方审计制度(包括社区受益者)对其企业活动进行汇报。作为审计循环当中的一个环节,企业在经营许可的期限内还要向公众提供书面的生态旅游可持续性报告。如果没有权威的生态旅游核查机构的签署意见,这份报告便是无效的。

就中国的生态旅游发展问题,澳大利亚的几位学者专门从可持续旅游发展与消除贫困以及保护生物多样性的关系,介绍了中国陕西国家大熊猫自然保护区的情况,并提出了建设生态旅游村的思路(Ren Zhuge 与 Trevor Sofield 等)。加拿大著名旅游专家杰奥弗瑞·华尔(Geoffrey Wall)根据他在江苏的考察提出了该地区如何实现旅游可持续发展的问题。

谢彦君与黎洁、吕镇等人对中国的几个典型的旅游发展案例进行了剖析。谢彦君在其“不同的发展道路导致当地居民对旅游的不同态度:对中国两个典型旅游村落的案例分析”一文中,对比地分析了安徽宏村和辽宁冰峪沟村这两地的旅游发展情况,特别地揭示了两地村民对旅游发展的截然相反的态度,从而得出一个结论:旅游的可持续发展离不开当地居民的积极参与和支持。黎洁与吕镇的文章也是针对一个村庄进行的案例研究。所不同的是,他们得出的结论是:旅游发展给当地带来了很多积极的影响,同时,并没有引发犯罪率的升高,也没有造成邻里关系之间的很大变化和交通拥挤状况。这些结论都与西方学者的研究结果有很大的不同。作为一种更大尺度上的案例研究,赵鹏与徐菊凤的文章则将北京与深圳这两个著名旅游城市作为研究对象,通过调查人们对文化旅游供给的认知情况,分析了文化旅游产品的供给与需求关系。

中国公民的出境游是最近几年来才开始逐渐形成规模的,对此的学术性探讨还比较匮乏。杜江教授的“中国出境旅游发展趋势分析”一文,全面分析了中国公民出境旅游市场的发展前景,并根据中国出境旅游者的旅游决策模式、旅游目的地偏好、旅行方式以及旅游支出水平等多元变量对出境游市场进行了深入的分析,提出了中国发展出境游的相应对策。同样作为一种前瞻性研究，张凌云与马晓秋的文章“是‘新旅游’还是‘新大众旅游’？——以中国经验评述‘新旅游’之得失”，对奥丽安娜·普恩于1993年提出的新旅游与旧旅游的划分提出了质疑。

五、几点启示与感想

通过举办本届年会，通过检索会议的研究成果，通过一年来我们为筹办本届年会而与国内外旅游学者的频繁沟通与交流，我们有如下几点感想：

1. 旅游研究的学科性质问题。自从《旅游研究年刊》(*Annals of Tourism Research*)推出“旅游社会科学”特辑之后，人们已经越来越理性地注意到旅游研究所依托的学科背景的广泛性与复杂性。尽管“旅游社会科学”这种提法未必科学也未能被学者们普遍接受，但旅游跨学科的性质已经越来越清晰了，这在本届年会上通过参会代表的学科背景的复杂性和提交论文的多样性都进一步得到验证。那么，如何以跨学科的特点构筑旅游学科，就成了我们将来需要考虑和实践的问题了。

2. 旅游学的基础理论研究问题。从会议提交的论文来看，国内外学者对旅游研究的基础理论的关注依然不够，应用研究与案例研究占据了绝大比重。但不能由此得到一个错误的认识：国外学者也不重视旅游的基础理论研究。最近10年来，国外很多学者已经在这方面取得了一些突破，形成了大量的科研成果。实际上，当一个具有巨大规模和明显特殊性的领域被众多的学者研究了如此长的时间，当这个领域已经被人们普遍地带入到学术丛林并纳入到本科和研究生教育体系当中，倘若不积极地进行基础理论的研究，不谋求尽快作理论上的综合，这个学科就无法成就，人们的研究就永远处于幼稚状态。

3. 旅游研究方法问题。从本届会议提交的论文来看，尽管并非所有论文在研究方法上都很严谨，但我们还是能够感受到国内外学者在这方面的差异。如何在旅游这个跨学科领域建立起独立的研究方法论，中国学者如何借鉴国外的旅游研究方法，应该是中国学者需要考虑的问题。我们的建议是，即使在国内的很多成熟的学科(比如经济学或管理学)的研究生教育中都不开设研究方法的课程(笔者为比感到十分不解)，也要在旅游管理专业的研究生课程中开设本课程，以此寄希望于10年以后的旅游研究队伍会踏上一个很高的台阶，这也是使中国旅游研究能够快速迎头赶上(尾追是赶不上的！)世界旅游研究水平、使中外学者之间的沟通达到可以相互理解的一个捷径。

4. 中国大陆旅游学者的国际交流问题。本届大会虽然吸引了很多世界知名学者前来参加,但实际上未能唤起中国大陆学者的充分注意。正如杜江教授在与亚太旅游协会主席的交谈中指出的那样,如果不是因为大会语言的限制,中国大陆的学者人数将至少增加一倍。我们同意这个判断,但由此也产生了一种危机感:如果中国学者在语言沟通方面的障碍不能消除,就永远无法自由地站在世界讲台上去发表自己的研究成果,也无法对国内外旅游学术研究的水平、进程作出准确的判断。

2006年中国旅游基础理论研究评述*

——以《旅游学刊》和《旅游科学》的文献为例

一、科学研究的类型划分:基础理论研究、应用研究与对策研究

根据不同的标准,可以将科学研究划分成不同的类型。倘若从研究成果的价值或意义来看,科学研究就有基础理论研究、应用研究和对策研究之别。这三种类型的研究在整个科学研究领域具有不同的特点,承担着不同类型和不同层次的科学使命。

基础理论研究是在理论层面追求创新的一种学术努力,其特点是要在概念、命题和理论上实现创造性的突破,也包括对这种创新所采用的方法和策略(方法论)的探索。

显然,基础理论研究的使命是建构理论。作为科学研究的一种成果形态,理论是研究人员通过科学实践而获得的诸多自洽的命题的有机集合。在概念、命题和理论这三个范畴之间,存在着彼此依赖、互为前提的关系,因为命题就是相关概念间的观点性联系。概念的作用亦如砖瓦,而理论则是大厦。在一个研究领域,没有充足的砖瓦,大厦是建立不起来的。而一旦科学研究在理论上获得突破,就为应用研究奠定了前提性的条件或基础。应用研究的使命便是在相关领域对基础理论研究成果加以应用或验证(包括通常的证实与特殊情况下的证伪)。

对策研究是一种以解决实践问题为目标的研究,常常采取实用主义的研究策略。从

* 本文原载于国家旅游局主编的《中国旅游年鉴2007》(中国旅游出版社,2008)。

某种意义上说，对策研究属于功利性的研究，理论的色彩被大大弱化，凸显出来的则是行动层面的可行性原则。这种研究往往以规范的性质与实证性的应用研究相呼应，成为实证性应用研究的自然延伸。

毫无疑问，这三类研究没有高低贵贱之分，它们都因社会需要的存在而证明其合理性。然而，由于这三种研究处于科学实践的不同的阶梯或链条上，因此，由其各自使命所决定的功能上的差异就值得我们认真审视、评估，并对如何发挥各个不同的功能提出建设性的意见。这也是本文写作的目的所在。

二、本文所依据的文献来源

笔者利用中国期刊网对2006年发表于各类学术期刊上的旅游研究成果进行了大致的检索，发现，用“旅游”这个概念在论文题目间进行检索，得到论文5775篇；用“旅游”这个概念在关键词中检索，得到论文10731篇。进一步检索优秀硕博士论文，又分别得到文献478篇。粗略计算起来，2006年仅以论文形式发表的文献数当在10000篇以上（尚不包含大量可能不是用“旅游”作为关键词或在论文题目中不使用“旅游”一词的文献），着实是一个不小的数量。作为一篇年度综述，本文按理应该涉猎全部文献并加以科学评述，但囿于个人的精力和能力所限，深感无法完全驾驭，因此，最终笔者选择旅游学术界目前比较有代表性的《旅游学刊》和《旅游科学》两份期刊作为本文评述文献的样本框。这两份刊物（尤其是《旅游学刊》）目前已经被旅游学术界公认为最有代表性的旅游学术期刊，因此，它们所发表的论文不管在数量上还是质量上，都可以说有资格代表中国旅游学术文献的当前情况。

经过检索，2006年，《旅游学刊》发表论文共计318篇（包括笔谈类的专栏文章），《旅游科学》发表论文86篇，两刊合计发表学术论文404篇。经过仔细审核，发现在这404篇文献中，还包括为数不少的非原创性的论文，其典型文体形式为文献综述类文章。尽管这些文章也往往富有见地，甚至有些综述文章真正做到了高屋建瓴并且评述精到，但毕竟多以转述他人观点为主，因此，笔者决定把这一部分文献排除在考察范围之外。这样，在《旅游学刊》的318篇文章中，剔除一些综述性文献和非学术的笔谈类文章，就有166篇文献进入本文研究所依赖的样本框，而《旅游科学》共有77篇文章进入，共计243篇。

针对这243篇学术文献，笔者根据研究方案中所确定的考察维度，先是展开对中国旅游研究的总体结构的一种概括，以期为旅游基础理论研究的状况寻找一个落脚点或构建一个参照体系；然后，笔者逐一阅读了被列为旅游基础理论研究成果的相关文献，对相关观点进行了评价，并进一步将2006年旅游基础理论研究的焦点加以明确。同时，笔者也从其他角度对相关文献作了简要的评述。由于笔者企图发掘这些文献的学术贡献，因此，在行文上只能集中笔墨于部分文献，于是自然会有挂一漏万的情况，这只能抱憾于此了。

三、2006年中国旅游研究的结构性特征

在2006年《旅游学刊》和《旅游科学》两份刊物所发表的243篇样本文献中，笔者进行了一个大略的结构性划分。划分的依据包括研究类型、研究方法、研究范式和研究领域这样四个基本维度。

研究类型即前文笔者所讨论过的基础理论研究、应用研究和对策研究三分法，通过这种分类旨在探讨旅游基础理论研究在整个研究格局当中被关切、被重视和被施行的程度。

有关研究方法的分类，其实可以采取更为多样的分类标准，但本文主要进行了两种基本的划分：定量与定性，实证与规范。从中国旅游研究三十年的历史来看，人们逐渐趋近的方向，不外乎是定量与实证方法（其实二者多有重叠，在某些情况下甚至接近于同义语）。尽管最近几年来主流旅游学术期刊在这方面的成果积累日多，甚至渐成风气，但真正有思想的实证或定量研究成果并不多见。另一方面，由于方法论知识的缺位，人们也存在着误将个人的思辨性的东西当作定性研究，从而歪曲了定性研究的内涵并贬低了这种方法的价值。针对这两种分类标准所进行的分类，其最有警示意义之处，尤在于我们对大量的成果无法归类（需要注意的是，上述两个分类的结果几乎是完备的，同时也是互斥的），因此，最终不得不把这些成果归于无方法性质的“方法不明确”名下。由于这一部分成果数量尤多，因此足以唤起我们对旅游研究方法的规范性和普遍性应用的充分重视。

关于研究范式的考察，本文主要从社会科学的一些主要研究方式的角度对这166篇文献进行了范式认定。虽然这个工作很难保证完全准确科学，但认定的结果似乎完全符

合当前我们对中国旅游学术界研究取向和策略的日常知识:中国的旅游研究基本在无范式状态下展开,导致应用研究不地道,并导致对策研究成为主流研究。这种局面自然反映出旅游学术研究在某种程度上还处在比较肤浅的层面。

本文对各种文献所涉及的研究领域的区分,基本依据的是詹宁斯(Jennings,2001)的分类,这种分类尽管会存在一定程度的重叠,但也是没有办法的问题,因为目前对研究领域的分类方法还无法做到完全互斥,一些学者也采取了不同的领域划分原则(吴必虎等,2002;谢彦君,2003)。

根据这个基本思路和方法,笔者得到了以下一些基本结论:

首先,2006 年的中国旅游研究,就其所发表的成果而言,涉及到的旅游基础理论研究的成果数量非常有限,而且研究的深度和广度不够,由此也限制了这些成果转化为应用研究乃至对策研究的理论指导的潜力和价值。

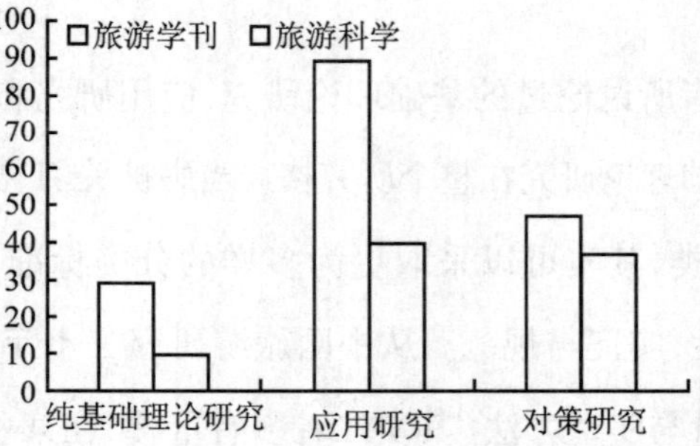

图 1　旅游研究的类型

即使采取相当宽松的标准(换言之,《旅游科学》所列的 6 篇当中,几乎没有一篇可以算作基础理论研究;《旅游学刊》的 30 篇当中,也有一些因为带有明显的综述性质而不应划归此列,另有几篇对策性比较明显的文献只是因为所探讨的领域具有创新性而被纳入到基础理论研究范畴),在两本刊物中也只能勉强列举出总共不超过 36 篇的基础理论研究文献,这与应用研究的 128 篇、对策研究的 79 篇相比,差距是显然的。另外,就两本刊物文献类型的分布格局看,也可以透露出一些有关刊物的成果的理论深度方面的差异。

表1　2006年两刊研究文献所属的研究类型

	纯基础理论研究	应用研究	对策研究
旅游学刊	30	91	45
旅游科学	6	37	34
合计	36	128	79

其次,这一年中国旅游研究在方法的运用上,延续了以往那种方法论缺位的局面:多数研究成果所使用的方法并不明确。就定量研究与定性研究而言,按照以往俗常的理解,一篇研究文献或一个研究成果只要不是运用数学、统计学等方法对数字资料进行加工处理,那这篇文献的研究方法便属于定性研究方法。这其实是对定性研究的一种非常错误的理解。只要稍有这方面常识的人就知道,定性研究也有其一整套科学的研究程序、规则和策略,是已经“去思辨”了的一种研究方法或研究策略,而且还经常会被应用到实证主义研究范式上去。所以,目前就定性与定量研究方法运用方面的不清晰、不确定、不规范乃至根本缺位这一状况而言,如果事实不能被旅游基础理论研究(在一定程度上容许定性或定量研究方法的缺位)成果的丰硕所反证,就只能说中国的旅游研究在方法论上还是有一段路要走的。

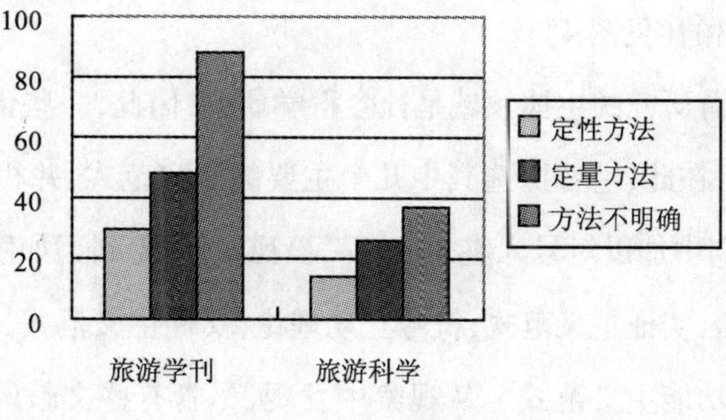

图2　2006年两刊物定性与定量研究情况

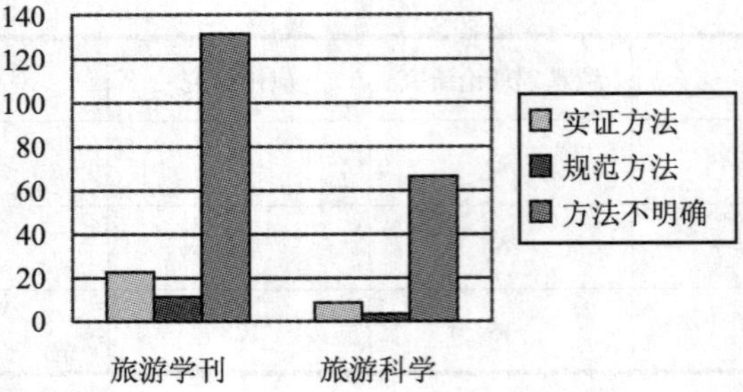

图3　2006年两刊物实证与规范研究情况

再次，到目前为止，中国的旅游研究基本是在无范式状态下展开的。尽管范式的创立本身就辩证地说明任何研究都可以从纯粹原创性的工作开始，但对于一个成熟或相对成熟的知识体系而言（比如一个学科），范式的存在和应用是一种必然的科学研究现象。旅游研究虽然还没有积累起足够的、显性的研究范式，但在国外旅游学术界，借用大量社会科学甚至自然科学范式对旅游现象进行研究，已经被证明是有效的，由此而积累的学术成果也已经汗牛充栋，成为本学科内学生、学者研读和产业界加以利用的知识财富。但是，多年来，中国的旅游研究的主调基本是对策研究，而应用研究由于缺乏范式的依赖而成了无源之水、无本之木，从而导致大量的成熟的科学研究成果不能在旅游研究领域得到应用。仔细审视2006年中国主流旅游学术刊物发表的研究成果，这种范式缺位的局面其实是比较突出的（见图4）。

实际上，由于旅游研究的主体领域是社会科学研究，因此，一些传统的社会科学研究方式都有用武之地。在此，笔者拣选其中几个主要的研究范式，并相应在《旅游学刊》和《旅游科学》两份期刊中加以对号入座式的逐一检视，最终得到了如图4所示的结果。在这些基本范式中包括：实证主义范式，符号互动理论，女性主义范式、常人方法论范式、后现代主义范式、结构功能主义范式。从观察中发现，尽管有些文献的研究思路或理念带有上述某一范式的色彩，但却常常缺乏理论源流，对前人的工作知之不多，因此，使自己的工作很可能流于重复的无效劳动。对于这种情况，我们基本上只能将其划归到范式不明确的类型。另一方面，即使在被我们列入上述诸范式当中的一些文献，如果严格说来，也多有勉强之处，因为这些成果虽然有某种范式之名，但未行该范式研究之实。比如，大量名之为实证研究的文献,其实不过是归纳法的应用,是对研究对象的描述性研究,与实证研究的实质相去甚远。目前勉强给它们一个范式归属,多少带有宽慰之意。

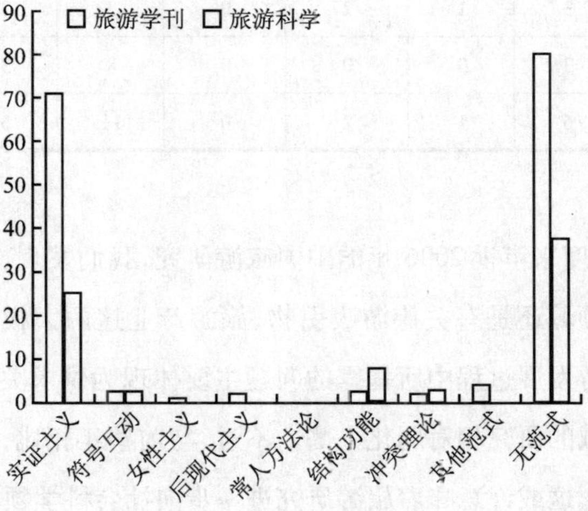

图4 旅游研究的范式应用

从观察结果来看,不管是在《旅游学刊》还是《旅游科学》,被大量使用的研究范式主要是实证主义范式。这也是最近二十年来学术界追捧定量方法、推崇科学实证主义的一种反映。但是,这种一枝独秀的局面,结合大量研究成果的"无范式"状态,不能不令我们对当前的旅游研究状况有所反思。应该说,在很大程度上,社会科学研究范式在旅游研究领域当中应用的这种匮乏状态,呼应了中国30年旅游研究以对策研究(而不是应用研究)为主的历史事实。由于应用研究缺乏范式依赖,因此研究的深度、跟进程度都受到局限,对纯基础理论研究的反哺式的贡献度很低,无法证实或证伪一些著名的旅游理论命题,更遑论这些理论在中国特殊的旅游土壤中发育、发展的独特规律性了。同时,这种状况自然也决定了旅游基础理论研究停滞在粗放状态,知识笼统(因此也就不准确),理论似是而非。另外,从我国旅游研究多年来的实践来看,由于一些学者不重视文献的评述,不重视对已有范式的研究和应用,喜欢一切研究从头开始,因此,常常出现因自己的无知而将老掉牙的话题拿来重议的学术幼稚病,使得某些本应具有学术严谨性的"研究、争议、商榷"变得近乎无聊。

表2　2006年两刊文献中所涉及的研究范式

	实证主义	符号互动	女性主义	后现代主义	常人方法论	结构功能	冲突理论	其他范式	无范式
旅游学刊	71	3	1	2	0	3	2	4	80
旅游科学	25	3	0	0	0	8	3	0	38
合计	96	6	1	2	0	11	5	4	118

从研究领域的角度来审视2006年的中国旅游研究,我们发现,研究领域的分布相对均衡,而比较集中的领域还是有关旅游吸引物、旅游产业这两大板块。这种情况也很自然,因为在我国的旅游发展过程中所暴露的问题主要体现为供求关系的矛盾及其解决的问题,而针对其他领域的研究相对弱化一些。不过,与前些年相比,有关环境问题的研究成果的数量明显下降,这或许意味着旅游研究进一步向社会科学领域的延伸乃至转向。

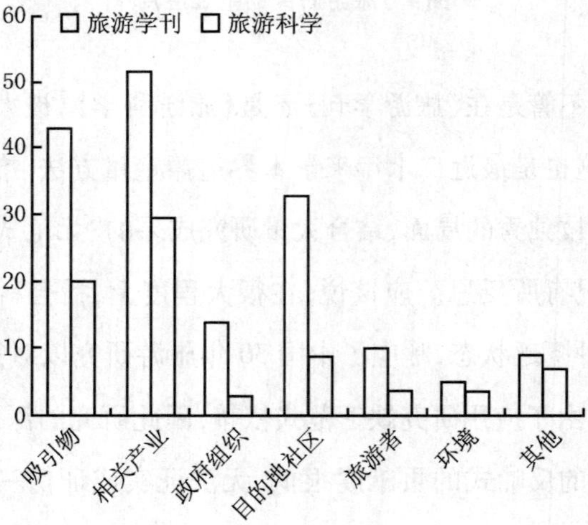

图5　旅游研究的领域分布

从上述对《旅游学刊》和《旅游科学》的研究成果的结构性分析可以看出,2006年的旅游研究在诸多方面存在着不够均衡的问题,其中尤以研究方法单一、研究范式缺位和基础理论研究冷清比较突出。事实上,这三方面的问题在根源上是完全一致的,或者说,研究方法的单一和研究范式的缺位,其实就是旅游基础理论研究水平低下的一个反映,彼此间存在着互为因果的关系。可以肯定地说,只要旅游基础理论研究的水平上不去,就无法指望旅游研究方法的进一步丰富以及旅游研究范式的更广泛的应用,反过来,没有充分的方法的积累,以及缺乏对各种理论范式的应用型研究的热情尝试和科学检验.就无法提升旅游基础理论研究的层次,也不可能丰富其内涵。

四、2006年中国旅游基础理论研究的焦点

从两份刊物的36篇旅游基础理论研究文献的具体情况来看,2006年相关研究主要集中在这样几个焦点问题上:

(一)概念辨析性的理论考究

在这有限的几篇文献中,多数文献是有关一些基本概念内涵和外延的再考察。严格地说,这些文献多数属于综述性的文献,但由于在综述前人观点的基础上又得一己之见,因此,笔者还是把这些文献列入基础理论研究领域。

历来在中国旅游学术界都存在着概念之争。在2006年期间,这方面的成果集中于对生态旅游、乡村旅游、农业旅游、民俗旅游、旅游资源、旅游目的地竞争力、负责任旅游等概念的辨析和重新表述上。

卢小丽等人(2006)通过对中外40个生态旅游概念的内容分析,提炼出了为一般生态旅游概念架构所共同遵循的8个标准规则。他们的这项研究将理性问题定量化,可谓另辟蹊径,具有实证研究所能给予人的那种信服力。从理论研究的角度来评价这篇文献所概括的以自然为基础、对保护的贡献、当地社区收益、环境教育、道德规范与责任、可持续性、旅游享受体验和文化这8个标准规则,可以肯定的是它具有结构识别的意义,同时对生态旅游领域进一步的应用研究和对策性实践具有指导意义。这项研究在某种程度上也对旅游基础理论研究领域的概念建构理念和方法有一定的启发意义,因为他们所采取的研究策略更具有建设性。与此相反,在旅游学术界,针对什么是旅游、什么是旅游资源等关键范畴的诸多争论中,有些学者仅仅将目光聚焦于他人的破绽,而同时却因为自己不能统揽相关问题的全局而使自己的立论显得捉襟见肘。

张帆(2006)对"负责任旅游"以及张英明(2006)对"旅游"这两个概念的讨论,基本上属于综述意义上的,着眼点在于描述这些概念在内涵和外延上的源流和变化,缺乏理论的建构意义。刘德谦(2006)针对当前学界对乡村旅游、农业旅游和民俗旅游几个概念

的片面理解，试图通过对已有研究的梳理、关注业态实践、进行意义辨析以及概念间的应用性比较，重构这几个概念之间的边界和关系。宋子千(2006)则重议旅游和旅游资源的本质规定性，在将旅游解构为狭义和广义两个层次的基础上，提出了旅游的被吸引性，并且对旅游资源做了一些解释。此外，臧德霞等人(2006)对“旅游目的地竞争力”内涵的辨析，张军等人(2006)对CBD与RBD的讨论，都旨在澄清相关研究的一些偏差或误解。从构建旅游理论大厦的角度看，这些针对基本概念的讨论，无疑具有添砖加瓦之功，是旅游理论发展的一个必经的过程。

也有一些理论探讨是从引介或创制一些新的概念展开的，其中比较典型的是李东和、赵玉宗等人(2006)提出的“旅游绅士化”和“旅游罩”等概念。这两个概念是就英文文献中偶尔提到的Tourism gentrification和Tourism bubble翻译过来的，作者分别赋予其“旅游绅士化”和“旅游罩”这两个汉语能指，并试图将其他一些显性范畴囊括于其下，其用心之苦可见一斑。有趣的是，这两篇出自同一作者群的文章实际上提出了两个比较接近并有相互联系的命题：“旅游绅士化”是通过休闲娱乐和旅游业发展使得中产阶级居住的邻里地区转化成为一个相对富裕和专有区域的过程，而“旅游罩”(尤其是作者所谓的“旅游目的地罩”)的存在，也证明了旅游社区发育过程中的孤离倾向。不过，笔者也有一种担心，这两个概念的未来命运如何尚难预料，很难说它们不会像“大旅游”这样的无所指那样，最终变成学界之外的时髦词汇。另外，旅游绅士化的本意似乎局限于旅游社区发育的绅士化或贵族化过程，而把这个内涵简单地一般化为旅游绅士化，也许会造成概念上的混乱。

总的看来，在极其有限的旅游基础理论研究文献当中，把目光集中在概念辨析层面的文献不在少数。这在很大程度上反映了理论研究的有限深度这一事实。另外，在概念的引介或创制的过程中，倘若不遵循基本的归纳逻辑，很可能会催生出一些无法用来沟通的概念，更不用说让这些概念在学界生根发芽了。

(二)新的理论研究框架的探索

在整个2006年的中国旅游学术界，大量的研究文献属于对一些理论的应用研究(尽管不是建立在某种范式的基础上)，以及问题导向型的对策研究。完全致力于理论建构的文章为数很少。然而，仔细阅读这些有限的理论探索性文献，就不难发现，尽管这些文献在数量上不占据优势，但在思想的深邃程度上，却并不比大量的应用研究文献逊色多少。在实证主义盛行的今天，我们不得不承认，有些研究已经开始退化为只注意方法和架势，而思想性却已然寡淡如水。更有甚者，由于个别研究者对问题本身性质的理解缺乏深度，还会出现因方法的滥用而使研究结论与事实相背离的情况。因此，在难得的几篇纯理论研究文献当中，能窥视到几缕思想之光，在当下已属一件令人欣慰的事情。

关于旅游的特征，直到今天学界还存有争议，或者在不经意之间呈现着完全不同的表达。因此，对旅游特征的进一步认识，在理论上具有基础性的意义。然而，历来少有学者对这一问题能够在更深刻的社会和历史意义上展开探究，因此也使我们无缘窥视旅游在最本质的规定性上所呈现的人文意涵。曹国新（2006）的《中国与西方旅游的古代、现代和后现代特征》一文，可谓在这方面做了很好的阐发，让我们从更深刻的层次上理解了旅游的历史性嬗变。曹文在肯定旅游是一段主动脱离日常人生轨道的人生经历，是一种十分重要的社会文化景观，它大致可以满足人类休闲、交往与审美三个方面的需要的前提下，针对文化背景的差异及其影响，更深入地探讨了中国和西方旅游所具有的不同的历史结构、文化策略和实践路径。按照作者的分析，“在宗教文化背景下，西方的古代旅游有着形而上的神学指向；在宗法文化背景下，中国的古代旅游有着追求人格完善与人生完善的伦理要求。在科学理性的支配下，中西方的现代旅游表现出工具理性和功利主义的倾向，成为日常人生再生产的场所。作为对现代旅游的反拨，中西方的后现代旅游在消解深度模式和实践价值多元的基础上，进行着全新的个性化尝试。”作者对旅游特征的这种历史性的分析，已经超越了以往的那种简单化和概念化层次，为发展新的旅游研究领域和方法，换言之，为相关领域的应用研究，展示了值得关注的多种可能性。

向来旅游学界都承认旅游是一种休闲现象，是一种特殊的休闲现象，而其特殊性完全可以为旅游的“异地性”所索引。因此，将旅游纳入休闲范畴，至少在研究旅游的某些维度的特性和意义时是可行的。就在中国的旅游经济学徘徊于部门经济学和西方经济学之间寻找不到确切的研究对象的情况下，从休闲经济的角度重新审视旅游的经济问题，也许是一个好的切入点。因此，尽管刘晨晔（2006）的《论休闲经济研究的理论经济学意义》是着眼于探讨休闲经济研究，但他的文章可以给旅游经济研究以很大的启发。如果一般理论经济学在寻找到作为财富的核心内容的自由时间之后会发生一场变革,休闲经济学也可能由此凸显为主流经济学的重要研究领域之一。那么,旅游经济学恐怕自然也需要重新面对一个新的命题:作为一种完全以分配闲暇资源为前提的体验性活动,旅游的供求法则势必会沿着时间维度展开,同时呼应着刘文所说的“理论经济学走向科学化的历程至少有三重意蕴:数学、符号化和心理学化”当中的心理学取向。这既是一种挑战,也可能是旅游经济学走向科学化的一种归宿。

一些意在通过移植、借鉴其他学科理论或概念来拓展或深化旅游研究的文献也为我们展示了旅游学研究的广阔前景。黄向与保继刚(2006)针对场所依赖作为解释“某些地方与人之间似乎存在着一种特殊的依赖关系”的理论特性,首次将以游憩为角度展开研究的场所依赖理论引进中国,并利用数学方法诠释了场所依赖的结构,同时构建了场所依赖的 CDEEM 研究框架。这一研究向我们呈现了在游憩领域展开对“恋地情结”、“场所感知”和“场所依赖”这些重要范畴进行深入研究的可能性,是一个很好的可供应用研究进行精致化检验的理论命题。类似地,刘丹平与保继刚(2006)在另一个领域所作的努力,则将旅游者的摄影行为纳入到微观社会学和社会心理学的研究视野,表达了一个“旅游摄影其实是满足旅游者的窥视欲、进行自我叙述并寻求自我认同”的新鲜命题。尽管这一研究领域在西方旅游学术界已经是比较显性的领域,但在中国,人们的研究还远没有精致化到这种程度,甚至连这样的研究企图都未曾见到。所以,该文虽然具有综述的色彩,但还是在旅游基础理论研究领域为我们展示了一个饶有趣味的课题。此外,杨振之与邹积艺(2006)对旅游及旅游开发的符号学审视,也在拓展旅游研究的理论空间方面,提出了很好的建议。

将旅游学研究纳入到政治框架中,这在国外已经取得了不乏颇富洞见的研究成果,但在国内,至今还没有得到应有的关注。因此,唐志明的《旅游政治的政治学分析》在一定程度上就具有拓荒的意义。尽管这篇文献在本质上也可以认定是一种应用性研究,是对政治理论在旅游研究领域加以运用的可能性的一次尝试,但该文在理论层面的探讨还是体现了作者的诸多思考和心得。作者认为,旅游发展中各种利益诉求与冲突性问题的日渐凸显,是政治介入并不断侵蚀旅游的关键性因素。把发展旅游提高到政治问题的高度,进而促进政治与旅游的有机统一,是旅游政治的出发点与归宿。基于这样的认识,作者从政治分析的层面探讨了旅游政治的基本含义及其产生的基本动因、旅游政治的价值与功能、影响旅游发展的政治要素等问题，并介绍了国外旅游学者构建的旅游政治的分析框架：旅游的政治维度在纵向上涉及国际、国家、地方和个人四个层面，横向上包括旅游与政府、政策、国际政治、政治暴力、政治发展、政治意识形态、政治社会化和资本主义关系等。显然，这个分析框架对未来的旅游政治学分析是有启迪的。另一方面，唐志明的文章也体现了一种为旅游研究寻找新的视角的努力。这种努力的价值目前在旅游研究领域已经得到学者的注意，甚至有的学者把研究视角的适当突破看作促成旅游学科体系构建的一个关键性的、必要的研究路径（陈愉秉，2005）。

冯淑华、沙润的《从混沌理论哲学观对旅游学混沌态及学科体系的探讨》一文，也是立足于为旅游研究寻找研究视角从而将旅游学科的当前发展态势视为可以作为混沌理论研究对象的一个尝试。该文从混沌理论哲学观出发，将旅游学的发展阶段分为“前科学阶段”混沌态和“内在随机性”混沌态，认为旅游学的“内在随机性”决定了旅游学多学科、交叉性的特点。这篇文章还从混沌学的“初值敏感性”理论出发，阐明了旅游研究应以游客为初始路径的观点，由此推导出体验和服务是旅游系统的两个奇异吸引因子的命题，并分析了它们之间的联系与区别。在这种分析的基础上，该文提出了由体验维、服务维、影响维和信息、技术维四个维度构成的旅游学科体系框架。尽管笔者并不同意该文作者将“内在随机性”作为旅游学的一个本质规定性并由此推断出旅游学科的交叉性源于旅游学的“内在随机性”的观点，同时也感到将混沌理论应用到旅游研究可能需要对旅游现象的更深刻、更准确的理解和把握，但笔者对该文作者致力于寻找旅游研究的新视角的努力十分赞赏，并且对作者能够从这种新异的视角出发最终推衍出“体验和服务”是旅游系统的奇异吸引子的结果感到有异曲同工之妙。因为，在笔者看来，旅游体验构成了旅游现象的核心，最具有一般衍生力，旅游现象各个层次、方面的表现，任何个别的旅游现象，从本源上都可以发现其中的体验成分或要求，因此就可以推断体验在组织或促成旅游系统的稳态和有序方面所具有的功能。

针对旅游体验在旅游学科和旅游现象研究中的这种地位，笔者（谢彦君等，2006）在《现象世界的旅游体验：旅游世界与生活世界》一文中进行了勾勒，并通过构建“旅游世界”这一范畴，将作为旅游核心成分的旅游体验纳入到一个更加清晰的分析框架，使得旅游情境、旅游场等概念获得了它们自身的理论地位。在这篇文章中,作者认为,旅游现象是一种纷繁复杂的社会经济现象,而构成这种复杂现象内核的元素就是旅游体验。这种旅游体验过程是一个有一定自组织能力的连续系统,它由一个个富有特色和专门意义的情境串联组合而成,这些情境则共同构成了一个有别于人们日常生活世界的另类世界:旅游世界。该文通过对旅游世界的结构性要素的分析和描述,构建了一个理解旅游现象的新的视角,而这种视角的哲学渊源则来自现象学。实际上,作者对相关问题的研究,主要是在一部专著(《旅游体验研究——一种现象学的视角》)中完成的(谢彦君,2005)。这部著作是作者继1999年将旅游体验的内容首次纳入到旅游研究领域(谢彦君,1999、2004)之后的又一次系统的理论探索。尽管目前还难以评价这种努力的正确与否,但从近些年来学术界对旅游体验的兴趣日炽的趋势来看,人们对旅游体验研究已经成为旅游研究领域的一个"准显学"领域这一判断似无异议。

除了上述文献之外,一些作者也从其他一些角度或范畴对旅游现象进行了理论上的探索。比如,薛莹(2006)通过分析旅游流在区域内的聚集现象,提出了区域旅游研究的一个理论框架;安娜(2006)则通过对三种旅游容量研究方法的比较提出了自己的一些思考。这些研究都在不同程度上对旅游基础理论研究作出了自己的贡献。

(三)商榷性的理论探讨

理论研究常常是酝酿争论的领域,这种情况在旅游学术界也不例外。在2006年的旅游研究文献中,针对以往的理论问题的商榷或回应的文献也有数篇。这些文献多数属于一种思辨性的探讨,这也是我国旅游理论界多年来形成的商榷性文章的传统写作路径。由于缺乏系统的科学研究,由于没有把自己的观点建立在科学的调查研究和周密的逻辑组织的基础上,这些商榷性文章往往成了一孔之见,在批评以往的或他人的观点的同时,暴露了自己的种种破绽。因此,或许可以说,多年来我国旅游理论界就未曾贡献过像样的、真正属于科学研究成果的商榷性文章,2006年也不例外。至于有些商榷性文章内容凌乱、思想随意,已经超出评述的范围。

五、结语

基础理论研究在整个科学研究领域属于象牙塔里的辛苦差事,因此很容易被冠以理论脱离实际的帽子——这顶帽子也确实压垮了一些人。但是，只要学术界的同人静下心来，澄明杂念，就不会否认，一个研究领域如果没有系统的理论，就只能眼看着一些不同层次的"实操能手"在工具层面瞎蒙乱撞，见利忘义。另外。在全国的旅游学术界持续讨论了近20年的"学科建设"问题而至今依然没有进步的现实当中，如果我们还不能肯定这是一种理论缺位、理论错位造成的局面，那么，中国的旅游学科的升级，看来就可能真的没有希望了。——当然，就连笔者也相信，历史的发展是不会让这种结果噩梦成真的。

那么，中国的旅游基础理论研究的使命是什么呢？

在笔者看来，一方面，必须为旅游学研究找到一个适当的核心范畴。这一点，并不像某些人所讥讽的那样这种努力或呼吁是为了让自己站在巨型广场的中央——据说，巨型广场是无所谓核心的（其实，根据牛顿定律，再大的广场，只要是边界有限，就一定有核心，而且会产生引力）——而是当一个茫然的学科在面临着后现代式的破碎理性面前必须做的一件事情。事实上，笔者认为，正是因为至今没有找到这个核心，所以，整个旅游学科的结构极其混乱，面孔千奇百怪，知识凌乱不堪，学科地位疲软低下。这种局面，在国外学者那里，也早已经被警觉到了（Jenings，2001）。

寻找贯穿现象的核心并不是要扼杀科学研究的精致化取向。这其实是旅游研究领域需要明确的纲与目的关系的问题。中国的旅游学术研究由于缺乏核心的贯穿与纲领，因此不成体系。但这并不意味着，中国的旅游研究已经在细节层面积累了令人欣慰的精致化的知识。恰恰相反，由于研究历史短暂，方向不明确，我们在这方面的积累虽然很有成效，但还有漫长的路要走。因此，中国旅游基础理论研究的另一个使命，是在构建各个分支研究领域的精致化研究范畴方面，继续探索，不断深化，日积月累，形成可资应用的理论范式。只有这样，旅游的应用研究和对策研究才可能成为有本之木、得源之水。

责任编辑：孙延旭

图书在版编目（CIP）数据

旅游世界探源 / 谢彦君著. -- 北京：旅游教育出版社，2013.6

ISBN 978-7-5637-2538-0

Ⅰ. ①旅… Ⅱ. ①谢… Ⅲ. ①旅游—文集—Ⅳ. ①F59-53

中国版本图书馆 CIP 数据核字（2013）第 001893 号

旅游世界探源

谢彦君 著

出版单位	旅游教育出版社
地　　址	北京市朝阳区定福庄南里 1 号
邮　　编	100024
发行电话	（010）65778403 65728372 65767462（传真）
本社网址	www. tepcb. com
E-mail	tepfx@163. com
印刷单位	北京甜水彩色印刷有限公司
经销单位	新华书店
开　　本	787mm×1092mm　1/16
印　　张	22. 25
字　　数	296 千字
版　　次	2013 年 6 月第 1 版
印　　次	2013 年 6 月第 1 次印刷
定　　价	38. 00 元

（图书如有装订差错请与发行部联系）